교육청

교육공무직원 조리직

직무능력검사 · 인성검사
면접 · 실전모의고사

한권으로 끝내기

대한민국 국가대표 브랜드
국가자격 시험문제 전문출판
에듀크라운
국가자격시험문제 전문출판
최고의 적중률!! 최고의 합격률!!
크라운출판사
국가자격시험문제 전문출판
http://www.crownbook.co.kr

머리말

이 책은 교육청 교육공무직원(조리직) 시험을 준비하는 수험생을 위한 교재로 편찬되었습니다.

교육공무직원(조리직)은 성장기 학생들의 영양과 식품의 안전을 책임지는 중요한 역할을 맡고 있습니다.

교육공무직원(조리직)은 정년 만 60세로 무기계약직근로자의 임기를 보장받고 있으며 최근 안정적인 근로조건으로 주목을 받고 있습니다. 채용기준은 각 시도 교육청에 따라 상이하나 최근 1차 필기시험인 직무능력검사와 인·적성 검사를 합격 후 2차 시험인 면접을 통해 채용하는 추세입니다.

이에 본 교재는 교육공무직원 중 조리직 합격을 희망하는 수험생을 위해 식품학 박사 3인이 공동 집필하였습니다. 특히, 조리직에 적합한 조리직무영역(식품학 및 조리원리, 식품위생학, 식품위생법)을 추가함으로써 기존 교재와의 차별성을 두었으며 실제 합격자의 사례를 바탕으로 구성하였습니다. 이 외에 각 직무별 영역에 따른 평가내용, 학습방법, 출제유형을 제시하여 효율적인 학습 프로세스를 수록하였습니다. 또한 시도 교육청에서 요구하는 인재상에 적합한 인·적성 검사유형을 분석하여 필기와 면접에 유리한 합격 솔루션을 제시하였습니다.

이 교재를 통해 교육공무직원(조리직)을 지원하는 모든 수험생들의 합격을 기원하며 아울러 학생들의 건강한 성장을 책임지는 인재가 되시길 기원합니다.

끝으로 교재 집필에 도움을 주신 크라운출판사 직원 여러분께 이상 감사의 인사말로 갈음합니다.

공동저자 이시은, 이연진, 문설아 드림

교육공무직원 채용 안내

▣ **교육공무직원** : 교육공무직은 학교나 교육청 등 각급 교육기관에서 교육실무와 행정실무를 담당하는 직원입니다. 특히, 전산, 과학, 행정, 조리, 영양, 시설, 교무 등의 업무에 종사하며 지역별 채용 시험과 면접 등을 통해 고용됩니다.

▣ 신분 및 처우

- 정년: 만 60세
- 수습기간: 3개월~6개월 미만

※ 수습기간을 두며, 수습기간 중 근로자 평가를 통해 계속 근로가 부적격하다고 판단되는 경우 근로계약을 해지할 수 있습니다.

- 근무장소: 지역교육청 소속 각급 공립학교(기관)
- 근무지 발령: 직종별 최종 성적순에 따라 근로계약 체결 및 발령

※ 발령일자 기준 정년을 초과하는 경우 근로계약 체결이 불가합니다.

- 보수 등 처우: 매년 교육청 교육공무직원 처우개선 계획 등 관련 규정을 따릅니다.

(단위: 원)

직종	기본급(월)	처우개선수당	비고
조리원	1,840,000	각종 처우개선수당은 교육공무직원 처우개선 계획 등 관련 규정을 따름	교육공무직원 보수표 II유형 적용 (2021년 기준)

※ 주5일 근무, 1일 근로시간 내에서 학교(기관) 여건에 따라 근무시간 변경 가능

▣ 응시자격

가. 응시 결격사유

「지방공무원법」제31조(결격사유), 「지방공무원 임용령」제65조(부정행위자 등에 대한 조치) 및 「○○○○교육감 소속 교육공무직원 관리규정」제10조(채용 결격사유), 제38조(정년)에 해당되지 아니하여야 합니다.

「○○○○교육감 소속 교육공무직원 관리규정」

제10조(채용 결격사유) 채용기관의 장은 다음 각 호의 어느 하나에 해당하는 자는 교육공무직원으로 채용할 수 없다.

1. 「지방공무원법」제31조(결격사유)에 해당하는 자
2. 「부패방지 및 국민권익위원회의 설치와 운영에 관한 법률」제82조(비위면직자의 취업제한) 및 국민권익위원회 예규 제51호「비위면직자 취업제한 사무운영 지침」에 저촉되는 비위면직자
3. 「아동 · 청소년의 성보호에 관한 법률」에 의한 성범죄의 경력조회 결과 취업이 제한되는 자
4. 「아동복지법」에 의한 아동학대관련 범죄 전력 조회 결과 취업이 제한된자
5. 공인된 종합 의료기관에서 신체검사 결과 취업이 부적당한 자로 판정된 자
6. 경력 또는 학력, 이력사항을 허위로 작성한 자
7. 그 밖에 사업부서에서 정하는 채용제한 사유에 해당하는 자

제38조(정년) ①무기계약근로자의 정년은 만60세로 한다.

나. 경력, 성별 제한은 없습니다.

다. 응시자격

응시자는 직종별 필수자격요건을 최종시험(면접시험)일까지 갖춘 경우에만 시험에 응시할 수 있습니다.

라. 응시연령은 18세 이상입니다.

마. 거주지 및 국적

1) 주민등록 초본 기준 채용 당해년도 1월 1일 이전부터 최종시험일(면접시험 최종일)까지 계속하여 원서 접수하는 시 · 군으로(○○시 · 군) 되어 있는 자로서 동 기간 중 주민등록 말소 및 거주불명으로 등록된 사실이 없어야 함
2) 채용 당해연도 1월 1일 이전까지 원서 접수하는 시 · 군에 주민등록상 주소지를 두고 있었던 기간이 모두 합산하여 2년 이상인 자
3) 대한민국 국적 소지자(외국인 및 복수국적자 제외함)

※ 복수국적자(대한민국 국적과 외국 국적을 함께 가지게 된 사람을 말함)가 응시할 경우 채용 전까지 외국 국적을 포기하여야 함

▣ 응시자 유의사항

- 응시 희망자는 필수 자격요건 등이 적합한지를 우선 판단하여 응시원서를 제출하시기 바랍니다.
- 복수 직종으로 응시원서를 제출할 수 없으며, 복수 응시할 경우 모든 직종에 대한 접수가 무효 처리됩니다.
- 응시원서나 각종 증명서의 기재사항 착오 또는 누락, 유효기간 미확인, 자격미비자의 응시 등으로 인한 불이익은 모두 응시자의 책임으로 합니다.
- 최종 합격자 통지 및 근로계약서 체결 후라도 채용신체검사, 자격증 · 경력증명서 등 제출서류 검증, 범죄 경력 조회 등을 통하여 결격사유가 발견되거나 제출된 서류내용이 사실과 다를 경우 합격 또는 채용이 취소처리 됩니다.
- 응시자가 제출한 서류는 「채용절차의 공정화에 관한 법률」 제11조에 따라 최종 합격자를 발표한 날로부터 14일 이후 30일 이내 반환을 청구할 수 있으며, 기한 내 반환 청구하지 않는 경우는 「개인정보 보호법」에 따라 파기됩니다.
- 최종접수결과 응시자가 선발 예정 인원수와 같거나 미달되더라도 적격자가 없는 경우 선발하지 않을 수 있습니다.
- 본 공고내용은 사정에 따라 변경될 수 있으며, 변경되는 사항은 각 시도 교육청 홈페이지에 확인 바랍니다.

이 책의 구성

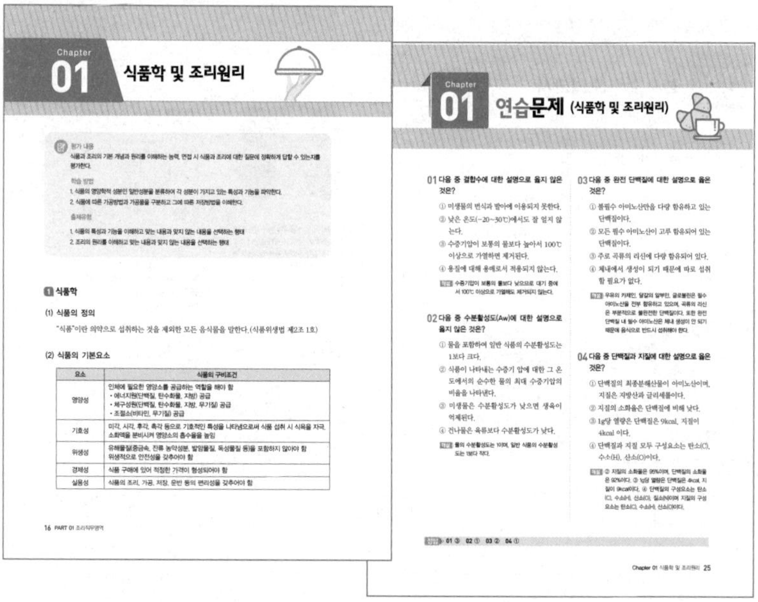

STEP 1 직무능력검사

직무능력검사 4개 영역(직무영역, 언어영역, 응용수리영역 및 추리영역, 공간지각영역)에 필요한 이론 및 기출예상문제를 수록하여 실전대비를 강화하였다.

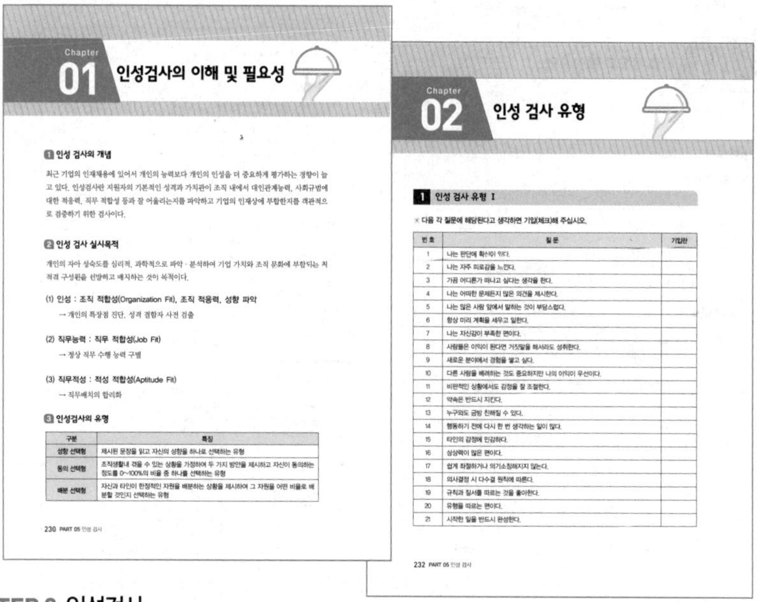

STEP 2 인성검사

지원자의 성격과 적성이 교육청에서 추구하는 인재상에 부합한지를 객관적으로 검증하기 위해 다양한 유형의 인성검사를 수록하였다.

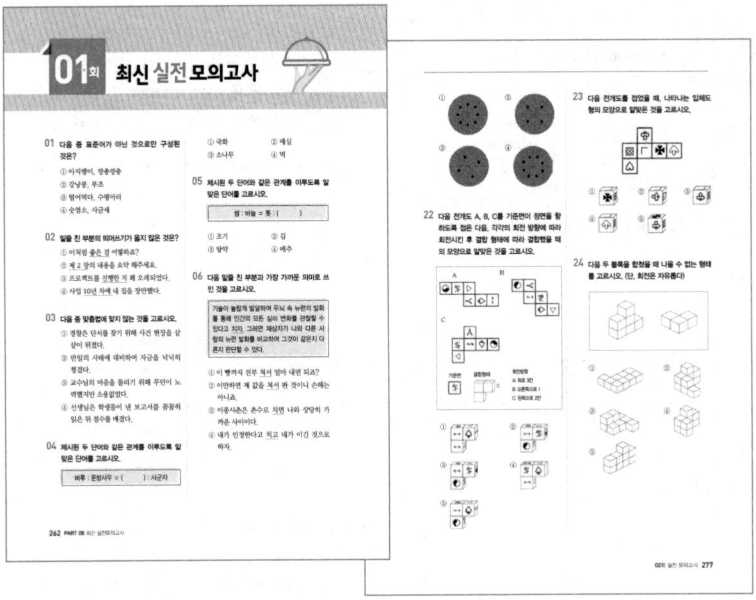

STEP 3 실전모의고사

각 영역별 최신기출문제를 수록하여 개념완성을 통해 실제시험에 완벽 대비할 수 있다.

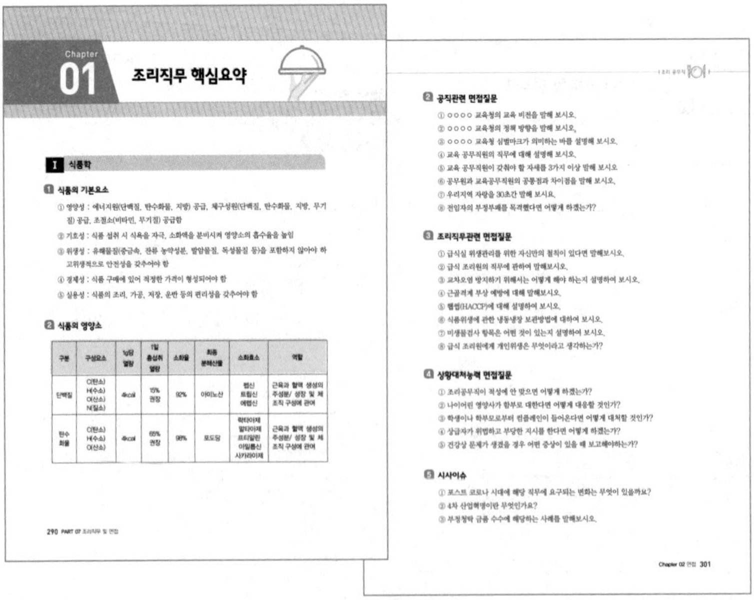

STEP 4 면접

면접을 대비한 핵심요약본과 실전 면접질문을 핸드북으로 제작하여 상시 면접 준비가 가능하도록 제공하였다.

PART 01 | 조리직무영역

PART 02 | 언어영역

PART 03 | 응용수리영역 및 추리영역

PART 05 인성검사

PART 06 최신 실전모의고사

PART 07 | 조리직무 핵심요약 및 면접

PART

01

조리직무영역

Chapter 01

식품학 및 조리원리

평가 내용

식품과 조리의 기본 개념과 원리를 이해하는 능력, 면접 시 식품과 조리에 대한 질문에 정확하게 답할 수 있는지를 평가한다.

학습 방법

1. 식품의 영양학적 성분인 일반성분을 분류하여 각 성분이 가지고 있는 특성과 기능을 파악한다.
2. 식품에 따른 가공방법과 가공품을 구분하고 그에 따른 저장방법을 이해한다.

출제유형

1. 식품의 특성과 기능을 이해하고 맞는 내용과 맞지 않는 내용을 선택하는 행태
2. 조리의 원리를 이해하고 맞는 내용과 맞지 않는 내용을 선택하는 행태

1 식품학

(1) 식품의 정의

"식품"이란 의약으로 섭취하는 것을 제외한 모든 음식물을 말한다.(식품위생법 제2조 1호)

(2) 식품의 기본요소

요소	식품의 구비조건
영양성	인체에 필요한 영양소를 공급하는 역할을 해야 함 • 에너지원(단백질, 탄수화물, 지방) 공급 • 체구성원(단백질, 탄수화물, 지방, 무기질) 공급 • 조절소(비타민, 무기질) 공급
기호성	미각, 시각, 후각, 촉각 등으로 기호적인 특성을 나타냄으로써 식품 섭취 시 식욕을 자극, 소화액을 분비시켜 영양소의 흡수율을 높임
위생성	유해물질(중금속, 잔류 농약성분, 발암물질, 독성물질 등)을 포함하지 않아야 함 위생적으로 안전성을 갖추어야 함
경제성	식품 구매에 있어 적정한 가격이 형성되어야 함
실용성	식품의 조리, 가공, 저장, 운반 등의 편리성을 갖추어야 함

(3) 식품의 구성성분

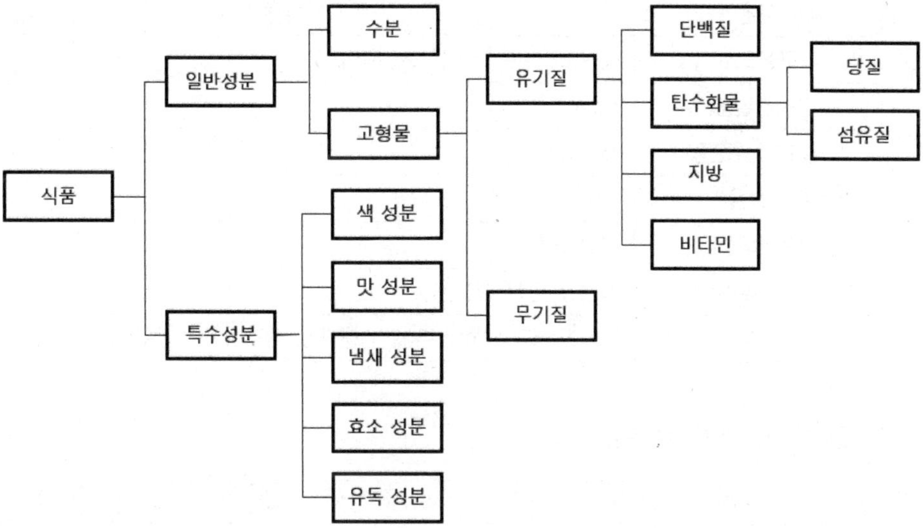

①-1. 수분의 종류와 특성

결합수	유리수(자유수, 일반적인 물)
용매로 작용하지 않음	용질에 대해 용매로 작용함
0℃ 이하에서도 얼지 않음	0℃ 이하에서도 쉽게 동결함
100℃ 이상으로 가열하여도 증발하지 않음	100℃ 이상으로 건조 또는 가열시 쉽게 증발됨
미생물의 생육과 번식에 이용하지 못함	미생물의 생육과 번식에 이용됨
유리수보다 밀도가 큼	융점이 높고 표면장력과 점성이 큼

①-2. 수분활성도(Aw: Activity Water) : 일정 온도에서 식품이 나타내는 수증기압(P)에 대한 순수한 물의 수증기압(P_0)의 비율

수분활성도의 특성
수분활성도(Aw) = $\dfrac{p(\text{식품의 수증기압})}{p_0(\text{순수한 물의 최대 수증기압})}$
물의 수분활성도는 1(Aw = 1), 일반식품은 항상 1보다 작음(Aw 〈 1)
수분활성도가 높으면 세균, 효모, 곰팡이 등 미생물에 의해 변질되기 쉬우며, 낮은 경우 미생물의 생육이 억제됨
육류, 채소류, 과일류 등은 곡류, 건조 식품류보다 수분활성도가 높음

②-1. 단백질의 특성

구분	특성
구성요소	C(탄소), H(수소), O(산소), N(질소)
1g당 열량	4kcal
1일 총 섭취열량	15% 권장
소화율	92%
최종분해산물	아미노산
소화효소	펩신, 트립신, 에렙신
역할	근육과 혈액 생성의 주성분/ 성장 및 체조직 구성에 관여

②-2. 단백질의 영양학적 분류

구분	특성
완전 단백질	동물의 성장과 생명유지에 필요한 모든 필수 아미노산을 골고루 함유 (우유의 카제인, 달걀의 알부민, 대두의 글리시닌)
부분적 불완전 단백질	필수 아미노산의 양이 부족하여 생명유지는 되나 성장이 되지 않음 (곡류의 리신, 밀의 글리아딘)
불완전 단백질	필수 아미노산의 양이 현저히 부족하여 생명유지와 성장이 어려움 (옥수수의 제인, 젤라틴)

③ 탄수화물

구분	특성
구성요소	C(탄소), H(수소), O(산소)
1g당 열량	4kcal
1일 총 섭취열량	65% 권장
소화율	98%
최종분해산물	포도당
소화효소	락타아제, 말타아제, 프티알린, 아밀롭신, 사카라아제
역할	단백질의 절약작용, 지방의 완전연소에 관여, 장내 운동을 도움

④ 지질

구분	특성
구성요소	C(탄소), H(수소), O(산소)
1g당 열량	9kcal
1일 총 섭취열량	20% 권장
소화율	95%
최종분해산물	지방산과 글리세롤
소화효소	라파아제, 스테압신
역할	지용성 비타민의 흡수를 높임(비타민 A, D, E, K, F) 조리 시 영양분의 손실이 적고, 에너지 저장 및 세포막 구성성분의 기능을 가짐

⑤ 무기질의 산성과 알칼리 식품

산성 식품	알칼리 식품
연소 후 P(인), S(황), Cl(염소) 등 산성물질이 함유된 식품	연소 후 Ca(칼슘), Na(나트륨), K(칼륨), Mg(마그네슘), Fe(철), Cu(구리), Mn(망간) 등 염기성 물질이 함유된 식품
육류, 곡류, 어패류, 치즈 등	과일, 채소류, 해조류, 우유 등

(4) 식품의 맛과 성분

① 헤닝(Henning)의 '4원미'

구분	맛의 종류	맛의 최적온도
단맛	• 천연 감미료 : 설탕, 포도당, 과당, 젖당, 전화당, 유당, 맥아당 • 인공감미료 : 사카린, 솔비톨, 아스파탐 등 • 단맛 정도 : 과당 〉 전화당 〉 설탕 〉 포도당 〉 맥아당 〉 유당	20~50℃
신맛	초산, 젖산, 구연산, 호박산, 사과산 등	25~50℃
짠맛	NaCl(염화나트륨), KCl(염화칼륨), NaBr(브롬화나트륨), NaI(요오드화나트륨)	30~40℃
쓴맛	• 가장 민감하게 느껴지는 맛 • 귤껍질(헤스피리딘), 오이꼭지(큐커비테이신), 양파껍질(케르세틴), 커피/차(카페인), 코코아(데오브로민), 양귀비(몰핀)	40~50℃

(5) 식품의 갈변

①-1. 효소적 갈변과 갈변 방지방법

효소적 갈변의 특성	갈변 방지방법
과일류나 채소류를 절단 시 공기노출에 의해 일어나는 현상	• 열처리 : 데쳐서 고온에서의 열처리로 효소를 불활성화시킴 • pH 처리 : pH3 이하로 낮춤(묽은 구연산물에 담그기) • 당 또는 염분에 담군 후 보관 • 산소 제거 : 밀폐용기에 넣어 산소 제거 또는 이산화탄소나 질소가스 주입 • 온도 조절 : -10℃ 이하로 보관 • 용기 활용 : 구리나 철로 된 용기나 도구사용을 피함
페놀화합물이 갈색색소인 멜라닌 색소로 전환	
사과(폴리페놀 옥시다제), 고구마/감자(티로시나아제)의 갈변	

①-2. 비효소적 갈변

비효소적 갈변반응	특성 및 식품
캐러멜화 반응	고온(180~200℃)에서 당류를 가열 시 갈색으로 변화 예 간장, 합성소주, 약식, 소스류 등
마이야르 반응	당과 단백질의 결합으로 인해 자연적으로 일어나는 현상 예 간장, 된장, 쿠키, 오렌지 주스, 식빵, 누룽지 등
아스코르브산 산화반응	감귤류의 가공품이나 농축물에서 일어나는 현상 예 과채류의 가공식품(감귤류의 주스)

(6) 식품가공 및 저장법

① 곡류의 가공과 저장법

쌀의 가공품	특성
강화미	쌀에 비타민 B_1을 첨가하여 영양소를 강화시킴
팽화미	쌀을 고압으로 가열하여 건조시킴
건조 쌀	밥이 뜨거울 때 고온건조시켜 수분을 10% 정도 함유함
종국류	된장, 술, 감주의 제조에 쓰임
주조미	쌀겨를 남기지 않고 도정함
저장법	건조법, 저온 저장(10~15℃ 이하)

② 어패류의 가공과 저장

어패류의 가공품	특성
어묵	• 미오신(어육 단백질)이 소금에 녹는 성질을 이용하여 생선을 갈거나 으깨서 찌거나 굽거나 튀김 • 소금물 3%에 흰 살 생선을 주로 이용(동태, 광어, 도미 등)
건제품	미생물의 번식방지를 위해 수분함량을 10~14%정도로 하여 저장성을 높임
훈제품	어패류를 염지한 후 훈연하여 보존성을 높임
젓갈	어패류의 살, 내장, 알 등에 소금농도 20~25%로 절임
저장법	동건법(얼렸다 녹이기 반복), 염건법(소금에 절인 후 건조), 소건법(날 것으로 건조), 염장법(소금에 절임)

③ 육류의 가공과 저장

구 분	특성
연화법	• 단백분해효소 첨가 : 파파야 파파인(Papain), 파인애플 브로멜린(Bromelin), 무화과 피신(Ficin), 키위 액티니딘(Actinidain), 배 옥시다제(Oxydase) • 동결법 • 설탕 및 1.5%의 식염수 첨가 • 숙성 : 사후강직된 근육이 숙성과정을 거쳐 근육조직이 분해됨 • 기계적 방법 : 망치로 두드리거나 분쇄 또는 칼집 넣기
가공품	• 훈제품 : 햄, 베이컨, 소시지 • 콘드비프(Corned beef) : 육포, 통조림
저장법	• 냉장법 : 0~4℃ • 냉동법 : –18~–20℃에서 급속동결 후 –10~–18℃로 저장 • 건조법 : 수분활성의 감소(건포) • 훈연법 : 저장에 용이, 풍미와 맛을 증진

④ 달걀의 가공과 저장

구분	특성
달걀의 응고	• 달걀 흰자 : 58℃에서 응고시작~80℃에서 완전히 굳음 • 달걀 노른자 : 70℃에서 응고시작~100℃에서 완전히 굳음
난백의 기포성	빵 제조시 팽창제로 사용(머랭, 스펀지 케이크)
난황의 유화성	레시틴이 유화제로 작용(마요네즈, 크림스프, 케이크 반죽)
저장법	냉장법(온도 0~5℃, 습도 80~85%), CA 저장법, 침지법(소금물), 표면도포법, 간이저장법, 건조법

⑤ 서류의 저장과 가공

구분	특성
전분	• 조리 시 호화되고 상온이나 저온에서 저장 시 노화됨 • 효소당화법, 맥아엿 제조, 산화전분, 염산법, 매시포테이토, 당면의 원료로 쓰임
감자	2℃정도에서 냉장 시 당분의 증가로 단맛이 남. 전분의 당화를 방지하기 위해서는 10~13℃정도에서 저장하는 것이 좋음
고구마	• Curing 처리 : 온도 30~33℃, 습도 90~95%에 4일 정도 두었다가 저장하면 보존이 오래됨 • 본 저장 : 온도 10~17℃, 습도 85~90%

2 조리원리

(1) 조리의 목적

구분	목적
기호성	식품의 맛과 외관을 좋게 하여 식욕을 돋게 함
영양성	소화를 용이하게 하여 식품의 영양효율을 증가시킴
안전성	위생상 안전한 음식으로 만듬
저장성	식품의 저장성을 높임

(2) 조리의 기초지식

①-1. 식품의 계량법

구분	계량법
액체	원하는 선까지 부은 후 눈높이를 맞추어 읽음(매니스커스)
지방	버터, 마가린, 쇼트닝 등의 고형지방은 실온에서 부드러워졌을 때 스푼이나 컵에 눌러 담은 후 윗면을 수평이 되도록 하여 계량
설탕	결정으로 된 설탕이나 흑설탕은 충분히 단단히 채워서 평평하게 깍아 측정
밀가루	체로 쳐서 누르거나 흔들지 말고 수북하게 담아 위를 평평하게 깍아 측정

①-2. 식품의 적온 및 조리온도

음식종류	온도	음식종류	온도
밥, 우유	40~45℃	전골	95~98℃
식혜, 술 발효	55~60℃	빵 발효	25~30℃
맥주	7~10℃	빵 구울 때	220℃
청량음료	2~5℃	커피, 국	70~75℃

(3) 식품의 조리원리

① 쌀의 조리

구분	특성
밥 짓기	• 쌀을 씻을 때 티아민의 손실을 막기 위해 3~4회 정도 가볍게 씻는다. • 멥쌀은 30분, 찹쌀은 50분 정도 물에 담가 놓으면 물을 최대한 흡수한다. • 물의 분량은 쌀의 종류와 수침시간에 따라 다르며 잘된 밥의 양은 쌀의 2.5배~2.7배 정도가 된다.
쌀의 호화 (알파화 = α)	• 생전분에 물 분자와 열이 들어가 팽윤된 상태 • 아밀로펙틴 함량이 높을수록, 가열온도가 높을수록, 오래 불릴수록 호화가 잘 됨
쌀의 노화 (베타화 = β)	• 호화된 전분을 방치하면 생전분에 가까운 상태로 되는 것 • 억제하는 인자 : 아밀로오즈 함량이 적고 아밀로펙틴 함량이 많을수록 느림 (건조 : 수분 15%, 냉동 : 0℃ 이하, 설탕 첨가, 유화제 첨가)
쌀의 호정화 (텍스트린화)	• 전분을 160~170℃ 건열로 가열 • 수분이 안 들어간다는 점에서 호화와 차이가 있음 • 물리적 변화인 호화와 화학적 변화가 같이 일어남

② 채소의 조리

구분	계량법
데치기	푸른 잎 채소를 데칠 때 냄비의 뚜껑을 열고 끓는 물에 단시간 데쳐 냉수에 헹궈야 함
볶기	녹황색 채소는 지용성 비타민A를 함유하고 있으므로 기름에 볶는 조리법은 영양흡수율을 높임
삶기	토란, 죽순, 우엉, 연근 등 흰색 채소는 쌀뜨물이나 식초 물에 삶으면 흰 색을 유지시키고 단단한 섬유를 연하게 함
갈변방지	• 과일이나 채소는 구리나 철로 된 칼을 피하고 묽은 소금물(1%)이나 설탕물에 담궈 변색 방지 • 식초를 사용하면 황갈색인 피로피틴으로 변함 • 알칼리성분인 중탄산소다나 황산동으로 처리하면 선명한 녹색을 유지

③ 육류의 조리

구분	부위별 조리법		
양지육	전골, 편육, 조림, 탕	업진살	편육, 탕, 조림
등심/안심	전골, 구이, 볶음	우둔살	조림, 포, 구이, 육전, 육회
채끝살	구이, 조림, 찌개, 전골	사태	탕, 조림, 편육, 찜
갈비	찜, 구이, 탕	홍두께살	조림, 탕

④ 어패류의 조리

구분	비린내 제거법
세척	물로 씻어 트리메탈아민(Trimethylamine)양을 감소시킴
산 첨가	식초, 레몬을 첨가
향신료 첨가	생강, 파, 마늘, 겨자, 술 등 향신료 첨가(생강은 생선이 익은 후 첨가)
조리법 활용	• 전, 튀김, 구이의 조리법을 사용 • 생선을 조릴 때 처음 몇 분간은 뚜껑을 열어 비린내 휘발
우유 활용	우유에 담가두었다가 조리하면 우유의 카제인이 트리메틸아민을 흡착하여 비린내 감소 효과

⑤ 유제품의 조리

구분	우유 데우는 법
피막형성	• 단백질이 표면에 집합되어 피막을 형성 • 응고현상은 60~65℃ 이상에서 일어남
갈색화	주로 고온에서 장시간 가열시 발생
익는 냄새	74℃ 이상으로 하면 익는 냄새가 남
눋기	바닥에 락토알부민이 응고되어 누런빛이 나도록 조금 타는 현상
데우기	가열시 끓이는 시간을 최소화하고 데울 때는 이중 냄비로 중탕하여 저어가며 가열

Chapter 01

연습문제 (식품학 및 조리원리)

01 다음 중 결합수에 대한 설명으로 옳지 않은 것은?

① 미생물의 번식과 발아에 이용되지 못한다.
② 낮은 온도(−20~30℃)에서도 잘 얼지 않는다.
③ 수증기압이 보통의 물보다 높아서 100℃ 이상으로 가열하면 제거된다.
④ 용질에 대해 용매로서 적용되지 않는다.

해설 수증기압이 보통의 물보다 낮으므로 대기 중에서 100℃ 이상으로 가열해도 제거되지 않는다.

02 다음 중 수분활성도(Aw)에 대한 설명으로 옳지 않은 것은?

① 물을 포함하여 일반 식품의 수분활성도는 1보다 크다.
② 식품이 나타내는 수증기 압에 대한 그 온도에서의 순수한 물의 최대 수증기압의 비율을 나타낸다.
③ 미생물은 수분활성도가 낮으면 생육이 억제된다.
④ 건나물은 육류보다 수분활성도가 낮다.

해설 물의 수분활성도는 1이며, 일반 식품의 수분활성도는 1보다 작다.

03 다음 중 완전 단백질에 대한 설명으로 옳은 것은?

① 불필수 아미노산만을 다량 함유하고 있는 단백질이다.
② 모든 필수 아미노산이 고루 함유되어 있는 단백질이다.
③ 주로 곡류의 리신에 다량 함유되어 있다.
④ 체내에서 생성이 되기 때문에 따로 섭취할 필요가 없다.

해설 우유의 카제인, 달걀의 알부민, 글로불린은 필수 아미노산을 전부 함유하고 있으며, 곡류의 리신은 부분적으로 불완전한 단백질이다. 또한 완전 단백질 내 필수 아미노산은 체내 생성이 안 되기 때문에 음식으로 반드시 섭취해야 한다.

04 다음 중 단백질과 지질에 대한 설명으로 옳은 것은?

① 단백질의 최종분해산물이 아미노산이며, 지질은 지방산과 글리세롤이다.
② 지질의 소화율은 단백질에 비해 낮다.
③ 1g당 열량은 단백질은 9kcal, 지질이 4kcal 이다.
④ 단백질과 지질 모두 구성요소는 탄소(C), 수소(H), 산소(O)이다.

해설 ② 지질의 소화율은 95%이며, 단백질의 소화율은 92%이다. ③ 1g당 열량은 단백질은 4kcal, 지질이 9kcal이다. ④ 단백질의 구성요소는 탄소(C), 수소(H), 산소(O), 질소(N)이며 지질의 구성요소는 탄소(C), 수소(H), 산소(O)이다.

정답 01 ③ 02 ① 03 ② 04 ①

05 다음 중 산성 식품과 알칼리성 식품에 관한 설명으로 옳지 않은 것은?

① 알칼리성 식품은 Ca, K, Mg, Na을 많이 함유하고 있다.

② 지방은 P을 많이 함유하고 있으므로 산성 식품에 해당된다.

③ 곡류는 대표적인 알칼리성 식품에 해당된다.

④ 산성 식품은 P, S, Cl 등을 함유한 식품으로 어류도 이에 포함된다.

해설 산성 식품은 P, S, Cl 등을 함유하고 있으며 곡류, 어류, 육류 등이 해당된다. 알칼리성 식품은 Ca, K, Mg, Na 등을 함유하고 있으며 과일류나 야채류가 이에 해당된다.

06 다음 중 기본적인 맛 중 4원미로 옳은 것은?

① 짠 맛, 매운 맛, 신 맛, 떫은 맛

② 단 맛, 쓴 맛, 신 맛, 짠 맛

③ 단 맛, 짠 맛, 매운 맛, 신 맛

④ 단 맛, 짠 맛, 쓴 맛, 매운 맛

07 다음 중 효소에 의한 식품의 갈변에 해당되지 않는 것은?

① 우엉이나 연근 껍질을 벗기고 나면 갈변하는 현상

② 배 껍질을 벗겨 공기 중에 노출시켰을 때 갈변하는 현상

③ 오렌지 주스나 농축물 등에서 일어나는 갈변현상

④ 사과를 갈아서 실온에 두었을 때 갈변하는 현상

해설 감귤류의 가공품에서 일어나는 갈변반응은 비효소적 갈변현상이다.

08 다음 중 식품과 맛 성분의 연결이 옳지 않은 것은?

① 오이꼭지 – 큐커비테이신

② 양파껍질 – 케르세틴

③ 코코아 – 데오브로민

④ 생강 – 피페린

해설 생강의 매운 맛 성분은 쇼가올이며, 후추의 매운 맛 성분이 피페린이다.

09 다음 중 식품의 당장법의 효과를 높이기 위한 당의 함유량으로 옳은 것은?

① 20% 이상 ② 30% 이상

③ 40% 이상 ④ 50% 이상

해설 당장법은 50% 이상의 당 농도를 절여서 미생물의 발육을 억제하는 저장법이다.

10 다음 중 CA(가스저장)에 관한 설명으로 옳지 않은 것은?

① 오렌지나 레몬은 CA저장을 많이 하는 과일이다.

② 과일류, 알류, 채소류에 많이 사용하는 방법이다.

③ 미생물의 생육과 번식을 억제시키는 방법이다.

④ 주로 탄산가스와 질소가스를 사용한다.

해설 오렌지나 레몬은 CA저장이 적합하지 않은 과일이다.

11 쌀의 가공품인 강화미는 백미의 어떤 영양소를 첨가시킨 것인가?

① 비타민 A ② 비타민 B_1

③ 비타민 D ④ 비타민 K

해설 비타민B_1은 탄수화물 대사의 필수적인 보조효소로 부족하면 각기병이 발생한다.

정답 05 ③ 06 ② 07 ③ 08 ④ 09 ④ 10 ① 11 ②

12 다음 중 어패류의 가공에 대한 설명으로 옳지 않은 것은?

① 탄력이 강한 어묵을 가공하기 위해서는 흰 살 어묵이 적당하다.
② 건제품은 저장성을 높이기 위해 10~14%의 수분함량을 유지해야 한다.
③ 젓갈은 지나친 염분을 조절하기 위해 소금 농도를 10% 내외로 한다.
④ 훈제품은 염지하여 훈연 후 보존성을 높인다.

해설 젓갈의 소금농도는 20~30%를 넣어 보존성을 높인다.

13 다음 중 우유의 살균법으로 옳지 않은 것은?

① 저온 살균법
② 가압 살균법
③ 초고온 순간 살균법
④ 고온 단시간 살균법

해설 가압살균법은 증기 가압솥의 압력을 이용하여 살균하는 방법으로 주로 통조림이나 병조림 살균에 쓰인다.

14 달걀의 저장과 가공에 대한 설명으로 옳지 않은 것은?

① 흰자보다 노른자가 응고되는 온도가 낮다.
② 흰자는 빵 제조시 팽창제로 사용된다.
③ 달걀은 4~8℃의 온도에서 가장 오래 저장이 된다.
④ 달걀의 저장법으로는 침지법, 가스저장법, 표면 도포법 등이 있다.

해설 흰자는 60℃에서 응고되기 시작하며, 노른자는 70℃에서 응고되기 시작한다.

15 다음 중 조리의 목적으로 적절하지 않은 것은?

① 소화를 용이하게 하여 식품의 영양효율을 높인다.
② 식품의 저장성을 높인다.
③ 위생적으로 안전한 음식을 만든다.
④ 원가에 맞는 음식을 만들어 제공한다.

해설 조리의 목적은 기호성, 저장성, 안전성, 영양성이다.

16 다음 중 밀가루 계량법으로 옳은 것은?

① 체로 쳐서 꾹꾹 눌러 담아서 계량한다.
② 체로 좌우 흔들어 평평하게 면을 고른 뒤 계량한다.
③ 체로 쳐서 담아 계량컵 윗 면과 수평이 되도록 깎아서 계량한다.
④ 계량컵을 가득 채워서 봉긋하게 한 뒤 계량한다.

해설 밀가루는 체로 쳐서 누르거나 흔들지 말고 수북하게 담아 윗 면과 수평되게 깎아 계량한다.

17 다음 중 식품의 맛이 가장 좋은 상태의 수소이온 농도로 옳은 것은?

① pH5 이하 ② pH7 미만
③ pH7 ④ pH7 이상

해설 pH7 미만은 산성, pH7은 중성, pH7 이상은 알칼리성으로 pH5 이하일 때 가장 맛이 뛰어나다.

18 다음 중 식혜를 만들 때 가장 알맞은 당화 온도로 옳은 것은?

① 40~45℃ ② 45~50℃
③ 50~55℃ ④ 55~60℃

정답 12 ③ 13 ② 14 ① 15 ④ 16 ③ 17 ① 18 ⑭

19 다음 중 채소를 삶거나 데칠 때 영양분의 손실을 최소화하기 위한 방법으로 옳지 않은 것은?

① 조리시간을 최대한 늘려서 재료가 부드러워질 때까지 충분히 익혀준다.
② 삶거나 데친 물은 다른 조리에 다시 이용한다.
③ 최대한 물에 노출되는 면적을 줄인다.
④ 껍질이 있는 채소는 삶거나 데친 후에 껍질을 벗긴다.

해설 조리는 최대한 빠른 시간내 해야 영양분의 손실을 방지할 수 있다.

20 다음 중 조리 시 엽록소의 녹색을 선명하게 유지하기 위한 방법으로 옳지 않은 것은?

① 채소를 삶을 때 중조나 식염을 넣는다.
② 채소를 데친 후 차가운 물로 빨리 헹궈 준다.
③ 채소를 삶을 때는 뚜껑을 덮고 삶는다.
④ 채소를 데칠 때는 알칼리를 넣어야 색이 선명해진다.

해설 뚜껑을 덮고 채소를 데치거나 삶으면 채소에서 나오는 유기산에 의해 황변현상이 일어난다.

21 다음 중 α전분이 β전분으로 되돌아가는 현상은?

① 호화　② 노화
③ 호정화　④ 산화

해설 호화된 전분을 장시간 방치하면 점점 생전분에 가까운 상태로 되는 것을 노화 또는 베타화라고 한다.

22 고구마를 장시간 저장했을 때 당이 증가하여 조직이 연하게 되는 데 이와 관련된 효소는?

① 아스코르비나아제　② 리파아제
③ β아밀라아제　④ 프로테아제

해설 고구마를 장기간 저장시 β아밀라아제가 전분을 분해하여 맥아당을 생성하며 이는 고구마의 조직을 연하게 한다.

23 다음 중 융점이 가장 낮은 육류는?

① 소고기　② 돼지고기
③ 닭고기　④ 오리고기

해설 융점이 가장 낮은 오리는 14℃,
소고기는 40～50℃,
돼지고기는 33～46℃,
닭고기는 30～32℃이다.

24 다음 중 쇠고기 부위에 옳은 적당한 조리법으로 옳지 않은 것은?

① 안심 – 육포
② 양지육 – 편육, 탕
③ 등심, 갈비 – 구이
④ 사태 – 찜, 조림

해설 육포는 우둔살과 대접살로 만든다.

25 다음 중 비린내를 제거하기 위한 방법으로 옳지 않은 것은?

① 생선을 조리할 때 식초를 넣어 비린내를 제거한다.
② 생선에 올리브유로 코팅을 한 후 조리한다.
③ 조리 시 생선의 비린내를 저하시키는 다양한 향신료를 사용한다.
④ 생선을 미리 우유에 담궈두었다가 조리한다.

정답 19 ① 20 ③ 21 ② 22 ③ 23 ④ 24 ① 25 ②

26 **다음 중 우유를 데우는 방법으로 가장 효과적인 방법은?**

① 이중 냄비에 담고 저어가며 데운다.

② 이중 냄비에 담고 약불로 젓지 않고 데운다.

③ 일반 냄비에 담고 강불로 저어가며 빠른 시간에 데운다.

④ 일반 냄비에 담고 뚜껑을 덮고 약불로 데운다.

해설 우유를 가열하면 지방과 단백질이 엉겨서 표면에 하얀 막이 생겨 타기 쉬운 상태가 된다. 이중 냄비에 저어가며 데우는 것이 가장 효과적이다.

27 **다음 중 칼로리에 대한 정의로 옳은 것은?**

① 물 1kg의 온도를 1℃ 높이는 데 필요한 열량을 말한다.

② 물 1kg의 온도를 10℃ 높이는 데 필요한 열량을 말한다.

③ 물 1g의 온도를 1℃ 높이는 데 필요한 열량을 말한다.

④ 물 1g의 온도를 10℃ 높이는 데 필요한 열량을 말한다.

정답 26 ① 27 ①

Chapter 02

식품위생학

평가 내용

식품을 안전하고 위생적으로 관리하기 위한 식품위해요소를 이해하는 능력, 면접 시 식품으로 인한 오염과 감염 방지에 대한 대처법을 정확히 답할 수 있는지를 평가한다.

학습 방법

1. 식품을 안전하게 관리할 수 있는 보관법과 살균, 소독에 관해 이해한다.
2. 식품의 변질과 부패에 관여하는 미생물을 이해하고 식품에 따른 기생충의 종류와 예방법을 이해한다.
3. 식중독의 분류를 세균성 식중독, 화학적 식중독, 자연독 식중독으로 나누어 정확하게 이해한다.
4. 감염병의 분류를 이해하고 이에 따른 예방 대책을 이해한다.
5. 식품 첨가물의 분류를 통해 종류와 기능에 대해 이해한다.
6. 주방 위생관리를 위한 HACCP을 이해하고 교차오염 예방을 위한 작업요령을 이해한다.

출제유형

1. 식품위해요소의 종류와 특성을 구분하여 이해하고 이에 맞는 내용과 맞지 않는 내용을 선택하는 행태
2. 식품 부패에 관한 개념을 이해하고 부패 예방을 위한 방법을 선택하는 행태

I 식품위생관리

1 식품위생의 일반

(1) 식품위생 정의

세계보건기구(WHO)의 정의 : 식품의 생육, 생산 및 제조로부터 인간이 섭취하는 모든 단계에 있어서의 안전성, 건전성 및 안전무결성을 확보하기 위한 모든 수단

식품위생법상의 정의 : '식품 · 식품첨가물 · 기구 또는 용기 · 포장'을 대상으로 하는 음식물에 관한 위생

(2) 식품위생의 목적

식품으로 인한 위생상의 위해를 방지하고, 식품영양의 질적 향상을 도모함으로써 국민 보건의 향상과 증진에 이바지함을 목적으로 한다.

(3) 식품의 위해요소

내인성	식품 자체에 함유되어 있는 유해, 유독물질 예 패류독, 복어독, 버섯독, 시안배당체, 식물성 알칼로이드, 식이성 알레르겐, 항비타민 물질 등
외인성	식품 자체에 함유되어 있지 않으나 외부로부터 오염, 혼입된 것 예 식중독균, 경구감염병, 기생충, 곰팡이, 잔류농약, 유해첨가물, 포장재 · 용기 추출물 등
유기성	식품의 제조 · 가공 · 저장 · 운반 등의 과정 중에 유해 물질이 생성되거나 섭취 후 체내에서 생성되는 유해물질 예 과산화물, 유지변패물, 벤조피렌, N–nitro화합물, 조리과정 생성물 등

(4) 개인위생

① 조리 전에는 반드시 손 소독을 깨끗이 한다(역성비누).

② 화농성질 환자, 소화기계감염병 환자 등은 조리 행위를 금지한다.

③ 손톱은 짧게 자른다.

④ 이물질로 식품을 오염시킬 수 있으므로 손에 액세서리 착용을 금지한다.

2 식품의 보관 방법

(1) 물리적 처리법

① 냉장 · 냉동법

- 식품은 전체 용량의 80% 정도만 저장한다.
- 냉장고는 벽에서 10cm 정도 떨어진 곳에 설치한다.
- 냉장고 문은 자주 열지 않는 것이 좋다.
- 깨끗하게 청소하여야 세균의 오염을 막을 수 있다.
- 냉장실 : 0~10℃
- 냉동실 : –18℃ 이하

분류	온도	저장식품
냉장실	0~3℃	육류, 어류
	5℃	유지가공품
	7~10℃	과일, 채소류
냉동실	–18℃ 이하	육류, 건조 김

② 가열 살균법

분류	저온살균법	고온 단시간 살균법	고온살균법	초고온 순간 살균법
가열 방법	62~65℃ 30분	72~75℃ 15초	100℃ 이상 가열 살균	130~135℃ 2~3초
식품	우유, 과즙, 청주, 맥주 등	우유, 과즙 등	통조림	우유

③ 탈수건조법

미생물의 생육에 반드시 필요한 수분을 제거(수분 15% 이하)·건조시킴으로써 부패를 방지하여 보존하는 방법이며, 자연건조법과 인공건조법(열풍, 분무, 피막, 동결, 감압)이 있다.

구 분	내 용	종 류
일광건조법	햇빛에 말리는 방법	농산물, 김, 곡류, 건어물
열풍건조법	가열된 공기로 식품을 건조 – 품질 변화가 적음	육류, 어류
분무건조법	액체를 분무하여 열풍건조	분유, 분말주스, 액상건조
배건법	직접 불로 건조 시켜 식품의 향미 증진	보리차, 차류, 담배
냉동건조법	-30℃ 이하로 냉동시켜 저온에서 건조	한천, 건조두부, 당면

④ 자외선 조사

태양광선 중 자외선을 조사하여 살균 후 보관한다(단, 식품 내부까지는 살균이 되지 않음).

⑤ 방사선 조사

방사선 β선이나 γ선을 조사하여 미생물을 살균 후 보관하는 방법으로 안전성 문제가 제기된다.

⑥ 종합적 처리에 의한 방법

구 분	내 용	종 류
염건법	소금을 첨가한 후 건조시켜 저장하는 방법	어패류
밀봉법	용기에 식품을 넣고 수분 증발, 수분 흡수, 미생물의 침범을 막아 보존하는 방법	통조림, 병조림
훈연법	수지가 적은 나무를 불완전 연소시켜서 발생하는 연기에 그을려서 저장	햄, 소시지, 베이컨

가스저장법 (CA저장법)	CO_2 농도를 높이거나 O_2의 농도를 낮추거나 N_2(질소가스)를 주입하여 미생물의 발육을 억제시켜 저장하는 방법	과일, 채소

(2) 화학적 처리법

구 분	내 용	종 류
당장법	설탕 농도가 50% 일 때 방부 효과가 높다.	잼, 젤리, 가당연유
염장법	소금에 절이는 방법 10% 이상에서 발육 억제	해산물, 채소, 육류
산저장법	미생물 생육에 필요한 pH 범위를 벗어나게 하는 것으로, 초산, 젖산, 구연산 등을 이용	통조림, 병조림
화학물질 첨가	방부제(데히드로초산, 안식향산나트륨, 피로피온산나트륨 등), 산화방지제(BHT, BHA, DL-α-토코페롤 등) 사용	인스턴트 가공식품 (면류, 과자, 음료, 가공육 등)

(3) 생물학적 처리법

특수한 미생물을 발효시켜 그 식품에 유해한 미생물이 번식하는 것을 방지한다.

구 분	내 용	종 류
세균, 효모의 응용	식품에 유용한 미생물을 번식시켜 유해한 미생물의 번식을 억제	김치, 치즈, 요구르트, 식빵
곰팡이의 응용	식품 자체의 성분을 적당히 변화시켜 다른 식품으로 만든 것	콩 → 간장, 된장 우유 → 치즈

3 살균과 소독

(1) 정의

방부	미생물의 생육을 억제 또는 정지시켜 부패를 방지
소독	병원성 미생물의 생활력을 파괴, 멸균시켜 감염 및 증식력을 없애는 조작
살균	병원 미생물의 생활력을 파괴하여 감염의 위험성을 제거하는 조작
멸균	강한 살균력으로 미생물은 물론 포자까지 멸살, 파괴하는 조작

(2) 방법

① 물리적 소독법

구분		종류	내용
• 무가열 멸균법 • 자외선 살균법 • 방사선 살균법		일광 소독	1~2시간 의류 및 침구 소독
		• 공기, 물 소독 • 무균실, 수술실 등 구조물 소독	
		• 동위원소에서 방사되는 전리 방사선을 식품에 조사하여 미생물 살균 • 밀봉된 식품 그대로 조사 가능 • 저온살균법	
열처리법	건열 멸균법	화염 멸균법	• 물체를 불꽃 속에 접촉시켜 표면에 부착된 미생물 멸균 • 유리, 백금이 등
		건열 멸균법	• 160~170℃의 건열멸균기 이용 • 1~2시간 처리하여 미생물 사멸 • 주사침, 유리기구, 자기류 등에 사용
	습열 멸균법	자비 멸균법	• 가장 간단하고 널리 사용 • 식기 및 도마, 의류 등을 100℃ 끓는 물에서 15~20분간 처리 • 완전멸균은 불가능(100℃ 넘지 않으므로) • 간염바이러스균, 아포형성균-사멸 불가능
		고압증기 멸균법	• Autoclave 이용 • 121℃, 20분간 실시 • 아포형성균 멸균 • 고무제품, 자기류, 의류 등 사용
		간헐 멸균법	• 100℃ 증기로 1일/1회 3일간 실시 • 포자 완전 멸균
		저온 소독법	63~65℃, 30분간 처리
		초고온순간 멸균법	• 135℃, 2초간 처리 • 청량음료 살균에 사용

② 화학적 소독법

가열할 수 없는 기구에 소독력이 있는 약제를 이용해서 세균을 죽이는 방법

– 소독약의 살균력 측정

석탄산 계수(Phenol Coefficient) = 소독약의 희석배수/석탄산의 희석배수

구 분	내 용
염소, 차아염소산나트륨	식기, 야채, 과일, 음료수에 사용
표백분(클로로칼키)	음료수, 우물, 수영장에 사용
역성비누	• 식기, 과일, 야채(원액 10%를 200~400배 희석하여 0.01~0.2% 농도로 사용) • 손 소독에 사용 • 무색, 무취, 무미, 무자극성, 강한 살균력 • 유기물이 존재하거나 보통 비누와 같이 사용하면 소독력이 떨어지므로 같이 사용하지 않음
승홍수(0.1%)	• 손, 피부 소독에 주로 사용 • 금속 부식성이 있으므로 비금속기구 소독에 사용 • 단백질과 결합 시 침전이 생김
크레졸(3%)	• 하수도, 변소 등 오물소독에 사용 • 손 소독에 사용 • 피부 자극은 약하나 석탄산보다 소독력이 2배 강함
과산화수소 (2.5~3.5%)	자극성이 적어서 피부, 상처 소독에 사용
석탄산 (3~5%)	• 다른 소독약의 소독력을 평가하는 데 사용 : (유기물이 있어도 살균력이 약화 되지 않음) • 석탄산 계수가 높을수록 좋은 살균력 나타냄 • 20℃에서 나타나는 살균력 : (소독액의 온도가 고온일수록 효과가 큼) • 실험대, 실내벽, 기차 등 변소, 하수도 및 오물소독에 사용 • 냄새와 독성이 강하고 금속 부식성이 있으며 피부 점막에 강한 자극성을 줌
생석회(CaO)	변소, 하수도 등 오물소독에 사용
포르말린	• 포름알데시드를 35~38%로 물에 녹인 액체 • 변소, 하수도 등 오물소독에 사용
에틸알코올(70~75%)	손 소독, 금속 기구, 초자기구에 사용
과망간산칼륨	산화작용을 이용해 소독

▶ 소독약의 구비 조건

- 살균력이 강하고 침투력이 강할 것
- 경제적이며 사용하기 편한 것
- 용해성이 높고 안전성이 있을 것
- 금속 부식성, 표백성이 없을 것

Ⅱ 식품 미생물

1 미생물의 종류 및 특성

(1) 미생물의 종류

구분	종류
곰팡이(mold)	• 진균류, 포자 번식, 건조 상태에서 증식 가능 • 미생물 중 가장 크기가 큼
효모(yeast)	• 진균류, 곰팡이와 세균의 중간크기, 출아법 증식 • 통성혐기성균
스피로헤타(spirochaeta)	매독균, 회귀열
세균(bacteria)	구균, 간균, 나선균, 수분을 좋아함
리케차(rickettsia)	세균과 바이러스 중간, 살아있는 세포 속에서만 증식, 발진열(Q열), 발진티푸스, 양충병
바이러스(virus)	미생물 중 가장 크기가 작음

▶ 미생물의 크기 : 곰팡이 〉 효모 〉 스피로헤타 〉 세균 〉 리케차 〉 바이러스

(2) 식품 위생상 중요한 세균

구 분	내 용
Bacillus속	• 내열성 아포를 형성 • 탄수화물과 단백질의 분해력이 강함 • Bacillus natto는 청국장 제조에 이용 • 가열 식품의 주요 부패균 • 자연에 가장 많이 분포(유기물이 많은 토양의 표층에 서식)
Clostidium속	• 식품의 부패 시 악취는 Clostidium균에 의함 • 유기물이 많은 토양 심층과 동물 대장에 서식 • 식중독의 원인이 되는 것도 있음
Salmonella속	• 가축, 가금류, 쥐 등의 장내에 서식 • 식중독을 일으키는 것도 있음 • 장티푸스를 일으키는 것도 있음
Proteus속	• 히스타민을 축적하여 알레르기 유발 • Proteus morganii가 축적시킨 Histamine은 Allergy성 식중독을 유발 • 동물성식품의 대표적인 호기성 부패균으로 상온 상태에서 부패시키는 세균임
Micrococcus속	• 내염성이 강함 • 육류 및 어패류와 이들 가공품의 주요 부패균

Pseudomonas속	• 수용성 황록색의 형광 색소 형성 • 단백질, 유지의 분해력이 강함 • 방부제에 대한 저항성이 강함 • 저온에서 잘 자람 • 어패류의 대표적인 부패균 • Pseudomonas fluorescens－우유를 녹색으로 변화시키는 부패세균 • Pseudomonas aeruginosa－우유를 청색으로 변화시키는 부패세균
Vibrio속	• Vibrio vulnficus－비브리오패혈증을 일으킴 • 물에 서식하며 식중독을 일으키는 것이 있음 • 콜레라를 일으키는 것이 있음
Staphylococcus속	• 내염성이 강함 • 균의 배열 형태가 포도송이처럼 불규칙 • 식중독의 원인이 되는 것이 있음
Escherichia속	• 유당과 포도당을 분해하여 가스를 생성하는 호기성 또는 통성 혐기성균 • 식중독의 원인이 되는 것도 있음(E. coil O157) • 동물의 대장 내에 서식(대장균) • 분변을 통하여 토양, 물, 식품등을 오염시키므로 식품위생의 지표(병원성 미생물의 존재 가능성)임

(3) 식품 위생상 중요한 곰팡이

구분	내용
Aspergillus속	• 생육조건 : 온도 25～30℃, 습도 80% 이상, 수분 16% 이상, pH 4.0, 고탄수화물 • 누룩과 메주 등 발효식품의 제조에 이용 • 건조식품을 변색시키고 독소를 만드는 것도 있음 • Aspergillus flavus－곡류 등에 번식하며 Aflatoxin을 생성하여 발암(간암)물질을 생성 • Aspergillus oryzae－누룩을 만드는 황록색의 균종(청주, 감주, 간장, 된장 등의 누룩 제조에 사용) • Aspergillus niger－과일이나 채소의 흑변 현상을 일으키는 곰팡이
Penicillium속	• 페니실린, 항생 물질, 유지 제조, 치즈 발효 등에 이용 • 과일과 건조 식품을 변패시키고 독소를 만드는 것도 있음 • Penicillium expansum－과일의 연부병 원인으로 알려져 있음 • Penicillium citrinium－Mycotoxin인 Citrinin을 생성 • Penicillium islandicum－islanditoxin과 Luteoskyrin을 생성
Rhizopus속	• 빵, 곡류, 과일 등에 번식 • 알코올 발효 공업에 이용 • 원예작물(딸기, 귤, 채소 등)에 증식하는 변패의 원인균(거미줄 곰팡이로 격막이 없다)
Fusarium속	• 식물의 병원균 • 곡물에 번식하여 독소를 생성

2 미생물의 생육에 필요한 조건

(1) 영양소 : 탄소원(당질), 질소원(아미노산, 무기질소), 비타민, 무기염류 등이 필요

(2) 수분활성치(수분량=Aw : Water Activity)

① 미생물이 이용 가능한 수분

수분은 미생물의 몸체를 구성하고 생리기능을 조절하는 성분으로 보통 40% 이상 필요

② 밀폐용기 내 수증기압과 최대 증기압의 비례로 표시

$Aw=P/P_0$ (P : 식품을 넣는 밀폐용기 내 수증기압, P_0 : 온도에서 최대 증기압)

③ 미생물 생육에 필요한 최저 수분활성도(Aw)

세균(0.98) 〉 효모(0.88) 〉 곰팡이(0.80) 〉 내삼투압성 효모(0.60)

▶ 수분이 많은 곳 : 세균

▶ 수분이 적은 곳 : 곰팡이

④ 미생물의 생육을 저지할 수 있는 수분함량은 14% 이하, Aw는 0.6 이하

(3) 온도 : 0℃ 이하와 80℃ 이상에서는 발육하지 못함

구분	최적온도	발육 가능 온도
저온균	10℃	0~20℃
중온균	25~37℃	20~40℃
고온균	60~70℃	40~75℃

(4) 산소

구 분	내 용	종 류
호기성세균	산소가 존재하는 상태에서만 증식	고초균, 초산균, 결핵균 등
혐기성세균	통성혐기성균(산소 여부와 관계없이 발육하는 균)	효모, 대장균, 포도상구균, 티푸스균
	편성혐기성균(산소가 없을 때 증식)	보툴리누스균, 파상풍균, 웰치균

(5) 수소이온농도(pH)

구 분	내 용
세균	최적 pH6.5~7.5-중성이나 약알칼리에서 생육 활발
곰팡이 · 효모	최적 pH4.0~6.0-약산성에서 생육 활발

3 식품의 변질

(1) 변질

자연 상태의 식품이 미생물, 효소, 산소, 빛, 수분 등으로 인해 성분이 변화되고 손상되는 상태를 말한다.

부패	단백질 식품이 혐기성 미생물에 의해 변질되는 현상
변패	단백질 이외의 식품이 미생물에 의해 변질되는 현상
발효	탄수화물이 미생물의 작용을 받아 유기산, 알코올 등이 생성되는 현상
산패	유지가 공기 중의 산소, 일광, 금속(Fe, Cu)에 의해 변질되는 현상
후란	단백질 식품이 호기성 미생물에 의해 변질되는 현상

▶ 식품의 부패 시 생성되는 물질 - 암모니아, 아민류, 황화수소, 인돌 등

(2) 식품의 부패 판정

분류	내용
관능검사	시각, 미각, 후각, 촉각 이용
생균수 검사	• 일반 세균수를 측정하여 선도를 측정하는 방법 • 식품 1g 또는 1mL당 10^7~10^8이면 부패 • 10^5 이하는 안전
수소이온농도	pH6.0~6.2일 때 초기부패로 판정
트리메틸아민(TMA)	어류의 신선도 검사로 3~4mg%이면 초기부패로 판정
휘발성염기질소량 측정	식육의 신선도 검사로 30~40mg%이면 초기부패로 판정
히스타민	• 단백질 분해 산물인 히스티딘에서 생성 • 히스타민 함량이 낮을수록 신선

▶ **식품의 오염지표 검사**

- 대장균 검사(분변 오염 지표균)
- 장구균 검사(분변오염+냉동식품 오염 여부 판정)

4 식품과 기생충

1) 채소를 통해 감염되는 기생충

분변을 비료로 사용하여 기생충 알이 부착된 채소를 생식함으로써 감염

종 류	특 징
회충	경구감염, 소독에 저항성 강함
구충(십이지장충)	경구감염, 경피감염
편충	경구감염
동양모양선충	경구감염, 식염에 강함(김치)
요충	집단감염, 항문에 기생

2) 육류를 통해 감염되는 기생충(중간숙주 1개)

종 류	중간숙주
무구조충(민촌충)	소
유구조충(갈고리촌충)	돼지
선모충	돼지
톡소플라스마	고양이, 쥐, 조류

3) 어패류를 통해 감염되는 기생충(중간숙주 2개)

종 류	제1중간숙주	제2중간숙주
간디스토마(간흡충)	왜우렁이	담수어(붕어, 잉어)
폐디스토마(폐흡충)	다슬기	가재, 게
요꼬가와흡충(횡천흡충)	다슬기	담수어(은어)
광절열두조충(긴촌충)	물벼룩	담수어(은어)
아니사키스충	갑각류	포유류(돌고래)

4) 기생충 예방법

① 분변은 위생적으로 처리하고 채소 재배 시 화학비료 사용

② 육류나 어패류는 익혀서 먹음

③ 야채류는 흐르는 물에서 5회 이상 씻기

④ 개인 위생관리를 철저히 하고 조리기구를 잘 소독

⑤ 정기적으로 구충제 복용

5 식품의 위생적 취급기준

1) 식품등을 취급하는 원료보관실 · 제조가공실 · 조리실 · 포장실 등의 내부는 항상 청결하게 관리하여야 함
2) 식품등의 원료 및 제품 중 부패 · 변질이 되기 쉬운 것은 냉동 · 냉장 시설에 보관 · 관리하여야 함
3) 식품등의 보관 · 운반 · 진열 시에는 식품등의 기준 및 규격이 정하고 있는 보존 및 유통기준에 적합하도록 관리하여야 하고, 이 경우 냉동 · 냉장 시설 및 운반시설은 항상 정상적으로 작동시켜야 함
4) 식품등의 제조 · 가공 · 조리 또는 포장에 직접 종사하는 사람은 위생모를 착용하는 등 개인 위생관리를 철저히 하여야 함
5) 제조 · 가공(수입품 포함)하여 최소판매 단위로 포장된 식품 또는 식품첨가물을 허가를 받지 아니하거나 신고를 하지 아니하고 판매의 목적으로 포장을 뜯어 분할하여 판매하여서는 아니 됨(다만, 컵라면, 일회용 다류, 그 밖의 음식류에 뜨거운 물을 부어주거나, 호빵 등을 따뜻하게 데워 판매하기 위하여 분할하는 경우는 제외)
6) 식품등의 제조 · 가공 · 조리에 직접 사용되는 기계 · 기구 및 식기는 사용 후에 세척 · 살균하는 등 항상 청결하게 유지 · 관리하여야 하며, 어류 · 육류 · 채소류를 취급하는 칼 · 도마는 각각 구분하여 사용하여야 함
7) 유통기한이 경과 된 식품등을 판매하거나 판매의 목적으로 진열 · 보관하여서는 아니 됨

Ⅲ 식중독

1 식중독의 의의

(1) 식중독의 정의

① 미생물, 유독물질, 유해물질 등이 음식물에 첨가되거나 오염되어 발생하는 것

② 급성위장염 등의 생리적 이상을 초래하는 것

(2) 발생 시기

세균의 발육이 왕성하여 식품이 부패하기 쉬운 6~9월 사이

(3) 원인

① 비브리오, 살모넬라, 포도상구균 등의 식중독 세균에 노출(부패)된 음식물을 섭취하여 발생

② 전체 식중독 중 세균성 식중독이 80% 차지

(4) 증상

일반적으로 설사와 복통, 구토 이 외에 발열, 두통 등

2 식중독 발생 시 신고 : 24시간 이내 즉시 신고

(한)의사 → 보건(지)소장 → 시장 · 군수 · 구청장 → 시 · 도지사 → 보건복지부장관, 식품의약품안전처장

3 식중독의 분류

분류		종류
세균성 식중독	독소형	보툴리누스, 포도상구균, 바실러스 세레우스
	감염형	살모넬라, 장염 비브리오, 병원성대장균, 리스테리아, 캠필로박터, 여시니아
	중간형	웰치균
화학적 식중독		유해성 첨가물, 유해성 금속 물질, 농약
자연독 식중독		식물성, 동물성, 곰팡이독

1) 감염형 식중독

① 살모넬라 식중독

감염원	쥐, 파리, 바퀴벌레, 닭 등
원인 식품	육류 및 그 가공품, 어패류, 알류, 우유 등
잠복기	12~24시간(평균 18시간)
증상	급성위장염 및 급격한 발열
예방	방충, 방서, 60℃에서 30분 이상 가열

② 병원성 대장균 식중독

감염원	환자나 보균자의 분변, 물이나 흙 속에 존재
원인 식품	채소, 샐러드, 우유 등

잠복기	평균 13시간
증상	급성 대장염(대표균 : O157)
예방	분변오염 방지

③ 장염 비브리오 식중독

감염원	어패류
원인 식품	어패류 생식
잠복기	10~18시간(평균 12시간)
증상	급성위장염
예방	여름철 생식 금지, 가열 섭취

④ 클로스트리디움 퍼프리젠스 식중독(웰치균 식중독)

원인균	• 웰치균(원인균은 A형, F형은 치명률 높음) • A, C – 감염형 • B, D, E, F – 독소형, 편성혐기성균, 아포 형성, 내열성균
감염원	사람, 동물의 분변, 식품의 오염 증식
원인 식품	육류 및 가공품
잠복기	8~22시간(평균 12시간)
증상	구토, 설사, 복통
예방	분변오염이 되지 않도록 주의, 조리 후 저온, 냉동 보관, 재가열 섭취 금지

2) 독소형 식중독

① 황색포도상구균 식중독

원인균	포도상구균 – 열에 약함
원인 독소	엔테로톡신 – 장독소, 열에 강함
잠복기	평균 3시간(잠복기 가장 짧다)
원인식품	• 유가공품 – 우유, 크림, 버터, 치즈 • 조리식품 – 김밥, 도시락, 떡, 콩가루
증상	급성위장염
예방	손이나 몸에 화농이 있는 사람은 식품 취급 금지

② 클로스트리디움 보툴리늄 식중독

원인균	보툴리늄균 – A, B, C, D, E, F형 중에서 A, B, E형이 원인균
원인독소	뉴로톡신 – 신경독소
잠복기	12~36시간(잠복기가 가장 길다.)
원인식품	통조림, 햄, 소시지
증상	신경마비 – 사시, 동공확대, 운동장애, 언어장애, 치사율이 가장 높다.
예방	통조림 제조 시 멸균을 철저히 하고, 섭취 전 가열

3) 자연독 식중독

분 류	내 용
복어	테트로도톡신(난소 〉 간 〉 내장 〉 피부), 열에 파괴 ×
섭조개(홍합), 대합	삭시톡신
모시조개, 굴, 바지락, 고동	베네루핀
독버섯	무스카린, 뉴린, 콜린, 아마니톡신(알광대버섯)
독미나리	시큐톡신
독보리(독맥)	테무린
감자	솔라닌, 부패한 감자(셉신)
청매, 살구씨, 복숭아씨	아미그달린
피마자	리신
면실류(목화씨)	고시폴

4) 화학적 식중독

① 유해물질에 의한 식중독

수은(Hg)	미나마타병 – 강력한 신장독, 전신경련
납(Pb)	인쇄, 유약 바른 도자기, 구토, 복통, 설사
카드뮴(Cd)	이타이이타이병 – 골연화증
주석(Sn)	통조림 내부 도장, 복통, 구토, 설사
크롬(Cr)	금속, 화학공장 폐기물, 비중격 천공, 비점막 궤양
불소(F)	반상치(불소에 의해 치아 표면에 백색이나 갈색 반점을 가지게 됨) 골연화증, 체중감소
비소(As)	농약, 제초제, 구토, 위통, 습진성 피부질환, 설사, 신경염

PCB	일명 가네미유중독, 기강유중독, 피부병, 간질환, 신경장애 증세
아연(Zn)	통조림관의 도금재료, 구토, 복통, 설사, 경련, 오심
방사능	유전자 변이, 백혈병, 생식불능 등

② 유해첨가물에 의한 식중독

감미료	• 둘신(설탕의 250배, 혈액독), 사이클라메이트(설탕의 40~50배, 발암성) • 페릴라(설탕의 2,000배)
보존료	붕산(체내 축적), 포름알데히드, 불소화합물, 승홍
표백제	롱가릿, 형광표백제
착색제	아우라민(단무지), 로다민B(붉은 생강, 어묵)

③ 농약에 의한 식중독

유기인제	• 파라티온, 말라티온, 다이아지논(신경독) • 신경 증상, 혈압상승, 근력 감퇴
유기염소제	• DDT, BHC(신경독) • 복통, 설사, 구토, 두통, 시력 감퇴, 전신 권태
비소화합물	• 비산칼슘 • 목, 식도의 위축, 위통, 구토, 설사, 혈변, 소변량 감소

④ 조리 및 가공에서 생기는 유해 물질

메틸알코올(메탄올)	• 주류 발효과정에서 펙틴이 존재할 경우 과실주에서 생성 • 두통, 구토, 설사, 실명, 사망(심하면)
N-니트로사민 (N-nitrosamine)	육가공품의 발색제 사용으로 인한 아질산염과 제2급 아민이 반응하여 생성되는 발암물질
다환방향족탄화수소	• 벤조피렌 • 태운 고기나 훈제육에서 다량 검출되는 발암 작용을 일으키는 유해 물질
아크릴아마이드	전분 식품 가열 시 아미노산과 당이 열에 의해 결합하는 메일라드 반응을 통해 생성되는 발암물질
헤테로고리아민	• 방향족 질소화합물 • 육류의 단백질을 300℃ 이상에서 고온 가열 시 생성되는 발암물질
멜라민	• 중독 시 신장결석, 방광결석 유발 • 신체 내 반감기는 약 3시간으로 신장을 통해 소변으로 배설 • 반수치사량(투여한 동물의 50%가 사망하는 것으로 추정하는 양)은 3.2kg 이상으로 독성이 낮음 • 영유아를 대상으로 하는 식품(분유, 이유식)에서는 불검출되어야 함

5) 곰팡이 독소(마이코톡신)

아플라톡신(곡류, 땅콩)	아스퍼질러스 플라버스 곰팡이가 번식하여 독소(간장독) 생성
황변미 중독(쌀)	• 페니실리움 속 푸른곰팡이에 의해 저장 중인 쌀에 번식 • 시트리닌(신장독), 시트레오비리딘(신경독), 아이슬란디톡신(간장독)
맥각중독(보리, 호밀)	• 맥각균이 번식하여 독소 생성 • 에르고톡신(간장독)

6) 기타 식중독

① 알러지성 식중독

원인균	프로테우스 모르가니
원인독소	히스타민
원인식품	고등어, 꽁치 등의 붉은살 어류 및 그 가공품
증상	열증, 두드러기
예방	항히스타민제 투여

② 노로바이러스 식중독

감염경로	• 경구감염 : 오염 식수, 오염된 물로 재배된 채소 · 과일 · 식품등 섭취 • 접촉감염 : 감염환자의 가검물의 비위생적 처리, 조리도구의 오염 • 비말감염 : 기침, 재채기, 대화를 통한 감염
증상	• 24~48시간 이내에 구토, 복통, 설사가 발생하고, 발병 2~3일 후 없어짐 • 겨울에 발생빈도 높음
예방	손 씻기, 식품을 충분히 가열
특징	백신 및 치료법 없음

IV 감염병

식품 위생상 문제가 되는 것은 음식물을 매개로 하는 경구감염병과 인수공통감염병

1 경구감염병과 세균성 식중독의 차이점

구 분	경구감염병(소화기계 감염병)	세균성 식중독
감염원	감염병균에 오염된 식품과 음용수 섭취에 의해 경구감염	식중독균에 오염된 식품 섭취에 의해 감염
감염균의 양	적은 양의 균으로도 감염	많은 양의 균과 독소
잠복기	길다	짧다
2차 감염	있음	없음(살모넬라 제외)
면역성	있음	없음
독성	강함	약함
예방	예방접종이 되는 경우도 있지만 대부분 불가능	가능(식품 중 균의 증식을 억제함)

2 감염 발생의 3대 요소

(1) 감염원

① 질병을 일으키는 원인

② 병원체, 병원소(환자, 보균자, 매개 동물이나 곤충, 오염 토양, 오염 식품, 오염 식기구, 생활 용구 등)

(2) 감염경로

감염원으로부터 병원체가 전파되는 과정, 직 · 간접적 감염, 공기감염, 절지동물 감염 등

(3) 숙주의 감수성

- 숙주가 병원체를 받아들이는 감수성에 따라 감염병 발생
- 감수성이 높으면 면역성이 낮으므로 질병에 발병하기 쉬움

감수성 지수(접촉 감염지수)

두창, 홍역(95%) 〉 백일해(60~80%) 〉 성홍열(40%) 〉 디프테리아(10%) 〉 폴리오(0.1%)

3 감염병의 생성과정

감염원		감염경로		숙주
① 병원체 ② 병원소	③ 병원체 탈출 →	④ 병원체 전파 ⑤ 병원체 침입	→	⑥ 감수성 숙주 감염

4 법정 감염병(감염병의 예방 및 관리에 관한 법률, 2020.1.1. 시행)

구 분	유 형	종 류
제1급감염병 (17종)	생물테러감염병 또는 치명률이 높거나 집단 발생 또는 유행 즉시 신고하고 음압격리가 필요한 감염병	에볼라바이러스병, 마버그열, 라싸열, 크리미안콩고출혈열, 남아메리카출혈열, 리프트밸리열, 두창, 페스트, 탄저, 보툴리눔독소증, 야토병, 신종 감염병증후군, 중증급성호흡기증후군(SARS), 중동호흡기증후군(MERS), 동물인플루엔자 인체감염증, 신종인플루엔자, 디프테리아.
제2급감염병 (21종)	전파 가능성을 고려하여 발생 또는 유행 시 24시간 이내에 신고하고 격리가 필요한 감염병	결핵, 수두, 홍역, 콜레라, 장티푸스, 파라티푸스, 세균성이질, 장출혈성대장균감염증, A형간염, 백일해, 유행성이하선염, 풍진, 폴리오, 수막구균감염증, b형헤모필루스인플루엔자, 폐렴구균감염증, 한센병, 성홍열, 반코마이신내성황색포도알균(VRSA)감염증, 카바페넴내성장내세균속균종(CRE)감염증, E형 간염
제3급감염병 (26종)	발생 또는 유행 시 24시간 이내에 신고하고 발생을 계속 감시할 필요가 있는 감염병	파상풍, B형간염, 일본뇌염, C형간염, 말라리아, 레지오넬라증, 비브리오패혈증, 발진티푸스, 발진열, 쯔쯔가무시증, 렙토스피라증, 브루셀라증, 공수병, 신증후군출혈열, 후천성면역결핍증(AIDS), 크로이츠펠트 – 야콥병 (CJD) 및 변종크로이츠펠트 – 야콥병(VCJD), 황열, 뎅기열, 큐열, 웨스트나일열, 라임병, 진드기매개뇌염, 유비저, 치쿤구니야열, 중증열성혈소판감소증후군(SFTS), 지카바이러스감염증
제4급감염병 (23종)	제1급~제3급 감염병 외에 유행 여부를 조사하기 위해 표본감시 활동이 필요한 감염병	인플루엔자, 매독, 회충증, 편충증, 요충증, 간흡충증, 폐흡충증, 장흡충증, 수족구병, 임질, 클라미디아감염증연성하감, 성기단순포진, 첨규콘딜롬, 반코마이신내성장알균(VER)감염증, 메티실린내성황색포도알균(MRSA)감염증, 다제내성녹농균(MRPA)감염증, 다제내성아시네토박터바우마니균(MRAB)감염증, 장관감염증, 급성호흡기감염증, 해외유입기생충감염증, 엔토로바이러스감염증, 사람유두종바이러스감염증

5 감염병의 분류

호흡기계 감염병	• 비말감염, 진애감염 • 결핵, 디프테리아, 백일해, 홍역, 천연두, 유행성 이하선염, 풍진 등
소화기계 감염병	• 경구 침입 • 콜레라, 장티푸스, 파라티푸스, 세균성 이질, 아메바성 이질, 소아마비, 유행성 간염, 기생충병 등

(1) 병원체에 따른 분류

바이러스	호흡기계 침입	인플루엔자, 홍역, 유행성 이하선염, 두창 등
	소화기계 침입	유행성 간염, 소아마비(폴리오) 등
	피부점막 침입	일본뇌염, 광견병(공수병), 에이즈 등
세균	호흡기계 침입	콜레라, 장티푸스, 파라티푸스, 세균성 이질 등
	소화기계 침입	디프테리아, 백일해, 나병(한센병), 결핵, 폐렴, 성홍열 등
	피부점막 침입	파상풍, 페스트 등
리케차	발진티푸스, 발진열, 쯔쯔가무시증(양충병) 등	
스피로헤타	와일씨병, 매독, 서교증 등	
원충	말라리아, 아메바성 이질, 톡소플라스마, 트리파노소마(아프리카 수면병) 등	

(2) 인체 침입구에 따른 분류

호흡기계 침입	디프테리아, 백일해, 홍역, 결핵, 풍진, 인플루엔자, 천연두(두창), 성홍열 등
소화기계 침입	콜레라, 장티푸스, 파라티푸스, 세균성 이질, 소아마비, 유행성 간염, 아메바성 이질 등
피부점막 침입	파상풍, 한센병(나병), 탄저, 매독 등

(3) 기타 감염경로에 따른 분류

직접 전파	• 신체접촉 : 매독, 임질, 성병 등 • 토양으로부터 감염 : 파상풍, 탄저 등
간접 전파	• 비말감염(기침, 재채기 통한 감염) : 홍역, 인플루엔자, 소아마비(폴리오) 등 • 진애감염(먼지 통한 감염) : 결핵, 천연두, 디프테리아 등
공기 전파	• 기침, 대화 중 병원체가 대기 중에 부유하여 감염 • Q열, 브루셀라, 결핵 등
수인성 감염으로 전파	콜레라, 이질, 장티푸스, 파라티푸스 등
식품으로 전파	콜레라, 이질, 장티푸스, 폴리오(소아마비), 유행성 간염 등
개달물 감염으로 전파	• 의복, 침구, 서적, 완구 등에 의한 감염 • 결핵, 트라코마, 천연두 등
절족동물 매개 감염병	발진티푸스(이), 황열(모기), 말라리아(모기), 일본뇌염(모기), 페스트(벼룩), 발진열(벼룩), 양충병(진드기), 유행성 출혈열(진드기) 등
토양 감염으로 전파	파상풍, 구충(십이지장충) 등

6 감염병의 잠복기

잠복기 1주 이내	콜레라, 이질, 인플루엔자, 성홍열, 파라티푸스, 뇌염 등
잠복기 1~2주	장티푸스, 홍역, 수두, 풍진, 급성회백수염 등
잠복기가 긴 것	결핵, 한센병

7 감염병 유행의 시간적 현상

감염병	주기
백일해(2~4년) 홍역(2~4년) 일본뇌염(3~4년)	2~5년
디프테리아(20년) 성홍열(30년) 장티푸스(30~40년)	10~40년
소화기계 감염병	하계
호흡기계 감염병	동계
질병 발생 양상이 돌발적으로 발생하는 경우(외래감염병)	불규칙

8 감염병의 예방 대책

(1) 환자에 대한 대책

환자의 조기 발견, 격리 및 감시와 치료 실시, 법정 감염병 환자 신고 잘하기

(2) 보균자에 대한 대책

보균자의 조기 발견으로 감염병의 전파를 막음(특히 식품을 다루는 업무에 종사하는 사람에 대한 검색을 중점적으로 실시)

(3) 외래감염병에 대한 대책

병에 걸린 동물을 신속히 없앰

(4) 역학조사

검병 호구조사, 집단검진 등 각종 자료에서 감염원을 조사 추구하여 대책을 세움

(5) 감수성 숙주의 관리

예방접종 실시

9 인수공통감염병

사람과 동물이 같은 병원체에 의해서 감염증상을 일으키는 것

결핵(세균)	소
탄저병(세균)	소, 말, 양
조류인플루엔자(바이러스)	닭, 칠면조, 야생조류
Q열(리케차)	소, 양
광견병(바이러스)	개
페스트(세균)	쥐
파상열(세균)	소, 돼지, 염소 증상 – 사람(열병) / 동물(유산)
야토병(세균)	토끼
돈단독(세균)	소, 돼지, 말
렙토스피라증(세균)	쥐

V 식품첨가물

1 식품첨가물의 의의

(1) 식품첨가물의 정의

식품을 조리 · 가공 또는 제조과정에서 식품의 상품적 가치의 향상, 식욕 증진, 보존성, 영양 강화 및 위생적 가치를 향상시킬 목적으로 식품에 첨가하는 화학적 합성품을 말하며 식품공업의 발달과 더불어 식품첨가물의 이용은 점차 증가 추세에 있다.

(2) 우리나라 식품위생법에서 정의

식품첨가물이란 식품을 제조 · 가공 · 조리 또는 보존하는 과정에서 감미, 착색, 표백 또는 산화 방지 등을 목적으로 식품에 사용되는 물질을 말한다. 이 경우 기구 · 용기 · 포장을 살균 · 소독하는 데에 사용되어 간접적으로 식품으로 옮아갈 수 있는 물질을 포함한다.

(3) 식품첨가물의 사용 목적

① 품질 유지, 품질 개량에 사용

② 보존성 향상

③ 영양 강화

④ 관능 만족

(4) 식품첨가물의 구비 조건

① 사용 방법이 간편해야 한다.

② 독성이 적거나 없으며 인체에 유해한 영향을 미치지 않아야 한다.

③ 미량으로도 충분한 효과가 있어야 한다.

④ 물리적 · 화학적 변화에 안정적이어야 한다.

⑤ 값이 저렴해야 한다.

(5) 식품첨가물의 안전성 평가

급성독성시험	대량의 검체를 1회 또는 24시간 이내에 반복 투여하거나 흡입될 수 있는 화학물질을 24시간 동안 노출 시킨 후 1~2주 관찰하여 50% 치사량(LD_{50}) 값을 구하는 시험
아급성독성시험	시험 물질을 3~12개월에 걸쳐 3회 이상 투여하여 독성을 평가하는 시험
만성독성시험	실험 동물에게 1년 이상 장기간에 걸쳐 연속 투여하여 어떠한 장해나 중독이 일어나는가를 알아보는 시험

2 식품첨가물의 분류

(1) 식품의 변질 · 변패를 방지하는 첨가물 : 보존료, 살균제, 산화방지제, 피막제

(2) 식품의 기호성을 높이고 관능을 만족시키는 첨가물 : 조미료, 감미료, 산미료, 착색료, 착향료, 발색제, 표백제

(3) 식품의 품질개량, 품질 유지에 사용되는 첨가물 : 품질개량제, 밀가루 개량제, 호료, 유화제, 이형제, 용제

(4) 식품 제조에 필요한 첨가물 : 팽창제, 소포제, 추출제, 껌 기초제

(5) 식품의 영양 강화에 사용되는 첨가물 : 영양강화제

(6) 기초제 : 중화제, 흡착제, pH 조정제, 여과보조제, 산제, 가수분해제

3 식품의 변질 및 부패를 방지하는 식품첨가물

(1) 보존료(방부제)

식품의 변질, 부패를 막고 신선도를 유지시키기 위해서 사용되는 첨가물로 미생물의 증식을 억제

데히드로초산	치즈, 버터, 마가린, 된장
안식향산	간장, 청량음료
프로피온산	빵, 생과자
소르빈산	식육 제품, 어육연제품, 잼류, 케첩

(2) 살균제(소독제)

식품 부패균, 병원균을 사멸시키기 위해 사용하는 첨가물

① 표백분 : 음료수, 식기 소독

② 차아염소산나트륨 : 음료수, 식기 소독

(3) 산화방지제(항산화제)

식품의 산패를 방지하기 위해 사용하는 첨가물

천연항산화제	비타민 E(dl-α-토코페롤), 비타민 C(L-아스코르빈산나트륨)	
인공항산화제	지용성	BHA(부틸히드록시아니솔), BHT(부틸히드록시톨루엔), 몰식자산프로필
	수용성	에르소르빈산염

▶ 비타민 E
- 노화 방지, 산화 방지
- 모든 비타민 중 열에 가장 강함

4 기호성 향상과 관능을 만족시키는 식품첨가물

조미료	• 식품에 지미(旨味: 맛난 맛)를 부여하기 위해 사용하는 첨가물 • 종류 : 글루타민산나트륨(다시마), 이노신산(소고기), 호박산(조개류)
감미료	• 식품에 단맛을 부여하기 위해 사용하는 첨가물 • 종류 : 아스파탐, 사카린나트륨, D-소르비톨, 글리실리진산나트륨

산미료	• 식품의 신맛을 부여하기 위해 사용되는 첨가물 • 식욕을 돋우는 역할 • 종류 : 젖산, 초산, 구연산, 주석산, 푸말산
발색제 (색소고정제)	• 식품 중의 색소 성분과 반응하여 그 색을 고정(보존) 또는 나타내게 하는 데 사용되는 첨가물 • 육류 발색제 : 아질산나트륨, 질산나트륨, 질산칼륨 – 식육 제품, 어육소시지, 어육햄 등에 사용 • 식물성 발색제 : 황산 제1,2철, 염화 제1,2철 – 과일, 야채류에 사용
착색료	• 식품에 색을 부여하거나 소실된 색채를 복원시키기 위해 사용하는 첨가물 • 식용색소 녹색 제3호 : 단무지, 주스, 젓갈류(소시지 제외) • 식용색소 황색 제2호(tar계)
착향료	• 식품에 향을 부여, 냄새를 없애거나 강화하기 위해 사용하는 첨가물 • 종류 : 멘톨, 바닐린, 계피알데히드
표백제	• 식품 제조과정 중 식품의 색소가 변색 되는 것을 방지하기 위해 사용되는 첨가물 • 종류 : 과산화수소, 차아염소산나트륨, 황산나트륨, 아황산나트륨

5 품질 유지 및 개량을 위한 식품첨가물

유화제 (계면활성제)	• 서로 혼합이 안 되는 물질을 균일한 혼합물로 만들기 위해 사용되는 첨가물 • 종류 : 난황(레시틴), 대두 인지질(레시틴), 카제인나트륨
팽창제	• 제과·제빵 시 조직을 연하고 하고, 기호성을 높이기 위해서 첨가하는 첨가물 • 종류 : 이스트, 명반, 탄산수소나트륨, 탄산암모늄
밀가루 개량제 (소맥분 개량제)	• 밀가루의 표백 및 숙성기간의 단축, 제빵의 품질 향상을 위해 사용되는 첨가물 • 종류 : 과산화벤조일, 과황산암모늄, 브로만칼륨, 이산화염소
품질개량제 (결착제)	• 식품의 결착, 탄력성, 보수성, 팽창성 증대 및 조직의 개량 등을 위하여 사용하는 첨가물 • 종류 : 인산염류
호료 (증점제, 안정제)	• 식품의 점착성을 증가시키고 식품의 형태 변화를 방지하기 위해 사용되는 첨가물 • 종류 : 카세인, 젤라틴, 한천, 알긴산나트륨
피막제	• 신선도를 유지하기 위하여 표면에 피막을 만들어 호흡작용을 적당히 제한하고 수분의 증발을 방지하는 첨가물 • 종류 : 초산비닐수지, 몰포린지방산염

6 식품 제조 가공 과정에서 필요한 것

소포제	• 식품 제조공정 중에 생기는 거품을 소멸시키거나 억제하기 위해 사용되는 첨가물 • 종류 : 규소수지
팽창제	• 이산화탄소, 암모니아가스 등을 발생시켜 빵이나 과자 등을 부풀어지게 하는 첨가물 • 종류 : 효모(천연), 명반, 탄산수소나트륨, 탄산암모늄, 탄산수소암모늄

추출제	• 유지의 추출을 용이하게 하기 위해 사용되는 첨가물 • 종류 : n-hexane(헥산)
용제	• 착색료, 착향료, 보존료 등을 식품에 첨가할 경우 잘 녹지 않으므로 용해시켜 식품에 균일하게 흡착시키기 위해 사용하는 첨가물 • 종류 : 핵산, 프로필렌글리콜, 글리세린, 글리세린지방산에스테르

7 기타

방충제	• 곡류의 저장 시 곤충이 서식하는 것을 방지하기 위해 사용 • 종류 : 피페로닐부톡사이드(곡류 외 사용금지)
훈증제	• 훈증이 가능한 식품을 훈증에 의하여 살균하는 데 사용 • 종류 : 에틸렌옥사이드(천연 조미료에 사용)
이형제	• 빵의 형태를 손상시키지 않고 분리해 내기 위해 사용 • 종류 : 유동파라핀
껌 기초제	• 껌의 적당한 점성과 탄력성을 갖게 하여 풍미를 유지하는데 사용 • 종류 : 초산비닐수지, 에스테르껌, 폴리부텐, 폴리이소부틸렌

VI 주방 위생관리

1 주방 위생 위해요소

(1) 조리장에 음식물과 음식물 찌꺼기를 방치 방지

(2) 조리장의 출입구에 신발을 소독할 수 있는 시설 구비

(3) 조리사의 손을 소독할 수 있도록 손 소독기 구비

(4) 조리장의 내부 및 시설은 1일 1회 이상 청소하여 청결을 유지

(5) 음식물 및 식재료는 위생적으로 보관하고, 남은 재료나 주방 쓰레기는 위생적으로 처리

(6) 가스기기의 조립 부분은 모두 분리해서 세제를 깨끗이 닦고, 가스가 새어 나오지 않도록 가스 연결부 등을 점검

(7) 조리기구는 사용 시와 사용 후 잘 씻고, 1일 1회 이상 세척하여 청결을 유지

(8) 냉장, 냉동고는 주 1회 정도 세정 · 소독하고 서리 제거

(9) 칼, 도마, 행주는 중성세제로 세척하여 바람이 잘 통하고 햇볕이 잘 드는 곳에서 매일 1회 이상 건조 소독

(10) 조리장의 위생 해충은 방충 · 방서 시설, 살충제 등을 사용하여 방제를 위해 지속적으로 노력

2 식품안전관리인증기준(HACCP)

(1) HACCP(Hazard Analysis and Critical Control Point) 정의

식품의 원재료 생산에서부터 제조 · 가공 · 보존 · 유통단계를 거쳐 최종 소비자가 섭취하기 전까지의 각 단계에서 발생할 우려가 있는 위해요소를 규명하고, 이를 중점적으로 관리하기 위한 중요관리점을 결정하여 자주적이며 체계적이고 효율적인 관리로 식품의 안전성을 확보하기 위한 과학적인 위생관리체계

(2) HACCP 7원칙 12절차

①	해썹 팀 구성	업소 내에서 HACCP plan 개발을 주도적으로 담당할 해썹 팀 구성
②	제품설명서 작성	제품명, 제품 유형, 성상, 작성연월일, 성분 등 제품에 대한 전반적인 취급 내용이 기술되어 있는 설명서를 작성
③	용도 확인	예측 가능한 사용 방법과 범위, 제품에 포함될 잠재성을 가진 위해물질에 민감한 대상 소비자(어린이, 노인, 면역 관련 환자 등)를 파악
④	공정흐름도 작성	업소에서 직접 관리하는 원료의 입고에서부터 완제품의 출하까지 모든 공정 단계들을 파악하여 공정흐름도 및 평면도를 작성
⑤	공정흐름도 현장 확인	작성된 공정흐름도 및 평면도가 현장과 일치하는지 검증
⑥	식품위해요소분석 (원칙1)	원료, 제조공정 등에 대하여 위해요소분석실시 및 예방책을 명확히 함
⑦	중요관리점(CCP) 결정 (원칙2)	중요관리점의 설정(안전성 확보단계, 공정 결정, 동시통제)
⑧	CCP 한계기준 설정 (원칙3)	위해 허용한도의 설정
⑨	CCP 모니터링체계 확립 (원칙4)	CCP를 모니터링하는 방법을 수립하고 공정을 관리하기 위해 모니터링 결과를 이용하는 절차를 세움
⑩	개선조치방법 수립 (원칙5)	모니터링 결과 설정된 한계 기준에서 이탈되는 경우 시정조치 사항을 만듦
⑪	검증절차 및 방법 수립 (원칙6)	HACCP이 제대로 이행되고 있다는 사실을 검증할 수 있는 절차를 수립
⑫	문서화, 기록유지방법 설정 (원칙7)	기록의 유지관리체계 수립

(3) HACCP 대상 식품(식품위생법 시행규칙 제62조. 2019. 6.12)

① 수산가공식품류의 어육가공품류 중 어묵 어육소시지
② 기타수산물가공품 중 냉동 어류 · 연체류 · 조미가공품
③ 냉동식품 중 피자류 · 만두류 · 면류
④ 과자류, 빵류 또는 떡류 중 과자, 캔디류, 빵류, 떡류
⑤ 빙과류 중 빙과
⑥ 음료류(다류 및 커피류는 제외)
⑦ 레토르트식품
⑧ 절임류 또는 조리류의 김치류 중 김치(배추를 주원료로 하여 절임, 양념 혼합과정 등을 거쳐 이를 발효시킨 것이나 발효시키지 아니한 것 또는 이를 가공한 것에 한한다)
⑨ 코코아가공품 또는 초콜릿류 중 초콜릿류
⑩ 면류 중 유탕면 또는 곡분, 전분, 전분질 원료 등을 주원료로 반죽하여 손이나 기계 따위로 면을 뽑아내거나 자른 국수로서 생면, 숙면, 건면
⑪ 특수용도식품
⑫ 즉석섭취 · 편의식품류 중 즉석섭취식품
⑬ 즉석섭취 · 편의식품류 중 즉석조리식품 중 순대
⑭ 식품 제조 · 가공업의 영업소 중 전년도 총매출액이 100억 원 이상인 영업소에 제조 · 가공하는 식품

(4) HACCP 제도를 위한 위생관리

① 작업장 : 공정간 오염 방지, 온도 · 습도 관리, 환기시설 · 방충 · 방서관리

② 종업원 : 위생복, 위생모, 위생화 상시 착용하고 개인용 장신구의 착용 금지

③ 기구, 용기, 앞치마, 고무장갑 등은 교차오염 방지를 위해 식재료 특성 또는 구역별로 구분하여 사용

④ 해동 : 냉장 해동(10℃ 이하), 전자레인지 해동 또는 흐르는 물에서 실시, 조리 후 남은 재료는 재냉동 불가

⑤ 조리과정 중 냉각 시 4시간 이내에 60℃에서 5℃ 이하로 냉각

⑥ 보존식 : 조리한 식품은 매회 1인분 분량을 −18℃ 이하에서 144시간 이상 보관

⑦ 조리 후 식품 보관(보온고 65℃ 이상, 냉장고 5℃ 이하, 냉동고 −18℃ 이하)

⑧ 조리장에는 식기류 소독을 위한 살균소독기 또는 열탕소독 시설 구비

3 작업장 교차오염 발생 요소

(1) 교차오염

오염되지 않은 식재료나 음식이 오염된 식재료, 기구, 종사자와의 접촉으로 인해 미생물이 혼입되어 오염되는 것

(2) 교차오염이 발생하는 원인

① 맨손으로 식품 취급

② 손을 깨끗이 씻지 않을 경우

③ 식품쪽에서 기침을 할 경우

④ 칼, 도마 등을 혼용 사용할 경우

(3) 교차오염 예방

① 일반구역과 청결 구역을 설정하여 전처리, 조리, 기구 세척 등을 별도의 구역에서 이행

일반작업구역	검수구역, 전처리구역, 식재료 저장구역, 세정구역
청결작업구역	조리구역, 배선구역, 식기보관구역

② 칼, 도마 등의 기구나 용기는 용도별(조리 전후) 구분하여 전용으로 준비하여 사용

③ 반드시 손을 세척 · 소독한 후에 식품 취급 작업을 하며, 조리용 고무장갑도 세척 · 소독하여 사용

④ 세척 용기 (또는 세척대)는 어육류, 채소류를 구분하여 사용하고, 사용 전후에 충분히 세척 소독한 후 사용

⑤ 식품 취급 등의 작업은 바닥으로부터 60cm 이상 떨어진 곳에서 실시하여 바닥의 오염된 물이 튀지 않도록 주의

⑥ 전처리 시 사용하는 물은 반드시 먹는 물로 사용

⑦ 전처리하기 전후의 식품을 분리 보관

⑧ 반지, 팔찌 등의 장신구는 착용 금지

⑨ 핸드폰 사용 시, 코 풀기, 재채기, 난류 · 어류 · 육류 만진 후, 화장실 이용 후 반드시 손을 씻어 청결 유지

⑩ 오염도에 따른 식재료 구분 보관

냉장고	냉동고
소스류 / 완제품(소독 후 야채)	완제품
소독 전 야채류	가공품
육류, 어패류	어패류
해동 중 식재료(맨 아래칸)	육류(맨 아래칸)

Chapter 02
연습문제 (식품위생학)

01 식품 부패 및 변질의 원인과 관계가 적은 것은?

① 산소　　② 압력
③ pH　　④ 온도

해설 온도, pH, 수분, 산소, 광선, 염류 등

02 식품위생의 관리범위는?

① 조리 시에서 섭취까지
② 재배부터 섭취까지
③ 수확에서 섭취까지
④ 저장에서 섭취까지

해설 식품위생이란 식품의 재배, 생산, 제조로부터 인간이 섭취하는 모든 식품의 안전성 · 건강성을 확보하기 위한 모든 수단을 대상으로 한다.

03 식품을 냉장하는 목적과 가장 거리가 먼 것은?

① 식품의 신선도 유지
② 자기소화 지연
③ 변질의 지연
④ 병원미생물의 사멸

해설 냉장의 목적–식품의 신선도를 단기간 유지, 미생물 증식을 저지, 변질의 지연, 자기소화 지연

04 식품 보관 방법 중 물리적 방법에 해당하는 것은?

① 저온살균법　　② 당장법
③ 염장법　　④ 방부제 처리

해설 물리적 방법에는 냉장 · 냉동법, 가열살균법, 탈수건조법, 자외선 조사, 방사선 조사, 밀봉법 등이 있다.

05 저온살균법(Pasteurization)은 몇℃에서 몇 분간 가열하는가?

① 63℃, 30분간 가열
② 90℃, 50분간 가열
③ 100℃, 30분간 가열
④ 120℃, 30분간 가열

해설 저온살균법(Pasteurization)이란 고온에서 변질되기 쉬운 영양소가 들어 있는 식품을 63℃, 30분간 가열 · 살균하는 방법이다.

06 미생물의 번식으로 단백질이 분해되어 발생하는 식품 변질은?

① 갈변　　② 변패
③ 발효　　④ 부패

해설 ① 발효 : 탄수화물이 산소가 없는 상태에서 분해
② 변패 : 탄수화물, 지방 등이 미생물에 의해 변질되는 현상
③ 갈변 : 식품이 효소나 비효소적인 영향으로 갈색으로 변하는 현상

07 식품 중의 생균수 안전한계는 얼마인가?

① 10^2/g　　② 10^3/g
③ 10^4/g　　④ 10^5/g

해설 세균수가 식품 1g 또는 1mL당 10^5인 때를 안전한계, 10^7～10^8인 때를 초기부패 단계로 본다.

정답 01 ② 02 ② 03 ④ 04 ① 05 ① 06 ④ 07 ④

08 신선한 생선의 감별법으로 옳지 않은 것은?

① 아가미 색이 선홍색이다.
② 복부가 탄력성이 있어 팽팽하다.
③ 눈알이 들어가 있다.
④ 비늘은 윤택이 나고 고르게 붙어 있어야 한다.

해설 신선한 생선은 눈알이 맑고 외부로 튀어나와야 한다.

09 식품 중의 생균수를 측정하는 목적은?

① 신선도의 여부를 알기 위하여
② 식중독균의 여부를 알기 위하여
③ 분변 세균의 오염 여부를 알기 위하여
④ 식품의 산패 여부를 알기 위하여

해설 식품 중의 생균수 측정을 통해 식품의 신선도, 부패 정도 및 오염도를 측정할 수 있다.

10 어류의 사후변화 순서로 옳은 것은?

① 강직해제 – 사후강직 – 자가소화 – 부패
② 강직해제 – 자가소화 – 부패 – 사후강직
③ 사후강직 – 강직해제 – 자가소화 – 부패
④ 사후강직 – 자가소화 – 부패 – 강직해제

해설 어류의 사후변화–사후강직(pH 5.5~5.6) → 강직해제 → 자가소화(숙성) → 부패(pH 11)

11 부패의 판정 방법 중 관능적 판정 방법의 시험 항목에 해당하지 않는 것은?

① 냄새의 발생 유무
② Histamine 생성 유무
③ 조직의 변화상태
⑤ 불쾌한 맛의 발생 유무

해설 Histamine 생성 유무는 화학적 판정 방법이다.

12 식품 1g당 세균수가 얼마이면 부패로 판정하는가?

① 10^{3-4}　　② 10^{5-6}
③ 10^{7-8}　　④ 10^{9-10}

해설 초기부패로 판정할 수 있는 세균수는 식품 1g 당 10^{8}/g이다.

13 식품의 부패 방지에 관한 설명 중 옳지 않은 것은?

① 식품 내 수분을 없앤다.
② 식품을 소금에 절이면 식품 내 영양소가 파괴되어 미생물의 성장이 중지된다.
③ 온도를 −10℃ 이하로 낮추어 미생물의 생장을 방지한다.
④ 자외선 조사, 가열, 첨가물, 가스 치환 등의 방법에 의해 미생물 성장을 저해시킨다.

해설 염장은 식품 중의 수분을 탈수시켜 미생물이 이용할 수 있는 유리수를 감소시키므로 부패를 지연 · 방지한다.

14 당장법은 당의 농도가 몇 % 이어야 하는가?

① 30%　　② 50%
③ 70%　　④ 80%

해설 미생물의 생육을 억제시킬 수 있는 당의 농도는 50%이다.

15 다음 중 삼투압의 원리를 이용한 식품 저장법은?

① 염장법　　② 가열법
③ 건조법　　④ 보존료 첨가법

해설 삼투압 원리를 이용한 염장법은 10% 정도의 소금에 절이는 방법이다.

정답 08 ③ 09 ① 10 ③ 11 ② 12 ③ 13 ② 14 ② 15 ①

16 **어패류의 신선도 저하 시 비린내를 생성하는 물질은?**

① 트리메틸아민 ② 암모니아
③ 히스타민 ④ 아세톤

해설 트리메틸아민(TMA)은 신선도가 저하된 어패류에서 발생하는 비린내 성분으로, 물로 씻으면 냄새가 약해진다.

17 **중온균의 발육 최적온도는?**

① 5~15℃ ② 25~37℃
③ 40~57℃ ④ 70~80℃

해설 저온균 10℃ 내외, 중온균 25~37℃, 고온균 60~70℃

18 **살균 방법과 살균대상이 잘못 연결된 것은?**

① 고온 장시간 살균 – 우유
② 고온 단시간 살균 – 우유
③ 고압증기 살균 – 통조림 식품
④ 자비 소독 – 도마

해설 우유는 저온살균, 고온 단시간살균, 초고온 순간살균을 한다.

19 **미생물이 생장하는 데 수분활성이 영향을 준다. 높은 수분활성을 필요로 하는 것부터 순서대로 표시한 것은?**

① 곰팡이 〉 효모 〉 세균
② 효모 〉 세균 〉 곰팡이
③ 세균 〉 곰팡이 〉 효모
④ 세균 〉 효모 〉 곰팡이

해설 미생물 생육에 필요한 최저 수분활성도(AW)

20 **다음 중 수분이 많은 식품에서 주로 형성되는 미생물 집단은?**

① 곰팡이 ② 효모
③ 세균 ④ 바이러스

해설 수분이 많은 식품에는 세균, 수분이 적은 건조식품에는 곰팡이가 각각 미생물의 집단을 형성한다.

21 **미생물과 관련이 없는 것은?**

① 부패 ② 발효
③ 단백질 억제 효과 ④ 자가소화

해설 자가소화는 '카텝신(Cathepsin)'이라는 조직 효소에 의해 나타난다.

22 **미생물에 대한 설명으로 옳지 않은 것은?**

① 식품의 건강 위해요소에 가장 큰 영향을 미치는 것은 미생물 오염이다.
② 바이러스는 크기가 가장 작으면서도 조직의 세포 안에 기생하여 암까지도 유발시킨다.
③ 식품에 오염되어 발암성 물질을 생성하는 대표적인 미생물은 세균이다.
④ 미생물의 종류에는 세균, 효모, 곰팡이, 리케차, 바이러스 등이다.

해설 곰팡이류가 생산하는 독소 맥각, 황변미, 아플라톡신 등은 발암물질이다.

23 **곰팡이의 발육을 저지할 수 있는 일반적인 수분함량은?**

① 14% 이하 ② 16% 이하
③ 18% 이하 ④ 20% 이하

해설 곰팡이의 발육을 저지할 수 있는 수분함량은 식품에 따라 다르지만, 일반적으로 14%이다.

정답 16 ① 17 ② 18 ① 19 ④ 20 ③ 21 ④ 22 ③ 23 ①

24 다음 중 간장, 된장 등에 사용되는 누룩을 만드는 곰팡이로 옳은 것은?

① Aspergillus niger

② Aspergillus flavus

③ Aspergillus oryzae

④ Penicillium citrinium

해설 Aspergillus oryzae는 단백질을 아미노산으로 분해하는 성질이 있어 된장, 간장의 제조에도 이용되며, 전분을 포도당으로 분해하는 성질도 있어서, 일본술이나 식혜, 감주, 미림을 만드는 데 이용된다.

25 부패세균으로 우유를 녹색으로 변화시키는 균은?

① Pseudomonas syncyanea

② Pseudomonas fluorescens

③ Pseudomonas

④ Lactobacillus lactis

해설 Pseudomonas fluorescens는 우유를 녹색으로, Pseudomonas aeruginosa는 청색으로 변화시키는 부패세균이다.

26 Aflatoxin을 생성하는 균주는?

① Aspergillus oryzae

② Aspergillus flavus

③ Penicillium citrinium

④ Penicillium expansum

해설 Aspergillus flavus는 곡류 등에 번식하여 발암물질인 Aflatoxin을 생성한다.

27 과일이나 채소의 흑변 현상을 일으키는 곰팡이는?

① Aspergillus niger

② Rhizopus

③ Penicillium citrinium

④ Penicillium expansum

해설 Aspergillus niger는 식품에서 흔히 볼 수 있는 곰팡이로, 과일이나 채소의 흑변 현상을 일으킨다.

28 병원성대장균에 대한 설명으로 옳은 것은?

① 그람양성의 간균이다.

② 모든 대장균균이 식중독 또는 질병을 유발한다.

③ 혐기성이다.

④ 분변 세균의 오염지표이다.

해설 대장균은 분변 세균의 오염지표이며, 호기성 내지 통성혐기성으로 Lactose를 분해하고, 산과 가스를 생성한다.
그람음성 간균으로 포자를 형성하지 않는다.

29 통조림 부패와 가장 관계가 깊은 세균은?

① Clostridium botulinium

② Lactobacillus bulgaricus

③ Leuconostoc nesenteroides

④ Pseudomonas fluorescens

해설 통조림 부패균에는 Clostridium botulinium, Clostridium butylicum, Clostridium pasteurianum, Bacillus coagulans 등이 있다.

30 O157 : H7균으로 유명한 병원균대장균은?

① 장침입성대장균(EIEC)

② 장병원성대장균(EPEC)

③ 장독소원성대장균(ETEC)

④ 장관출혈성대장균(EHEC)

해설 O157 : H7는 장관출혈성 대장균(EHEC)에 해당한다.

정답 24 ③ 25 ② 26 ② 27 ① 28 ④ 29 ① 30 ④

31 다음 중 화농성 질환으로 인하여 발생 가능한 식중독은?

① 웰치균 식중독
② 포도상구균 식중독
③ 보툴리누스 식중독
④ 살모넬라 식중독

해설 포도상구균 식중독은 화농성 질환에 의한 식중독으로, 독소는 장독소이며 잠복기는 가장 짧다.

32 포도상구균에 대한 설명으로 옳지 않은 것은?

① Enterotoxin은 내열성이므로 120℃에서 30분간 가열하여도 독소가 완전히 파괴되지 않는다.
② Enterotoxin을 생산하는 식중독 원인균은 황색 포도상구균이다.
③ 감염원은 화농소, 손 등이고 감염경로는 손, 조리기구를 통한 2차 오염이다.
④ 잠복기간은 대개 12~36시간으로 가장 길다.

해설 포도상구균의 잠복기는 대개 1~6시간, 평균 3시간으로 가장 짧다. 증상발현도 극히 짧으며, 주 증상은 급성위장염과 타액 분비, 구역질, 구토, 복통, 설사이다.

33 닭가슴살을 제대로 가열하지 않고 섭취한 지 하루가 지난 후 설사, 고열, 복통 등이 나타났을 때 식중독으로 옳은 것은?

① 장염 비브리오 ② 살모넬라
③ 병원성대장균 ④ 포도상구균

해설 살모넬라균
원인 식품 : 육류 및 그 가공품, 우유 및 유제품, 채소, 샐러드, 조육 및 알 등
예방법 : 식품의 가열이 식중독 방지에 가장 효과적이며, 식육, 달걀 등의 생식을 금해야 한다.
잠복기 : 식후 12~24시간

34 Salmonella균에 대한 설명으로 옳지 않은 것은?

① 비교적 열에 강하여 80℃에서 가열하여도 사멸하지 않는다.
② 살모넬라 식중독의 주요 증상은 메스꺼움, 구토, 설사, 복통, 발열 등이다.
③ 살모넬라 식중독의 원인 식품은 어패류나 그 가공품, 어육연제품, 유제품, 알류, 샐러드 등이다.
④ 세균에 오염 된 식육이나 달걀을 사람이 섭취하여 발병하는 1차 오염과 쥐나 곤충에 의한 보균동물이나 보균자의 배설물이 식품에 오염되어 발생하는 2차 오염이 있다.

해설 Salmonella균은 열에 약하여 62~65℃에서 20분간 가열로 사멸하므로 식품의 가열이 식중독 방지에 가장 효과적이다.

35 치명률이 가장 높고 신경 증상을 나타내는 식중독 원인균은?

① 살모넬라균 ② 보툴리누스균
③ 포도상구균 ④ 대장균

해설 보툴리누스균은 신경독소를 생성하여 신경계 마비를 일으키고 높은 치명률을 보인다.

36 세균성 식중독 원인균 중 치사율이 높은 균은?

① 장염 Vibrio균
② Salmonella균
③ Botulinus균
④ Staphylococcus균

해설 Botulinus 식중독의 사망률은 40% 내외로 세균성 식중독 중에서 사망률이 가장 높다.

정답 31 ② 32 ④ 33 ② 34 ① 35 ② 36 ③

37 **장염 비브리오균의 식중독에 관한 설명으로 옳은 것은?**

① 원인균은 열에 대한 적응력이 강하다.
② 이 식중독은 독소형으로 치사율이 높다.
③ 이 식중독은 3~5월에 가장 많이 발생한다.
④ 여름철 어패류를 생식하는 경우 발생 되기 쉽다.

해설 장염 비브리오 식중독
- 감염형 식중독으로 7~9월에 집중적으로 발생
- 원인 식품 : 해산 어패류로 생선회나 초밥 등이다.
- 주증상 : 복통과 설사이며 37~39℃의 열이 나는 경우가 많고 경과는 일반적으로 좋지만 사망할 수도 있다.
- 원인균 : Vibrio parahaemolyticus로 3~5% 식염 농도에서 잘 발육하며 그람음성의 무포자 간균으로 통성혐기성균이다.

38 **다음 중 장염 비브리오균의 특징으로 옳은 것은?**

① 열에 약하다.
② 아포를 형성한다.
③ 독소를 생성한다.
④ 20% 전후의 식염 농도에서 잘 발육한다.

해설 장염 비브리오균
열에 약하여 60℃에서 5분, 55℃에서 10분간 가열하면 사멸하므로 가열 조리된 식품은 안전하고, 저온인 0~2℃에 보존하면 부착세균이 1~2일 만에 사멸하므로 냉동식품도 비교적 안전한 편이다. 또 민물에서는 저항성이 약하므로 잘 세척하면 어느 정도 도움이 된다.

39 **다음 중 감염형 식중독균이 아닌 것은?**

① 병원성대장균
② 장염 비브리오균
③ 살모넬라균
④ 보튤리누스균

해설 보튤리누스균은 독소형 식중독균이다.

40 **우리나라 식중독 환자의 약 85%는 6~9월 중에 발생한다. 이와 관련된 식중독의 원인으로 옳은 것은?**

① 자연독 식품 섭취
② 염장식품의 섭취
③ 오염된 날음식 섭취
④ 음식물 과다섭취

해설 여름철 식중독 환자가 많이 발생하는 이유
- 여름의 기후가 미생물의 생육조건에 양호하다.
- 다른 계절에 비해 오염된 날음식을 많이 섭취한다.
- 사람의 체력이 저하되어 있다.

41 **세균성 식중독의 예방법으로 옳지 않은 것은?**

① 유독한 부위 제거
② 식품의 저온 보관
③ 신선한 식품 재료 사용
④ 섭취 전 식품을 충분히 가열

해설 세균성 식중독의 예방을 위해서는 식품은 냉동·냉장 보관을 하고, 가급적 조리 후에는 빨리 먹는 것이 좋다. 조리 후에 시간이 경과한 식품이라도 재가열해서 먹으면 포도상구균 식중독 이외의 식중독은 모두 예방할 수 있으며, 특히 하절기에는 어패류의 생식을 피하는 것이 식중독 예방에 가장 좋은 방법이다.

42 **세균성 식중독의 특징으로 옳지 않은 것은?**

① 면역성이 없다.
② 식품에서 사람으로 최종 감염되며 2차 감염은 거의 없다.
③ 균의 양이 미량으로는 나타나지 않는다.
④ 잠복기는 경구감염병보다 길다.

해설 세균성 식중독의 잠복기는 비교적 짧고 경구감염병의 잠복기가 길다.

정답 37 ④ 38 ① 39 ④ 40 ③ 41 ① 42 ④

43 경구감염병과 세균성 식중독의 차이를 설명한 것 중 옳지 않은 것은?

① 잠복기는 세균성 식중독이 짧다.
② 경구감염병은 예방접종으로 면역이 생긴다.
③ 세균성 식중독은 사람 사이의 감염이 빈번하다.
④ 병원균의 독소력은 경구감염병이 더 강하다.

해설 세균성 식중독은 2차 감염이 거의 일어나지 않는다.

44 식중독 발생 시 대책으로 옳지 않은 것은?

① 환자의 관리에 만전을 기한다.
② 주변 환경을 소독한다.
③ 음식을 끓여 먹는다.
④ 검체채취 및 병리학적 조사를 실시한다.

해설 식중독은 식품이 원인이므로, 주변을 소독하는 것은 발생 시 대책으로 적합하지 않다.

45 두통, 현기증, 구토, 설사 등과 시신경 염증을 초래하여 실명의 원인이 되는 화학물질은?

① 메탄올 ② 비소화합물
③ 롱갈리트 ④ 유기인제

해설 메탄올은 과일주의 알코올 발효과정 중에 펙틴으로부터 생성되며, 과일주 및 정제가 불충분한 증류주에 미량 함유되어 있다.
중독 증상은 급성일 때 두통, 현기증, 구토, 복통, 설사 등을 일으키고 시신경에 염증을 일으켜 실명하거나 사망에 이름

46 냉동식품의 오염지표로 이용되는 미생물은?

① 장구균 ② 살모넬라
③ 보툴리누스균 ④ 병원성대장균

해설 장구균은 냉동식품, 건조식품의 오염 지표균으로 이용된다.

47 캠필로박터 식중독균의 특징은?

① 신경 증상을 나타낸다.
② 치명률이 매우 높다.
③ 인수공통의 병원균이다.
④ 잠복기는 3시간 정도이다.

해설 캠필로박터 식중독은 인수 공통질환으로 설사, 복통, 구토, 발열, 두통 등 감염형 식중독과 증상이 유사하다.

48 자연독 중 시안배당체에 해당하는 자연독은?

① 옥살산 ② 아미그달린
③ 베네루핀 ④ 테트로도톡신

해설 시안배당체는 청산배당체라고도 불리는 자연독으로 아미그달린, 비신, 듀린 등이다. 주로 벚나무과나 콩과식물에 함유되어 있고, 증상으로 청색증을 유발하고 심할 경우 사망에 이르게 된다.

49 최근에 콩나물에서 발생 되는 금속은?

① 수은 ② 아연
③ 구리 ④ 비소

해설 수은(Hg)
- 원인 : 공장폐수에 오염된 농작물 · 어패류 섭취 시 발생, 콩나물 배양 때 소독제로 오용
- 증상 : 연하 곤란, 시력 감퇴, 호흡 마비, 말초 신경 마비

50 유기수은에 오염된 식품을 섭취할 때 발생하는 질병은?

① 미나마타병 ② 흑피증
③ 카네미유증 ④ 이타이이타이병

해설 ② 흑피증–비소 ③ 카네미유증–PCB
④ 이타이이타이병–카드뮴

정답 43 ③ 44 ② 45 ① 46 ① 47 ② 48 ② 49 ① 50 ①

51 설렁탕 등의 용기나 김칫독으로 사용되는 옹기로부터 오염될 수 있는 유해 금속은?

① 구리 ② 납
③ 아연 ④ 비소

해설 납(Pb)
- 원인 : 통조림 납땜, 도자기 유약 성분, 법랑제품 유약성분 등
- 증상 : 복통, 구토, 설사, 사지마비, 빈혈, 중추신경장애, 요로 배설, 칼슘대사 이상, 연연(잇몸에 녹흑색의 착색) 등

52 물엿이나 연근 등의 표백에 이용되며, 문제를 일으키는 물질은?

① 차아황산나트륨 ② 불소화합물
③ 롱갈리트 ④ 알코올

해설 롱갈리트는 과거 연근이나 물엿의 표백제로 사용하던 제품으로, 아황산 외에 폼알데하이드가 식품 중에 유리되어 신장을 자극하는 독성이 밝혀져 현재 사용이 금지되었다.

53 식품과 식중독과의 연결이 잘못된 것은?

① 면실유 – 무사카린
② 땅콩 – 아플라톡신
③ 청매 – 아미그달린
④ 바지락 – 베네루핀

해설 면실유 – Gossypol

54 다음 중 독미나리의 유독물질로 옳은 것은?

① 무사카린 ② 시큐톡신
③ 베네루핀 ④ 아미그달린

해설 ① 무사카린 – 독버섯 ③ 베네루핀 – 바지락
④ 아미그달린 – 청매

55 인수공통감염병이 아닌 것은?

① 탄저, 브루셀라병
② 야토병, 리스테리아병
③ 돈단독증, 렙토스피라증
④ 일본뇌염, 구제역

해설 결핵, 탄저, 파상열, Q열, 야토병, 돈단독증 등이 있으며, 최근에는 리스테리아가 인수공통감염병으로 주목받고 있다.

56 다음 중 요충과 관계없는 것은?

① 채독증
② 집단감염
③ 자가감염
④ 항문 주위 소양증

해설 채독증은 배추나 무잎 등의 채소를 생식하는 사람에게 발생할 수 있는 질병으로, 구충(십이지장충)이 원인이다.

57 음식물로 매개 될 수 있는 감염병이 아닌 것은?

① 폴리오 ② 일본뇌염
③ 유행성 간염 ④ 콜레라

해설 음식물 매개 감염병은 콜레라, 장티푸스, 이질, 폴리오(소아마비), 유행성 간염 등이 있다.

58 동물과 관련된 감염병의 연결이 틀린 것은?

① 소 – 결핵
② 고양이 – 디프테리아
③ 개 – 광견병
④ 쥐 – 페스트

해설 고양이 – 톡소플라즈마증, 살모넬라증

정답 51 ② 52 ③ 53 ① 54 ② 55 ④ 56 ① 57 ② 58 ②

59 사람에게는 열병, 동물에게는 유산을 일으키는 인수공통감염병은?

① 탄저병　② 야토병
③ 파상열　④ 황달출혈열

해설 파상열 – 브루셀라균에 의하여 주로 소, 양, 돼지, 염소 등에 발병한다.
오염된 고기나 동물의 유즙을 통해 감염되어 동물에게는 감염성 유산, 사람에게는 열성 질환을 일으킨다.

60 간디스토마의 제1 중간숙주와 제2 중간숙주에 각각 해당하는 것은?

① 물벼룩, 왜우렁이　② 다슬기, 가재
③ 게, 잉어　④ 왜우렁이, 붕어

해설 폐디스토마 – 다슬기, 가재/광절열두조충 – 물벼룩, 민물고기

61 어패류를 통해 감염되는 기생충으로 가장 적절한 것은?

① 광절열두조충　② 이질아메바
③ 무구조충　④ 톡소플라스마

해설 어패류에 의해 감염되는 기생충들로는 간디스토마, 폐디스토마, 아니사키스, 요코가와흡충, 광절열두조충, 유극악구충 등이 있다.

62 다음 중 육류로부터 감염되는 기생충에 해당하는 것은?

① 회충　② 선모충
③ 편충　④ 간흡충

해설 육류로부터 감염되는 기생충은 무구조충(소고기), 유구조충(돼지고기), 선모충(돼지고기) 등이 있다.

63 가열이 불충분한 돼지고기를 섭취할 때 감염될 수 있는 기생충은?

① 무구조충, 아니사키스
② 회충, 십이지장충
③ 유구조충, 선모충
④ 선모충, 무구조충

해설 돼지고기의 섭취로 감염되는 기생충은 선모충, 유구조충, 톡소플라스마 등이 있다.

64 다음 중 기생충에 대한 설명으로 옳지 않은 것은?

① 개나 고양이와 관련이 있는 기생충은 유극악구충이다.
② 경피감염이 가능한 기생충은 십이지장충이다.
③ 냉동처리로 기생충의 유충이 사멸될 수 있는 것은 아니사키스이다.
④ 소고기를 생식할 때 감염되기 쉬운 기생충은 유구조충이다.

해설 무구조충(민촌충)은 소의 근육에서 낭충으로 기생하며, 소고기를 생식하면 사람의 소장 점막에 흡착하여 기생한다.

65 식품첨가물에 관한 설명으로 옳지 않은 것은?

① 소르브산은 보존제이다.
② 유지와 버터의 산화방지제는 소르브산이다.
③ 참기름에는 세사몰이라는 자연 항산화제가 들어 있어 비교적 안정하다.
④ 토코페롤은 비타민의 일종으로 영양강화제와 유지의 산화방지제로 사용된다.

해설 소르브산은 된장, 고추장, 어육 제품, 식육 제품 등에 사용되는 방부제이다.

정답 59 ③　60 ④　61 ①　62 ②　63 ③　64 ④　65 ②

66 BHA, BHT의 식품첨가물로서의 용도는?

① 이형제 ② 착색료
③ 영양강화제 ④ 산화방지제

해설 버터류, 식용유지, 추잉껌, 어패류건제품, 어패염장류의 산화방지제로 쓰인다.

67 다음 중 육색 발색제로 사용되는 것은?

① 질산칼륨 ② 황산제1철
③ 소르브산 ④ 황산동

해설 발색제(색소 고정제)는 무색이며, 식품 중의 색소와 반응하여 그 색을 고정시키거나 나타내는데 사용하는 첨가물이다. 식육 제품에는 아질산나트륨, 질산나트륨, 질산칼륨만 허용된다.

68 다음 중 소포제로 사용되는 식품첨가물은?

① 핵산 ② 규소수지
③ 염산 ④ 황산구리

해설 소포제란 식품의 제조공정에서 생기는 거품을 소멸 · 억제시키는 물질로 규소수지가 대표적으로 사용된다.

69 차아염소산나트륨의 사용 용도는?

① 과실의 피막제 ② 밀가루의 표백
③ 과일류 살균 ④ 육류의 발색제

해설 차아염소산나트륨은 과일류, 채소류 등 식품의 살균 목적에 한하여 사용하여야 하며, 최종식품의 완성 전에 제거하여야 한다. 다만, 참깨에 사용하여서는 아니 된다.

70 보존료와 사용 대상 식품이 잘못 연결된 것은?

① 프로리온산칼슘 – 빵
② 데히드로초산 – 채소류 음료
③ 안식향산 – 간장
④ 소르브산 – 식육제품

해설 데히드로초산을 보존제로 사용할 수 있는 식품은 치즈, 버터, 마가린이다.

71 음식 조리 중 생성되거나 위에서 생성되는 것으로, 아질산염과 아민이 반응하여 생성되는 발암물질로 옳은 것은?

① 아황산나트륨 ② 포름알데히드
③ 아질산염 ④ 니트로사민

해설 니트로사민은 2차 아민과 아질산염이 자연적으로 반응하여 생성되는 물질이다. 2차 아민은 식품의 제조과정, 육류나 생선에 일반적으로 포함되어 있으며, 또한 간암의 원인물질로 알려져 있다.

72 식품첨가물과 사용 목적을 연결한 것 중 잘못된 것은?

① 이산화규소 – 여과보조제
② 글리세린 – 안정제
③ 초산비닐수지 – 껌 기초제
④ 차아염소산나트륨 – 항산화제

해설 차아염소산나트륨은 살균제에 해당한다.

73 다음의 정의에 해당하는 것은?

식품의 원료 관리, 제조 · 조리 · 유통의 모든 과정에서 위해한 물질이 식품에 섞이거나 식품에 오염되는 것을 방지하기 위하여 각 과정을 중점적으로 관리하는 기준

① 식품안전관리인증기준(HACCP)
② 식품 CODEX 기준
③ 식품 Recall 제도
④ ISO 인증제도

해설 식품의 원료 관리, 제조 · 조리 · 유통의 모든 과정에서 위해한 물질이 식품에 섞이거나 식품에 오염되는 것을 방지하기 위하여 각 과정을 중점적으로 관리하는 기준은 HACCP에 관한 설명이다.

정답 66 ④ 67 ① 68 ② 69 ③ 70 ② 71 ④ 72 ④ 73 ①

74 HACCP의 의무적용 대상 식품에 해당하지 않는 것은?

① 비가열음료　　② 레토르트식품
③ 껌류　　④ 빙과류

해설 HACCP 대상 식품에 껌류는 포함되지 않는다.

75 교차오염을 방지하는 방법으로 바르지 않은 것은?

① 식품을 손질하기 전 반드시 손을 씻는다.
② 날 음식과 익은 음식을 분리하여 보관한다.
③ 도마는 용도별로 색 구분하여 사용한다.
④ 해동하는 육류는 빠른 해동을 위해 냉장고 중간 칸에 보관한다.

해설 해동 중 핏물이 떨어질 수 있고, 다른 식품의 오염을 방지하기 위해 맨 아래칸에서 해동, 보관한다.

76 보기에서 설명하는 HACCP의 용어는?

> 중요관리점에서는 위해요소 관리가 허용 범위 이내로 충분히 이루어지고 있는지 여부를 판단할 수 있는 기준이나 기준치

① 한계기준　　② 모니터링
③ 중요관리점　　④ 위해요소분석

해설 ② 모니터링 : 중요관리점에 설정된 한계기준을 적절히 관리하고 있는지 여부를 확인하기 위하여 수행하는 일련의 계획된 관찰이나 측정하는 행위
③ 중요관리점 : HACCP을 적용하여 식품의 위해요소를 예방 · 제어하거나 허용 수준 이하로 감소시켜 당해 식품의 안전성을 확보할 수 있는 중요한 단계 · 과정 또는 공정
④ 위해요소분석 : 식품 안전에 영향을 줄 수 있는 위해요소와 이를 유발할 수 있는 조건이 존재하는지의 여부를 판별하기 위하여 필요한 정보를 수집하고 평가하는 일련의 과정

정답 74 ③　75 ④　76 ①

Chapter

03 식품위생법

평가 내용

식품관련법령을 기초로 식품위생법 및 관련법규, 식품등의 기준 및 규격, 식품위생관계 기타 관계법규 등을 이해하는 능력, 면접 시 학교급식법과 원산지 표기법 등에 대한 법규를 정확히 답할 수 있는지를 평가한다.

학습 방법

1. 식품위생법 상의 식품의 정의와 식품위생법의 목적을 이해하고, 식품과 식품첨가물 고시기관을 정확히 구분하여 이해한다.
2. 식품등의 기준 및 규격을 이해하고, 특히 원산지 표시대상과 위해평가대상 및 위해평가 순서를 이해한다.
3. 식품위생법에서의 영업의 개념과 특징을 이해하고, 조리사, 영양사, 식품위생단체의 역할과 건강진단 및 교육시간을 구분하여 이해한다.
4. 식품위생법의 행정제재, 보칙, 벌칙과 기타 관계법규는 다양한 예시를 통해 이해한다.

출제유형

1. 식품위생관계법규를 구분하여 그 특성을 이해하고 이에 맞는 내용과 맞지 않는 내용을 선택하는 행태
2. 벌칙, 행정제재, 원산지 표기법, 교육시간 등을 대상에 맞게 구분하여 정답을 선택하는 행태

I 식품 위생관리

| 제1장 | 총칙

▣ 제1조 (목적)

- 식품으로 인하여 생기는 위생상의 위해(危害)를 방지
- 식품영양의 질적 향상을 도모
- 식품에 관한 올바른 정보를 제공
- 국민보건의 증진에 이바지함을 목적

▣ 제2조 (정의)

식품	모든 음식물(의약으로 섭취하는 것은 제외)
식품첨가물	• 식품을 제조 · 가공 · 조리 또는 보존하는 과정에서 감미(甘味), 착색(着色), 표백(漂白) 또는 산화방지 등을 목적으로 식품에 사용되는 물질. • 이 경우 기구(器具) · 용기 · 포장을 살균 · 소독하는 데에 사용되어 간접적으로 식품으로 옮아갈 수 있는 물질을 포함
화학적 합성품	화학적 수단으로 원소(元素) 또는 화합물에 분해 반응 외의 화학 반응을 일으켜서 얻은 물질
기구란	다음 각 목의 어느 하나에 해당하는 것으로서 식품 또는 식품첨가물에 직접 닿는 기계 · 기구나 그 밖의 물건(농업과 수산업에서 식품을 채취하는 데에 쓰는 기계 · 기구나 그 밖의 물건 및 위생용품은 제외) 가. 음식을 먹을 때 사용하거나 담는 것 나. 식품 또는 식품첨가물을 채취 · 제조 · 가공 · 조리 · 저장 · 소분[(小分): 완제품을 나누어 유통을 목적으로 재포장하는 것을 말한다.] 운반 · 진열할 때 사용하는 것
용기 · 포장	식품 또는 식품첨가물을 넣거나 싸는 것으로서 식품 또는 식품첨가물을 주고받을 때 함께 건네는 물품
위해	식품, 식품첨가물, 기구 또는 용기 · 포장에 존재하는 위험요소로서 인체의 건강을 해치거나 해칠 우려가 있는 것
영업	식품 또는 식품첨가물을 채취 · 제조 · 가공 · 조리 · 저장 · 소분 · 운반 또는 판매하거나 기구 또는 용기 · 포장을 제조 · 운반 · 판매하는 업(농업과 수산업에 속하는 식품 채취업은 제외)
영업자	영업허가를 받은 자나 영업신고를 한 자 또는 영업등록을 한 자
식품위생	식품, 식품첨가물, 기구 또는 용기 · 포장을 대상으로 음식에 관한 위생
집단급식소 – 개념	• 영리를 목적으로 하지 아니하면서(비영리) • 특정 다수인에게 • 계속하여 음식물을 공급하는 시설(1회 50면 이상에게 식사를 제공하는 급식소)
집단급식소 – 설치	기숙사, 학교, 병원, 사회복지시설, 산업체, 국가, 지방자치단체 및 공공기관, 후생기관 등
집단급식소 – 식단	급식대상 집단의 영양섭취기준에 따라 음식명, 식재료, 영양성분, 조리방법, 조리인력 등을 고려하여 작성한 급식계획서
식품이력 추적관리	식품을 제조 · 가공단계부터 판매단계까지 각 단계별로 정보를 기록 · 관리하여 그 식품의 안전성 등에 문제가 발생할 경우 그 식품을 추적하여 원인을 규명하고 필요한 조치를 할 수 있도록 관리하는 것
식중독	식품 섭취로 인하여 인체에 유해한 미생물 또는 유독물질에 의하여 발생하였거나 발생한 것으로 판단되는 감염성 질환 또는 독소형 질환

▣ 제3조 (식품등의 취급)

- 누구든지 판매(판매 외의 불특정 다수인에 대한 제공을 포함한다.)를 목적으로 식품 또는 식품첨가물을 채취 · 제조 · 가공 · 사용 · 조리 · 저장 · 소분 · 운반 또는 진열을 할 때에는 깨끗하고 위생적으로 하여야 한다.
- 영업에 사용하는 기구 및 용기 · 포장은 깨끗하고 위생적으로 다루어야 한다.
- 식품, 식품첨가물, 기구 또는 용기 · 포장의 위생적인 취급에 관한 기준은 총리령으로 정한다.

| 제2장 | 식품과 식품첨가물

▣ 제4조 (위해식품등의 판매 등 금지)

- 썩거나 상하거나 설익어서 인체의 건강을 해칠 우려가 있는 것
- 유독 · 유해물질이 들어 있거나 묻어 있는 것 또는 그러할 염려가 있는 것. (다만, 식품의약품안전처장이 인체의 건강을 해칠 우려가 없다고 인정하는 것은 제외)
- 병(病)을 일으키는 미생물에 오염되었거나 그러할 염려가 있어 인체의 건강을 해칠 우려가 있는 것
- 불결하거나 다른 물질이 섞이거나 첨가(添加)된 것 또는 그 밖의 사유로 인체의 건강을 해칠 우려가 있는 것
- 안전성 심사 대상인 농 · 축 · 수산물 등 가운데 안전성 심사를 받지 아니하였거나 안전성 심사에서 식용(食用)으로 부적합하다고 인정된 것
- 수입이 금지된 것 또는 수입신고를 하지 아니하고 수입한 것
- 영업자가 아닌 자가 제조 · 가공 · 소분한 것

▣ 제5조 (병든 동물 고기 등의 판매 등 금지)

판매금지	고기 · 뼈 · 젖 · 장기 또는 혈액(주로 내장 계통), 가죽은 제외
질병의 종류	• 도축이 금지되는 가축 전염병 → 가축 질병 (우역, 구제역, 탄저, 브루셀라병, 소해면상뇌증, 돼지열병, 광견병, 가금콜레라, 조류인플루엔자 등) 또는 강제로 물을 먹인 가축 • 리스테리아병, 살모넬라병, 파스튜렐라병, 선모충증

▣ 제6조 (기준 · 규격이 정하여지지 아니한 화학적 합성품 등의 판매 등 금지)

- 기준 · 규격이 정하여지지 아니한 화학적 합성품인 첨가물과 이를 함유한 물질을 식품첨가물로 사용하는 행위
- 식품첨가물이 함유된 식품을 판매하거나 판매할 목적으로 제조 · 수입 · 가공 · 사용 · 조리 · 저장 · 소분 · 운반 또는 진열하는 행위
- 식품의약품안전처장이 식품위생심의위원회의 심의를 거쳐 인체의 건강을 해칠 우려가 없다고 인정하는 경우에는 그러하지 아니하다.

▣ 제7조 (식품 또는 식품첨가물에 관한 기준 및 규격) 및 제7조의2 (권장규격 예시)

결정권자	식품의약품안전처장
고시대상	• 제조 · 가공 · 사용 · 조리 · 보존 방법에 관한 기준 • 성분에 관한 규격
한시적 기준 및 규격의 인정	• 식품의약품안전처장은 기준과 규격이 고시되지 아니한 식품 또는 식품첨가물의 기준과 규격을 인정받으려는 자에게 제1항 각 호의 사항을 제출하게 하여 「식품 · 의약품분야 시험 · 검사 등에 관한 법률」식품의약품안전처장이 지정한 식품전문 시험 · 검사기관 또는 총리령으로 정하는 시험 · 검사기관의 검토를 거쳐 기준과 규격이 고시될 때까지 그 식품 또는 식품첨가물의 기준과 규격으로 인정할 수 있다. • 수출할 식품 또는 식품첨가물의 기준과 규격은 제1항 및 제2항에도 불구하고 수입자가 요구하는 기준과 규격을 따를 수 있다.
판매금지	기준과 규격에 맞지 아니하는 식품 또는 식품첨가물은 판매하거나 판매할 목적으로 제조 · 수입 · 가공 · 사용 · 조리 · 저장 · 소분 · 운반 · 보존 또는 진열하여서는 아니 된다.

권정규격 예시	국제식품규격위원회 및 외국의 규격 또는 다른 식품등에 이미 규격이 신설되어 있는 유사한 성분 등을 고려하고 심의위원회의 심의를 거쳐야 한다.
권장규격 준수요청	식품의약품안전처장은 영업자가 제1항에 따른 권장규격을 준수하도록 요청할 수 있으며 이행하지 아니한 경우 그 사실을 공개할 수 있다.

▣ 제7조의3 (농약 등의 잔류허용기준 설정 요청 등)

- 식품에 잔류하는 농약, 동물용 의약품의 잔류허용기준 설정이 필요한 자는 식품의약품안전처장에게 신청
- 수입식품에 대한 농약 및 동물용 의약품의 잔류허용기준 설정을 원하는 자는 식품의약품안전처장에게 관련 자료를 제출하여 기준 설정을 요청

▣ 제7조의4 (식품등의 기준 및 규격 관리계획 등)

관리계획	시행계획
식품의약품안전처장은 관계중앙행정기관의 장과의 협의 및 심의위원회의 심의를 거쳐	식품의약품안전처장은 관계 중앙행정기관의 장과 협의하여 시행계획을
5년마다 수립 · 추진	해마다 수립
• 기본 목표 및 추진방향 • 식품등의 유해물질 노출량 평가 • 식품등의 유해물질의 총 노출량 적정관리 방안 • 재평가에 관한 사항 • 그 밖에 식품등의 기준 및 규격 관리에 필요한 사항	• 유해물질 오염도에 관한 자료 • 유해물질 저감화(低減化)에 관한 자료 • 총 식이 조사(Total Diet Study)에 관한 자료 • 영양 및 식생활 조사에 관한 자료
관리계획에 포함되는 노출량 평가 · 관리의 대상이 되는 유해물질의 종류 • 중금속 • 곰팡이 독소 • 유기성오염물질 • 제조가공과정에서 생성되는 오염물질 • 그 외 유해물질	

▣ 제7조의5 (식품등의 기준 및 규격의 재평가 등)

- 식품의약품안전처장은 관리계획에 따라 식품등에 관한 기준 및 규격을 주기적(5년)으로 재평가하여야 한다.
- 제1항에 따른 재평가 대상, 방법 및 절차 등에 필요한 사항은 총리령으로 정한다.

| 제3장 | 기구와 용기·포장

▣ 제8조(유독기구 등의 판매 · 사용 금지)

- 유독 · 유해물질이 들어 있거나 묻어 있어 인체의 건강을 해칠 우려가 있는 기구 및 용기 · 포장
- 식품 또는 식품첨가물에 직접 닿으면 해로운 영향을 끼쳐 인체의 건강을 해칠 우려가 있는 기구 및 용기 · 포장을 판매하거나 판매할 목적으로 제조 · 수입 · 저장 · 운반 · 진열하거나 영업에 사용하여서는 아니 된다.

제9조(기구 및 용기 · 포장에 관한 기준 및 규격)

결정권자	식품의약품안전처장
고시 대상	• 제조 방법에 관한 기준 • 기구 및 용기 · 포장과 그 원재료에 관한 규격
한시적 기준 및 규격의 인정	• 기준과 규격이 고시되지 아니한 기구 및 용기 · 포장의 기준과 규격을 인정받으려는 자는 식품의약품안전처장이 지정한 식품전문 시험 · 검사기관 또는 총리령으로 정하는 시험 · 검사기관의 검토를 거쳐 제1항에 따라 기준과 규격이 고시될 때까지 해당 기구 및 용기 · 포장의 기준과 규격으로 인정할 수 있다. • 수출할 기구 및 용기 · 포장과 그 원재료에 관한 기준과 규격은 제1항 및 제2항에도 불구하고 수입자가 요구하는 기준과 규격을 따를 수 있다.
판매 등 금지	기준과 규격이 정하여진 기구 및 용기 · 포장은 그 기준에 따라 제조하여야 하며, 그 기준과 규격에 맞지 아니한 기구 및 용기 · 포장은 판매하거나 판매할 목적으로 제조 · 수입 · 저장 · 운반 · 진열하거나 영업에 사용하여서는 아니 된다.

| 제4장 | 표시

제12조의2 (유전자변형식품등의 표시)

- 다음 각 호의 어느 하나에 해당하는 생명공학기술을 활용하여 재배 · 육성된 농산물 · 축산물 · 수산물 등을 원재료로 하여 제조 · 가공한 식품 또는 식품첨가물(이하 "유전자변형식품등"이라 한다)은 유전자변형식품임을 표시하여야 한다. 다만, 제조 · 가공 후에 유전자변형 디엔에이(DNA, Deoxyribonucleic acid) 또는 유전자변형 단백질이 남아 있는 유전자변형식품등에 한정한다.
  가. 인위적으로 유전자를 재조합하거나 유전자를 구성하는 핵산을 세포 또는 세포 내 소기관으로 직접 주입하는 기술
  나. 분류학에 따른 과(科)의 범위를 넘는 세포융합기술
- 제1항에 따라 표시하여야 하는 유전자변형식품등은 표시가 없으면 판매하거나 판매할 목적으로 수입 · 진열 · 운반하거나 영업에 사용하여서는 아니 된다.
- 제1항에 따른 표시의무자, 표시대상 및 표시방법 등에 필요한 사항은 식품의약품안전처장이 정한다.

| 제5장 | 식품등의 공전(公典)

제14조 (식품등의 공전)

작성권자	식품의약품안전처장
대상	• 식품 또는 식품첨가물의 기준과 규격 • 기구 및 용기 · 포장의 기준과 규격

| 제6장 | 검사 등

▣ 제15조 (위해평가)

권한자	식품의약품안전처장
요건	• 유해물질이 함유된 것으로 알려지는 등 위해의 우려가 제기되는 식품등이 식품등에 해당한다고 의심되는 경우 • 식품등의 위해요소를 신속히 평가하여 그것이 위해식품등인지를 결정
금지조치	• 위해평가가 끝나기 전까지 국민건강을 위하여 예방조치가 필요한 식품등에 대하여는 판매하거나 판매할 목적으로 채취 · 제조 · 수입 · 가공 · 사용 · 조리 · 저장 · 소분 · 운반 또는 진열하는 것을 일시적으로 금지할 수 있다. 다만, 국민건강에 급박한 위해가 발생하였거나 발생할 우려가 있다고 식품의약품안전처장이 인정하는 경우에는 그 금지조치를 하여야 한다. • 일시적 금지조치를 하려면 미리 심의위원회의 심의 · 의결을 거쳐야 한다. 다만, 국민건강을 급박하게 위해할 우려가 있어서 신속히 금지조치를 하여야 할 필요가 있는 경우에는 먼저 일시적 금지조치를 한 뒤 지체 없이 심의위원회의 심의 · 의결을 거칠 수 있다.
의견청취	심의위원회는 제3항 본문 및 단서에 따라 심의하는 경우 대통령령으로 정하는 이해관계인의 의견을 들어야 한다.
금지 해제	사후 심의위원회의 심의 · 의결에서 위해가 없다고 인정된 식품등에 대하여는 지체 없이 일시적 금지조치를 해제
위해평가 대상	• 국제식품규격위원회 등 국제기구 또는 외국정부가 금지하거나 제한한 식품등 • 국내외의연구 · 검사기관에서 인체의 건강을 해칠 우려가 있는 원료 또는 성분 등이 검출된 식품등 • 소비자단체 또는 식품관련 학회가 위해평가를 요청한 식품등으로서 식품위생심의위원회(이하 "심의위원회"라 한다)가 인체의 건강을 해칠 우려가 있다고 인정한 식품등 • 새로운 원료 · 성분 또는 기술을 사용하여 생산 · 제조 · 조합되거나 안전성에 대한 기준 및 규격이 정하여지지 아니하여 인체의 건강을 해칠 우려가 있는 식품등
평가 할 위해 요소	• 잔류농약, 중금속, 식품첨가물, 잔류 동물용 의약품, 환경오염물질 및 제조 · 가공 · 조리과정에서 생성되는 물질 등 화학적 요인 • 식품등의 형태 및 이물(異物) 등 물리적 요인 • 식중독 유발 세균 등 미생물적 요인
위해평가 순서	• 위해요소의 인체 내 독성을 확인하는 위험성 확인과정 • 위해요소의 인체노출 허용량을 산출하는 위험성 결정과정 • 위해요소가 인체에 노출된 양을 산출하는 노출평가과정 • 위험성 확인과정, 위험성 결정과정 및 노출평가과정의 결과를 종합하여 해당 식품등이 건강에 미치는 영향을 판단하는 위해도(危害度) 결정과정
심의위원회 심의 · 의결	심의위원회는 제3항 각 호에 따른 각 과정별 결과 등에 대하여 심의 · 의결하여야 한다. 다만, 해당 식품등에 대하여 국제식품규격위원회 등 국제기구 또는 국내외의 연구 · 검사기관에서 이미 위해평가를 실시하였거나 위해요소에 대한 과학적 시험 · 분석 자료가 있는 경우에는 심의 · 의결을 한 것으로 본다
위해평가 공표	• 식품의약품안전처장은 제15조에 따른 위해평가 결과에 관한 사항을 공표할 수 있다. • 인터넷 홈페이지, 신문, 방송 등을 통하여 공표

▣ 제16조 (소비자 등의 위생검사등 요청)

요청 권자	• 같은 영업소에 의하여 같은 피해를 입은 5명 이상의 소비자 • 소비자의 대표자, 소비자단체의 장 • 식품의약품안전평가원 • 지방식품의약품안전청 • 보건환경연구원
요청의 상대방	식품의약품안전처장, 시 · 도지사 또는 시장 · 군수 · 구청장
요청 불응	• 같은 소비자, 소비자단체 또는 시험 · 검사기관이 특정 영업자의 영업을 방해할 목적으로 같은 내용의 위생검사등을 반복적으로 요청하는 경우 • 식품의약품안전처장, 시 · 도지사 또는 시장 · 군수 · 구청장이 기술 또는 시설, 재원(財源) 등의 사유로 위생검사등을 할 수 없다고 인정하는 경우
검사 기간	• 14일 이내에 위생검사 실시 • 위생검사등의 요청을 한 소비자, 소비자단체 또는 시험 · 검사기관에 알리고 인터넷 홈페이지에 게시

▣ 제17조 (위해식품등에 대한 긴급대응)

요건	• 국내외에서 식품등 위해발생 우려가 총리령으로 정하는 과학적 근거에 따라 제기되었거나 제기된 경우 • 그 밖에 식품등으로 인하여 국민건강에 중대한 위해가 발생하거나 발생할 우려가 있는 경우로서 대통령령으로 정하는 경우 • 국내외에서 위해식품등의 섭취로 인하여 사상자가 발생한 경우 • 국내외의 연구 · 검사기관에서 인체의 건강을 해칠 심각한 우려가 있는 원료 또는 성분이 식품등에서 검출된 경우 • 질병에 걸린 동물을 사용하였거나 같은 조 제2항에 따른 원료 또는 성분 등을 사용하여 제조 · 가공 또는 조리한 식품등이 발견된 경우
내용	• 해당 식품등의 종류 • 해당 식품등으로 인하여 인체에 미치는 위해의 종류 및 정도 • 제3항에 따른 제조 · 판매등의 금지가 필요한 경우 이에 관한 사항 • 소비자에 대한 긴급대응요령 등의 교육 · 홍보에 관한 사항 • 그 밖에 식품등의 위해 방지 및 확산을 막기 위하여 필요한 사항
금지 조치	• 식품의약품안전처장은 위해 여부 확인 전까지 해당 식품의 판매 등을 금지 • 영업자도 해당 식품등에 대하여는 판매 등을 금지
국민에게 긴급하게 전달	• 식품의약품안전처장 • 국민건강에 급박한 위해가 발생하여 위해식품정보를 국민에게 긴급하게 전달 • 방송 사업자에 대하여 신속하게 방송하도록 요청 • 기간통신사업자에 대하여 신속하게 문자 또는 음성으로 송신하도록 요청

▣ 제18조 (유전자변형식품등의 안전성 심사 등)

의무자	유전자변형식품등을 식용(食用)으로 수입 · 개발 · 생산하는 자
요건	• 최초로 유전자변형식품등을 수입하거나 개발 또는 생산하는 경우 • 안전성 심사를 받은 후 10년이 지난 유전자변형식품 • 안전성 심사를 받은 후 10년이 지나지 아니한 유전자변형식품등으로서 식품의약품안전처장이 새로운 위해요소가 발견되었다는 등의 사유로 인체의 건강을 해칠 우려가 있다고 인정하여 심의위원회의 심의를 거쳐 고시하는 경우
심사 기관	유전자변형식품등 안전성심사위원회

▣ 제19조의4 (검사명령 등)

명령권자	식품의약품안전처장
대상자	식품등을 채취 · 제조 · 가공 · 사용 · 조리 · 저장 · 소분 · 운반 또는 진열하는 영업자
검사기관	• 식품전문 시험 · 검사기관 • 국외 시험 · 검사기관
요건	• 국내외에서 유해물질이 검출된 식품등 • 국내외에서 위해발생의 우려가 제기되었거나 제기된 식품등
검사기한	검사명령을 받은 영업자는 총리령으로 정하는 검사기한(검사명령을 받은 날부터 20일 이내) 내에 검사를 받거나 관련 자료 등을 제출

▣ 제21조 (특정 식품등의 수입 · 판매 등 금지)

권한자	식품의약품안전처장
금지 대상	특정 국가 또는 지역에서 채취 · 제조 · 가공 · 사용 · 조리 또는 저장된 식품등
금지 요건	• 위해 또는 위해 우려가 있다고 인정되는 경우 – 수입을 금지할 수 있다. • 유독 · 유해물질이 검출된 경우 – 수입을 금지하여야 한다. (예외: 인체의 건강을 해칠 우려가 없다고 식품의약품안전처장이 인정한 경우)
심의위원회의 심의	• 금지를 하려면 미리 관계 중앙행정기관의 장의 의견을 듣고 심의위원회의 심의 · 의결을 거쳐야 한다. • 국민건강을 급박하게 위해할 우려가 있어서 신속히 금지 조치를 하여야 할 필요가 있는 경우 먼저 금지조치를 한 뒤 지체 없이 심의위원회의 심의 · 의결을 거칠 수 있다.
금지 해제	• 식품등에 위해가 없는 것으로 인정되면 심의위원회의 심의 · 의결을 거쳐 금지의 전부 또는 일부를 해제할 수 있다. • 국가 또는 수입한 영업자가 원인 규명 및 개선사항을 제시할 경우

▣ 제22조 (출입 · 검사 · 수거 등) 및 제23조(식품등의 재검사)

권한자	식품의약품안전처장, 시 · 도지사 또는 시장 · 군수 · 구청장
목적	• 식품등의 위해방지 · 위생관리 • 영업질서의 유지
조치 사항	• 영업자나 그 밖의 관계인에게 필요한 서류나 그 밖의 자료의 제출 요구 • 관계 공무원으로 하여금 다음 각 목에 해당하는 출입 · 검사 · 수거 등의 조치 가. 영업소(사무소, 창고, 제조소, 저장소, 판매소, 그 밖에 이와 유사한 장소를 포함한다)에 출입하여 판매를 목적으로 하거나 영업에 사용하는 식품등 또는 영업시설 등에 대하여 하는 검사 나. 가목에 따른 검사에 필요한 최소량의 식품등의 무상 수거 다. 영업에 관계되는 장부 또는 서류의 열람
실시 주기	• 출입 · 검사 · 수거 등은 국민의 보건위생을 위하여 필요하다고 판단되는 경우에는 수시로 실시한다. • 행정처분을 받은 업소에 대한 출입 · 검사 · 수거 등은 그 처분일부터 6개월 이내에 1회 이상 실시하여야 한다. (행정처분을 받은 영업자가 그 처분의 이행 결과를 보고하는 경우에는 그러하지 아니하다.)
수거 방법	• 업무의 효율을 위해 관계 행정기관의 장, 다른 시 · 도지사 또는 시장 · 군수 · 구청장에게 행정응원(行政應援)을 하도록 요청할 수 있다. • 출입 · 검사 · 수거 또는 열람하려는 공무원은 그 권한을 표시하는 증표 및 조사기간, 조사범위, 조사담당자, 관계 법령 등 대통령령으로 정하는 사항이 기재된 서류를 지니고 이를 관계인에게 내보여야 한다.
재검사	• 검사결과 기준이나 규격에 맞지 아니하면 7일 이내 영업자에게 결과를 통보 • 영업자가 검사 결과에 이의가 있으면 재검사를 요청 • 재검사 수수료와 보세창고료 등 재검사에 드는 비용은 영업자가 부담

▣ 제31조 (자가품질검사 의무) 및 제31조의2 (자가품질검사의무의 면제)

의무자	식품등을 제조 · 가공하는 영업자 (모든 영업자 X)
검사위탁 보고	• 자가품질위탁 시험 · 검사기관에 위탁하여 실시할 수 있다. • 국민 건강에 위해가 발생하거나 발생할 우려가 있는 경우 – 지체 없이 식품의약품안전처장에게 보고하여야 한다.
검사 기준	• 식품등의 경우 – 품목별로 실시 (단, 일정한 경우 식품 유형별로 실시) • 기구 및 용기 · 포장의 경우 – 재질별로 실시 • 자가 품질 검사주기의 적용 시점 – 제품 제조일을 기준으로 산정 • 자가 품질 검사는 식품 유형별 검사 항목을 검사
기록 보관	자가품질검사에 관한 기록서는 2년간 보관
의무면제	• 식품안전관리인증기준적용업소가 식품안전관리인증기준을 지키는 경우 • 조사 · 평가 결과 그 결과가 우수하다고 총리령으로 정하는 바에 따라 식품의약품안전처장이 인정하는 경우

▣ 자가 품질 검사주기 (시행규칙 제31조 제1항 별표12)

• 식품 제조·가공업

대상	주기	식중독 발생 위험이 높은 경우
과자류 등 대부분의 경우	3개월마다 1회 이상	1개월마다 1회 이상
반가공 원료식품 및 용기·포장	6개월마다 1회 이상	1개월마다 1회 이상
빵류, 음료류, 식용유 지류	2개월마다 1회 이상	15일마다 1회 이상
그 외	1개월마다 1회 이상	1주일마다 1회 이상

• 즉석판매 제조·가공업 : 9개월마다 1회 이상
• 식품첨가물 : 6개월마다 1회 이상
• 기구 또는 용기·포장 : 6개월마다 1회 이상

▣ 제32조(식품위생감시원)

소속	식품의약품안전처장, 시·도지사 또는 시장·군수·구청장
업무	• 출입·검사·수거 등 관계 공무원의 직무와 그 밖에 식품 위생에 관한 지도 • 소속 공무원 중에서 임명
자격 요건	• 위생사, 식품 기술사·식품 기사·식품 산업 기사·수산 제조 기술사·수산 제조 기사·수산 제조 산업 기사 또는 영양사 – 조리사는 자격 요건에 포함되어 있지 않음 • 대학 또는 전문대학에서 의학·한의학·약학·한약학·수의학·축산학·농화학·화학 ·화학공학·식품가공학·식품화학·식품제조학·식품공학·식품영양학·위생학·미생물학·조리학 분야의 학과 또는 학부를 졸업 한 자 – 식품관련 전공자 • 외국에서 위생사 또는 식품 제조 기사의 면허를 받은 자 • 1년 이상 식품위생행정에 관한 사무에 종사한 경험이 있는 자
자격 인정	교육을 2주 이상 받은 자에 대하여 식품 위생 감시원의 자격을 인정
직무	• 식품등의 위생적인 취급에 관한 기준의 이행지도 • 수입·판매 또는 사용 등이 금지된 식품등의 취급 여부에 관한 단속 • 표시기준 또는 과대광고 금지의 위반 여부에 관한 단속 • 출입·검사 및 검사에 필요한 식품등의 수거 • 시설기준의 적합 여부의 확인·검사 • 영업자 및 종업원의 건강진단 및 위생교육의 이행 여부의 확인·지도 • 조리사 및 영양사의 법령 준수사항 이행 여부의 확인·지도 • 행정처분의 이행 여부 확인 • 식품등의 압류·폐기 등 • 영업소의 폐쇄를 위한 간판 제거 등의 조치 • 그 밖에 영업자의 법령 이행 여부에 관한 확인 ·지도

▣ 제33조(소비자식품위생감시원)

자격요건	• 소비자단체의 임직원 중 해당 단체의 장이 추천한 자 • 식품위생에 관한 지식이 있는 자
직무	• 식품접객영업자에 대한 위생관리 상태 점검 • 표시 · 광고의 기준에 맞지 아니하거나 표시 또는 광고행위의 금지 규정을 위반한 경우 – 관할 행정관청에 신고하거나 그에 관한 자료 제공 • 식품위생감시원이 하는 식품등에 대한 수거 및 검사 지원 • 그 밖에 식품위생에 관한 사항으로서 대통령령으로 정하는 사항
권한 남용금지	직무를 수행하는 경우 그 권한을 남용하여서는 아니 된다.
해촉	• 추천한 소비자단체에서 퇴직하거나 해임된 경우 • 직무와 관련하여 부정한 행위를 하거나 권한을 남용한 경우 • 질병이나 부상 등의 사유로 직무 수행이 어렵게 된 경우
단독출입	• 영업소에 단독으로 출입하려면 미리 식품의약품안전처장, 시 · 도지사 또는 시장 · 군수 · 구청장의 승인을 받아야 한다. • 승인서와 신분을 표시하는 증표 및 조사기간, 조사범위, 조사담당자, 관계 법령 등 대통령령으로 정하는 사항이 기재된 서류를 지니고 이를 관계인에게 내보여야 한다.
교육	• 반기(半旗)마다 식품위생법령 및 위해식품등 식별 등에 관한 교육을 실시 • 직무를 수행하기 전에 그 직무에 관한 교육을 실시

▣ 제35조 (소비자 위생점검 참여 등)

자격요건	• 식품위생에 관한 전문적인 지식이 있는 자 • 소비자단체의 장이 추천한 자
점검받는 영업자	• 식품 제조 · 가공업자 • 식품 첨가물 제조업자 • 백화점, 슈퍼마켓, 연쇄점 등에서 식품을 판매하는 영업자 • 모범업소로 지정받은 영업자
점검기준 합격	영업자는 합격 사실을 해당 영업소에서 제조 · 가공한 식품등에 표시 · 광고 가능
우수등급 영업소	• 우수 등급이 확정 된 날부터 2년 동안 • 출입 · 검사 · 수거 등을 면제
기타	• 출입 · 검사 · 수거 등에 참여를 희망하는 소비자를 참여하게 하여 위생상태 점검 • 같은 업소에 대한 위생 점검은 연 1 회로 한정

| 제7장 | 영업

▣ 제36조 (시설기준)

• 식품 또는 식품첨가물의 제조업, 가공업, 운반업, 판매업 및 보존업
• 기구 또는 용기 · 포장의 제조업
• 식품접객업

▣ 시행령 제21조 (영업의 종류)

식품제조·가공업	식품을 제조·가공하는 영업
즉석판매제조·가공업	총리령으로 정하는 식품을 제조·가공업소에서 직접 최종소비자에게 판매하는 영업
식품첨가물제조업	• 감미료·착색료·표백제 등의 화학적 합성품을 제조·가공하는 영업 • 천연 물질로부터 유용한 성분을 추출하는 등의 방법으로 얻은 물질을 제조·가공하는 영업 • 식품첨가물의 혼합제재를 제조·가공하는 영업 • 기구 및 용기·포장을 살균·소독할 목적으로 사용되어 간접적으로 식품에 이행(移行)될 수 있는 물질을 제조·가공하는 영업
식품운반업	직접 마실 수 있는 유산균음료(살균유산균음료를 포함한다)나 어류·조개류 및 그 가공품 등 부패·변질되기 쉬운 식품을 전문적으로 운반하는 영업. 다만, 해당 영업자의 영업소에서 판매할 목적으로 식품을 운반하는 경우와 해당 영업자가 제조·가공한 식품을 운반하는 경우는 제외한다.
식품소분·판매업	• 식품소분업 : 총리령으로 정하는 식품 또는 식품첨가물의 완제품을 나누어 유통할 목적으로 재포장·판매하는 영업 • 식품판매업 1) 식용얼음판매업 : 식용얼음을 전문적으로 판매하는 영업 2) 식품자동판매기영업 : 식품을 자동판매기에 넣어 판매하는 영업. 다만, 유통기간이 1개월 이상인 완제품만을 자동판매기에 넣어 판매하는 경우는 제외한다. 3) 유통전문판매업 : 식품 또는 식품첨가물을 스스로 제조·가공하지 아니하고 제1호의 식품제조·가공업자 또는 제3호의 식품첨가물제조업자에게 의뢰하여 제조·가공한 식품 또는 식품첨가물을 자신의 상표로 유통·판매하는 영업 4) 집단급식소 식품판매업 : 집단급식소에 식품을 판매하는 영업 5) 기타 식품판매업 : 영업장면적 300㎡ 이상의 백화점, 슈퍼마켓, 연쇄점 등에서 식품을 판매하는 영업
식품보존업	• 식품조사처리업 : 방사선을 쬐어 식품의 보존성을 물리적으로 높이는 것을 업(業)으로 하는 영업 • 식품냉동·냉장업 : 식품을 얼리거나 차게 하여 보존하는 영업. 다만, 수산물의 냉동·냉장은 제외한다.
용기·포장류제조업	• 용기·포장지제조업 : 식품 또는 식품첨가물을 넣거나 싸는 물품으로서 식품 또는 식품첨가물에 직접 접촉되는 용기(옹기류는 제외한다)·포장지를 제조하는 영업 • 옹기류제조업: 식품을 제조·조리·저장할 목적으로 사용되는 독, 항아리, 뚝배기 등을 제조하는 영업
식품접객업	• 휴게음식점영업 : 주로 다류(茶類), 아이스크림류 등을 조리·판매하거나 패스트푸드점, 분식점 형태의 영업 등 음식류를 조리·판매하는 영업으로서 음주행위가 허용되지 아니하는 영업. 다만, 편의점, 슈퍼마켓, 휴게소, 그 밖에 음식류를 판매하는 장소(만화가게 및 인터넷컴퓨터게임시설제공업을 하는 영업소 등 음식류를 부수적으로 판매하는 장소를 포함한다)에서 컵라면, 일회용 다류 또는 그 밖의 음식류에 물을 부어 주는 경우는 제외한다. • 일반음식점영업 : 음식류를 조리·판매하는 영업으로서 식사와 함께 부수적으로 음주행위가 허용되는 영업 • 단란주점영업 : 주로 주류를 조리·판매하는 영업으로서 손님이 노래를 부르는 행위가 허용되는 영업 • 유흥주점영업 : 주로 주류를 조리·판매하는 영업으로서 유흥종사자를 두거나 유흥시설을 설치할 수 있고 손님이 노래와 춤을 추는 행위가 허용되는 영업

	• 위탁급식영업 : 집단급식소를 설치 · 운영하는 자와의 계약에 따라 그 집단급식소에서 음식류를 조리하여 제공하는 영업 • 제과점영업 : 주로 빵, 떡, 과자 등을 제조 · 판매하는 영업으로서 음주행위가 허용되지 아니하는 영업

▣ 제37조 (영업허가·등록·신고)

영업허가 업종

식품 조사 처리업 (방사선)	식품의약품안전처장
• 단란 주점 영업 • 유흥 주점 영업	특별자치시장 특별자치도지사 또는 시장 군수 구청장

영업등록 업종

• 식품 제조 · 가공업 • 식품 첨가물 제조업	특별자치시장 특별자치도지사 시장 군수 · 구청장
식품 제조 · 가공업 중 주류 제조업	식품의약품안전처장

※ 등록 대상이 아닌 업종

- 등록 대상이 아닌 업종 : 도정업, 수산물 가공업, 축산물 가공업, 건강 기능 식품 제조업 등
- 농산물 · 임산물 · 축산물을 단순 가공하여 관능 검사 가능한 경우에도 등록 대상이 아니다. → 다만, 집단급식소에 식품을 판매하기 위하여 가공하는 경우 또는 신선 편의 식품을 판매하기 위하여 가공하는 경우는 제외

영업 신고 업종

즉석판매 제조 · 가공업 식품 운반업 식품 소분 · 판매업 식품 냉동 · 냉장업 용기 · 포장류 제조업 휴게음식점영업/일반음식점영업 위탁급식영업/제과점영업	특별자치시장 · 특별자치도지사 또는 시장 · 군수 · 구청장

- 신고 대상이 아닌 업종 : 도정업, 수산물가공업, 축산물가공업, 식육즉석판매가공업, 건강기능식품 제조 · 판매업
- 농업인 어업인, 영농조합법인과 영어조합법인이 생산한 농산물 · 임산물 · 수산물을 집단급식소에 판매하는 경우에도 신고하지 않아도 됨
- 농산물 임산물 · 축산물을 단순 가공하여 관능검사 가능한 경우에도 신고 대상이 아니다. → 다만, 집단급식소에 식품을 판매하기 위하여 가공하는 경우 또는 신선편의식품을 판매하기 위하여 가공하는 경우는 신고해야 함

▣ 제38조 (영업허가 등의 제한)

허가 제한	• 시설기준에 맞지 아니한 경우 • 영업허가가 취소되고 6개월이 지나기 전에 같은 장소에서 같은 종류영업을 하려는 경우 • 청소년유흥접객원고용, 성매매알선으로 취소 후 2년이 지나기 전에 같은 장소에서 식품 접객업을 하려는 경우 • 허가취소 후 2년이 지나기 전에 같은 자가 같은 종류 영업을 하려는 경우 • 청소년유흥접객원고용, 성매매알선으로 취소 후 3년이 지나기 전에 같은 자가 식품 접객업을 하려는 경우 • 위해식품 · 병든 동물고기 판매 등으로 취소 후 5년이 지나기 전에 같은 자가 같은 종류 영업을 하려는 경우 • 피성년후견인(과거 금치산자)이거나 파산선고 후 복권되지 아니한 자
등록, 신고 제한	• 등록취소 또는 폐쇄명령 후 6개월이 지나기 전에 같은 장소, 같은 종류 영업을 하려는 경우 • 청소년유흥접객원고용, 성매매알선으로 폐쇄 명령 후 1년이 지나기 전에 같은 장소에서 식품 접객업을 하려는 경우 • 등록취소 또는 폐쇄명령 후 2년이 지나기 전에 같은 자가 같은 종류 영업을 하려는 경우 • 청소년유흥접객원고용, 성매매알선으로 폐쇄 명령 후 2년이 지나기 전에 같은 자가 식품 접객업을 하려는 경우 • 위해식품 · 병든 동물고기 판매 등으로 취소 후 5년이 지나기 전에 같은 자가 같은 종류 영업을 하려는 경우

▣ 제39조 (영업 승계)

승계요건	• 영업자가 영업을 양도하거나 사망한 경우 또는 법인이 합병한 경우 • 영업 시설의 전부를 인수한 자(경매, 환가(換價), 압류재산의 매각)
승계신고	1개월 이내에 그 사실을 식품의약품안전처장 또는 특별자치시장 · 특별자치도지사 · 시장 · 군수 · 구청장에게 신고

▣ 제40조 (건강진단)

대상자	• 식품등의 제조 · 판매 등에 직접 종사하는 영업자 및 종업원 • 집단급식소 영업자 및 종업원도 건강 진단의 대상 (법 제88조 제3항) • 완전포장 식품의 운반 · 판매의 경우는 대상자에서 제외
시기 및 영업종사금지	• 영업 시작 전 또는 영업에 종사하기 전에 미리 건강진단을 받아야 함 • 건강 진단받지 않거나 진단 결과 질병이 인정되면 영업종사금지
건강진단항목	• 장티푸스(식품위생 관련 영업 및 집단급식소 종사자만 해당) • 폐결핵 • 전염성 피부질환 (한센병 등 세균성 피부 질환을 말함)
건강진단횟수	매년 1회

▣ 제41조 (식품위생교육)

대상자	• 영업자 및 유흥종사자를 둘 수 있는 영업자의 종업원 • 식용얼음판매업자 및 식품자동판매기영업자는 대상자에서 제외
교육주기	매년 (1년)
교육기관	• 식품 위생 교육 전문 기관 • 동업자 조합 • 한국 식품 산업 협회
교육내용	• 식품위생 • 개인위생 • 식품위생시책 • 식품의 품질관리
교육교재	• 식품위생 교육기관은 교육교재 제작하여 교육대상자에게 제공 • 수료증 발급 및 교육 후 1개월 이내보고 • 교육에 관한 기록 보관 관리 → 2 년 이상 • 도서 · 벽지 등의 경우 교육 교재를 배부하여 교육을 갈음
교육시기	원칙적으로 미리 받아야 함 다만, 부득이한 경우 영업을 시작한 뒤 가능
기타사항	• 일정한 경우 종업원 중에서 책임자를 지정하여 영업자 대신 교육 가능 • 집단 급식소 종사하는 조리사 및 영양사가 책임자로 지정되어 정기교육 (2년)을 받은 경우 해당 연도의 식품 위생 교육을 받은 것으로 의제
조리사, 영양사, 위생사는 식품접객업을 하려는 경우에는 식품위생교육을 받지 아니하여도 된다.	

■ 교육시간

신규교육 – 영업을 하려는 자 (미리 식품 위생 교육을 받아야 함)	
식품 제조 · 가공업 / 즉석판매 제조 · 가공업 / 식품첨가물 제조업	8시간
식품운반업 / 식품소분 · 판매업 식품보존업 / 용기 · 포장 류 제조업	4시간
식품접객업 (위탁급식영업 포함) / 집단급식소 설치 · 운영자	6시간

정기교육 → 영업자와 종업원 (매년 식품 위생 교육을 받아야 함)	
영업자 / 집단 급식소 설치 운영자	3시간
유흥 주점 영업의 유흥 종사자	2시간

▣ 제42조 (실적보고)

식품 또는 식품첨가물을 제조 · 가공하는 영업자는 식품 및 식품첨가물을 생산한 실적 등을 식품의약품안전처장 또는 시 · 도지사에게 보고하여야 한다.(연도종료 후 1개월 이내)

▣ 제43조 (영업 제한)

목적	영업 질서와 선량한 풍속을 유지
권한자	특별자치시장 · 특별자치도지사 · 시장 · 군수 · 구청장
대상자	영업자 중 식품접객영업자와 그 종업원
제한조치	• 영업시간 및 영업행위 • 특별자치시 · 특별자치도 · 시 · 군 · 구의 조례(1일당 8시간 이내 제한)

▣ 제44조 (영업자 등의 준수사항)

적용 영업자	• 식품제조 · 가공업자 • 즉석판매제조 · 가공업자 • 식품첨가물제조업자 • 식품운반업자 • 식품소분 · 판매업자 • 식품조사처리업자 • 식품접객업자	• 적용제외 되는 영업자 • 식품 냉동 · 냉장업자, 용기 · 포장류제조업자
준수 사항	• 검사를 받지 아니한 축산물 또는 실험 등의 용도로 사용한 동물 사용 금지 • 야생생물보호 및 관리에 관한 법률을 위반하여 포획 · 채취한 야생생물 사용 금지 • 유통기한이 경과된 제품 · 식품 또는 그 원재료 사용금지 • 수돗물이 아닌 지하수 등 수질검사기관에서 적합하다고 인정된 물 사용 • 위해평가가 완료되기 전까지 일시적으로 금지된 식품등 사용금지 • 식중독 발생 시 역학조사 완료 전까지 현장을 훼손하여서는 아니 되고 원상태로 보존 • 손님을 꾀어서 끌어들이는 행위금지 • 그 밖에 영업의 원료관리, 제조공정 및 위생관리와 질서유지, 국민의 보건위생 증진 등을 위하여 총리령으로 정하는 사항	

▣ 제45조 (위해식품등의 회수)

의무자	• 판매의 목적으로 식품등을 제조 · 가공 · 소분 · 수입 또는 판매한 영업자 • 수입식품등 수입 · 판매업자를 포함
회수 및 조치	• 기준 및 규격을 위반한 사실을 알게 된 경우 • 지체없이 유통 중인 해당 식품등을 회수하거나 회수하는 데에 필요한 조치
회수계획의 보고	• 영업자는 회수계획을 식품의약품안전처장, 시 · 도지사 또는 시장 · 군수 · 구청장에게 미리 보고하여야 하며, 회수결과를 보고받은 시 · 도지사 또는 시장 · 군수 · 구청장은 이를 지체 없이 식품의약품안전처장에게 보고하여야 한다. • 수입식품 경우, 해당 식품등을 수입한 자가 식품의약품안전처장에게 보고하여야 한다.
행정처분 감면	회수에 필요한 조치를 성실히 이행한 영업자에 대하여 행정처분을 대통령령으로 정하는 바에 따라 감면할 수 있다.

위해식품등을 회수한 영업자에 대한 행정처분의 감면

4/5이상을 회수	행정처분을 면제
1/3이상을 회수	• 영업허가 취소, 등록취소 또는 영업소 폐쇄인 경우 – 영업정지 2개월 이상 6개월 이하 • 영업정지 또는 품목 · 품목류의 제조정지 경우 – 정지처분기간의 2/3이하의 범위에서 경감
1/4이상을 회수	• 영업허가 취소, 등록취소 또는 영업소 폐쇄인 경우 – 영업정지 3개월 이상 6개월 이하 • 영업정지 또는 품목 · 품목류의 제조정지 경우 – 정지처분기간의 1/2이하의 범위에서 경감

▣ 제46조 (식품등의 이물 발견보고 등)

의무자	판매의 목적으로 식품등을 제조 · 가공 · 소분 · 수입 또는 판매하는 영업자
이물 발견 신고	소비자로부터 판매제품에서 식품의 제조 · 가공 · 조리 · 유통 과정에서 정상적으로 사용된 원료 또는 재료가 아닌 것으로서 섭취할 때 위생상 위해가 발생할 우려가 있거나 섭취하기에 부적합한 물질[이하 "이물(異物)"이라 한다]을 발견한 사실을 신고받은 경우
보고	지체없이 식품의약품안전처장, 시 · 도지사 또는 시장 · 군수 · 구청장에게 보고
식품의약품 안전처장 에게 통보	• 소비자가 이물발견 신고 → 한국소비자원 및 소비자단체가 접수 → 식품의약품안전처장에게 통보 • 소비자가 이물발견 신고 → 시 · 도지사 또는 시장 · 군수 구청장이 접수 → 식품의약품안전처장에게 통보
원인조사	식품의약품안전처장은 제1항부터 제3항까지의 규정에 따라 이물 발견의 신고를 통보받은 경우 이물혼입 원인 조사를 위하여 필요한 조치를 취함
이물의 종류	• 금속성 이물, 유리 조각 등 • 기생충 및 그 알, 동물의 사체 등 • 그 밖에 인체의 건강을 해칠 우려가 있거나 섭취하기에 부적합한 물질

▣ 제47조 (위생등급)

지정 권자	식품의약품안전처장 또는 특별자치시장 · 특별자치도지사 · 시장 · 군수 · 구청장
지정 내용	위생등급의 기준에 따라 위생관리 상태 등이 우수식품등의 제조 · 가공 업소, 식품접객업소 또는 집단급식소 우수업소 또는 모범업소로 지정
혜택	• 2년 동안 출입 · 검사 · 수거 등을 면제 • 우수업소 로고를 표시 또는 모범업소 표지판 • 융자 사업과 음식문화 개선과 좋은 식단 실천을 위한 사업에 대하여 우선 지원
지정의 취소	지정기준에 미치지 못하거나 영업정지 이상의 행정처분을 받게 되면 지체없이 그 지정을 취소하여야 함

우수업소와 모범업소(시행규칙 제61조)

우수업소	모범업소
• 식품제조 · 가공업 • 식품첨가물제조업	• 집단급식소 • 일반음식점영업
식품 의약품 안전 처장 특별자치시장 · 특별자치도지사 시장 · 군수 · 구청장	특별자치시장 · 특별자치도지사 시장 · 군수 · 구청장

우수업소 지정기준

- 건물의 주변 환경은 항상 청결하게 관리
- 건물은 작업에 필요한 공간의 확보 및 환기
- 원료 처리실. 제조가공실 · 포장실 등 작업장은 분리 · 구획
- 작업장의 바닥 · 내벽 및 천장은 내수처리
- 작업장의 바닥은 적절한 경사를 유지 및 배수
- 작업장의 출입구와 창은 방충시설과 쥐막이 시설 설치
- 기계 · 기구류는 세척이 용이하고 부식되지 아니하는 재질
- 원료 및 제품은 항상 위생적으로 보관 · 관리되어야 한다.
- 작업장 · 냉장 시설 냉동 시설 등에는 온도를 측정 할 수있는 계기를 알아보기 쉬운 곳에 설치
- 오염되기 쉬운 작업장의 출입구에는 탈의실 · 작업화 또는 손 등을 세척 · 살균 할 수있는 시설
- 지하수 등을 사용하는 경우 취수원은 오염 지역으로부터 (20미터 이상) 떨어진 곳에 위치
- 하수나 폐수를 적절하게 처리 할 수 있는 하수 · 폐수 이동 및 처리시설을 갖추어야 한다.
- 화장실은 정화조를 갖춘 수세식 화장실로서 내수 처리되어야 한다.
- 식품등을 직접 취급하는 종사자는 위생적인 작업복 · 신발 등을 착용, 손은 항상 청결히 유지
- 그 밖에 우수업소의 지정 기준과 관련한 세부 사항은 식품의약품안전처장이 정하는 바에 따름

모범업소 지정기준(집단급식소)

- 식품 안전 관리 인증 기준 (HACCP) 적용 업소로 인증
- 최근 3년간 식중독 발생하지 아니하여야 함
- 조리사 및 영양사를 두어야 함
- 그 밖에 일반 음식점이 갖추어야하는 기준을 모두 갖추어야 함

모범업소 지정기준(일반음식점)

- 건물 : 정결한 환경, 내구력 있는 건물 + 물 공급 및 배수 + 방충 시설 및 환기 시설
- 주방 : 공개 + 입식조리대 + 냉장 · 냉동시설 + 항상 청결 및 원료 보관 창고 + 식기 소독 설비
- 화장실 : 수세식 + 손 씻는 시설 + 타일 등 내수 처리 + 1회용 위생종이 또는 에어타월
- 종업원 : 청결한 위생복 + 개인위생 + 친절 · 예의
- 기타 : 1회용 물 컵, 1 회용 숟가락, 1 회용 젓가락 등을 사용하지 않아야 함

▣ 제47조의2 (식품접객업소의 위생등급 지정 등)

지정권자	식품의약품안전처장, 시 · 도지사 또는 시장 · 군수 · 구청장
지정의 신청	식품접객영업자의 신청

지정내용	• 위생상태 평가 및 위생등급 지정 • 위생등급 지정 결과를 공표 • 식품접객영업자는 그 위생등급을 표시하여야 하며, 광고할 수 있다.
유효기간	위생등급을 지정한 날부터 2년 (기간을 연장할 수 있다.)
지정의 취소 및 시정명령	• 위생등급을 지정받은 후 그 기준에 미달하게 된 경우 • 위생등급을 표시하지 아니하거나 허위로 표시 · 광고하는 경우 • 영업정지 이상의 행정처분을 받은 경우 • 그 밖에 제1호부터 제3호까지에 준하는 사항으로서 총리령으로 정하는 사항을 지키지 아니한 경우
혜택	• 위생 등급 지정을 받았거나 받으려는 식품 접객 영업자에게 필요한 기술적 지원 • 출입 · 검사 · 수거 등을 2년 동안 면제 • 식품 진흥 기금을 융자 사업과 위생 등급 지정 사업에 우선 지원
업무의 위탁	한국식품안전관리인증원

▣ 제48조 (식품안전관리인증기준)

의의

- 식품의 원료관리 및 제조 · 가공 · 조리 · 소분 · 유통의 모든 과정에서
- 위해한 물질이 식품에 섞이거나 식품이 오염되는 것을 방지하기 위하여
- 각 과정의 위해요소를 확인 · 평가하여 중점적으로 관리하는 기준

권한자

식품의약품안전처장는 식품별로 정하여 고시할 수 있다.

의무자

영업자는 식품안전관리인증기준을 지켜야 한다.

대상식품

- 수산가공식품류의 어육 가공품 류 중 어묵 · 어육소시지
- 기타수산물가공품 중 냉동어류 · 연체류 · 조미가공품
- 냉동 식품 중 피자류 · 만두류 · 면류
- 과자류, 빵류 또는 떡류 중 과자 · 캔디류 · 빵류 · 떡류
- 빙과류 중 빙과
- 음료류 [다류(茶類) 및 커피류는 제외]
- 레토르트식품
- 절임류 또는 조림류의 김치류 중 김치 (배추를 주원료로 하여 절임, 양념혼합과정 등을 거쳐 이를 발효시킨 것이거나 발효시키지 아니한 것 또는 이를 가공한 것)
- 코코아가공품 또는 초콜릿류 중 초콜릿류
- 면류 중 유탕면 또는 곡분, 전분, 전분질원료 등을 주원료로 반죽하여 손이나 기계 따위로 면을 뽑아내거나 자른 국수로서 생면 · 숙면 · 건면
- 특수용도식품
- 즉석섭취 · 편의식품류 중 즉석섭취식품
- 즉석 섭취 · 편의 식품류의 즉석 조리 식품 중 순대
- 식품 제조 · 가공 업소 중 전년도 총 매출액이 100억원 이상인 영업소에서 제조 · 가공하는 식품

▣ 제49조 (식품이력추적관리 등록기준 등)

인증

- 식품안전관리인증기준을 지키기 원하는 영업자의 업소를 식품별 식품안전관리인증기준 적용업소(이하 "식품안전관리인증기준적용업소"라 한다)로 인증할 수 있다.
- 인증유효기간: 인증받은 날부터 3년(3년 범위에서 기간 연장)

교육훈련

종류	신규교육훈련	정기교육훈련	그밖에 특별교육훈련
교육시간	영업자 : 2시간 이내 종업원 : 16시간 이내	종업원 : 4시간 이내	8시간 이내

기술적 경제적 지원

식품의약품안전처장은 식품안전관리인증기준적용업소의 인증을 받거나 받으려는 영업자에게 위해요소 중점관리에 필요한 기술적 · 경제적 지원을 할 수 있다.

식품 안전 관리 인증 기준 적용 업소에 대한 조사 평가

- 식품안전관리인증기준의 준수 및 교육훈련 수료 여부 (매년 1 회 이상 조사 · 평가)
- 평가결과 우수한 업소에 대해서는 조사 · 평가를 면제하는 등의 행정적 · 재정적 지원

인증 취소 및 시정 명령

- 식품안전관리인증기준을 지키지 않는 경우
- 거짓 · 부정한 방법으로 인증
- 영업정지 2개월 이상 행정 처분
- 영업자와 그 종업원이 교육 훈련을 받지 않는 경우
- 그 밖에 일정한 사항을 지키지 아니한 경우

제한

- 식품안전관리인증기준적용 아닌 업소 영업자가 함부로 명칭 사용 X
- 인증받은 식품을 다른 업소에 위탁하여 다른 업소에 위탁하여 제조 · 가공 X

혜택

- 출입 · 검사 수거 등의 면제 – 인증 유효 기간 (인증을 받은 날부터 3년) 동안
- 융자 사업에 대한 우선 지원

업무의 위탁

- 한국식품안전관리인증원
- 정부출연연구기관
- 전문 인력을 보유한 기관
- 그 밖에 비영리 법인 또는 연구소

▣ 제49조 (식품이력추적관리 등록기준 등)

개념

- 제조 · 가공단계부터 판매단계까지 각 단계별로 정보를 기록 관리
- 식품의 안전성 등에 문제가 발생한 경우
- 그 식품을 추적하여 원인을 규명하고 필요한 조치를 하도록 관리하는 것

등록자: 식품을 제조 · 가공 또는 판매하는 자

- 식품이력관리전산시스템을 갖추어 식품의약품안전처장에게 등록할 수 있음
- 다만, 영유아식 제조 · 가공업자 등의 경우 식품의약품안전처장에게 등록하여야 함

필수적으로 등록하여야 하는 영업자

- 영유아식(영아용 조제식품, 성장기용 조제식품, 영유아용 곡류 조제식품 및 그 밖의 영유아용 식품) 제조 · 가공업자
- 임산 · 수유부용 식품, 특수의료용도 등 식품 및 체중조절용 조제식품 제조 · 가공업자
- 영업장 면적이 300제곱미터 이상의 백화점, 슈퍼마켓, 연쇄점 등에서 식품을 판매하는 영업

등록 사항

국내 식품	수입 식품
• 영업소의 명칭(상호)과 소재지 • 제품명과 식품의 유형 • 유통기한 및 품질유지기한 • 보존 및 보관방법	• 영업소의 명칭(상호)과 소재지 • 제품명 • 원산지(국가명) • 제조회사 또는 수출회사

식품이력추적관리기준

영업자는 식약 처장이 정하여 고시하는 기준을 지켜야 함

등록사항의 변경신고

1개월 이내 식품의약품안전처장에게 신고

식품이력추적관리의 표시

등록한 식품에는 식품이력추적관리의 표시를 할 수 있음

조사 · 평가

조사주기	• 식품이력추적관리기준의 준수 여부를 3년마다 조사 · 평가 • 다만, 영유아식 제조 · 가공업자 등의 경우 2년마다 조사 · 평가
조사방법	서류 검토 및 현장 조사의 방법

식품 이력 추적 관리에 필요한 자금 지원

장비 구입, 프로그램 개발 비용 등

등록 취소 또는 시정 명령
등록 영업자가 식품 이력 추적 관리 기준을 지키지 않는 경우
식품 이력 추적 관리 정보의 기록 · 보관
유통 기한이 경과 한 날부터 2년 이상 보관
식품 이력 추적 관리 시스템의 구축
• 식품의약품안전처장 • 소비자 등이 인터넷 홈페이지를 통하여 쉽게 확인할 수 있도록 • 해당 제품의 유통기한 또는 품질유지기한이 경과한 날부터 1년 이상 확인
업무의 위탁
식품안전정보원

| 제8장 | 조리사 등

▣ 제51조 (조리사)

구분	조리사	영양사
배치	• 집단급식소 운영자 • 복어를 조리 판매하는 영업	집단급식소 운영자
배치 X	• 자신이 조리사로서 직접 조리 • 1회 급식인원 100명 미만의 산업체 • 영양사가 조리사의 면허받은 경우	• 자신이 영양사로서 직접 영양 지도 • 1회 급식인원 100명 미만의 산업체 • 조리사가 영양사의 면허를 받은 경우
직무	• 식단에 따른 조리업무 [식재료 전(前)처리, 조리, 배식 등의 전 과정] • 구매식품의 검수 지원 • 급식설비 및 기구의 위생 · 안전 실무 • 그 밖에 조리실무에 관한 사항	• 식단 작성, 검식(檢食) 및 배식관리 • 구매식품의 검수(檢受) 및 관리 • 급식시설의 위생적 관리 • 집단급식소의 운영일지 작성 • 종업원에 영양지도 · 식품위생교육
면허	특별자치시장 · 특별자치도지사 · 시장 · 군수 · 구청장의 면허	보건복지부장관의 면허
결격 사유	• 정신질환자 • 감염병환자(B형간염환자는 제외) • 마약이나 그 밖의 약물 중독자 • 조리사 면허의 취소처분을 받고 그 취소된 날부터 1년이 지나지 아니한 자	• 정신질환자 • 감염병환자(B형간염환자는 제외) • 마약이나 그 밖의 약물 중독자 • 영양사 면허의 취소처분을 받고 그 취소된 날부터 1년이 지나지 아니한 자
명칭 사용 금지	조리사가 아니면 조리사라는 명칭을 사용하지 못한다.	영양사 면허를 받지 아니한 사람은 영양사 명칭을 사용할 수 없다.
교육	집단급식소에 종사하는 조리사와 영양사는 2년마다 교육을 받아야 한다.(6시간)	

조리사 및 영양사의 교육 (시행 규칙 제83조)

명령권자	식품의약품안전처장
요건	• 식품으로 인하여 감염병이 유행하거나 집단식중독의 발생 및 확산 등으로 국민건강을 해칠 우려가 있다고 인정되는 경우 • 시 · 도지사가 국제적 행사나 대규모 특별행사 등으로 식품위생 수준의 향상이 필요하여 식품위생에 관한 교육의 실시를 요청하는 경우
교육 대상자	• 조리사를 두어야하는 식품접객업소 또는 집단급식소에 종사하는 조리사 • 영양사를 두어야하는 집단 급식소에 종사하는 영양사
교육 의제	• 조리사 면허를 받은 영양사 or 영양사 면허를 받은 조리사 • 교육을 이수한 경우 해당 조리사 교육과 영양사 교육을 받은 것으로 의제
교육 특례	• 질병 치료 등 부득이한 사유로 교육에 참석하기가 어려운 경우 • 교육교재를 배부하여 이를 익히고 활용하도록 함으로써 교육을 갈음 함
교육 기관	식약처장이 식품위생 관련 교육을 목적으로 하는 전문 기관 또는 단체 중에서 지정
교육 내용	• 식품위생법령 및 시책 • 집단급식 위생관리 • 식중독 예방 및 관리를 위한 대책 • 조리사 및 영양사의 자질향상 관련 사항 • 그 밖에 식품위생을 위하여 필요한 사항

| 제9장 | 식품위생심의위원회

▣ 제57조 (식품위생심의위원회의 설치 등)

소속	식품의약품안전처
조사 · 심의	• 식중독 방지에 관한 사항 • 농약 · 중금속 등 유독 · 유해물질 잔류 허용 기준에 관한 사항 • 식품등의 기준과 규격에 관한 사항 • 그 밖에 식품위생에 관한 중요 사항

▣ 제58조 (심의위원회의 조직과 운영)

구성 및 운영	• 위원장 1명과 부위원장 2명을 포함한 100명 이내의 위원 • 위원장은 호선, 부위원장은 위원장이 지명 • 회의의 소집 : 식품의약품안전처장 또는 위원 1/3이상의 요구 • 의결정족수 : 재적 과반수 출석, 출석 과반수의 찬성
위원 임명 · 위촉	식품의약품안전처장

위원자격	• 식품위생 관계 공무원 • 식품등에 관한 영업에 종사하는 사람 • 시민단체의 추천을 받은 사람 • 동업자조합 또는 한국식품산업협회(이하 "식품위생단체"라 한다)의 추천을 받은 사람 • 식품위생에 관한 학식과 경험이 풍부한 사람.
위원의 임기	2년으로 하되, 공무원인 위원은 그 직위에 재직하는 기간 동안 재임한다. 다만, 위원이 궐위된 경우 그 보궐위원의 임기는 전임위원 임기의 남은 기간
연구위원의 업무	• 국제식품규격위원회에서 제시한 기준 · 규격 조사 · 연구 • 국제식품규격의 조사 · 연구에 필요한 외국정부, 관련 소비자단체 및 국제기구와 상호협력 • 외국의 식품의 기준 · 규격에 관한 정보 및 자료 등의 조사 · 연구 • 그 밖에 제1호부터 제3호까지에 준하는 사항으로서 대통령령으로 정하는 사항

| 제10장 | 식품위생단체 등

▣ 제59조-63조 (동업자조합)

설립	• 업의 발전과 국민보건 향상을 위하여 • 영업 또는 식품의 종류별로 동업자조합(이하 "조합"이라 한다)을 설립 • 조합은 법인 • 식품의약품안전처장의 설립인가
사업내용	• 영업의 건전한 발전과 조합원 공동의 이익을 위한 사업 • 조합원의 영업시설 개선에 관한 지도 • 조합원을 위한 경영지도 • 조합원과 그 종업원을 위한 교육훈련 • 조합원과 그 종업원의 복지증진을 위한 사업 • 식품의약품안전처장이 위탁하는 조사 · 연구 사업 • 조합원의 생활안정과 복지증진을 위한 공제사업 • 사업의 부대사업
공제회	• 식품의약품안전처장의 인가를 받아 조합원의 생활안정과 복지증진을 도모하기 위하여 공제사업을 영위할 수 있다. • 구성원은 공제사업에 필요한 출자금을 납부
공제사업	• 공제회원에 대한 공제급여 지급 • 공제회원의 복리 · 후생 향상을 위한 사업 • 기금 조성을 위한 사업 • 식품위생 영업자의 경영개선을 위한 조사 · 연구 및 교육 사업 • 식품위생단체 등의 법인에의 출연 • 공제회의 목적달성에 필요한 대통령령으로 정하는 수익사업
대의원회	• 조합원이 500명을 초과하는 조합(임의적) • 대의원은 조합원이어야 한다.
기타	• 사단법인에 관한 규정을 준용 • 조합원의 영업시설 개선과 경영에 관한 지도 사업 등을 효율적으로 수행하기 위하여 자율지도원을 둘 수 있다.

▣ 제64-66조 (한국식품산업협회)

설립	• 식품산업의 발전과 식품위생의 향상을 위하여 설립 • 협회는 법인으로 한다.
회원	• 영업자 중 식품 또는 식품첨가물을 제조 · 가공 · 운반 · 판매 · 보존하는 자 • 그 밖에 식품 관련 산업을 운영하는 자
사업 내용	• 식품산업에 관한 조사 · 연구 • 식품 및 식품첨가물과 그 원재료(原材料)에 대한 시험 · 검사 업무 • 식품위생과 관련한 교육 • 영업자의 영업시설 개선에 관한 지도 • 회원을 위한 경영지도 • 식품안전과 식품산업 진흥 및 지원 · 육성에 관한 사업 • 규정된 사업의 부대사업

▣ 제67조 (식품안전정보원)

설립	• 식품의약품안전처장의 위탁을 받아 식품이력추적관리업무와 식품안전에 관한 업무 • 정보원은 법인으로 한다.
사업 내용	• 국내외 식품안전정보의 수집 · 분석 · 정보제공 등 • 식품안전정책 수립을 지원하기 위한 조사 · 연구 등 • 식품안전정보의 수집 · 분석 및 식품이력추적관리 등을 위한 정보시스템의 구축 · 운영 등 • 식품이력추적관리의 등록 · 관리 등 • 식품이력추적관리에 관한 교육 및 홍보 • 식품사고가 발생한 때 사고의 신속한 원인규명과 해당 식품의 회수 · 폐기 등을 위한 정보제공 • 식품위해정보의 공동활용 및 대응을 위한 기관 · 단체 · 소비자단체 등과의 협력 네트워크 구축 · 운영 • 소비자 식품안전 관련 신고의 안내 · 접수 · 상담 등을 위한 지원 • 그 밖에 식품안전정보 및 식품이력추적관리에 관한 사항으로서 식품의약품안전처장이 정하는 사업 • 식품의약품안전처장은 정보원의 설립 · 운영 등에 필요한 비용을 지원
지도 · 감독	매년 1회 이상

▣ 제70조의7 (건강 위해 가능 영양성분 관리)

관리대상	나트륨, 당류, 트랜스지방
관리주체	• 국가 및 지방자치단체 • 과잉섭취로 인한 국민보건상 위해를 예방하기 위하여 노력
식품의약품 안전처장	• 건강 위해가능 영양성분 관리 기술의 개발 · 보급 • 적정섭취를 위한 실천방법의 교육 · 홍보 등을 실시
관리 주관 기관의 사업	• 건강 위해가능 영양성분 적정섭취 실천방법 교육 · 홍보 및 국민 참여 유도 • 건강 위해가능 영양성분 함량 모니터링 및 정보제공 • 건강 위해가능 영양성분을 줄인 급식과 외식, 가공식품 생산 및 구매 활성화 • 건강 위해가능 영양성분 관리 실천사업장 운영 지원 • 그 밖에 식품의약품안전처장이 필요하다고 인정하는 건강 위해가능 영양성분 관리사업

| 제11장 | 시정명령과 허가취소 등 행정 제재

▣ 제71조 (시정명령)

권한자	• 식품의약품안전처장 • 시 · 도지사 또는 시장 · 군수 · 구청장
대상자	• 식품등의 위생적 취급에 관한 기준에 맞지 아니하게 영업하는 자 • 이 법을 지키지 아니하는 자
협조 요청	그 영업을 관할하는 관서의 장에게 그 내용을 통보하여 시정명령이 이행되도록 협조를 요청 정당한 사유가 없으면 이에 응하여야 하며, 그 조치결과를 지체 없이 요청한 기관의 장에게 통보

▣ 제72조 (폐기처분 등)

권한자	식품의약품안전처장, 시 · 도지사 또는 시장 · 군수 · 구청장
대상자	• 위해식품등의 판매 금지 규정을 위반 한 영업자 • 병든 동물 고기 등의 판매 금지 규정을 위반 한 영업자 • 기준 및 규격 위반한 식품등, 기구·용기 등의 판매 금지 규정을 위반한 영업자 • 유전자변형식품등의 표시 규정을 위반 한 영업자
폐기 처분 등	관계 공무원에게 그 식품등을 압류 또는 폐기하게 하거나 용도 · 처리방법 등을 정하여 영업자에게 위해를 없애는 조치를 하도록 명하여야 한다.

▣ 제73조 (위해식품등의 공표)

권한자	식품의약품안전처장, 시 · 도지사 또는 시장 · 군수 · 구청장
대상자	각종 법 규정을 위반한 해당 영업자
공표 요건	• 식품위생에 관한 위해가 발생하였다고 인정되는 때 • 회수계획을 보고받은 때
공표방법	일반일간 신문 게재, 식품의약품안전처의 인터넷 홈페이지에 게재 요청

▣ 제74조 (시설 개수명령 등)

권한자	식품의약품안전처장, 시 · 도지사 또는 시장 · 군수 · 구청장
대상자	영업시설을 사용하는 해당 영업자
시설 개수 명령	• 영업시설이 시설기준에 맞지 아니한 경우 • 그 영업자에게 시설을 개수(改修)할 것을 명할 수 있다. • 건축물의 소유자와 영업자 등이 다른 경우 – 건축물의 소유자는 최대한 협조

▣ 제75조 (허가취소 등)

권한자	식품의약품안전처장 또는 특별자치시장 · 특별자치도지사 · 시장 · 군수 · 구청장
대상자	각종 법 규정을 위반한 해당 영업자
행정상 제재	• 영업허가 또는 등록을 취소 • 6개월 이내의 기간을 정하여 그 영업의 전부 또는 일부를 정지 • 영업소 폐쇄명령(신고한 영업만 해당) • 영업정지 명령을 위반하여 계속 영업한 경우– 영업허가 등록을 취소 혹은 영업소 폐쇄명령
기타제재	• 영업자가 정당한 사유 없이 6개월 이상 계속 휴업하는 경우 • 영업자가 사실상 폐업하여 관할세무서장에게 폐업신고를 하거나 관할세무서장이 사업자등록을 말소한 경우 – 영업허가 또는 등록을 취소 or 영업소 폐쇄명령

▣ 제76조 (품목 제조정지 등)

권한자	식품의약품안전처장 또는 특별자치시장 · 특별자치도지사 · 시장 · 군수 · 구청장
대상자	기준규격에 맞지 않는 식품등을 판매한 해당 영업자
행정상 제재	기간을 정하여 6개월 이내의 제조정지를 명할 수 있다.

▣ 제77조 (영업허가 등의 취소 요청)

권한자	식품의약품안전처장(요청자) – 관계중앙행정기관의 장(상대방)
대상자	「축산물위생관리법」, 「수산업법」, 「양식산업발전법」 또는 「주세법」에 따라 허가 또는 면허를 받은 자가 위반한 경우
조치 내용	• 허가 또는 면허의 전부 또는 일부 취소 • 일정 기간의 영업정지 • 그 밖에 위생상 필요한 조치
조치 결과	정당한 사유가 없으면 이에 따라야 하며, 그 조치결과를 지체 없이 식품의약품안전처장에게 통보

▣ 제78조 (행정 제재처분 효과의 승계)

제재 효과의 승계	• 영업자가 영업을 양도하거나 법인이 합병되는 경우 • 처분기간이 끝난 날부터 1년간 양수인이나 합병 후 존속하는 법인에 승계 • 행정 제재처분 절차가 진행 중인 경우에는 양수인이나 합병 후 존속하는 법인에 대하여 행정 제재처분 절차를 계속할 수 있다. (다만, 양수하거나 합병할 때에 그 처분 또는 위반사실을 알지 못하였음을 증명하는 때에는 그러하지 아니하다.)

▣ 제79조(폐쇄조치 등)

권한자	식품의약품안전처장, 시 · 도지사 또는 시장 · 군수 · 구청장
대상자	• 허가받지 아니하거나 신고 또는 등록하지 아니하고 영업을 하는 경우 • 허가 또는 등록이 취소, 영업소 폐쇄명령을 받은 후에도 계속 영업 하는 경우
행정상 제재	• 해당 영업소의 간판 등 영업 표지물의 제거나 삭제 • 해당 영업소가 적법한 영업소가 아님을 알리는 게시문 등의 부착 • 해당 영업소의 시설물과 영업에 사용하는 기구 등을 사용할 수 없게 하는 봉인(封印)

▣ 제80조 조리사 (면허취소 등)

권한자	식품의약품안전처장 또는 특별자치시장 · 특별자치도지사 · 시장 · 군수 · 구청장
대상자	각종 법 규정을 위반한 조리사
제재 사유	• 조리사 면허결격사유에 해당하게 된 경우 • 교육을 받지 아니한 경우 • 식중독이나 그 밖에 위생과 관련한 중대한 사고 발생에 직무상의 책임이 있는 경우 • 면허를 타인에게 대여하여 사용하게 한 경우 • 업무정지기간 중에 조리사의 업무를 하는 경우
행정상 제재	면허 취소 / 6개월 이내의 업무정지

▣ 제81조 (청문)

실시권자	식품의약품안전처장, 시 · 도지사 또는 시장 · 군수 · 구청장
청문사유	• 식품안전관리인증 기준적용업소의 인증취소 • 영업허가 또는 등록의 취소나 영업소의 폐쇄명령 • 면허의 취소

▣ 제82조 (영업정지 등의 처분에 갈음하여 부과하는 과징금 처분)

권한자	식품의약품안전처장, 시 · 도지사 또는 시장 · 군수 · 구청장
과징금의 부과	• 영업정지, 품목 제조정지 또는 품목류 제조정지 처분을 갈음 • 10억원 이하의 과징금을 부과 • 과징금을 기한 내에 납부하지 아니하는 때 → 과징금 부과처분을 취소하고, 영업정지 또는 제조정지 처분
과징금의 귀속	• 식품의약품안전처장이 부과 · 징수한 과징금은 국가에 귀속되고 • 시 · 도지사가 부과 · 징수한 과징금은 시 · 도의 식품진흥기금 • 시장 · 군수 · 구청장이 부과 · 징수한 과징금은 시 · 도와 시 · 군 · 구의 식품진흥기금에 귀속

▣ 제83조 (위해식품등의 판매 등에 따른 과징금 부과 등)

식품의약품안전처장, 시 · 도지사 또는 시장 · 군수 · 구청장은 위해식품등의 판매 등 금지에 위반한 경우 판매한 해당 식품등의 판매금액을 과징금으로 부과한다.

▣ 제84조 (위반사실 공표)

권한자	식품의약품안전처장, 시 · 도지사 또는 시장 · 군수 · 구청장
대상자	행정처분이 확정된 영업자
공표내용	• 「식품 위생법」위반 사실의 공표라는 내용의 표제 • 영업의 종류 • 영업소 명칭, 소재지 및 대표자 성명 • 식품등의 명칭 (식품등의 제조 · 가공, 소분 · 판매업만 해당) • 위반 내용 (위반행위의 구체적인 내용과 근거 법령을 포함) • 행정 처분의 내용, 처분 일 및 기간 • 단속 기관 및 단속 일 또는 적발 일
공표방법	• 처분과 관련한 영업 정보를 해당기관의 인터넷 홈페이지에 게재, • 전국을 보급지역으로 하는 일반일간신문에 게재

| 제12장 | 보칙

▣ 제85조 (국고 보조)

권한자	식품의약품안전처장은 예산의 범위에서 경비의 전부 또는 일부를 보조할 수 있다.
보조 내용	• 출입 · 검사 · 수거 등에서 수거에 드는 경비 • 조합에서 실시하는 교육훈련에 드는 경비 • 식품위생감시원과 소비자식품위생감시원 운영에 드는 경비 • 정보원의 설립 · 운영에 드는 경비 • 동업자 조합의 조사 · 연구 사업에 드는 경비 • 조합 또는 협회의 자율지도원 운영에 드는 경비 • 폐기처분 등에서 폐기에 드는 경비

▣ 제86조 (식중독에 관한 조사 보고)

보고 의무자	• 식중독 환자나 식중독이 의심되는 자를 진단하였거나 그 사체를 검안(檢案)한 의사 또는 한의사 • 식중독 환자나 식중독으로 의심되는 증세를 보이는 자를 발견한 집단급식소의 설치 · 운영자
보고 대상자	• 지체 없이 관할 특별자치시장 · 시장군수 · 구청장에게 보고 • 시장 · 군수 · 구청장은 지체 없이 식품의약품안전처장 및 시 · 도지사(특별자치시장은 제외한다)에게 보고 • 시장 · 군수 · 구청장은 원인을 조사하여 그 결과를 보고
채취 및 보관	의사나 한의사는 식중독 환자나 식중독이 의심되는 자의 혈액 또는 배설물을 보관
원인조사	• 설문 조사, 섭취 음식 위험도 조사 및 역학적 조사 • 미생물학적 또는 이화학적 시험에 의한 조사 • 식중독의 원인이 된 식품등의 오염경로를 찾기 위하여 실시하는 환경조사

합동 원인조사	• 식품의약품안전처장은 • 국민보건상 중대하다고 인정하는 경우에 • 해당 시 · 도지사 또는 시장 · 군수 · 구청장과 합동으로 원인을 조사
식중독 대책 협의기구	• 식품의약품안전처장이 설치 · 운영 • 교육부, 농림축산식품부, 보건복지부, 환경부, 해양수산부, 식품의약품안전처, 질병관리청, 시 · 도 등 유관기관으로 구성

▣ 제88조 (집단급식소)

영업 신고	• 집단급식소를 설치 · 운영하려는 자는 • 특별자치시장 · 특별자치도지사 · 시장 · 군수 · 구청장에게 신고
준수 사항	• 식중독 환자가 발생하지 아니하도록 위생관리를 철저히 할 것 • 조리 · 제공한 식품의 매회 1인분 분량을 −18℃ 이하로 144시간 이상 보관 • 영양사를 두고 있는 경우 그 업무를 방해하지 아니할 것 • 영양사는 집단급식소의 위생관리를 위하여 요청하는 사항에 따를 것 • 그 밖에 식품등의 위생적 관리를 위하여 필요하다고 총리령으로 정하는 사항을 지킬 것
세부적 준수 사항	• 기구 등의 살균 · 소독제, 열탕의 방법으로 소독한 것을 사용 • 기준 미달 축산물 또는 불법 포획 야생 동물 사용 금지 • 유통기한이 지난 식품 사용 금지 • 수돗물이 아닌 지하수: 일부 항목 검사 → 1 년마다, 모든 항목 검사 → 2 년마다 • 부적합 판정 된 지하수는 사용 금지 • 동물의 내장을 조리 한 경우 세척 살균 • 위해평가 완료되기 전까지 일시적 금지 식품 사용 금지 • 식중독 발생시 역학 조사가 완료 될 때까지 원상태 보존하고 조사 방해 금지 • 모범업소로 오인 · 혼동 할 우려가 있는 표시를 하여서는 아니 됨
시설 기준	1. 조리장 • 음식물을 먹는 객석에서 그 내부를 볼 수있는 구조 (병원 · 학교는 제외) • 조리장 바닥은 배수구가 있는 경우에는 덮개를 설치 • 필요한 조리 시설 세척 시설. 폐기물 용기 및 손 씻는 시설을 각각 설치 • 자외선 또는 전기살균소독기를 설치하거나 열탕세척소독시설을 갖추어야 함 • 충분한 환기를 시킬 수 있는 시설, 자연통풍 가능 • 적합한 온도가 유지 될 수 있는 냉장시설 또는 냉동시설을 갖추어야 함 • 식품과 직접 접촉하는 부분은 위생적인 내수성 재질 • 냉동 · 냉장시설 및 가열처리시설에는 온도계를 설치 및 적정온도 유지 • 조리장에는 쥐 · 해충 등을 막을 수 있는 시설을 갖추어야 함 2. 급수시설 • 수돗물이나 먹는 물의 수질기준에 적합한 지하수 등을 공급할 수 있는 시설 • 지하수가 오염될 우려가 있는 장소로부터 영향을 받지 아니하는 곳에 위치 3. 창고 등 보관시설 • 식품등을 위생적으로 보관할 수 있는 창고 • 적합한 온도에서 보관할 수 있도록 냉장 · 냉동 시설을 갖추어야 함 4. 화장실 • 화장실은 조리장에 영향을 미치지 아니하는 장소에 설치 • 화장실은 정화조를 갖춘 수세식 화장실을 설치 • 화장실은 콘크리트 등으로 내수 처리, 타일을 붙이거나 방수 페인트로 색칠 • 화장실에는 손을 씻는 시설을 갖추어야한다.

제89조 (식품진흥기금)

설치	시 · 도 및 시 · 군 · 구	
재원 조성	• 식품위생단체의 출연금 • 징수한 과징금	• 기금 운용으로 생기는 수익금 • 그 밖에 대통령령으로 정하는 수입금
기금 사용	• 영업자의 위생관리시설 및 위생설비시설 개선을 위한 융자 사업 • 식품위생에 관한 교육 · 홍보 사업과 소비자식품위생감시원의 교육 · 활동 지원 • 식품위생과 영양관리(이하 "영양관리"라 한다)에 관한 조사 · 연구 사업 • 포상금 지급 지원 • 공익신고자에게 지방자치단체가 부담하는 보상금 상환액의 지원 • 식품위생에 관한 교육 · 연구 기관의 육성 및 지원 • 음식문화의 개선과 좋은 식단 실천을 위한 사업 지원 • 집단급식소의 급식시설 개수 · 보수를 위한 융자 사업 • 식품접객업소의 위생등급 지정 사업 지원 • 그 밖에 식품위생, 영양관리, 식품산업 진흥 및 건강기능식품에 관한 사업	

제90조 (포상금 지급)

지급의무자	식품의약품안전처장, 시 · 도지사 또는 시장 · 군수 · 구청장은
지급대상자	법에 위반되는 행위를 신고한 자에게 신고 내용별로 1천만원까지 포상금을 지급

제90조의3 (식품안전관리 업무 평가)

평가자	식품의약품안전처장은
평가대상	• 식품안전관리 업무 수행 실적이 우수한 시 · 도 또는 시 · 군 · 구에 • 표창 수여, 포상금 지급 등의 조치를 하기 위하여 • 시 · 도 및 시 · 군 · 구에서 수행하는 식품안전관리업무를 평가

제91조 (권한의 위임)

- 식품의약품안전처장의 권한 : 일부를 시 · 도지사, 식품의약품안전평가원장 또는 지방식품의약품안전청장에게,
- 시 · 도지사의 권한 : 일부를 시장 · 군수 · 구청장 또는 보건소장에게 각각 위임할 수 있다.

제92조 (수수료)

- 기준과 규격의 인정을 신청하는 자
- 농약 및 동물용 의약품의 잔류허용기준 설정을 요청하는 자
- 안전성 심사를 받는 자
- 재검사를 요청하는 자
- 허가를 받거나 신고 또는 등록을 하는 자
- 식품안전관리인증기준적용업소 인증 또는 변경 인증을 신청하는 자
- 식품안전관리인증기준적용업소 인증 유효기간의 연장신청을 하는 자
- 식품이력추적관리를 위한 등록을 신청하는 자
- 조리사 면허를 받는 자
- 집단급식소의 설치 · 운영을 신고하는 자

| 제13장 | 벌칙

▣ 제93조 (벌칙)

3년 이상 징역	• 질병에 걸린 동물을 사용하여 판매할 목적으로 식품 또는 식품첨가물을 제조 · 가공 · 수입 또는 조리한 자 • 소해면상뇌증(狂牛病), 탄저병, 가금 인플루엔자
1년 이상 징역	마황(麻黃), 부자(附子), 천오(川烏), 초오(草烏), 백부자(白附子), 섬수(蟾수), 백선피(白鮮皮), 사리풀 등을 원료 또는 성분 사용
10년 이하의 징역 또는 1억원 이하의 벌금	• 위해 식품등의 판매 금지 규정 위반 • 병든 동물 고기 판매 금지 규정 위반 • 유독기구 등의 판매 금지 규정 위반 • 허가 대상 영업을 허가받지 아니하고 영업을 한 경우
5년 이하의 징역 또는 5천만원 이하의 벌금	• 기준 및 규격에 맞지 아니하는 식품등 판매 금지 규정 위반 • 등록 대상 영업을 등록하지 아니하고 영업을 한 경우 • 영업 제한 규정을 위반 한 경우 • 위해식품등의 회수 규정을 위반 한 경우
3년 이하의 징역 또는 3천 만원 이하의 벌금	• 조리사 관련 규정을 위반 한 경우 • 영양사 관련 규정을 위반 한 경우 • 검사 · 출입 · 수거 · 압류 · 폐기를 거부 · 방해 또는 기피한 자 • 시설기준을 갖추지 못한 영업자 • 조건을 갖추지 못한 영업자 • 영업자가 지켜야 할 사항을 지키지 아니한 자 • 영업정지 명령, 영업소 폐쇄명령을 위반하여 영업을 계속한 자 • 제조정지 명령을 위반한 자 • 공무원이 부착한 봉인 또는 게시문 등을 제거하거나 손상시킨 자
1년 이하의 징역 또는 1천만원 이하의 벌금	• 접객행위를 하거나 다른 사람에게 그 행위를 알선한 자 • 소비자로부터 이물 발견의 신고를 접수하고 이를 거짓으로 보고한 자 • 위해식품 회수를 위반하여 미보고 및 거짓으로 보고한 자

Chapter

03 연습문제 (식품위생법)

01 다음은 식품위생법의 목적에 대한 설명이다. (   ) 안에 들어갈 것은?

> 식품위생법은 식품으로 인하여 생기는 위생상의 위해를 방지하고, 식품영양의 질적 향상을 도모하며, 식품에 관한 올바른 정보를 제공하여 (   )의 증진에 이바지함을 목적으로 한다.

① 국민건강　② 국민보건
③ 국민위생　④ 국민영양

해설 제1조(목적)

02 '집단급식소'에 대한 설명 중 옳은 것은?

① 불특정 다수인을 대상으로 함
② 영리를 목적으로 함
③ 기숙사, 학교, 병원 내의 급식소
④ 상시 1회 100명 이상에게 식사제공

해설 제2조 (정의) 집단급식소 개념과 설치기준으로
① 영리를 목적으로 하지 아니하면서(비영리)
② 특정 다수인
③ 계속하여 음식물을 공급하는 상시 1회 50명 이상에게 식사제공

03 다음 중 병든 동물 고기 등의 판매 등이 금지되는 질병에 해당하지 않는 것은?

① 파스튜렐라병　② 리스테리아병
③ 살모넬라병　④ 방선균증

해설 제5조(병든 동물 고기 등의 판매 등 금지)
종류로 리스테리아병, 살모넬라병, 파스튜렐라병, 선모충증이 있다.

04 식품의약품안전처장은 식품등의 기준 및 규격 관리 기본계획을 몇 년마다 수립 · 추진할 수 있는가?

① 1년　② 3년
③ 5년　④ 10년

해설 제7조의4 (식품등의 기준 및 규격 관리계획 등)
식품의약품안전처장은 관계중앙행정기관의 장과의 협의 및 심의위원회의 심의를 거쳐 5년마다 수립 · 추진함

05 식품등의 위해평가에서 평가해야 할 위해요소에 해당하지 않는 것은?

① 식품등의 형태 및 이물(異物) 등 물리적 요인
② 잔류농약, 중금속, 식품첨가물, 잔류 동물용 의약품, 환경오염물질 및 제조·가공·조리과정에서 생성되는 물질 등 화학적 요인
③ 식중독 유발 세균 등 미생물적 요인
④ 식중독의 원인이 된 식품등과 환자 간의 연관성을 확인하기 위해 실시하는 역학적(疫學的) 요인

해설 제15조 (위해평가)
평가 할 위해요소로는 1. 잔류농약, 중금속, 식품첨가물, 잔류 동물용 의약품, 환경오염물질 및 제조 · 가공 · 조리과정에서 생성되는 물질 등 화학적 요인, 2. 식품등의 형태 및 이물(異物) 등 물리적 요인, 3. 식중독 유발 세균 등 미생물적 요인

정답 01 ② 02 ③ 03 ④ 04 ③ 05 ④

06 식품위생법상 식품등의 기준 및 규격관리 기본계획에 포함되는 노출량 평가 · 관리의 대상이 되는 유해물질의 종류에 해당하지 않는 것은?

① 방사능물질 ② 중금속
③ 곰팡이 독소 ④ 유기성오염물질

해설 제7조의4(식품등의 기준 및 규격 관리계획 등) 관리계획에 포함되는 노출량 평가 · 관리의 대상이 되는 유해물질의 종류는 중금속, 곰팡이 독소, 유기성오염물질, 제조가공과정에서 생성되는 오염물질, 그 외 유해물질이 있다.

07 식품위생법상 출입·검사·수거에 대한 설명 중 틀린 것은?

① 관계 공무원은 영업소에 출입하여 판매를 목적으로 하거나 영업에 사용하는 식품등 또는 영업시설 등에 대하여 검사를 실시할 수 있다.
② 출입·검사·수거 또는 열람하려는 공무원은 그 권한을 표시하는 증표를 지니고 이를 관계인에 내보여야 한다.
③ 관계 공무원은 영업상 사용하는 식품등의 검사에 필요한 최소량의 식품등을 무상으로 수거할 수 없다.
④ 관계 공무원은 영업에 관계되는 장부 또는 서류를 열람할 수 있다.

해설 제22조 (출입 · 검사 · 수거 등) 검사에 필요한 최소량의 식품등은 무상 수거이다.

08 식품등의 공전은 누가 작성 · 보급하는가?

① 국립보건원장
② 식품산업협회장
③ 식품의약품안전처장
④ 보건복지부장관

해설 제14조 (식품등의 공전) 작성권자는 식품의약품안전처장임.

09 식품위생법령상 자가품질검사에 대한 내용으로 옳은 것은?

① 자가품질검사에 관한 기록서는 3년간 보관하여야 한다.
② 자가품질검사주기의 적용시점은 제품출고일을 기준으로 산정한다.
③ 식품등에 대한 자가품질검사는 원칙적으로 판매를 목적으로 제조 · 가공하는 식품 유형별로 실시하여야 한다.
④ 자가품질검사를 직접 행하는 것이 부적합한 경우 자가품질위탁 시험 · 검사기관에 위탁하여 실시할 수 있다.

해설 제31조(자가품질검사) ① 자가품질검사에 관한 기록서는 2년간 보관 ②자가 품질 검사주기의 적용 시점은 제품 제조일을 기준으로 산정 ③ 식품등에 대한 자가품질검사는 원칙적으로 판매를 목적으로 제조 · 가공하는 식품품목별로 실시하여야 한다.

10 소비자식품위생감시원의 직무가 아닌 것은?

① 식품접객영업자에 대한 위생관리 상태 점검
② 유통 중인 식품등의 표시·광고의 기준 위반 시 관할 행정관청에 신고
③ 식품위생감시원이 하는 식품등에 대한 수거 및 검사 지원
④ 식품등의 표시기준 위반행위에 대한 단속

해설 제33조(소비자식품위생감시원) ④ 식품등의 표시기준 위반행위에 대한 단속은 식품위생감시원의 직무임.

정답 06 ① 07 ③ 08 ③ 09 ④ 10 ④

11 소비자 위생점검을 신청할 수 있는 영업자가 아닌 것은?

① 식품제조 · 가공업자
② 기타 식품판매업자
③ 식품접객업자 중 모범업소로 지정받은 영업자
④ 즉석판매제조 · 가공업자

해설 제35조 (소비자 위생점검 참여 등)
점검받는 영업자로 1. 식품 제조 · 가공업자 2. 식품 첨가물 제조업자, 3. 백화점, 슈퍼마켓, 연쇄점 등에서 식품을 판매하는 영업자 4. 모범업소로 지정받은 영업자

12 방사선을 쬐어 식품의 보존성을 물리적으로 높이는 것을 업(業)으로 하는 영업을 무엇이라고 하는가?

① 방사선조사처리업 ② 식품조사처리
③ 식품냉동 · 냉장업 ④ 유통전문판매업

해설 시행령 제21조(영업의 종류)

13 다음 식품접객업 중 음주행위가 허용되지 않는 영업으로만 묶인 것은?

① 단란주점영업, 유흥주점영업
② 일반음식점영업, 유흥주점영업
③ 일반음식점영업, 단란주점영업
④ 휴게음식점영업, 제과점영업

해설 시행령 제21조(영업의 종류)

14 영업자란 영업허가를 받거나 영업신고를 하거나 또는 영업등록을 한 자를 말한다. 영업허가를 받아야 하는 영업자가 아닌 것은?

① 식품제조 · 가공업 ② 단란주점영업
③ 식품조사처리업 ④ 유흥주점영업

해설 제37조(영업허가 · 등록 · 신고)
영업허가 업종의 식품조사처리업, 단란주점영업, 유흥주점영업에 해당된다.
식품제조 · 가공업은 등록업종이다.

15 위해식품등의 판매금지 규정을 위반하여 영업허가가 취소된 자가 같은 종류 영업을 허가받기 위해서는 허가취소 후 얼마의 기간이 경과하여야 하는가?

① 1년 ② 2년
③ 3년 ④ 5년

해설 제38조(영업허가 등의 제한)

16 다음 중 식품위생교육의 대상자에 해당하지 않는 것은?

① 용기 · 포장류제조업자
② 식용얼음판매업자
③ 식품보존업자
④ 식품운반업자

해설 제41조(식품위생교육)
영업자 및 유흥종사자를 둘 수 있는 영업자의 종업원 단, 식용얼음판매업자 및 식품자동판매기 영업자는 대상자에서 제외

17 집단급식소를 설치 · 운영하는 자는 매년 몇 시간의 식품위생 교육을 받아야 하는가?

① 2시간 ② 3시간
③ 4시간 ④ 6시간

해설 제41조(식품위생교육)
정기교육 → 영업자와 종업원 (매년 식품 위생 교육을 받아야 함)
1. 영업자 / 집단 급식소 설치 운영자 : 3시간
2. 유흥 주점 영업의 유흥 종사자 : 2시간

정답 11 ④ 12 ② 13 ④ 14 ① 15 ④ 16 ④ 17 ②

18 식품위생법상 영업을 하려는 자가 받아야 하는 식품위생교육 시간으로 옳지 않은 것은?

① 식품제조 · 가공업 : 6시간
② 식품판매업 : 4시간
③ 위탁급식영업 : 6시간
④ 집단급식소를 설치 · 운영하려는 자 : 6시간

해설 제41조(식품위생교육)
신규교육 → 영업을 하려는 자(미리 식품 위생 교육을 받아야 함)
1. 식품 제조 · 가공업 / 즉석판매 제조 · 가공업 / 식품첨가물 제조업 – 8시간
2. 식품접객업 (위탁급식영업 포함) / 집단급식소 설치 · 운영자 – 6시간
3. 식품운반업 / 식품소분 · 판매업 / 식품보존업 / 용기 · 포장류 제조업 – 4시간

19 다음은 식품위생법상 영업 제한에 관한 설명이다. ( )안에 들어갈 것으로 알맞게 짝지어진 것은?

(　　)은/는 영업 질서와 선량한 풍속을 유지하는 데에 필요한 경우에는 영업자 중 식품접객영업자와 그 종업원에 대하여 영업시간 및 영업행위를 제한할 수 있다. 이 경우 영업시간의 제한은 (　　) 이내로 하여야 한다.

① 식품의약품안전처장 – 1일당 6시간
② 보건복지부장관 – 1일당 6시간
③ 시 · 도지사 – 1일당 8시간
④ 특별자치시장 · 특별자치도지사 · 시장 · 군수 · 구청장 – 1일당 8시간

해설 제43조(영업 제한)

20 식품접객업자가 수돗물이 아닌 지하수 등을 식품의 조리에 사용하는 경우 모든 항목 수질검사는 얼마마다 실시하도록 되어 있는가?

① 6개월　　② 1년
③ 2년　　④ 3년

해설 제44조(영업자 등의 준수사항)
일부 항목 검사 – 1년마다,
모든 항목 검사 – 2년마다

21 다음은 식품안전관리인증기준(HACCP)에 따른 교육훈련의 시간이다. 종업원에 대하여 매년 1회 이상 실시하는 정기 교육훈련의 경우 교육훈련시간은?

① 2시간 이내　　② 4시간 이내
③ 8시간 이내　　④ 16시간 이내

해설 제48조(식품안전관리인증기준)
정기교육은 4시간 이내

22 식품을 제조 · 가공단계부터 판매단계까지 각 단계별로 정보를 기록 · 관리하여 그 식품의 안전성 등에 문제가 발생할 경우 그 식품을 추적하여 원인을 규명하고 필요한 조치를 할 수 있도록 관리하는 것을 무엇이라 하는가?

① 식품이력추적관리
② 자가품질검사
③ 식품안전관리인증기준(HACCP)
④ 식품위생교육

해설 제49조(식품이력추적관리 등록기준 등)

정답 18 ① 19 ④ 20 ③ 21 ② 22 ①

23 집단급식소에 종사하는 영양사와 조리사의 교육주기와 시간으로 옳은 것은?

① 1년마다 4시간 ② 1년마다 6시간
③ 2년마다 4시간 ④ 2년마다 6시간

해설 제51조(조리사) 조리사 및 영양사의 교육 (시행규칙 제83조)

24 식품위생법상 식중독에 관한 보고를 받은 특별자치시장·시장·군수·구청장이 해야 할 업무로 옳지 않은 것은?

① 식중독의 원인 등을 확인하기 위한 설문조사, 섭취음식 위험도조사 및 역학적 조사
② 식중독이 원인이라고 생각되는 식품등에 대한 미생물학적 또는 이화학적 시험에 의한 조사
③ 식중독의 원인이 된 식품등의 오염경로를 찾기 위하여 실시하는 환경조사
④ 식중독 환자나 식중독이 의심되는 자의 혈액 또는 배설물을 채취하여 보관하는 것

해설 제86조(식중독에 관한 조사 보고)
특별자치시장·시장·군수·구청장은 원인조사로 1. 설문 조사, 섭취 음식 위험도 조사 및 역학적 조사 2. 미생물학적 또는 이화학적 시험에 의한 조사 3. 식중독의 원인이 된 식품등의 오염경로를 찾기 위하여 실시하는 환경조사를 한다.
의사나 한의사는 식중독 환자나 식중독이 의심되는 자의 혈액 또는 배설물을 보관한다.

25 식품위생법상 조리사의 명칭을 허위로 사용하였을 때의 벌칙은?

① 300만원 이하의 과태료
② 500만원 이하의 과태료
③ 1년 이하의 징역 또는 1천만원 이하의 벌금
④ 3년 이하의 징역 또는 3천만원 이하의 벌금

해설 제93조(벌칙)

26 식품위생법에서 말하는 '식품'의 정의는?

① 모든 음식물
② 음식물과 식품첨가물
③ 의약품을 제외한 모든 음식물
④ 식품첨가물을 제외한 모든 음식물

해설 제2조 (정의)
식품은 모든 음식물(의약으로 섭취하는 것은 제외)

27 다음 중 식품, 식품첨가물, 기구 또는 용기·포장의 위해평가와 관련된 설명으로 옳지 않은 것은?

① 위험성 확인과정: 위해요소의 인체 내 독성을 확인
② 위험성 결정과정: 위해요소의 인체노출 빈도를 결정
③ 노출평가과정: 위해요소가 인체에 노출된 양을 산출
④ 위해도 결정과정: 위험성 확인과정, 위험성 결정과정 및 노출평가과정의 결과를 종합하여 해당 식품등이 건강에 미치는 영향을 판단

해설 제15조(위해평가)
1. 위해요소의 인체 내 독성을 확인하는 위험성 확인과정
2. 위해요소의 인체 노출 허용량을 산출하는 위험성 결정과정
3. 위해요소가 인체에 노출된 양을 산출하는 노출평가과정
4. 위험성 확인과정, 위험성 결정과정 및 노출평가과정의 결과를 종합하여 해당 식품등이 건강에 미치는 영향을 판단하는 위해도(危害度) 결정과정

정답 23 ④ 24 ④ 25 ④ 26 ③ 27 ②

28 **식품위생법상 집단급식소에 대한 모범업소의 지정은 누가 하는가?**

① 식품의약품안전처장

② 지방식품의약품안전청장

③ 시 · 도지사

④ 특별자치시장 · 특별자치도지사 · 시장 · 군수 · 구청장

해설 우수업소와 모범업소(시행규칙 제61조)

정답 28 ④

PART

02

언어영역

Chapter
01

어법(한글 맞춤법, 띄어쓰기, 표준어)

평가 내용

우리말 어법인 맞춤법, 표준어, 띄어쓰기 등 우리말 표현을 정확하게 파악할 수 있는지를 평가한다.

학습 방법

1. 한글 맞춤법은 표준어를 발음 나는 대로 적되 맞춤법 규정을 확인한다.
2. 틀리기 쉽거나 헷갈리는 맞춤법과 표준어는 국립 국어원(korean.go.kr)에서 확인한다.
3. 문장의 각 단어는 띄어쓰기를 원칙으로 한다.

출제유형

1. 맞춤법에 맞지 않는 단어를 고르는 행태
2. 표준어에 맞지 않는 단어를 고르는 행태
3. 띄어쓰기가 맞지 않는 단어를 고르는 행태

1 한글 맞춤법: 한글로 우리말을 표기하는 규칙을 말한다.

(1) 총칙과 소리에 관한 것

① 한글 맞춤법은 표준어를 소리대로 적되, 어법에 맞도록 함을 원칙으로 한다.

예 꽃이(꼬치), 꽃을(꼬츨)/ 꽃과(꼳꽈), 꽃도(꼳또)/ 꽃만(꼰만), 꽃나무(꼰나무)

② 문장의 각 단어는 띄어 씀을 원칙으로 한다.

③ 된소리 표기 : 두 모음 사이의 된소리(소쩍새/오빠/어깨), 'ㄴ, ㄹ, ㅁ, ㅇ'받침 뒤 된소리(산뜻하다/살짝/듬뿍)

④ 'ㄷ'소리받침 중 그 형태소가 'ㄷ'받침을 가지지 않는 경우 'ㅅ'으로 적음(돗자리/헛제사/자칫하면/첫사랑)

⑤ '계, 례, 몌, 폐, 혜'는 ㅖ로 적음(폐해/사례집/핑계)

⑥ 두음법칙 : 나열, 남녀, 여자대학교, 당뇨

⑦ 겹쳐나는 소리 : 한 단어에서 같은 음절이나 비슷한 음절이 겹쳐나는 경우(또박또박/ 쓱싹쓱싹/꼿꼿하다)

(2) 형태에 관한 것

① 어간과 어미는 구별하여 적음(쓰다/쓰고/써서/쓰니), 어미 뒤에 덧붙는 조사 '요'는 '요'로 적음(적어요/알아요/느껴요)

②-1. 접미사가 붙어서 된 말: 소리나는 대로 적는 경우

유형	예시
어간에 '-이/-음'이 붙어서 명사로 바뀐 것이라도 그 어간의 뜻과 멀어진 것	굽도리/노름
'-이/-음' 이외의 모음으로 시작된 접미사가 붙어서 다른 품사로 바뀐 것	너머/마중/차마/조차
'-이' 이외의 모음으로 시작된 접미사가 붙어서 된 말	꼬락서니/지붕
겹받침의 끝소리가 드러나지 않는 것, 어원이 분명하지 않은 것, 본뜻에서 멀어진 것	널따랗다/넙치/납작하다
'-히, -이, -우'가 붙어서 된 말	고치다/이루다
'-업, -읍, -브'가 붙어서 된 말	미덥다/우습다/미쁘다
'-하다'나 '-거리다'가 붙을 수 없는 어근에 '-이'나 또는 다른 모음으로 시작되는 접미사가 붙어 명사가 된 것	깍두기/뻐꾸기/오뚝이

②-2. 접미사가 붙어서 된 말: 원형을 밝혀 적는 경우

유형	예시
어간에 '-이/-음/-ㅁ'이 붙어서 명사로 된 것	길이/ 걸음
어간에 '-이/-히'가 붙어서 부사로 된 것	같이/익히
명사 뒤에 '-이'가 붙어서 된 말	곳곳이/절름발이
명사나 용언의 어간 뒤에 자음으로 시작되는 접미사가 붙은 것	값지다/낚시
용언의 어간에 '-기/-리/-이/-히/-구/-우/-추/-으키/-이키/-애'가 붙은 것	맡기다/뚫리다
용언의 어간에 '-치/-뜨리/-트리'가 붙는 것	놓치다/흩뜨리다
'-하다가/-거리다'가 붙는 어근에 '-이'가 붙어 명사가 된 것	살살이/오뚝이
'-거리다'가 붙을 수 있는 시늉말 어근에 '-이다'가 붙어서 된 용언	깜짝이다/번쩍이다
'-하다가'가 붙는 어근에 '-히'나 '-이'가 붙어서 부사가 되거나 부사에 '-이'가 붙어서 뜻을 더하는 경우	꾸준히/곰곰이
'-하다가'나 '-없다'가 붙어서 된 용언	착하다/부질없다

③ 합성어 및 접두사가 붙은 말

구분	예시
둘 이상의 단어가 어울리거나 접두사가 붙어서 이루어진 말은 각각 그 원형을 밝혀 적음	할아버지/할아범/부리나케/며칠/업신여기다/간니/덧니/사랑니
끝소리가 'ㄹ'인 말과 딴 말이 어울릴 적에 'ㄹ'소리가 나지 않는 것은 안 나는 대로 적음	다달이/따님
끝소리가 'ㄹ'인 말과 딴 말이 어울릴 적에 'ㄹ'소리가 'ㄷ'소리로 나는 것은 'ㄷ'으로 적음	사흗날/섣달/이튿날

④ 준말은 줄어든 대로 표기하는 것이 원칙임(간편하게/간편케, 거북하지/거북지, 생각하건대/생각건대)

2 띄어쓰기

구분	예시
조사는 그 앞말에 붙여 씀	꽃이/꽃마저
의존 명사는 띄어 씀	아는 것이 힘이다.
단위를 나타내는 (의존)명사는 띄어 씀	한 개, 차 한 대
수는 만(萬) 단위로 띄어 씀	삼억 사천팔백오십만 칠천삼백오십원
두 말을 이어주거나 열거할 적에 쓰이는 말들은 띄어 씀	대표 겸 현장소장
단음절로 된 단어가 연이어 나타날 적에는 붙여 쓸 수 있음	그때 그곳/좀더 큰곳
보조 용언은 띄어 씀을 원칙으로 하되 경우에 따라 붙여 씀도 허용함	물이 흘러 넘친다/ 물이 흘러넘친다.
성과 이름, 성과 호 등은 붙여 쓰고 이에 덧붙는 호칭어, 관직명은 띄어 씀	도산 안창호 선생/ 김미진 씨
성명 이외의 고유명사는 단어별로 띄어 씀을 원칙으로 하되 단위별로 띄어 쓸 수 있음	서울 중학교/서울중학교
전문 용어는 단어별로 띄어 씀을 원칙으로 하되 붙여 쓸 수 있음	선천성면역결핍증/선천성 면역 결핍증

3 표준어 : 한 나라에서 공용어로 쓰는 규범으로서의 언어, 의사소통의 불편을 덜기 위하여 전 국민이 공통적으로 쓸 공용어의 자격을 부여받는 말

(1) 표준어 규정의 특징

① 복수 표준어를 인정함

② 현실발음을 존중하되 국어의 전통성과 합리성을 고려함

(2) 표준어의 종류

① 준말

특성	예시
준말이 널리 쓰이고 본말이 잘 쓰이지 않는 경우 준말만을 표준어로 삼음	똬리/무/생쥐/솔개
준말이 쓰이고 있더라도 본말이 널리 쓰이고 있으면 본말을 표준어로 삼음	귀이개/낌새/뒤웅/일구다
준말과 본말이 모두 널리 쓰이면서 준말의 효용이 뚜렷이 인정이 될 경우 모두 표준어로 삼음	노을/놀, 머무르다/머물다, 서투르다/서툴다

② 자음

특성	예시
거센소리를 가진 형태를 표준어로 삼음	끄나풀/살쾡이/칸
거센소리로 나지 않는 형태를 표준어로 삼음	가을갈이/거시기/분침
어원에서 멀어진 형태로 굳어져서 널리 쓰이는 것은 그것을 표준어로 삼음	강낭콩/사글세
의미를 구별함 없이 한 가지 형태만을 표준어로 삼음	둘째/빌리다
수컷을 이르는 접두사는 '수_'로 통일함	수꿩/수소/수놈
접두사 다음에서 나는 거센소리를 인정하는 경우	수컷/수캉아지/수탉/수평아리/수퇘지
접두사 '숫-'으로 인정하는 경우	숫양/숫눈/숫쥐/숫염소

③ 단수 표준어/ 복수 표준어

특성	예시
비슷한 발음의 몇 형태가 쓰일 경우 그 의미에 아무런 차이가 없고 그중 하나가 더 널리 쓰이면 그 한 형태만을 표준어로 삼음	귀고리/꼭두각시/천장
비슷한 발음의 몇 형태가 쓰일 경우 그 발음 차이가 국어의 일반 음운 현상으로 설명되면서 두 형태가 다 널리 쓰이는 경우 모두 표준어로 삼음	네/예, 괴다/고이다, 쐬다/쏘이다, 죄다/조이다
어감의 차이를 나타내는 단어 또는 발음이 비슷한 단어들이 다 같이 널리 쓰일 경우 그 모두를 표준어로 삼음	거슴츠레하다/게슴츠레하다 구린내/쿠린내, 꺼림하다/께름하다

④ 현재 표준어와 같은 뜻으로 추가된 것

현재 표준어	추가된 표준어	현재 표준어	추가된 표준어
간질이다	간지럽히다	세간	세간살이
남우세스럽다	남사스럽다	쌉싸래하다	쌉싸름하다
목물	등물	고운대	토란대
만날	맨날	허섭스레기	허접쓰레기
묏자리	묫자리	토담	흙담
복사뼈	복숭아뼈		

⑤ 두 가지 표기를 모두 표준어로 인정한 것

현재 표준어	추가된 표준어
태껸	택견
품세	품새
자장면	짜장면

⑥ 현재 표준어와 별도의 표준어로 추가된 것

현재 표준어	추가된 표준어	현재 표준어	추가된 표준어	현재표준어	추가된 표준어
–기에	–길래	휭허케	휭하니	새치름하다	새초롬하다
날개	나래	거치적거리다	걸리적거리다	아옹다옹	아웅다웅
냄새	내음	두리뭉술하다	두리뭉실하다	야멸치다	야멸차다
뜰	뜨락	맨송맨송	맹숭맹숭	오순도순	오손도손
먹을거리	먹거리	바동바동	바둥바둥	찌뿌듯하다	찌뿌둥하다
괴발개발	개발새발	어수룩하다	어리숙하다	치근거리다	추근거리다
떨어뜨리다	떨구다	연방	연신	끼적거리다	끄적거리다
눈초리	눈꼬리	메우다	메꾸다	손자	손주

⑦ 모음

모음	예시
양성모음이 음성모음으로 바뀌어 굳어진 다음 단어는 음성 모음 형태를 표준어로 삼음	깡충깡충/–둥이/아서라
‘ㅣ’역행 동화가 적용된 형태를 표준어로 삼는 경우	–내기/냄비/동댕이치다
모음이 단순화된 형태를 표준어로 삼는 경우	괴팍하다/으레/케케묵다
모음의 발음 변화를 인정하여 발음이 굳어진 형태를 표준어로 삼는 경우	나무라다/바라다/호루라기
‘웃–’, ‘윗–’은 명사 ‘위’에 맞추어 ‘윗’으로 통일함	윗니/윗입술/윗도리/윗배/윗옷(상의)/윗목
된소리나 거센소리 앞에서는 ‘위’로 통일함	위채/위층/위짝/위턱
‘아래, 위’의 대립이 없는 단어는 ‘웃–’으로 통일함	웃어른/웃옷(외투), 웃국/웃돈

Chapter 01 연습문제 (어법(한글 맞춤법, 띄어쓰기, 표준어))

01 밑줄 친 부분의 띄어쓰기가 옳지 않은 것은?

① 그는 회사에서 국장 겸 과장 역할을 하고 있다.

② 하늘을 보니 내일은 눈이 올 듯도 싶다.

③ 아이들이 많으니 좀 더 큰 집이 나을 수도 있겠다.

④ 우리도 이제 서울에서 처럼만 잘 지내면 좋겠어.

해설 ① 열거하는 말은 띄어 쓴다.
② 보조 용언은 띄어 쓴다.
③ 단음절어가 연속 시 띄어 쓴다.
④ '에서', '처럼'은 의존적인 요소로 항상 붙여 쓴다.

02 밑줄 친 부분의 띄어쓰기가 옳은 것은?

① 한밤중에 초인종이 울렸다.

② 그는 일도 잘할 뿐더러 성격도 꼼꼼하다.

③ 그는 도착한 지 두 시간만에 떠났다.

④ 현재 경기가 안 좋아서 장사가 잘 안 된다.

해설 ① '중(中)'이 도중의 의미를 지닐 때는 앞말과 띄어 쓰지만, '도중'의 의미를 잃었을 때는 한 단어가 된 것으로 보고 붙여 쓴다. 예) 은연중, 무의식중, 밤중, 한밤중, 야밤중, 부재중, 부지불식중 등
② 'ㄹ 뿐더러'는 어미이다. → 잘할 뿐더러
③ '~ V 만에 / ~ V만이다'처럼 띄어 쓴다. → 두 시간 만에
④ '잘되다'의 반대말 '안되다'도 붙여 써야한다. → 잘 안된다.

03 밑줄 친 부분의 띄어쓰기가 옳은 것은?

① 그 학생의 키는 장대 만큼 크다.

② 할머니 집에는 사과, 귤, 감들이 많이 있다.

③ 그는 연락 한 지 세 시간만에 만났다.

④ 그들의 대답이 맞는 지 모르겠다.

해설 ① → 키는 장대만큼 ③ → 세 시간 만에 ④ → 대답이 맞는지

04 밑줄 친 부분의 띄어쓰기가 옳지 않은 것은?

① 지금까지 배운 대로 따라하면 높은 성적을 받을 수 있어.

② 저녁을 먹은 만큼 운동을 해서 살을 빼야지

③ 노력을 했는 데도 되지 않는 것은 신의 영역인가?

④ 슬리퍼보다 구두 한켤레를 사서 가면 기뻐하겠지?

해설 구두 한 켤레

05 밑줄 친 부분의 띄어쓰기가 옳지 않은 것은?

① 이억 삼천칠백오십이만 팔천오백삼십

② 정말 오랜만이군

③ 이 일을 하는데에

④ 그녀는 부모님이 돌아가신 뒤 더 안돼 보였다.

해설 ① 수를 적을 때는 만(萬) 단위로 띄어 쓴다.
② '오랜만'은 '오래간만'의 준말이므로 띄어 쓰지 않는다.
③ '하는 데에'는 '에'가 결합할 수 있으므로 띄어 쓴다.

정답 01 ④ 02 ② 03 ② 04 ④ 05 ③

④ 의 안되다는 '안쓰럽다'의 새로운 의미가 생긴 것으로 보고 붙여 쓴다.

06 ㉠~㉣ 중 띄어쓰기가 바르게 된 것은?

> 환경 및 생태학적 변화는 새로운 전염병 출현의 가장 중요한 원인이다. 농업 및 산업개발 등 생태계 변화는 사람들을 자연계 병원소나 숙주와 접촉할 기회를 ㉠ 증가 시켜 사람에게 지금까지 알려지지 않았던 전염병을 전파 시킨다.
> 21세기 들어서도 이러한 개발과 환경 파괴는 ㉡ 계속 될 것이므로, 설치류 및 곤충과 관련된 새로운 병원체(출혈열 바이러스등) 출현의 가능성은 많다. 한편 농업인구 감소와 기계화로 우리나라의 경우 렙토스피라스증 같은 질병은 오히려 ㉢ 줄어들 것으로 예상된다.
> 농업개발에 따른 물의 변화도 중요한 의미가 있다. 모기의 산란장인 고여 있는 물의 양이 증가하면–댐, 관개수, 상수원–산란 공간을 제공함으로써 모기 매개성 전염병–일본뇌염, 말라리아, 뎅기열과 주혈흡충증 등은 ㉣ 증가 될 위험성이 있다.
> 출처 : 의협신문

① ㉠ ② ㉡
③ ㉢ ④ ㉣

해설 ㉠ 증가시켜 ㉡ 계속될 것이므로 ㉣ 증가 될

07 다음 중 한글 맞춤법에 따라 바르게 표기된 것은?

① 민수는 우리 반에서 키가 열둘째이다.
② 도박으로 재산을 떨어 먹는 사람이 많다.
③ 나는 이곳에서 사흘 동안 머무를 예정이다.
④ 숫병아리가 화단으로 다가왔다.

해설 ① → '키가 열두째(열두 번째)이다. ② → 재산을 털어먹는 ④ → 수평아리가 내게로 다가왔다.

08 밑줄 친 단어가 맞춤법에 맞는 것은?

① 선생님은 나의 간절한 바람을 들어주지 않았다.
② 학교 안밖에서 그 학생을 위한 성금을 모금하였다.
③ 동규와 나는 한시도 떨어질 수 없는 막연한 친구였다.
④ 매점 앞 계시판에는 원생들이 원하는 과자 이름이 가득 적혀있다.

해설 ② → 안팎 ③ →막역한 ④ →게시판

09 맞춤법에 맞는 것은?

① 희생을 치뤄야 그 만큼의 대가를 얻을 수 있다.
② 국가대표 선수들이 뒤쳐진 이유가 있겠지.
③ 방과 후 할아버지 댁에 들른 후 저녁에 갈 거여요.
④ 가스 밸브를 안 잠궈 화를 당하리라고는 전혀 생각지 못했다.

해설 ③ '들르다'가 기본형이므로 '들른'이 바른 표기이며, '거이에요/거이어요'의 준 말로 '거예요/거여요는 바른 표기이다. ① → 치러야 ② → 뒤처진 '뒤처지다'와 '뒤쳐지다' 둘 다 맞는 말이지만, 문맥상으로 '뒤처지다'가 맞는 표현이다. * 뒤 처지다: 어떤 수준이나 대열에 들지 못하고 뒤로 처지거나 남게 되다. * 뒤쳐지다: 물건이 뒤집혀서 젖혀지다. ④ → 잠가

10 밑줄 친 부분이 맞춤법에 맞는 것은?

① 아마 엄마 말이 맞을걸?
② 이리와서 모닥불이나 좀 쬐요.
③ 이 책고 갖고 저 책도 갖어라.
④ 엿을 고으니 달콤한 냄새가 난다.

해설 ② '쬐어요'의 준말로, '쫴요'가 맞는 표기이다. ③ →가져라 ④ →고니 (기본형이 '고다'이다)

정답 06 ③ 07 ③ 08 ① 09 ③ 10 ①

11 맞춤법 표기가 가장 옳은 것은?

① 저렇게 하면 되?
② 다음에는 꼭 합격 할께요.
③ 서로 도우고 사는 게 현명하다.
④ 이 사람은 내가 잘 압니다.

해설 ① 되 (x) → 돼 (O) ② 합격 할께요 (x) → 합격 할게요 (O) ③ 도우고 (x) → 돕고 (O)

12 밑줄 친 부분이 한글 맞춤법에 맞게 쓰인 것은?

① 오늘 축구시합이 있는 날인데 비가 와서 어떻게
② 넉넉치 않은 월급에 매년 기부를 하다니 정말 대단해
③ 어떤 일을 하던지 최선을 다했다면 후회를 하지 말자
④ 쉬운 일부터 하고 어려운 일은 나중에 할게요

해설 ① '어떻게 해'의 줄임말은 '어떡해'이다.
② 어근이나 모음이 유성음(ㄴㄹㅁㅇ)으로 끝나는 경우에 '-하다'가 붙을 경우 격음화현상이 일어난다. '하다'의 'ㅏ'가 탈락하고 남은 'ㅎ'이 뒤의 음절과 발음하여 거센소리(ㅋㅌㅊ)로 바뀐다. '넉넉하다'는 어근이 모음도, 유성음으로 끝나는 경우가 아니므로 '넉넉치'가 아니라 '넉넉지'로 써야한다.
③ A와 B 중의 하나를 선택하는 것은 '든지'로 과거에 진행 된 사실이면 '던지'로 써야 한다.

13 다음 중 밑줄 친 부분이 한글 맞춤법에 어긋나는 것을 고르시오.

① 추운 겨울에는 두꺼운 옷을 한 벌 입는 것보다 겹겹이 옷을 입는 것이 더 따뜻하다.
② 네가 그렇게 생각하고 오해한다면 딱이 할 말이 없어
③ 나무늘보는 항상 느긋이 걷고 먹는 데 익숙한 동물이다
④ 노래를 잘 부르려면 음을 정확히 듣고 소리를 그대로 내는 게 중요해

해설 부사의 끝음절이 분명히 '이'로만 나는 것은 '-이'로 적고, '히'로만 나거나 '이'나 '히'로 나는 것은 '-히'로 적음

14 다음 중 밑줄 친 부분이 한글 맞춤법에 어긋난 것을 고르시오.

① 지금의 고생은 뒷일을 생각하면 아무것도 아니다.
② 올해 여름휴가에는 귓병에 걸려 수영을 할 수가 없었다.
③ 소리가 나는 곳을 찾아갔더니 아랫방에서 아이들이 책을 읽고 있었다.
④ 담임 선생님의 인삿말이 끝나기가 무섭게 종이 울렸다.

해설 ①의 뒷일은 뒷말의 첫소리 모음 앞에서 'ㄴㄴ'소리가 덧나는 경우 ②, ③의 귓병과 아랫방은 뒷말의 첫소리가 된소리로 나는 경우

정답 11 ④ 12 ④ 13 ② 14 ④

Chapter 02

어휘(관계/다의어/유의어/빈칸완성/나이 · 가족호칭)

평가 내용

제시된 지문에 맞는 단어를 선택하여 주어진 글을 분석적으로 이해하는 능력, 단어 간의 관계를 유추하여 단어의 의미, 단어 간의 상관관계를 파악할 수 있는지를 평가한다.

학습 방법

1. 먼저 선택지에 제시된 어휘 쌍의 품사를 파악하여 어휘 쌍의 관계를 확인한다.
2. 다의어/유의어는 제시된 어휘의 의미를 선택지에 대입하여 전체적인 문맥에 맞는 단어를 찾는다.
3. 빈칸완성의 경우 선택지의 어휘를 빈칸에 넣어보고 빈칸 앞뒤에 오는 어휘와 문맥상 어울리는지 확인한다.

출제유형

1. 두 단어 쌍이 같은 것을 고르는 행태
2. 제시한 단어가 가진 여러 가지 의미를 연상하거나 유사한 단어를 고르는 행태
3. 제시된 문장에서 빈칸에 적절한 단어 또는 적절하지 않은 단어를 고르는 행태

1 유의관계 : 말소리는 다르지만, 의미가 거의 같거나 비슷한 단어이다.

유의관계에 있는 단어들은 그 의미가 비슷하지만, 대상에 따라 적용이 다르고 쓰임에 미묘한 차이가 있어서 문맥에 따라 대체할 수 없는 경우도 있다.

예 잡다 : ① 손으로 움키고 놓지 않다. ② 붙들어 손에 넣다.

쥐다 : 어떤 물건을 손바닥에 들게 하거나 손가락 사이에 낀 채로 손가락을 모으려 힘 있게 잡다.

구분	잡다	쥐다
주먹을	×	○
도둑을	○	×
멱살을	○	○

■ **우리말에 유의어가 발달한 이유**

– 고유어와 한자어, 외래어가 함께 사용됨(아내/처/ 와이프)

– 높임법이 발달함(나/저/본인)

– 감각어가 발달됨(빨갛다/붉다/불그레하다/붉으스레하다)

– 일상어에 대응하는 전문어가 등장함(설탕/슈가, 소금/나트륨, 쪽/페이지)

– 금기어에 대응하는 완곡어가 등장함(변소/화장실, 보신탕/영양탕)

2 반의관계 : 의미가 반대되거나 대립되는 단어이다.

■ **반의어의 특징**

– 둘 사이에 하나의 요소만 대립되고, 나머지 의미요소는 공통적이다.

– 반의관계에 있는 단어들은 꼭 한 쌍이 되지 않을 수도 있다.

<table>
<tr><td rowspan="3">열다</td><td>문을 (닫다)</td><td rowspan="3">뛰다</td><td rowspan="2">심장이 (멈추다)</td></tr>
<tr><td>뚜껑을 (잠그다)</td></tr>
<tr><td>자물쇠를 (채우다)</td><td>물가가 (떨어지다)</td></tr>
</table>

3 상하관계 : 한 단어가 다른 단어의 의미를 포함하거나 다른 단어의 의미에 포함되는 단어인 경우이다.

상의어	의류			
하의어	티셔츠	점퍼	바지	원피스

4 동음이의관계 : 소리는 같지만, 의미가 서로 다른 단어이다.

다리(足)	사람이나 동물의 몸통 아래 붙어있는 신체의 부분
다리(橋)	물을 건너거나 또는 한편의 높은 곳에서 다른 편의 높은 곳으로 건너다닐 수 있도록 만든 시설

5 다의관계 : 두 가지 이상의 여러 가지 의미를 가진 단어이다(국어사전에서 하나의 표제어 안에 실림)

다리(足)	사람이나 동물의 몸통 아래 붙어있는 신체의 부분(중심의미)
다리	가구 따위의 밑을 받쳐 균형을 잡고 있는 짧게 도드라진 부분(주변적 의미)

6 나이, 가족 호칭

(1) 나이

나이	어휘	나이	어휘
2세	해제(孩提)	62세	진갑(進甲)
10대	충년(沖年)	70세	고희(古稀)
15세	지학(志學)	71세	망팔(望八)
20세	약관(弱冠)	77세	희수(稀壽)
30세	이립(而立)	80세	산수(傘壽)
40세	불혹(不惑)	81세	망구(望九)
50세	지천명(知天命)	88세	미수(米壽)
60세	이순(耳順)	99세	백수(白壽)
61세	환갑(還甲), 화갑(華甲), 회갑(回甲)	100세	기이지수(期頤之壽)
62세	진갑(進甲)		

(2) 가족호칭

구분	본인의 가족		타인의 가족	
	생전	사후	생전	사후
아버지(父)	가친(家親) 엄친(嚴親) 부주(父主)	선친(先親) 선고(先考) 선부군(先父君)	춘부장(春府丈) 춘장(椿丈) 춘당(椿當)	선대인(先大人) 선고장(先考丈) 선인(先人)
어머니(母)	자친(慈親) 모생(母生) 가자(家慈)	선비(先妣) 선자(先慈)	자당(慈堂) 대부인(大夫人) 훤당(萱堂) 모당(母堂) 북당(北堂)	선대부인 (先大夫人) 선대부 (先大夫)
아들(子)	가아(家兒) 돈아(豚兒) 가돈(家豚) 미돈(迷豚)		영랑(令郎) 영식(令息) 영윤(令胤)	
딸(女)	여아(女兒) 여식(女息) 식비(息鄙)		영애(令愛) 영교(令嬌) 영양(令孃)	

Chapter
02 연습문제 (어휘(관계/다의어/유의어/빈칸완성))

01 다음 밑줄 친 단어의 쓰임과 관계가 있는 것은?

> 부장님이 각 지사에 초청장을 보냈다.

① 지수는 부모님께 용돈을 보내드렸다.
② 서점에서 보내는 시간은 즐겁다.
③ 그를 다른 재무지원팀으로 보냈다.
④ 국가대표 선수들에게 응원 메시지를 보냈다.

해설 제시된 〈보냈다〉와 ①은 사람이나 물건 등을 다른 곳으로 가게 하는 것을 말한다. ②는 시간이나 세월을 지나가게 하는 의미이고 ③은 일정한 임무나 목적을 가지고 다른 곳으로 가게 하는 것을 말하고 ④는 상대방에게 자신의 마음이 느껴지도록 표현하는 것을 말한다.

02 다음 밑줄 친 단어의 쓰임과 관계가 있는 것은?

> 주문을 받다.

① 우산을 받다. ② 명령을 받다.
③ 세금을 받다. ④ 전화를 받다.

해설 제시된 문장의 〈받다〉와 ②는 상대방의 의사 또는 부탁을 받아들이는 것을 말한다. ①은 〈들다〉의 의미로 우산 등을 펼쳐 드는 것을 말하고 ③은 돈이나 서류 등을 거두어들이는 것을 말하며 ④는 구체적인 행동을 말한다.

03 다음 밑줄 친 부분과 같은 의미로 쓰인 것을 고르시오.

> 그는 장고(長考)의 고민 끝에 악수(惡手)를 두었다.

① 소화기는 눈에 잘 띄는 곳에 두어야 한다.
② 그는 형과 바둑을 두었다.
③ 평가단은 여러 분야에 자문 위원회를 두고 있다.
④ 지난 과거의 일을 염두에 두지 마라.

해설 악수는 '바둑이나 장기에서 잘못 두는 나쁜 수'를 말한다.

04 다음 밑줄 친 부분과 같은 의미로 쓰인 것을 고르시오.

> 나란히 늘어선 인부들이 곡괭이의 첫 날을 댈 위치를 가늠하고 있었다. 어느 순간 희고 거대한 벽은 굉음으로 주저앉으리라.
> 한쪽에서는 이미 헐어 버린 벽에서 상하지 않은 벽돌과 철근을 발라 내고 있는 중이었다.

① 그는 늘 예의가 발라 누구에게나 사랑받았다.
② 할머니는 항상 생선가시를 발라 주시곤 하셨다.
③ 간호사는 나의 상처 난 무릎에 약을 발라 붕대를 감았다.
④ 주방에 새로운 타일을 발라 분위기를 바꿔 보았다.

정답 01 ① 02 ② 03 ② 04 ②

해설 ① '흐트러짐이 없고, 규범에 맞다'
② '껍질을 벗겨 속에서 집어내다', '걷어내거나 추스르다'
③, ④ '표면에 고루 묻히다'

05 다음 밑줄 친 부분과 가장 가까운 의미로 쓰인 것을 고르시오.

> 사무실의 방충망이 낡아서 파손되었다면 세입자와 사무실을 빌려 준 건물주 중 누가 고쳐야 할까? 이 경우, 민법전의 법조문에 의하면 임대인인 건물주가 수선할 의무를 <u>진다.</u> 그러나 사무실을 빌릴 때, 간단한 파손은 세입자가 스스로 해결한다는 내용을 계약서에 포함하는 경우도 있다.

① 가족끼리 원수를 <u>지는</u> 행동은 일어나서는 안 되는 일이다.

② 나는 학생회장으로서 큰 부담을 <u>지고</u> 반을 이끌고 있다.

③ 할아버지는 항상 무거운 배낭을 <u>진 채</u> 등산을 오른다.

④ 아들은 신세만 <u>지고</u> 떠나는 미안함에 조용히 길을 나섰다.

06 다음 제시된 어구의 뜻을 설명하고 있는 것을 고르시오.

> 가멸차다

① 얄미운 짓을 한다.

② 매우 끈기가 있다.

③ 매우 약삭 빠르다.

④ 매우 풍족하다.

해설 '가멸차다'는 '매우 많다', '넉넉하여 풍족하다'는 의미이다.

07 다음 제시된 어구의 뜻을 설명하고 있는 것을 고르시오.

> 풍채가 좋고 의기가 당당한

① 에두르다 ② 성마른

③ 에돌다 ④ 헌걸찬

해설 ① 에두르다 : 둘러막다.
② 성마른 : 참을성이 없고 성질이 조급한.
③ 에돌다 : 선뜻 나가서 서두르지 않고 슬슬 피하여 근처에서 돌다.

08 다음 제시된 어구의 뜻을 설명하고 있는 것을 고르시오.

> 행동이나 말, 생각이 쓸데없고 싱거운

① 객쩍은 ② 버긋하다

③ 버물다 ④ 심드렁한

해설 ② 버긋하다 : 맞붙인 틈이 조금 벌어져 있다.
③ 버물다 : 못된 일에 관계하다.
④ 심드렁한 : 마음에 탐탁하지 아니하여 관심이 거의 없는

09 다음 제시된 어구의 뜻을 설명하고 있는 것을 고르시오.

> 무람없이

① 은근하게 조금씩 변화하는 모양

② 예의를 지키지 않고 삼가고 조심하는 것이 없게

③ 일의 뒤끝을 맡아서 처리함

④ 보잘 것 없고 초라한 데가 있다.

해설 ① 은근하게 조금씩 변화하는 모양 : 슬몃슬몃
③ 일의 뒤끝을 맡아서 처리함 : 뒷갈망
④ 보잘 것 없고 초라한 데가 있다 : 근천스럽다.

정답 05 ② 06 ④ 07 ④ 08 ① 09 ②

10 다음 두 단어 쌍이 같은 관계가 되도록 각 빈칸에 들어갈 단어를 고르시오

미개 : (　　　) = (　　　) : 서광

① 일광, 문화　② 희망, 자각
③ 암흑, 개화　④ 문명, 암운

해설 반대 관계이다. 좋은 일이 일어날 조짐(서광), 좋지 못한 일이 일어날 듯한 낌새(암운)와 자연 그대로의 원시적 생활에 상대하여 발전되고 세련된 삶의 잉태(문명), 사회가 발전되지 않고 문화 수준이 낮은 상태(미개)이다.

11 제시된 단어와 용도관계를 이루도록 빈칸에 들어갈 알맞은 단어를 고르시오.

저울 : (　　　)

① 계량　② 계측
③ 무게　④ 용량

해설 계량 – 저울은 무게 계량에 사용된다.

12 제시된 두 단어와 같은 관계를 이루도록 알맞은 단어를 고르시오.

인 : 범 = 술 : (　　　)

① 닭　② 소
③ 용　④ 개

해설 자(쥐), 축(소) 인(범), 묘(토끼), 진(용), 사(뱀), 오(말), 미(양), 신(원숭이), 유(닭), 술(개), 해 (돼지)

13 제시된 두 단어와 같은 관계를 이루도록 알맞은 단어를 고르시오.

답습 : 창조 = 모방 : (　　　)

① 염탐　② 묘사
③ 염두　④ 창안

해설 단어 상관관계 – 한 단어 유추
'답습'은 기존에 해오던 방식을 그대로 행함을 뜻하며, '창조'는 전에 없던 것에 새롭게 만듦을 뜻하는 말로 서로 반의관계이다. '모방'은 다른 것을 본보기로 삼아 그대로 따라함을 뜻하는 말로, 방안이나 물건 등을 처음으로 생각함을 뜻하는 '창안'과 반의관계를 이룬다.
① 염탐(廉探) : 몰래 남의 사정을 살피고 조사함
② 묘사(描寫) : 어떤 대상이나 현상 따위를 있는 그대로 언어로 서술하거나 그림으로 그려서 나타냄
③ 염두(念頭) : 마음속 또는 생각의 시초

14 제시된 두 단어와 같은 관계를 이루도록 알맞은 단어를 고르시오.

(　　　) : 비견 = 실추 : 추락

① 비교　② 견제
③ 주시　④ 동등

해설 '실추'는 품위나 위엄 등이 떨어지거나 잃게 됨을 뜻하는 말로, 높은 곳에서 떨어짐, 위엄이나 가치가 떨어짐을 뜻하는 '추락'과 유의 관계를 이룬다. '비견'은 서로 낫고, 못할 것이 없이 비슷함을 뜻하는 말로, 서로 성질이나 수준이 같음을 뜻하는 '동등'과 유의 관계가 성립한다.
① 비교(比較) : 둘 이상의 것을 견주어 공통점이나 차이점, 우열을 살핌
② 견제(牽制) : 상대편이 지나치게 세력을 가지거나 자유롭게 행동하지 못하도록 억누름
③ 주시(注視) : 어떤 일에 정신을 모아 자세히 살핌, 어떤 목표물을 주의 깊게 살펴봄

15 제시된 두 단어와 같은 관계를 이루도록 알맞은 단어를 고르시오.

회전 : 순환 = 주변성 : (　　　)

① 융통성　② 객관성
③ 중심성　④ 명확성

정답 10 ④　11 ①　12 ④　13 ④　14 ④　15 ①

해설 '회전'은 한 점이나 축을 중심으로 그 둘레를 돎을, '순환'은 한차례 돌아 처음으로 돌아오는 경로를 주기적으로 되풀이하여 돎을 뜻하므로 서로 유의 관계이다. 따라서 일을 주선하거나 때와 상황에 맞춰 융통성 있게 잘 처리하는 솜씨를 의미하는 '주변성'의 유의어는 '융통성'이다. 또 다른 유의어로는 '두름성', '돌림성'이 있다.
② 객관성(客觀性) : 주관에 영향을 받지 않고 누가 보아도 그러하다고 인정되는 성질
③ 중심성(中心性) : 어떤 사물이나 현상의 중심이 되는 성질
④ 명확성(明確性) : 아주 뚜렷하여 확실한 성질

16 제시된 두 단어와 같은 관계를 이루도록 알맞은 단어를 고르시오.

조악하다 : (　　　) = 자상하다 : 찬찬하다

① 조잡하다　② 볼품없다
③ 조잘대다　④ 멀쩡하다

해설 단어 상관관계－한 단어 유추
'찬찬하다'는 성질, 태도 등이 자상하고 꼼꼼하다는 뜻으로, '자상하다'와 유의 관계이다. 따라서 상태나 질 등이 거칠고 나쁨을 의미하는 '조악하다'의 유의어는 말이나 생각, 행동, 일 등이 깔끔하게 다듬어지지 않아 보기에 품위가 떨어지고 거칠음을 뜻하는 '조잡하다'가 적절하다.

17 제시된 두 단어와 같은 관계를 이루도록 알맞은 단어를 고르시오.

누각 : (　　　) = 승천하다 : 하늘

① 오르다　② 세우다
③ 솟아나다　④ 등루하다

해설 단어 상관관계－한 단어 유추
'승천하다'는 '하늘에 오르다'라는 뜻이고, '등루하다'는 '누각에 오르다'라는 뜻이다.
① 오르다 : 사람이나 동물 따위가 아래서 위쪽으로 움직여 가다.
② 세우다 : 사람이나 동물이 발을 땅에 대고 다리를 쭉 뻗으며 몸을 곧게 하다.
③ 솟아나다 : 안에서 밖으로 나오다.

18 제시된 두 단어와 같은 관계를 이루도록 알맞은 단어를 고르시오.

급류하다 : (　　　) = (　　　) : 자동차

① 빠르다, 승용차
② 물, 과속하다
③ 사회, 운전하다
④ 유속, 경주하다

해설 단어 상관관계－두 단어 유추
'급류하다'는 물이 빠른 속도로 흐르는 것을, '과속하다'는 자동차 따위의 주행 속도가 제한 속도보다 지나치게 빠른 것을 뜻한다.

19 제시된 두 단어와 같은 관계를 이루도록 알맞은 단어를 고르시오.

치료 : (　　　) = (　　　) : 포스터

① 상품, 한약　② 표어, 의사
③ 디자이너, 환자　④ 주사, 홍보

해설 단어 상관관계 － 두 단어 유추
물건과 용도 및 쓰임새를 연결하는 것으로, '포스터'는 광고나 홍보를 위해 사용하는 그림이나 문구이고, '주사'는 아픈 사람을 치료하기 위해 사용하는 기구이다.

20 제시된 두 단어와 같은 관계를 이루도록 알맞은 단어를 고르시오.

카카오 : (　　) = 보리 : (　　)

① 버터, 곡식　② 코코아, 맥주
③ 우유, 쌀　④ 커피, 소주

해설 단어 상관관계 － 두 단어 유추
코코아의 원료는 카카오이고, 맥주의 원료는 보리이다.

정답 16 ①　17 ④　18 ②　19 ④　20 ②

21 제시된 두 단어와 같은 관계를 이루도록 알맞은 단어를 고르시오.

양두구육 : 양, 개 = ( ) : 개, 원숭이

① 호가호위 ② 견원지간
③ 궁조입회 ④ 토영삼굴

해설 단어 상관관계 – 두 단어 유추
견원지간(犬猿之間)은 개와 원숭이의 사이라는 뜻으로, 사이가 매우 나쁜 두 관계를 비유적으로 이르는 말이다. 양두구육(羊頭狗肉)은 양의 머리를 걸어놓고 개고기를 판다는 뜻으로, 겉보기만 그럴듯하게 보이고 속은 변변치 않음을 이르는 말이다.
① 호가호위(狐假虎威) : 여우가 호랑이의 위세를 빌려 호기를 부린다는 뜻으로, 남의 권세를 빌려 위세를 부림을 이르는 말.
③ 궁조입회(窮鳥入懷) : 쫓긴 새가 품 안에 날아든다는 뜻으로, 궁한 사람이 와서 의지함을 이르는 말.
④ 토영삼굴(兎營三窟) : 토끼가 위기에서 벗어나기 위해 세 개의 굴을 파 놓아둔다는 뜻으로, 자신의 안전을 위하여 미리 몇 가지 대비책을 짜놓음을 이르는 말.

22 다음의 제시된 9개의 단어 중 연관되는 3개의 단어를 연상하여 관련되는 단어를 고르시오.

수건	장난감	땅콩
연필깎이	장화	옥수수
슬리퍼	안경	구두

① 시력 ② 신발
③ 연필 ④ 농작물

해설 장화, 구두, 슬리퍼와 관계되는 단어는 신발이다.

23 다음 9개의 단어 중 3개의 단어에서 공통으로 연상할 수 있는 것을 고르시오.

환전	비행기	떡
영화	모범생	도로
대회	엔진	싸움

① 편 ② 상
③ 차 ④ 값

해설 영화, 떡, 싸움을 통해 '편'을 연상할 수 있다.

24 다음 9개의 단어 중 3개의 단어에서 공통으로 연상할 수 있는 것을 고르시오.

시간	고등어	말
지문	글러브	백화점
바늘	서울	숙박

① 단위 ② 시장
③ 손 ④ 실

해설 고등어(수량 단위), 지문, 글러브를 통해 '손'을 연상할 수 있다.

25 다음 9개의 단어 중 3개의 단어에서 공통으로 연상할 수 있는 것을 고르시오.

나무	가시	가락
12월	토끼	친구
장기	바늘	새알

① 정월대보름 ② 동지
③ 귀 ④ 단오

해설 12월, 친구, 새알을 통해 '동지'를 연상할 수 있다.

정답 21 ② 22 ② 23 ① 24 ③ 25 ②

26 다음 제시된 단어들의 공통점을 찾아 연관성 있는 단어를 고르시오.

추녀, 용마루, 서까래, 처마

① 기둥　② 대문
③ 마루　④ 지붕

27 다음 문장에서 괄호 안에 공통적으로 들어갈 말은?

> 동희는 공장 일을 하면서 (　　) 노래를 연습했다.
> 아버지가 돌아가신 뒤 방황하다가 (　　) 마음의 안정을 찾아갔다.
> 아주 힘든 일이지만 (　　) 해나갔다.

① 다소곳이　② 시난고난
③ 주절주절　④ 시나브로

해설 다소곳이(한적하고도 얌전하게), 시난고난(병이 심하지는 않으면서 오래 앓는 모양), 주절주절(말을 낮은 목소리로 계속하는 모양), 시나브로(모르는 사이에 조금씩 조금씩)

28 다음의 괄호 안에 들어갈 단어를 순서대로 배열한 것은?

> 교육은 어느 정도의 강제성을 띠면서 개인의 행동을 ( )하여 바람직한 방향으로 유도하며, 사회적 통합을 ( )하는 태도를 길러준다. 하지만 현대사회의 복잡하고 다양한 환경에서 교육의 힘만으로 사회적 통합을 이루기는 힘들다. 그래서, 현대사회에서는 다양하게 ( )된 조직이나 기능 또는 이질적인 요소들을 통합하기 위해 법과 공권력을 발휘하기도 한다.

① 억제, 지향, 분리　② 억제, 지양, 분화
③ 통제, 지향, 분화　④ 통제, 지양, 분리

해설 통제란 목적을 달성하기 위하여 제약하는 일이며, 억제란 억눌러서 그치게 하는 것이다. 그런데 교육은 목적을 달성하기 위해 제약하는 것이므로 통제가 적절하다. 지양이란 높은 단계로 오르기 위하여 어떤 것을 하지 않는 것이며, 지향은 지정한 방향으로 나아가는 것이다. 그런데 사회적 통합은 바람직한 방향이므로 지향이 적절하다. 분리란 서로 나뉘어 떨어지는 것이고 분화는 단순하고 동질적인 것이 복잡하고 이질적인 것으로 나누어지는 것이므로 분화가 적절하다.

29 다음 글의 ㉮ ~ ㉰에 들어갈 말을 순서대로 쓴 것은?

> 과거 한국인에게는 '코리안 타임'이라는 수식어가 따라다니던 적이 있었다. 코리안 타임은 약속 시간에 늦는 한국인의 버릇을 빗댄 말이다. 특히 퇴근길은 차량과 사람들로 (㉮)하여 약속 시간을 지키기가 더욱 힘이 든다. 게다가 약속장소를 (㉯)하여 상대방을 기다리게 하는 경우도 발생한다. 약속장소를 정할 때는 상대방과 내가 명확히 알 수 있는 곳으로 정하여 서로 (㉰)을 빚지 않도록 해야 한다.

	㉮	㉯	㉰		㉮	㉯	㉰
①	혼잡,	혼란,	혼돈	②	혼란,	혼돈,	혼선
③	혼잡,	혼동,	혼선	④	혼란,	혼선,	혼동

해설 혼잡은 여럿이 한데 뒤섞여 어수선한 상황이며, 혼란은 어지럽고 질서 없이 뒤죽박죽인 상태이다. 혼동은 구별하지 못하고 뒤섞어서 생각하는 것이며, 혼선은 일이나 말을 서로 다르게 파악하여 혼란이 생기는 것을 뜻한다.

정답 26 ④　27 ④　28 ③　29 ③

30 다음 글의 빈칸에 들어갈 알맞은 말을 고르시오.

> 자기의 행위로 인하여 어떤 결과가 발생할 것을 명확히 알지는 못하지만 그런 결과가 발생할 것을 어느 정도 예상하고 그 결과의 발생을 용인하는 심리상태이다. 예를 들면 '어린이 가방 감금 사건'으로 회자 되고 있는 사건은 40대 여성 A씨가 9살인 동거남 아들을 7시간가량 여행용 가방에 가둬 숨지게 해 살인과 아동복지법 위반 등 혐의로 징역 22년을 선고받았다. 재판부는 A씨의 행위로 피해자가 사망했을 것으로 보았으며 살인죄를 판결한 경우이다. 이때 A는 살인에 대한 (   )를 가지고 있었다고 볼 수 있으며 이는 불확정적 고의에 해당 된다.

① 미필적 고의　　② 개괄적 고의
③ 과실　　④ 방조

해설
- 개괄적 고의 : 결과가 발생하는 것 자체는 확정적이지만 그 객체가 불확정한 고의.
- 과실 : 어떠한 사실을 인식할 수 있었음에도 불구하고 부주의로 인식하지 못하는 것.
- 방조 : 형법에서, 남의 범죄 수행에 편의를 주는 모든 행위.

31 다음 빈칸에 들어갈 말을 〈보기〉에서 골라 순서대로 바르게 나열한 것을 고르시오.

> 최근 들어 이공계 기피 현상이 점차 심화되고 있다. 이러한 현상의 원인은 이공계 전문직의 취업 전망이 밝지 않다는 인식과 관련 있다. 이공계와 비이공계 전문직의 절대적인 급여액을 비교해보면 이공계 전문직의 임금 수준이 높지만, 해당 직종에 진입하기까지 (Ⓐ)되는 시간과 비용을 고려한다면 이공계 전문가가 얻게 되는 사회적 지위나 보수는 낮은 편이기 때문이다. 학생들에게 있어 수학이나 과학이 복잡하고 어려운 과목으로 여겨진다는 것 역시 이공계를 기피하게 만드는 이유 중 하나이다. 상황이 이러다 보니 이과를 선택하는 고등학생의 비율이 줄어들고 있으며, 이공계 학생들은 자연과학이나 공학 계열보다는 고수익이 보장되는 의대에 (Ⓑ)하려는 경향이 나타나고 있다. 국가 발전 측면에서 과학 기술의 중요성을 고려한다면 이공계 인재는 국가 경제의 미래 성장동력으로 (Ⓒ)되어야 한다. 따라서 정부는 이공계 인력 취업 지원, 이공계 관련 분야 종사자에 대한 충분한 대우, 학문으로서 순수과학의 이미지 제고 등과 같은 조치를 취함으로써 학생들의 이공계 지망을 적극적으로 (Ⓓ)해야 한다.

> 〈보기〉
> 가) 장려　나) 요구　다) 진출　라) 진학
> 마) 간주　바) 조장　사) 소요

	Ⓐ	Ⓑ	Ⓒ	Ⓓ
①	가)	다)	나)	바)
②	다)	나)	사)	바)
③	사)	라)	마)	가)
④	나)	다)	바)	가)

32 다음 밑줄 친 어휘의 쓰임이 가장 적절한 것은?

① 수민의 논문이 유명 학회지에 <u>개재(介在)</u>되었다.
② 경치가 수려한 곳을 관광지로 <u>계발(啓發)</u>하려 한다.
③ 폭염 최대 전력 수요 <u>경신(更新)</u>이 계속되고 있다.
④ A 기업은 어음을 <u>결재(決裁)</u>하지 못해 부도 처리가 되었다.

해설 ③의 '경신(更新)'은 기록, 수치, 실적 등과 연관되어 쓰이는 말이므로, 적절하게 쓰였다. 갱신(更新) : 계약, 기간, 서류(문서), 증명서, 컴퓨터 등과 연관되어 쓰이는 말이다. ① 게재(揭載) : 글이나 그림 따위를 신문이나 잡지 따위에 실음.

정답 30 ① 31 ③ 32 ③ 33 ①

개재(介在) : 어떤 것들 사이에 끼여 있음 '끼어들' '끼여 있음'으로 순화.
② 개발(開發) : 「1」토지나 천연자원 따위를 유용하게 만듦. 「2」지식이나 재능 따위를 발달하게 함. 「3」산업이나 경제 따위를 발전하게 함. 「4」새로운 물건을 만들거나 새로운 생각을 내어놓음. 계발(啓發): 슬기나 재능, 사상 따위를 일깨워 줌
④ 결제(決濟) : 증권 또는 대금을 주고받아 매매 당사자 사이의 거래 관계를 끝 맺는 일. 결재(決裁) : 결정할 권한이 있는 상관이 부하가 제출한 안건을 검토하여 허가하거나 승인함. 재가(裁可)로 순화

33 다음 ㉠ ~ ㉣에 들어갈 말을 차례대로 바르게 나열한 것은?

> 이번 시합에서 우승 할 것인지(㉠) 하기가 어렵다.
> 간략한 인사로 환영의 말을 (㉡) 합니다.
> 이 정도의 인원이 시식을 할 경우 (㉢)을 잘 해야 낭비를 줄일 수 있다.
> 성공과 실패는 철저한 계획을 어떻게 세워서 실천했느냐로 (㉣)이 난다 .

① 가늠 – 갈음 – 가늠 – 가름
② 가늠 – 가늠 – 갈음 – 가름
③ 가름 – 갈음 – 가늠 – 가름
④ 가름 – 가늠 – 가늠 – 갈음

해설 가늠 : 「1」목표나 기준에 맞고 안 맞음을 헤아려 봄 또는 헤아려 보는 목표나 기준. 「2」사물을 어림잡아 헤아림. 갈음: 다른 것으로 바꾸어 대신 함.
가름 : 「1」쪼개거나 나누어 따로따로 되게 하는 일. 「2」승부나 등수 따위를 서로 겨루어 정하는 일

34 다음 중 표기가 옳게 짝 지어진 것은?

> 가. 인국이는 공부를 하느라 한숨도 못 자고 밤을 (세웠다. 새웠다).
> 나. 네 오빠는 우리가 (닥달해, 닦달해) 봐야 아무 소용이 없다.

가	나	가	나
① 세웠다,	닦달해	② 새웠다,	닥달해
③ 세웠다,	닥달해	④ 새웠다,	닦달해

해설 '밤을 새우다'. '우리가 닦달하다'는 표현이 맞는다. 닦달하다–남을 단단히 을박질러서 혼을 내다.

35 밑줄 친 말을 잘못 고친 것은?

① 수현이는 굉장한 장사 수단으로 재산을 빠른 속도로 <u>늘렸다.</u> → 늘였다.
② 지금 제시한 것으로 의견 표명을 <u>가름</u>하겠습니다. → 갈음
③ 이번 사건은 의협과 용기<u>로서</u> 대처해야 한다. → 로써
④ 나에 대한 그의 판단은 <u>달랐어.</u> → 틀렸어

해설 '살림을 넉넉해지게 하다.'라는 의미의 말은 '늘리다'이다. 따라서 고치지 않은 '늘렸다'는 표현이 맞는다.

정답 34 ④ 35 ①

Chapter 03

독해(추론 및 이해)

평가 내용

글의 내용과 논리적 흐름을 이해하고, 글에 명시적으로 드러나지 않은 부분에 대한 추론 능력 등 전반적인 독해력을 평가한다.

학습 방법

1. 지문을 읽고 핵심 주제어 찾기
   일반적으로 지문에서 가장 핵심적인 내용은 앞부분과 뒷부분에 나올 확률이 높다. 핵심 주제어는 제일 자주 나오므로 지문에서 가장 많이 나오는 단어를 몇 가지 정리하고 주어진 문제를 확인한다.
2. 선택지를 보고 핵심어를 확인 후 정리하기
   - 주제나 핵심내용의 묻는 문제는 대부분 선택지의 주어가 핵심어가 된다.
   - 지문의 글을 빠르게 정확하게 읽으며 핵심 단어와 문장을 밑줄 그어 표시한다.
3. 주제와 흐름 파악하기
   선택지의 내용과 지문의 내용을 비교하여 각 선택지의 내용이 옳은지 틀린지 파악한다.

출제유형

1. 글의 주제 또는 중심 내용을 고르는 형태
2. 글의 제목으로 가장 적절한 것을 고르는 형태
3. 필자의 주장으로 가장 적절한 것을 고르는 형태
4. 글의 내용과 일치하는 또는 일치하지 않는 내용을 고르는 형태
5. 글의 내용을 바탕으로 추론할 수 있는 또는 추론할 수 없는 내용을 고르는 형태
6. 글의 밑줄 친 내용과 관련된 또는 관련되지 않는 내용을 고르는 형태
7. 글의 빈칸에 들어갈 내용을 고르는 형태
8. 글의 흐름 상 삭제되어야하는 문장을 고르는 형태

Chapter

03 연습문제 (독해(추론 및 이해))

01 제시된 글을 읽고 각 문제의 내용에 대해 예문에 비추어 논리적으로 참이면 ①, 명확하게 거짓이면 ②, 참거짓을 알 수 없으면 ③을 선택하시오.

> A~F는 현재 체육관, 도서관, 실험실에 있다.
> A는 체육관에 있고, B는 도서관에 있다.
> C는 D와 함께 있다.
> 도서관에 있는 사람은 2명이다.
> 실험실에 있는 사람은 1명뿐이다.

> D는 실험실에 있다(㉡) E가 실험실에 있다면 F는 도서관에 있다(㉠) 체육관에 있는 사람은 A, C, D이다(㉠)

① ㉠, ㉠, ㉠　　② ㉠, ㉡, ㉠
③ ㉡, ㉠, ㉠　　④ ㉡, ㉡, ㉢

해설

체육관	도서관(2명)	실험실(1명)
A, C, D	B, E 또는 F	E 또는 F

02 남학생 A, B, C, D와 여학생 W, X, Y, Z 총 8명이 있다. 면접시험을 본 뒤, 이 8명의 점수를 알아보았더니, 남녀 모두 1명씩 짝을 이루어 동점을 받았다. 다음을 모두 만족할 때, 옳은 것은?

> 여학생 X는 남학생 B 또는 C와 동점이다.
> 여학생 Y는 남학생 A 또는 B와 동점이다.
> 여학생 Z는 남학생 A 또는 C와 동점이다.
> 남학생 B는 여학생 W 또는 Y와 동점이다.

① 여학생 W는 남학생 D와 동점이다.
② 여학생 X와 남학생 B가 동점이다.
③ 여학생 Y와 남학생 A가 동점이다.
④ 여학생 Z와 남학생 C가 동점이다.

해설 첫 번째와 네 번째 조건에서 여학생 X와 남학생 B가 동점이 아니므로 여학생 X와 남학생 C가 동점이다. 세 번째 조건에서 여학생 Z와 남학생 A가 동점임을 알 수 있고, 두 번째 조건에서 여학생 Y와 남학생 B가 동점임을 알 수 있다. 남는 남학생 D는 당연히 여학생 W와 동점임을 알 수 있다.

03 다음 명제가 모두 참일 때, 항상 참인 문장을 고르시오.

> 새우를 좋아하는 사람은 소고기를 좋아하고 복숭아도 좋아한다.
> 고구마를 좋아하고 호박도 좋아하는 사람은 낙지를 즐겨 먹는다.
> 복숭아를 좋아하는 사람은 팥빙수를 즐겨 먹지 않는다.
> 자두를 좋아하거나 새우를 좋아하지 않는 사람은 낙지를 즐겨 먹지 않는다.

① 고구마와 호박을 좋아하는 사람은 자두와 새우를 좋아하지 않는다.
② 팥빙수를 즐겨 먹는 사람은 고구마를 좋아하지 않거나 호박을 좋아하지 않는다.
③ 낙지를 즐겨 먹는 사람은 팥빙수도 즐겨 먹는다.
④ 소고기를 좋아하지 않는 사람은 낙지를 즐겨 먹는다.
⑤ 새우를 좋아하는 어떤 사람은 팥빙수를 즐겨 먹는다.

정답 01 ③ 02 ① 03 ②

해설 주어진 명제가 참일 때 그 명제의 '대우'만이 참인 것을 알 수 있다.

세 번째 명제의 '대우', 첫 번째 명제의 '대우', 네 번째 명제, 두 번째 명제의 '대우'를 차례로 결합한 결론은 아래와 같다.

- 세 번째 명제(대우) : 팥빙수를 즐겨 먹는 사람은 복숭아를 좋아하지 않는다.
- 첫 번째 명제(대우) : 소고기를 좋아하지 않거나 복숭아를 좋아하지 않는사람은 새우도 좋아하지 않는다.
- 네 번째 명제 : 자두를 좋아하거나 새우를 좋아하지 않는 사람은 낙지를 즐겨먹지 않는다.
- 두 번째 명제(대우) : 낙지를 즐겨먹지 않는 사람은 고구마를 좋아하지 않거나 호박을 좋아하지 않는다.

결론 : 팥빙수를 즐겨 먹는 사람은 고구마를 좋아하지 않거나 호박을 좋아 하지 않는다.

04 다음 결론이 반드시 참이 되게 하는 전제 2를 고르시오.

전제1	강아지를 좋아하는 어떤 사람은 공원을 좋아한다.
전제2	
결론	사교성이 없는 어떤 사람은 공원을 좋아한다.

① 강아지를 좋아하는 모든 사람은 사교적이지 않다.

② 강아지를 좋아하는 어떤 사람은 사교적이지 않다.

③ 강아지를 좋아하는 모든 사람은 공원을 좋아한다.

④ 강아지를 좋아하는 어떤 사람은 공원을 좋아하지 않는다.

⑤ 강아지를 좋아하는 어떤 사람은 사교적이지 않고 공원을 좋아하지 않는다.

해설 강아지를 좋아하는 = A

공원을 좋아하는 = B

사교적이지 않은 = C

전제 1 : 어떤 A는 B를 좋아한다.

전제 2 :

결론 : 어떤 C는 B라고 한다.

B가 겹치므로 반드시 A와 C의 관계가 나와야 하므로 B가 나오는 것은 일단 선지에서 제거한다.

여기서 'B = 공원을 좋아하는'을 제거하면 3,4,5번은 선지에서 제거된다.

본 문제는 전제찾기 6번에 해당한다.

전제찾기 6)

전제1 : 어떤 A는 B이다.

전제2 :

결론 : 어떤 B는 C이다. 따라서 모든 A는 C이다. '강아지를 좋아하는 모든 사람은 사교적이지 않은' 이다.

05 다음 밑줄 친 부분에 들어갈 알맞은 것을 고르시오.

> 어떤 라디오 PD는 예능 PD이다.
> 모든 예능 PD는 유머 감각이 있다.
> 그러므로 ____________

① 모든 예능 PD는 라디오 PD이다.

② 모든 라디오 PD는 유머 감각이 있다.

③ 어떤 라디오 PD는 유머 감각이 있다.

④ 유머 감각이 있는 모든 사람은 PD이다.

⑤ 유머 감각이 없는 모든 사람은 라디오 PD가 아니다.

해설 어떤 라디오 PD가 예능 PD라는 것은 어떤 사람은 라디오 PD이면서 예능 PD라는 것이므로, 모든 예능 PD가 유머 감각이 있으면, 라디오 PD이면서 유머 감각이 있는 예능 PD가 존재하게 된다. 따라서 '어떤 라디오 PD는 유머 감각이 있다'가 알맞은 설명이다.

06 제시된 문장을 읽고 옳은 결론을 고르시오.

> 포도를 먹은 사람 중에는 사과를 먹은 사람도 있다.
> 배를 먹은 사람은 포도를 먹었지만, 사과는 먹지 않았다.

정답 04 ① 05 ③ 06 ②

A : 포도를 먹은 사람 모두가 배를 먹은 사람 일 수 있다.
B : 사과를 먹은 사람 모두가 포도를 먹은 사람 일 수 있다.

① A만 옳다.
② B만 옳다.
③ A와 B 모두 옳다.
④ A와 B 모두 그르다.
⑤ A와 B 모두 옳은지 그른지 파악할 수 없다.

해설 A) 첫 번째 명제에서 포도를 먹은 사람 중에는 사과를 먹은 사람도 있다고 했고, 두 번째 명제에서 배를 먹은 사람은 사과를 먹지 않았다고 했다. 따라서 포도와 사과를 먹은 사람은 배를 먹지 않았으므로 결론 A는 그르다.
B) 첫 번째 명제에서 포도를 먹은 사람 중에는 사과를 먹은 사람도 있다고 했고, 사과와 포도만 먹은 사람이 있을 경우 사과를 먹은 사람 모두가 포도를 먹은 사람일 수 있으므로 결론 B는 옳다.

07 제시된 문장을 읽고 옳은 결론을 고르시오.

국사를 좋아하는 사람은 물리를 좋아하지 않는다.
불어를 좋아하는 사람은 화학도 좋아한다.
화학을 좋아하는 사람은 물리를 좋아하지 않는다.

A : 물리를 좋아하지 않는 사람은 불어를 좋아한다.
B : 물리을 좋아하지 않는 사람은 국사를 좋아하거나 화학을 좋아한다.

① A만 옳다.
② B만 옳다.
③ A와 B 모두 옳다.
④ A와 B 모두 그르다.
⑤ A와 B 모두 옳은지 그른지 파악할 수 없다.

해설 A) 결론 A는 아래와 같이 세 번째 명제의 '대우'와 두 번째 명제의 '대우'를 차례로 결합한 결론의 '이'와 일치하므로 옳은지 그른지 파악할 수 없다.
– 세 번째 명제 (대우) : 물리를 좋아하는 사람은 화학을 좋아하지 않는다.
– 두 번째 명제 (대우) : 화학을 좋아하지 않는 사람은 불어도 좋아하지 않는다.
– 결론 : 물리를 좋아하는 사람은 불어를 좋아하지 않는다.
B) 결론 B는 아래와 같이 첫 번째 명제와 세 번째 명제를 차례로 결합한 결론의 '역'과 일치하므로 옳은지 그른지 파악할 수 없다.
– 첫 번째 명제 : 국사를 좋아하는 사람은 물리를 좋아하지 않는다.
– 세 번째 명제 : 화학을 좋아하는 사람은 물리를 좋아하지 않는다.
– 결론 : 국사를 좋아하거나 화학을 좋아하는 사람은 물리를 좋아하지 않는다.

08 S 무역회사에 면접을 보러 온 사람은 A, B, C, D, E, F, G, H 8명이다. 이들은 마케팅팀, 인사팀, 기획팀, 연구팀에 지원하였으며 중복지원 하지 않았다. 아래에 제시된 조건을 모두 고려하였을 때, 항상 거짓인 것을 고르시오.

면접자가 한 명인 팀은 총 한 개 팀이다.
D는 마케팅팀에 지원하였다.
G는 A와 D는 H와 서로 같은 팀에 지원하였다
면접자가 두 명인 팀은 총 두 개 팀이다.
인사팀 면접자는 E 한 명이다.
C와 F는 같은 팀에 지원하지 않았다.
C가 면접을 보는 팀은 면접자가 총 2명이다.

① C는 B와 함께 면접을 본다.
② H는 마케팅팀에 지원했다.
③ F는 B가 지원한 팀에 지원했다.
④ B가 연구팀에 지원했다면, A는 기획팀에 지원했을 것이다.
⑤ D와 F가 같은 팀에 지원했을 수도 있다.

정답 07 ⑤ 08 ③

해설 제시된 조건에 따르면 D는 마케팅팀에 지원했고 D는 H와 서로 같은 팀에 지원했으므로 H 또한 마케팅팀에 지원했음을 알 수 있고, 인사팀 면접자는 E 한 명이다. 이에 따라 각 팀에 지원하는 확정 된 면접자는 아래와 같다.

마케팅팀	인사팀	기획팀	연구팀
D, H	E		

제시된 조건에 따르면 인사팀 면접자는 E 한 명이고, 면접자가 두 명인 팀은 총 두 개 팀이므로 나머지 한 팀의 면접자는 세 명이다. G는 A와 서로 같은 팀에 지원했으므로 마케팅팀에 지원할 수 없고, 기획팀이나 연구팀에 지원할 수 있으며, C가 면접을 보는 팀은 면접자가 총 2명이다.

경우 1) G, A는 기획팀, E는 마케팅팀에 지원한 경우

마케팅팀	인사팀	기획팀	연구팀
D, H, F	E	G, A	B, C

경우 2) G, A와 F가 기획팀에 지원한 경우

마케팅팀	인사팀	기획팀	연구팀
D, H	E	G, A, F	B, C

경우 3) G, A는 연구팀, F는 마케팅팀에 지원한 경우

마케팅팀	인사팀	기획팀	연구팀
D, H, F	E	B, C	G, A

경우 4) G, A와 F가 연구팀에 지원한 경우

마케팅팀	인사팀	기획팀	연구팀
D, H	E	B, C	G, A, F

따라서 F는 B가 지원 한 팀에 지원할 수 없으므로 항상 옳지 않은 설명이다.

09 성실, 동균, 광인, 수연 4명은 각자 농구, 배구, 축구 중 한 종목을 선택하여 취재하려고 한다. 아래에 제시된 조건을 모두 고려하였을 때, 항상 거짓인 것을 고르시오.

> 광인이는 농구나 배구 중 하나를 선택한다.
> 성실이는 배구나 축구 중 하나를 선택한다.
> 수연이 외에도 농구를 취재하는 사람이 있다.
> 동균이는 농구를 선택하지 않는다.

① 아무도 선택하지 않는 종목은 있을 수 없다.

② 광인이는 농구를 선택한다.

③ 성실이는 축구를 선택한다.

④ 동균이는 배구를 선택하지 않는다.

⑤ 성실이와 동균이가 선택하는 종목은 다를 수 있다.

해설 제시된 조건에 따르면 수연이 외에도 농구를 취재하는 사람이 있으므로 성실, 동균, 광인이 중에서도 농구를 취재하는 사람이 있다. 이때 성실이는 배구나 축구 중 하나를 선택하므로 농구를 선택할 수 없고, 동균이는 농구를 선택하지 않으므로 농구나 배구 중 하나를 선택하는 광인이가 농구를 선택함을 알 수 있다. 또한, 성실이와 동균이는 각각 배구나 축구 중 하나를 선택하게 되므로 두 사람이 선택하는 종목은 같을 수도 있고 다를 수도 있다. 만약 성실이와 동균이가 같은 종목을 선택한다면 나머지 한 종목은 아무도 선택하지 않게 된다. 따라서 아무도 선택하지 않는 종목이 있을 수 있으므로 항상 옳지 않은 설명이다.

10 제시된 문장을 읽고 옳은 결론을 고르시오.

> 미성, 해원, 민준, 현수 네 사람의 인터넷 사용 시간을 조사한 결과, 사용 시간이 같은 사람은 없었다.
> 민준이는 현수보다 인터넷 사용 시간이 길다.
> 현수는 해원이보다 인터넷 사용 시간이 길지 않다.
> 미성이는 현수보다 인터넷 사용 시간이 짧지 않다.

> A: 해원이의 인터넷 사용 시간이 가장 길 수 있다.
> B: 미성이의 인터넷 사용 시간이 가장 길다.

① A만 옳다.

② B만 옳다.

③ A와 B 모두 옳다.

④ A와 B 모두 그르다.

⑤ A와 B 모두 옳은지 그른지 파악할 수 없다.

정답 09 ① 10 ②

해설 제시된 조건에 따르면 인터넷 사용 시간이 같은 사람은 없었으며, 민준, 해원, 미성이 모두 현수보다 인터넷 사용 시간이 길다. 따라서 해원이의 인터넷 사용 시간이 가장 길수도 있으므로 A는 옳으며, 미성이의 인터넷 사용 시간은 첫 번째 또는 두 번째 또는 세 번째로 길 수 있으므로 결론 B는 옳은지 그른지 파악할 수 없다.

11 다음 글의 주제로 가장 적절한 것은?

> 옛 학자는 반드시 스승이 있었으니, 스승이라 하는 것은 도(道)를 전하고 학업(學業)을 주고 의혹을 풀어주기 위한 것이다. 인간이 나면서부터 아는 것이 아닐진대 누가 능히 의혹이 없을 수 있으리오. 의혹하면서 스승을 따르지 않는다면 그 의혹 된 것은 끝내 풀리지 않는다. 나보다 먼저 나서 그 도(道)를 듣기를 진실로 나보다 먼저라면 내 좇아서 이를 스승으로 할 것이요. 나보다 뒤에 났다 하더라도 그 도(道)를 듣기를 또한 나보다 먼저라고 하면 내 좇아서 이를 스승으로 할 것이다. 나는 도(道)를 스승으로 하거니, 어찌 그 나이의 나보다 먼저 나고 뒤에 남을 개의(介意)하랴! 이렇기 때문에 귀한 것도 없고 천한 것도 없으며, 나이 많은 것도 없고 적은 것도 없는 것이요. 도(道)가 있는 곳이 스승이 있는 곳이다.

① 스승은 도(道)를 전하고 의혹을 풀어주는 사람이다.

② 나보다 먼저 난 이가 도(道)를 듣지 못했다면 그는 생이지지자(生而知之者)가 아니다.

③ 의혹 되는 바가 있으면 스승을 좇아서 그 의혹 된 것을 풀어야 한다.

④ 도(道)가 있는 사람이면 나이에 관계없이 스승으로 삼을 수 있다.

해설 ①, ③ 제시문의 부분적인 내용일 뿐이다. ② 제시문에 나타나 있지 않은 내용이다.

12 다음 글을 읽고 물음에 답하시오.

> 1998년부터 미국에서 수행된 '여성건강연구'는 50세에서 79세의 여성 16,608명을 대상으로 '폐경 후 호르몬 대체 요법(PHT)의 질병 예방 효과를 검증하기 위한 비교 대조군 임상 연구였다. 이 연구에 참여한 피험자들 중 8,506명에게는 여성 호르몬인 에스트로겐과 프로게스틴의 복합 제제를 투여하고, 8,102명에게는 위약(爲藥)을 투약하였다. 피험자들은 두 군데 무작위로 배치되었으며, 눈가림법을 썼기 때문에 자신이 어떤 약을 투여받고 있는지를 알지 못했다. 이 연구는 2002년 5월, 원래 예정했던 추적 관찰 기간을 다 채우지 못하고 중단되었다. 그 이유는 호르몬 대체 요법을 받은 여성들에게서 이 요법으로 인한 건강상의 이익보다 위험이 더 크다는 결론이 내려졌기 때문이다.
>
> 위약 투여군과 비교할 때 호르몬 대체요법 군에서는 유방암의 위험성이 26%, 심장혈관 질환의 위험성이 29%, 뇌혈관 질환의 위험성이 41%, 폐혈전색증(혈전으로 인해 폐혈관이 막히는 병)의 위험성이 두 배 이상으로 증가하였다. 자궁내막암의 발생빈도는 호르몬 대체요법 군과 위약 투여군 사이에 차이가 없었다. 그러나 위약 투여군과 비교할 때 호르몬 대체요법 군에서 엉덩이뼈 골절의 위험성이 33%, 대장암의 위험성이 37% 감소하였다. 전제적으로는 호르몬 대체요법 군에서 해로운 사건이 15% 더 많이 일어났다. 그렇다고 해서 호르몬 대체 요법 자체가 매우 위험하다고 보기는 어렵다. 호르몬 대체 요법을 받는 10,000명의 여성이 있다면, 받지 않는 여성에 비해 연간 유방암은 8명, 심장혈관 질환은 7명, 폐혈전색증은 8명 정도가 늘어나는 것이다. 반면 대장암은 6명, 엉덩이뼈 골절은 5명 정도가 각각 감소한다.

의사인 김 박사에게 55세 여성 박 여사가 폐경 후 호르몬 대체 요법을 받기 위해 찾아왔다. '여성건강연구'의 결론으로 미루어 볼 때, 김 박사의 상담 내용 중 적절하지 않은 것을

정답 11 ② 12 ④

〈보기〉에서 고른 것은?

박 여사 : 호르몬 대체 요법을 받으면 유방암에 걸린다는 게 사실인가요?
김 박사 : 그렇지는 않아요. 그럴 가능성이 약간은 높아지지만 (ㄱ)이 치료를 받는다고 모두 유방암에 걸리는 건 아니니까요. 대장암 같은 것은 오히려 위험을 줄일 수 있습니다.
박 여사 : 다른 문제는 없나요?
김 박사 : 글쎄요. (ㄴ)자궁내막암의 위험이 있다면 이 치료는 안 받으시는 편이 좋습니다. 하지만 골다공증 때문에 (ㄷ)뼈가 약하다면 도움이 될 수도 있겠지요.
박 여사 : 그럼 전 어떻게 하면 좋을까요?
김 박사 : (ㄹ)전체적으로 호르몬 대체요법 군에서 해로운 사건이 적게 발생하기 때문에 권하고 싶습니다.

① (ㄱ)(ㄴ)
② (ㄱ)(ㄷ)
③ (ㄴ)(ㄷ)
④ (ㄴ)(ㄹ)
⑤ (ㄷ)(ㄹ)

해설 (ㄱ)이 치료를 받는다고 모두 유방암에 걸리는 건 아니니까요. 호르몬 대체 요법을 받는 10,000명의 여성이 있다면, 받지 않는 여성에 비해 연간 유방암은 8명 정도 늘어난다.
(ㄴ)자궁내막암의 위험이 있다면 이 치료는 안 받으시는 편이 좋습니다. 자궁내막암의 발생빈도는 호르몬 대체요법 군과 위약 투여군 사이에 차이가 없었다.
(ㄷ)뼈가 약하다면 도움이 될 수도 있겠지요. 호르몬 대체요법 군에서 엉덩이뼈 골절의 위험성이 33% 감소하였다.
(ㄹ)전체적으로 호르몬 대체요법 군에서 해로운 사건이 적게 발생하기 때문에 권하고 싶습니다. 전제적으로는 호르몬 대체요법 군에서 해로운 사건이 15% 더 많이 일어났다.

13 다음 글의 내용과 부합하는 것은?

동양의 음식 중에는 특별한 의미가 담긴 것들이 있다. 우리나라 대표적인 명절 음식 중 하나인 송편은 반달의 모습을 본뜬 음식으로 풍년과 발전을 상징한다. ≪삼국사기≫에 따르면, 백제 의자왕 때 궁궐 땅속에서 파낸 거북이 등에 쓰여 있는 '백제는 만월(滿月) 신라는 반달'이라는 글귀를 두고 점술사가 백제는 만월이라서 다음 날부터 쇠퇴하고 신라는 앞으로 크게 발전할 징조라고 해석했다고 한다. 결과적으로 점술가의 예언이 적중했다. 이때부터 반달은 더 나은 미래를 기원하는 뜻으로 쓰이며 그러한 뜻을 담아 송편도 반달 모양의 떡으로 빚었다고 한다.

중국에서는 반달이 아닌 보름달 모양의 월병을 빚어 즐겨 먹었다. 옛날에 월병은 송편과 마찬가지로 제수 용품이었다. 점차 제례 음식으로서 위상을 잃었지만 모든 가족이 모여 보름달을 바라보면서 함께 나눠 먹는 음식으로 자리 잡았다. 이 때문에 보름달 모양의 월병은 둥근 원탁에 온 가족이 모인 것을 상징한다. 한국에서 지역의 단합을 위해 수천 명분의 비빔밥을 만들 듯이 중국에서는 천 명이 먹을 수 있는 월병을 만들 정도로 이는 의미 있는 음식으로 대접받고 있다.

① 신라인들은 더 나은 미래를 기원하는 마음을 담아 송편을 빚었다.
② 중국의 월병은 제수 음식으로서의 명맥을 유지하고 있다.
③ 중국의 월병은 한국에서 비빔밥을 만들어 먹는 것을 본떠 만든 음식이다.
④ ≪삼국사기≫에 따르면 점술가의 예언 덕분에 신라가 크게 발전할 수 있었다.

해설 첫 번째 단락의 "이때부터 반달은 더 나은 미래를 기원하는 뜻으로 쓰이며, 그러한 뜻을 담아 송편도 반달 모양의 떡으로 빚었다고 한다"에서 ①을 알 수 있다.
③ 두 번째 단락에서는, 한국에서 단합을 위해

정답 13 ①

비빔밥을 만들듯이 중국에서는 월병을 만들었다며 비빔밥과 월병을 서로 비교하여 설명하고 있다. 그러나 월병이 비빔밥을 만들어 먹는 것을 본떠 만든 음식이라는 내용은 나타나 있지 않다.
④ 첫 번째 단락에, ≪삼국사기≫에 따르면 점술가가 신라가 앞으로 크게 발전할 것이라고 예언했고 "결과적으로 점술가의 예언이 적중했다"라는 진술이 있다. 그러나 이를 점술가의 예언 덕분에 신라가 발전했다는 것으로 해석할 수는 없다.

14 다음 글에서 알 수 있는 내용이 아닌 것은?

> 우리는 흔히 나무와 같은 식물이 대기 중에 이산화탄소로 존재하는 탄소를 처리해주는 것으로 알고 있지만, 바다 또한 중요한 역할을 한다. 예를 들어 수없이 많은 작은 해양 생물들은 빗물에 섞인 탄소를 흡수한 후에 다른 것들과 합쳐서 껍질을 만드는 데 사용한다. 결국 해양 생물들은 껍질에 탄소를 가두어 둠으로써 탄소가 대기 중으로 다시 증발해서 위험한 온실가스로 축적되는 것을 막아준다. 이들이 죽어서 바다 밑으로 가라앉으면 압력에 의해 석회석이 되는데, 이런 과정을 통해 땅속에 저장된 탄소의 양은 대기 중에 있는 것보다 수만 배나 되는 것으로 추정된다. 그 석회석 속의 탄소는 화산 분출로 다시 대기 중으로 방출되었다가 빗물과 함께 땅으로 떨어진다. 이 과정은 오랜 세월에 걸쳐 일어나는데, 이것이 장기적인 탄소 순환 과정이다. 특별한 다른 장애 요인이 없다면 이 과정은 원활하게 일어나 지구의 기후는 안정을 유지할 수 있다.
>
> 그러나 불행하게도 인간의 산업 활동은 자연이 제대로 처리할 수 없을 정도로 많은 양의 탄소를 대기 중으로 방출한다. 영국 기상대의 피터 쿡스에 따르면, 자연의 생물권이 우리가 방출하는 이산화탄소의 영향을 완충할 수 있는 데에는 한계가 있기 때문에, 그 한계를 넘어서면 이산화탄소의 영향이 더욱 증폭된다. 지구 온난화가 걷잡을 수 없이 일어나게 되는 것은 두려운 일이다. 지구 온난화에 적응하지 못한 식물들이 한꺼번에 죽어 부패해서 그 속에 가두어져 있는 탄소가 다시 대기로 방출되면 문제는 더욱 심각해질 것이기 때문이다.

① 식물이나 해양 생물은 기후 안전성을 유지하는 데에 기여 한다.
② 생명체가 지니고 있던 탄소는 땅속으로 가기도 하고 대기로 가기도 한다.
③ 극심한 오염으로 생명체가 소멸 되면 탄소의 순환 고리가 끊겨 대기 중의 탄소도 사라진다.
④ 탄소는 화산 활동, 생명체의 부패, 인간의 산업 활동 등을 통해 대기로 방출된다.

해설 마지막 단락의 내용으로 ③이 잘못된 진술임을 알 수 있다. 즉 극심한 오염으로 생명체가 소멸되면 대기 중 탄소도 함께 사라지는 것이 아니라, 오히려 한꺼번에 부패 된 식물 때문에 대기 중으로 방출된 탄소가 더 심각한 문제를 일으키는 것이다.
① 첫 번째·두 번째 단락에서, 식물은 대기 중의 탄소를 처리하여, 해양 생물은 온실가스의 축적을 막아 기후 안전성 유지를 돕는다는 것을 알 수 있다.
② 두 번째 단락에 따르면, 탄소는 석회석으로 땅속에 저장되거나 화산 분출로 인해 대기 중에 방출되기도 한다.

정답 14 ③

15 〈보기〉의 '자료 해석'을 활용하여 다음의 글 (가)를 보완하기 위한 방안으로 가장 적절한 것은?

> 카페인은 비교적 안전한 물질로, 적당량을 섭취하면 졸음이 가시고 피로감이 덜해지는 등의 효과가 있다. 그러나 허용량을 초과하여 섭취하면 불면증, 신경과민 등 각종 부작용을 일으킬 수 있다. 특히 청소년은 성인보다 심하게 나타날 수 있으므로 카페인 섭취에 유의해야 한다.
>
> 청소년의 하루 카페인 섭취 허용량은 어느 정도일까? 식품의약품안전처에서는 하루 카페인 섭취량이 체중 1kg당 2.3mg을 넘지 않도록 권하고 있다. 체중 50kg인 청소년의 경우 카페인 섭취량이 하루에 125mg을 넘지 않도록 하라는 것이다.
>
> 그렇다면 125mg은 어떤 식품을 얼마나 먹으면 섭취하게 되는 양일까? 식품의약안전처의 조사에 따르면 청소년들이 카페인을 주로 섭취하는 식품은 탄산음료(에너지 음료, 콜라 등)와 커피류이다. 이들 식품의 카페인 평균 함유량을 살펴보면, 에너지 음료 한 캔(250mg)에는 62.5mg, 콜라 한 캔(250ml)에는 23mg, 커피 한 캔(175ml)에는 84.4mg이 들어 있다. 체중이 50kg인 청소년이 하루에 에너지 음료 두 캔을 마시면 식품의약품안전처의 섭취 허용량에 이르게 되는 셈이다.
>
> (가)『그런데 탄산음료나 커피류뿐만 아니라 청소년이 즐겨 먹는 초콜릿이나 과자, 사탕 등에도 카페인이 들어 있다는 점에 유의해야 한다. 초콜릿 30g짜리 한 개에는 16mg의 카페인이 들어 있어서 체중이 50kg인 청소년이 커피 한 캔과 콜라 한 캔을 마시고 초콜릿 두 개를 먹으면 섭취 허용량을 초과하게 된다. 청소년들이 일상생활에서 무심코 간식을 먹고 음료를 마시다가 자신도 모르는 사이에 카페인의 하루 섭취 허용량을 넘길 수 있다는 것이다.』

- 자료 : 식품의약품안전처 고시(2013)에서 알게 된 내용 카페인 함유량이 기준치(1ml당 0.15mg) 이상인 액체 식품은 포장 용기에 '고카페인 함유' 여부와 '카페인 함유량(mg)'을 표시해야 한다.
- 자료 해석 : 카페인 함유 식품 중 일부 액체 식품의 포장 용기에서는 카페인 함유량을 확인할 수 없다.

① 초콜릿이나 과자, 사탕 등에도 카페인이 들어 있다는 점에 유의해야 한다는 내용을 뒷받침하는 근거로 활용한다.

② 체중 50kg인 청소년의 카페인 하루 섭취 허용량을 체중 60kg인 청소년의 경우로 환산하여 제시하기 위한 기준으로 활용한다.

③ 청소년들이 일상생활에서 자신도 모르는 사이에 카페인을 과다 섭취할 가능성이 있다는 내용을 강조하기 위한 근거로 활용한다.

④ 카페인이 함유된 액체 식품 중에서 포장 용기에 카페인 함유량이 표시되지 않은 것만 섭취해야 한다는 주장을 덧붙이기 위한 근거로 활용한다.

해설 (가)는 청소년들이 무심코 먹는 간식과 음료가 자신도 모르는 사이 카페인의 하루 섭취량을 넘길 수 있다는 내용이다. 자료와 자료 해석에서는 액체류의 카페인 함유량에 대해 언급하고 있으며 자료 해석 또한 액체류의 포장 용기에 카페인 함유량을 확인할 수 없다는 내용이 언급되고 있다.

정답 15 ③

16 **〈보기 1〉과 〈보기 2〉를 바탕으로 아테네의 정치 체제를 추론 한 내용으로 가장 적절한 것은?**

〈보기 1〉

고대 그리스는 폴리스라는 도시 국가들로 이루어져 있었다. 폴리스는 그 중심지에는 도시가 있고 주변에는 식량을 공급해주는 들판이 있는 작은 자치 공화국의 형태였다. 폴리스들은 공통의 언어. 문화, 종교를 바탕으로 서로 동류의식을 가졌지만, 정치적 통일을 이루지는 못했다.

강성한 폴리스였던 아테네에는 중앙에 신전과 군사 시설 등이 있는 아크로폴리스, 그리고 시장이나 공공 모임 장소로 이용하던 아고라가 있었는데, 시민들은 아고라 광장에 모두 모여 공적인 문제에 대해 투표하였다. 개인이 세습하여 나라를 통치하는 군주정과 달리 아테네와 같은 공화정에서는 국가를 통치하는 지도자를 시민이 선출한다. 그러나 여기서는 인구의 일부만이 시민이었으며 아무런 권리가 없는 노예들도 매우 많았고 여자들도 정치적 권리가 없었다.

아테네의 직접 민주주의는 이처럼 적은 인구의 작은 도시 국가였기에 가능하였다. 그리스인들은 그리스 전역, 이탈리아 남부와 시실리, 지중해의 다른 해안으로 퍼져나갔지만, 그들은 통일된 정부를 두려워 하거나 제국을 만들려 하지 않았다. 어디를 가든 그들은 도시 국가 형태의 폴리스를 만들었고, 어느 폴리스도 도시 국가 이상으로 커나가지 않았다.

〈보기 2〉

국가의 지리적 영역이 널리 확장되고 그 인구도 크게 늘게 되면 모든 유권자가 한데 모여 국가의 정책을 결정하기 어려워진다. 그리하여 이들을 대표하여 선출된 대의원들이 국정의 문제들을 심사숙고하고 법률을 제정하는 방식이 등장하였는데, 이를 대의제라 부른다. 대의제 민주주의에서 일반 유권자들은 간접적으로 그 나라의 정치에 참여한다.

① 아테네는 신분과 성별에 관계없이 모두 투표권을 가졌겠군.

② 아테네는 시민의 대의원들이 아고라에 모두 모여 국정을 결정하였겠군.

③ 아테네의 정치 체제는 대의제 민주주의로 나아가지 않았겠군.

④ 아테네의 직접 민주주의는 지도자를 시민이 선출하는 방식이 아니었겠군.

해설 〈보기 1〉의 두 번째 마지막 단락에 따르면, 아테네는 시민들이 모두 모여 공적인 문제를 결정하는 직접 민주주의가 가능한 소규모의 도시 국가였으며, 그 이상으로 커나가지 않았다. 그런데 〈보기 2〉에 따르면, 국가의 영토와 인구가 크게 늘면, 직접 민주주의를 실현하기 어려워져 대의제 민주주의가 등장한다. 따라서 직접 민주주의를 실시하고 소규모의 도시 국가에 머물렀던 아테네가 대의제 민주주의로 나아가지 않았다는 것을 추론할 수 있다. 〈보기 2〉에 따르면 '대의원들'이란 유권자를 대표하여 국정을 운영하도록 선출된 사람들이다. 그런데 〈보기 1〉의 두 번째 단락에 따르면, 아테네에서는 '시민'이 아고라에 모두 모여 공적인 문제, 즉 국정을 결정하였다. 따라서 아테네에서 시민의 대의원들이 국정을 결정했다는 추론 내용은 적절하지 않다.

정답 16 ③

17 다음 글을 읽고 물음에 답하시오.

조선 시대의 사상가들은 천(天)을 도덕적 대상으로 여기거나 인간의 행동 윤리로 여겨 천의 운행 원리에 많은 관심을 갖고 있었다. 이러한 이유로 조선에서는 천의 적극적인 활용을 통해 과학 기술을 발전시키려는 사상이 중국이나 서양에 비해 낙후될 수밖에 없었다. 그러나 박제가는 이러한 시대 상황 속에서 자신의 독특한 천관을 펼쳤다.

천에 도덕적 원리를 부여하여 인간과 천의 합일을 주장하는 성리학자들과는 달리 박제가는 천을 경제생활의 관점에서 바라보고 자연의 운행을 이해하려고 노력했다. 즉 그는 쇠·물, 나무·불·흙의 오행(五行)을 전통 철학자들처럼 만물을 이루는 다섯 가지 원소로만 보지 않고, 백성들이 일상생활을 영위하는 데 필요한 자연물로서 그것을 실용적으로 활용하는 것에 주목했다. 이러한 그의 자연관은 당시 청나라와 서양 사람들이 자연을 활용하여 과학 기술을 발전시켜 부강한 국가를 만든 것과 달리 조선 사람들은 자연의 성질을 유익하게 운영하지 못함으로써 나라는 어지럽고 백성들의 생활은 피폐해져가는 것을 안타까워한 것에서 연유한다.

그는 자연의 질서에 순응하기를 원하는 무위자연의 도가적 세계관과 천과 인간의 도덕적 합일을 주장하는 성리학적 세계관과는 달리 자연을 이용하고 가공하며 문화를 형성하면서 삶을 영위하는 것이 더 중요하다고 본 것이다.

또한 그가 살던 당시의 조선은 '사농공상(士農工商)'의 사민관(四民觀) 아래에서, 상업을 경시하던 사회였다. 대부분의 사상가는 의리를 중시하고 이익을 멀리하는 전통 유가의 이러한 사상적 경향을 당연하게 생각했다. 특히 성리학적 경향의 지배층들은 경제적인 이익의 문제를 중시하지 않았다. 진보적 사상가로 평가받는 다른 실학자들조차 중농주의의 관점에서 경제사상을 전개했다. 물론 박제가 역시 농업의 발전이 중요함을 부인하지는 않았지만 <u>그는 효율성이 떨어지는 농업 현실과 필요한 물품을 구하지 못함으로써 놀고먹는 날이 많아지는 현상에 대해 매우 비판적인 자세를 취했다.</u> 그는 이러한 현상이 지속되면 결국 하늘의 때와 땅의 이로움 및 사람의 역할을 모두 잃게 되어 농사를 발전시키지 못할 뿐 아니라, 경제생활 전반에 지장을 가져올 것으로 여겼다.

박제가는 농업 진흥책만으로는 나라가 부강하기 힘들 것으로 생각했다. 그는 당시 조선 사회의 구조를 분석한 후, 당시 조선의 사대부들이 집이 가난한데도 불구하고 일하지 않고 놀고먹으며 기초적인 경제 활동, 즉 농업과 공업과 상업에 종사하는 것을 수치스러운 일로 간주하면서 허세를 부리는 것에 대해 비판적이었다.

* 공리공담: 아무 소용이 없는 헛된 말

사례에 대한 해석을 중심으로 지문의 정보를 바르게 이해하고 있는지를 묻는 유형

아래 〈보기〉를 바탕으로 본문의 밑줄친 부분을 추론한 내용으로 적절하지 않은 것은?

기물을 편리하게 사용하지 못하여 남들이 하루에 할 일을 나는 한두 달 걸려 한다면 이것은 천시를 잃는 것이다. 밭 갈고 씨 뿌리는 방법이 잘못되어 비용은 많이 들었는데 수확은 적다면 이것은 지리적 이점을 놓치는 것이다. ....(중략)... 남들은 곡식을 세 줄로 심을 때 우리는 두 줄로 심는다. 그렇게 하면 1천 리의 땅을 6백 리의 땅으로 줄여서 사용하는 것이다. ....(중략).... 남들은 곡식을 5푼 파종한다면 우리는 10푼 파종하는데 그럴 경우 1년 동안의 종자를 잃는 셈이다. 사정이 이런데다가 또 배나 수레, 목축, 가옥, 기물을 쓸모 있게 사용하는 방법을 폐하고 강구 하지 않는다. 이런 것을 전국적으로 계산하면 백배의 이익을 잃는 셈이다.

–박제가, 「북학의」

정답 17 ④

① 잘못된 농사법으로 농사를 지어 손해를 보는 문제
② 농사에 활용되는 기물들에 대한 연구가 미진한 문제
③ 지리적인 이점을 활용하지 못해 소출이 적어지는 문제
④ 노동력이 확보되지 않아 농지 이용률이 떨어지는 문제

해설 ④ 박제가는 효율성이 떨어지는 농업 현실에 대해 매우 비판적인 자세를 취하고 있다. 〈보기〉에서는 '남들은 곡식을 세 줄로 심을 때 우리는 두 줄로 심는다.'라고 비판하면서 농지 이용률이 떨어지는 문제를 지적하고 있다. 그러나 노동력이 확보되지 않아 농지 이용률이 떨어진다고 언급한 부분은 찾을 수 없다.

18 다음 중 밑줄 친 부분과 가장 관계 깊은 진술은?

> 인간은 불을 사용한다. 인간은 물질을 마찰시키면 열이 나고, 그 열이 불로 변한다는 것을 알았다. 그리고 불을 사용하면서부터, 화식(火食)을 하게 되어 위의 부담을 덜어 주고, 어둠을 쫓아 활동의 시간을 연장(延長)하며, 모진 추위를 극복함은 물론, 맹수(猛獸)의 위협에서 해방될 수 있었다.
>
> 이광규의 '인간의 특징'

① 인간은 생각하는 동물이다.
② 인간은 직립하는 동물이다.
③ 인간은 언어를 사용하는 동물이다.
④ 인간은 도구를 사용하는 동물이다

해설 서술어 '~을 알았다.'라는 부분에 유의하면 밑줄 친 부분은 '경험한' 것을 인식하고 그것을 개념화하는 능력'을 뜻한다. 이것은 기본적으로 '생각하는' 동물로서 인간이 가지는 전형적인 특징이다.

※ 다음을 읽고 물음에 답하시오〈19~20〉

> 생물학자 린네는, 자연의 '체계(體系)'라는 그의 저서에서, 인간에게 호모 사피엔스(Homo sapiens)라는 학명(學名)을 붙였다. 이는 '생각하는 사람'이란 뜻의 라틴어로, ㉠피부색에 관계없이 인간을 지칭(指稱)하는 용어이다. ㉡'생각한다'는 것은, 그만큼 인간을 ㉢생각하는 데 빼놓을 수 없는 것이다.
>
> 이광규의 '인간의 특징'

19 ㉠의 문맥적 의미로 가장 적절한 것은?

① 민족 ② 인종
③ 족속 ④ 외모

해설 피부색은 신체적 특징에 의해 분류한 인류의 종별, 즉 인종을 가리키는 대유적인 표현이다.

20 ㉡과 ㉢의 문맥적 의미를 지적한 것으로 가장 적절한 것은?

① ㉡사유(思惟), ㉢ 고려(考慮)
② ㉡사색(思索), ㉢ 궁리(窮理)
③ ㉡사변(思辨), ㉢ 의식(意識)
④ ㉡사고(思考), ㉢ 고찰(考察)

해설 ㉡은 포괄적인 의미의 '생각(사고)을 의미하고, ㉢은 '살펴본다(고찰)'는 특수한 의미로 사용된 말이다.

21 〈보기〉의 ㉠~㉦에 대한 설명으로 적절한 것은?

> ㉠내가 약속 하나 할게요. ㉡나는 ㉢그쪽에서 ㉣우리 부모님의 간병을 맡아 주시면 충분한 보상을 해드릴게요. 이건 ㉤부모님의 뜻이기도 하답니다. 부모님께서는 ㉥당신들의 건강을 무척이나 소중하게 생각하시지요. ㉦당신에게 간병을 맡기시려는 것을 보니 당신을 무척 믿으시는 것 같아요.

정답 18 ① 19 ② 20 ④ 21 ②

① ㉠과 ㉡을 비교해보니 ㉠은 '나의'를 줄인 말이겠군
② ㉢과 ㉦은 가리키는 대상이 같아
③ ㉣은 ㉡과 ㉢을 아울러 가리키는 말이야
④ 앞 문장에 나온 말을 반복하는 건 어색하니까 ㉤은 적절한 대명사로 바꿔야 해
⑤ ㉥은 높임법에 맞지 않으니 '자기'로 바꿔야 해

해설 ㉠의 '내'는 '나'에 주격조사 '가'나 보격조사 '가'가 붙을 때의 형태로 ㉡의 '나'와 같은 1인칭 대명사이다. ③ ㉣의 '우리'는 '말하는 이가 자기보다 높지 아니한 사람을 상대하여 자기를 포함한 여러 사람을 가리키는 1인칭 대명사'로 부모님의 간병을 부탁하고 있는 '나'가 ㉢을 상대로 자기를 포함한 여러 사람을 가리키는 것이다. ④ ㉤의 '부모님'을 '당신들'이라는 대명사로 바꾸어 쓸 수도 있지만 현재의 쓰임이 어색하지 않으므로 반드시 바꾸어 쓸 필요는 없다. ⑤ ㉥의 '당신'은 높임법에 맞으며 '자기'로 바꾼다면 부모님을 '께서'와 '-시-'를 사용해서 높인 것과 어울리지 않는다.

22 **㉠ ~ ㉢에 들어갈 적절한 접속어를 순서대로 나열한 것은?**

> 역사의 연구는 개별성을 추구하는 것이라고 할 수가 있다. (㉠) 구체적인 과거의 사실 자체에 대해 구명(연배)을 꾀하는 것이 역사학인 것이다. (㉡) 고구려가 한족과 투쟁 한 일을 고구려라든가 한족이라든가 하는 구체적인 요소들을 빼 버리고, 단지 "자주적 대제국이 침략자와 투쟁하였다."라고만 진술해 버리는 것은 한국사일 수가 없다. (㉢) 일정한 시대에 활약하던 특정한 인간 집단의 구체적인 활동을 서술하지 않는다면 그것을 역사라고 말할 수 없는 것이다

① ㉠즉, ㉡가령, ㉢요컨대
② ㉠가령, ㉡결국, ㉢역시
③ ㉠이를테면, ㉡역시, ㉢한편
④ ㉠다시 말해, ㉡만약 ㉢그러나

해설 ㉡에 '결국', '한편' 등이 들어가기에 부적절하므로, ②와 ③은 답이 될 수 없으며, ㉢은 '그러나'가 들어갈 자리가 아니다.

23 **괄호 안에 들어갈 알맞은 접속어를 순서대로 나열한 것은?**

> 각 시대는 그 시대의 특징을 나타내는 문학이 있다고 한다. 우리나라도 무릇 4,000년이 넘는 생활의 역사를 가진 만큼 그 발전 시기마다 각각 특색을 가진 문학이 없을 수 없고, 문학이 있었다면 그 중추가 되는 것은 아무래도 시가 문학이라고 볼 수밖에 없다. (㉠)대개 어느 민족을 막론하고 인간 사회가 성립하는 동시에 벌써 각자의 감정과 의사를 표시하려는 욕망이 생겼을 것이며, 삼라만상의 대자연은 자연 그 자체가 율동적이고 음악적이라고 할 수 있기 때문이다. 다시 말하면 인간이 생활하는 곳에는 자연적으로 시가가 발생하였다고 할 수 있다. (㉡)사람의 지혜가 트이고 비교적 언어의 사용이 능란해짐에 따라 종합 예술체의 한 부분으로 있었던 서정문학적 요소가 분화 · 독립되어 제요나 노동요 따위의 시가의 원형을 이루고 다시 이 집단적 가요는 개인적 서정시로 발전하여 갔으리라 추측된다. (㉢) 다른 나라도 마찬가지이겠지만 우리 문학사상 시가의 지위는 상당히 중요한 몫을 지니고 있다.

① ㉠그리고 ㉡왜냐하면 ㉢그럼에도 불구하고
② ㉠그러므로 ㉡그리고 ㉢왜냐하면
③ ㉠왜냐하면 ㉡그러나 ㉢그러므
④ ㉠왜냐하면 ㉡그리고 ㉢그러므로

해설 ① ㉠에는 서술부의 '~기 때문이다'와의 호응을 생각할 때 '왜냐하면'이 들어가야 한다. ㉡은 이야기가 전개되고 있는 내용이므로 '그리고'가 들어가고, ㉢에는 뒷 문장이 결론적 내용이므로 '그러므로'가 들어가야 한다.

정답 22 ① 23 ④

24 ㉠~㉣ 중 다음의 내용이 들어갈 알맞은 곳은?

> 즉, 앞으로 사회의 구성원들은 점점 더 자신의 이상과 행복의 추구와 조직 혹은 사회의 목표나 가치가 일치하기를 원하게 된다는 관점을 우리는 주시해야 한다.

> 우리가 추진해 온 경제 발전은 한 마디로, 다른 지역에서 오랜 시간을 두고 축적된 시간상의 궤적이 같은 시간대와 같은 공간에 혼재하고 있는 독특한 상황을 보이고 있다. 이 같은 자본주의의 여러 모습이 간혹 서로 상충(相衝)되어 나타나기 때문에, 우리 스스로도 과연 우리가 장기적으로 나아가야 할 방향의 정립을 모색하면서 현실적인 한계에 직면한다. ㉠ 그러나 보편성의 측면에서 시장을, 궁극적으로 여러 경제 주체의 이해 조정 기구로 신뢰해야 한다는 큰 테두리에는 합의할 수 있을 것이다. 경제적인 측면에서 진행되고 있는 국경 없는 경제나 지구화 경제의 추세는 한 개별 국가 단위에서의 경쟁력과 경제 형평 사이의 의미를 이전과는 전혀 다른 시각에서 인식하게 만들고 있으며, 이를 가속화 하는 것이 바로 정보 사회의 급진전이다.
> ㉡ 정보 사회의 진전은 양적인 개념에서 인간 생활을 풍요롭게 혹은 편리하게 만들면서 효율성을 급속도로 늘려 주었지만, 동시에 질적인 개념에서 이제까지 한 부분 혹은 계층이 다른 계층 혹은 부분을 장악하고 지배하는 유용한 도구였던 정보의 독점 체제를 붕괴시키고 있다. ㉢ 이 점이 우리가 경쟁력 강화와 경제 형평을 조화시켜야 할 중요한 이유 중의 하나이다. ㉣ 이 점은 우리 사회가 목표를 어디다 설정해야 하는가와도 깊은 관련이 있지만, 구성원들의 협조와 자발적인 참여를 유도(誘導)하지 않고서는 기업 조직이나 사회나 경쟁에서 이기기 힘들게 상황이 전개되고 있다.

① ㉠　　② ㉡
③ ㉢　　④ ㉣

해설 '즉'이라는 접속어는 앞부분의 내용을 상세히 설명하는 기능을 갖는다. 따라서 주어진 글과 상통하는 내용이 이어져야 한다.

25 (가) ~ (라)에 대한 고쳐 쓰기 방안으로 옳지 않은 것은?

> (가) 영어 성적은 참 좋군, 수학 성적도 좋고.
> (나) 동규가 "난 학교에 안 가겠다."고 말했다.
> (다) 형은 가던 길을 멈추면서 나에게 달려왔다.
> (라) 총리는 진지한 연설로서 국민을 설득했다.

① (가) : '영어 성적은 참 좋군.'은 수학 성적이 좋을 가능성을 배제하는 의미가 포함되어있다. 따라서 보조사 '은'을 주격 조사 '이'로 바꿔 쓴다.
② (나) : 직접 인용문 다음이므로 인용 조사는 '고'가 아닌 '라고'를 쓴다.
③ (다) : 어미'-면서'는 두 동작의 동시성을 나타내지 못하므로 '-고'로 바꿔 쓴다.
④ (라) : '로서'는 자격을 나타내는 기능을 하므로 수단을 나타내는 기능을 하는 조사 '로써'로 바꿔 쓴다.

해설 (다)는 두 동작의 동시성을 나타내는 어미'-면서'가 쓰일 자리가 아니기 때문에 '-고'로 바꿔 쓴다고 해야 바른 설명이 된다. '-면서'는 두 동작의 동시성을 나타내는 어미이다.

정답 24 ④　25 ③

26 다음 글의 연결 순서로 가장 적절한 것은?

> ㉠ 과학과 종교는 상호 배타적인 것이 아니며 상호 보완적이다.
> ㉡ 과학은 현재 있는 그대로의 실재에만 관심을 두고 그 실재가 앞으로 어떠해야 한다는 당위에는 관심을 가지지 않는다.
> ㉢ 그러나 각자 관심을 두지 않는 부분에 대해 상대방으로부터 도움을 받을 수 있기 때문에 상호 보완적이라고 보는 것이 더 합당하다.
> ㉣ 반면 종교는 현재 있는 그대로의 실재보다는 당위에 관심을 가진다.
> ㉤ 이처럼 과학과 종교는 서로 관심의 영역이 다르기 때문에 배타적이라고 볼 수 있다.

① ㉢-㉠-㉤-㉣-㉡

② ㉢-㉣-㉤-㉡-㉠

③ ㉠-㉣-㉤-㉡-㉢

④ ㉠-㉡-㉣-㉤-㉢

해설 순서 배열 문제는 지시어나 접속어 그리고 조사나 토씨 등의 쓰임을 고려하여 해결하면 된다.

27 다음 문장들을 미괄식 문단으로 구성하고자 할 때 문맥상 전개 순서로 가장 옳은 것은?

> ㉠ 현대인들은 과학 기술이 제공하는 물질적 풍요와 생활의 편리함의 혜택 속에서 인류의 미래를 낙관적으로 전망하기도 한다.
> ㉡ 오늘날 주변을 돌아보면 낙관적인 미래 전망이 얼마나 가벼운 것인지를 깨닫게 해주는 심각한 현상들을 쉽게 찾아볼 수 있다.
> ㉢ 숨 쉬고 마시는 공기와 물은 이미 심각한 수준으로 오염된 경우가 많고, 자원의 고갈, 생태계의 파괴는 더 이상 방치할 수 없는 지경에 이르고 있다
> ㉣ 이런 위기들이 현대 과학 기술과 밀접한 관계가 있다는 사실을 알게 되는 순간, 과학 기술에 대한 지나친 낙관적 전망이 얼마나 위험한 것인가를 깨닫게 된다.
> ㉤ 자연환경의 파괴뿐만 아니라 다양한 갈등으로 인한 전쟁의 발발 가능성은 도처에서 높아지고 있어서 핵전쟁이라도 터진다면 인류의 생존은 불가능해질 수도 있다.

① ㉠-㉡-㉢-㉤-㉣

② ㉡-㉢-㉤-㉣-㉠

③ ㉢-㉡-㉣-㉤-㉠

④ ㉢-㉤-㉡-㉠-㉣

해설 미괄식 전개란 주지를 글 마지막에 제시하는 방식이다. 제시문의 주지는 '현대 과학 기술에 대한 지나친 낙관적 전망은 위험하다'이므로 주지가 제시된 ㉣을 마지막에 두어야 한다.

28 다음 글을 퇴고 할 때, ㉠~㉣ 중 고쳐 쓴 결과가 적절하지 못한 것은?

> 지중해에서 아침을 맞이하는 일은 내가 오랫동안 간직해 온 소망이다. 마침내 그 꿈이 이루어질 날이 밝았다. 설레는 마음으로 숙소를 나서 해변으로 발걸음을 옮겼다. 급히 걸어가다 ㉠돌부리에 걸려 넘어져 ㉡무릎이 다치게 되었다. 해변까지 가려면 좀 더 걸어야했다 '아픔을 참을까 상처를 치료할까'하고 잠시 ㉢망서리기도 했지만, 나는 곧 ㉣서슴치 않고 해변으로 뛰어갔다. 무릎에 맺힌 피만큼이나 붉은 태양이 나를 향해 미소 짓고 있었다.

① ㉠→돌 뿌리　　② ㉡→무릎을 다쳤다

③ ㉢→ 망설이기도　④ ㉣→ 서슴지 않고

해설 ㉠'돌부리'가 표준어이다. ㉡어색한 이중 피동이므로 고쳐야 한다. ㉢ '망설이기도'가 맞춤법에 맞는 표기이다. ㉣ 기본형이 '서슴다'이므로, 부정형은 '서슴지 않다'이다.

정답 26 ④　27 ①　28 ①

29 다음 글의 주제로 적절한 것은?

> 제1차 세계대전에 패망한 독일은 바이마르공화국 헌법에 의해 자유민주주의 체제를 확립하였으나, 경제 사정은 엉망이었다. 정치적 자유에도 불구하고 경제적 욕망 충족의 보장이 없었다. 그토록 갈구하던 자유를 얻었는데도 굶주림과 좌절 모두 자유의 탓으로 돌려졌고, 성공과 자살도 모두 개인의 책임으로 돌려졌다. 제1차 세계대전 후 열악한 경제 조건 속에 놓인 독일 국민들은 한 조각의 빵을 위해서 자유의 권리를 서슴지 않고 포기하였다. 그리고 자신의 자유를 대신해 줄 지도자를 찾았다. 그리하여 히틀러의 사디즘과 국민들의 마조히즘이 결합하게 된 것이다.

① 자유로부터의 도피

② 감시와 처벌

③ 만인에 대한 만인의 투쟁

④ 존재와 시간

해설 제시된 글의 주된 내용은 제1차 세계대전에 패한 독일이 열악한 경제 상황 때문에 자유의 권리를 포기했다는 것이다.

30 다음 글의 중심 내용으로 알맞은 것은?

> 칸트는 인간이 이성을 부여받은 것은 욕망에 의해 움직이지 않게 하기 위함이라고 말하면서 자신의 행복을 우선시하기보다는 도덕적인 의무를 먼저 수행해야 한다고 주장했다. 칸트의 시각에서 볼 때 행동의 모순이 생기지 않아야 한다는 보편주의이다. 내가 타인을 존중하지 않으면서 타인이 나를 존중하고 도와줄 것을 기대한다면, 이는 보편주의를 위배하는 것이다. 따라서 도덕적 행동이 나의 이익이나 본성과 일치하지 않더라도 나는 나의 의무를 수행해야 한다고 역설했다.

① 칸트의 도덕관에 대한 비판

② 도덕적 가치에 대한 칸트의 관점

③ 칸트의 도덕적 의무론이 지니는 가치

④ 칸트가 생각하는 도덕적 행동

해설 제시된 글의 중심 내용은 칸트가 생각하는 도덕적 행동이란 '남이 나에게 해주길 바라는 것을 실천하는 것'이다

31 다음의 개요에 대한 수정 방안으로 적절하지 않은 것은?

> 주제문 : ㉠ <u>학교 급식 문제의 해법은</u>
> Ⅰ. 서론 : 학교 급식에 대한 문제 제기
> – 급식 재료에 수입 농산물의 비중이 크다.
> Ⅱ. 본론
> 1. 수입 농산물 사용의 문제점
> 가. ㉡ <u>유전자 조작 농산물의 안전성에 대한 우려</u>
> 나. 미래 우리 국민의 입맛과 농업 구조에 미칠 영향
> 2. 문제 발생의 원인
> 가. ㉢ <u>비용에 대한 부담으로 저렴한 수입 농산물 구매</u>
> 나. 급식 재료의 중요성에 대한 사회적 인식 부족
> 3. 문제 해결의 방안
> 가. 급식 재료에 우리 농산물 사용 확대
> 나. ㉣ <u>학생들에 대한 올바른 식습관 교육</u>
> 다. 급식 운영에 대한 국가적 지원 확대
> Ⅲ. 결론 : 수입 농산물 사용 자제 촉구

① ㉠ 주제가 분명히 드러나도록 '학교 급식 재료에 우리 농산물 사용을 늘리자'로 진술한다.

② ㉡ 범주가 다르므로 '수입 농산물'로 교체한다.

③ ㉢ 논지 전개상 어색하므로 '본론 1'의 하위 항목으로 옮긴다.

④ ㉣ 논지와 무관한 내용의 항목이므로 삭제한다.

해설 본론 'Ⅱ–2–가'의 '비용에 대한 부담으로 저렴한 수입 농산물 구매'는 학교 급식에서 수입 농산물을 재료로 많이 사용하는 이유와 관련되는 항목이다. 그런데 ㉢을 본론 'Ⅱ–1'의 '수입 농산물 사용의 문제점'의 하위 항목으로 옮기는 것은 적절하지 않다.

정답 29 ① 30 ④ 31 ③

Chapter 04

한자성어와 속담

평가 내용

사자성어의 뜻을 이해하여 제시된 문장에서 관련 있는 사자성어를 찾아내고, 지문의 상황에 맞게 사자성어를 유추할 수 있는지 평가한다.

학습 방법

1. 출제빈도가 높거나 틀리기 쉬운 사자성어는 정리하여 반복 암기한다.
2. 사자성어의 의미는 한자의 뜻을 먼저 이해한 뒤 유추하여 개념을 파악한다.
3. 제시문 상황에 맞는 사자성어에 대한 대비는 주제별로 관리하여 암기한다.

출제유형

1. 같은 의미 또는 다른 의미의 고사성어를 고르는 행태
2. 제시된 문장의 상황에 맞는 고사성어를 고르는 행태
3. 제시된 고사성어 쌍의 관계와 같은 고사성어를 고르는 행태

1 출제 빈도가 높은 한자성어

1	가렴주구(苛斂誅求)	(苛 가혹할 가, 斂 거둘 렴, 誅 벨 주, 求 구할 구) 세금을 가혹하게 거두어들이고 무리하게 재물을 빼앗음
2	가인박명(佳人薄命)	(佳 아름다울 가, 人 사람 인, 薄 엷을 박, 命 목숨 명) 미인은 불행하거나 병약하여 요절하는 일이 많음
3	각골지통(刻骨之痛)	(刻 새길 각, 骨 뼈 골, 之 갈 지, 痛 아플 통) 뼈에 사무칠 만큼 원통함. 또는 그런 일
4	각골통한(刻骨痛恨)	(刻 새길 각, 骨 뼈 골, 痛 아플 통, 恨 한 한) 뼈에 사무칠 만큼 원통하고 한스러움. 또는 그런 일
5	감탄고토(甘呑苦吐)	(甘 달 감, 呑 삼킬 탄, 苦 쓸 고, 吐 토할 토) 달면 삼키고 쓰면 뱉는다는 뜻으로, 사리의 옳고 그름에 관계없이 제 비위에 맞으면 좋아하고 안 맞으면 싫어 한다는 말
6	갑론을박(甲論乙駁)	(甲 갑옷 갑, 論 논할 론, 乙 새 을, 駁 논박할 박) 여러 사람이 서로 자신의 주장을 내세우며 상대편의 주장을 반박함
7	개과천선(改過遷善)	(改 고칠 개, 過 지날 과, 遷 옮길 천, 善 착할 선) 지난날의 잘못이나 허물을 고쳐 올바르고 착하게 됨

8	견강부회(牽强附會)	(牽 이끌 견, 强 강할 강, 附 붙을 부, 會 모일 회) 이치에 맞지 않는 말을 억지로 끌어 붙여 자기에게 유리하게 함
9	경거망동(輕擧妄動)	(輕 가벼울 경, 擧 들 거, 妄 망령될 망, 動 움직일 동) 경솔하여 생각 없이 망령되게 행동함. 또는 그런 행동
10	고립무원(孤立無援)	(孤 외로울 고, 立 설 립, 無 없을 무, 援 도울 원) 고립되어 구원을 받을 데가 없음
11	고진감래(苦盡甘來)	(苦 쓸 고, 盡 다할 진, 甘 달 감, 來 올 래) 쓴 것이 다하면 단 것이 온다는 뜻으로, 고생 끝에 즐거움이 옴을 이르는 말
12	과대망상(誇大妄想)	(誇 자랑할 과, 大 클 대, 妄 망령될 망, 想 생각 상) 실보다 과장하여 터무니없는 헛된 생각을 하는 증상
13	구우일모(九牛一毛)	(九 아홉 구, 牛 소 우, 一 한 일, 毛 터럭 모) 아홉 마리의 소 가운데 박힌 하나의 털이란 뜻으로, 매우 많은 것 가운데 극히 적은 수를 이르는 말
14	근묵자흑(近墨者黑)	(近 가까울 근, 墨 먹 묵, 者 놈 자, 黑 검을 흑) 나쁜 사람과 가까이 지내면 나쁜 버릇에 물들기 쉬움을 비유적으로 이르는 말
15	기고만장(氣高萬丈)	(氣 기운 기, 高 높을 고, 萬 일만 만, 丈 어른 장) • 펄펄 뛸 만큼 대단히 성이 남 • 일이 뜻대로 잘될 때, 우쭐하여 뽐내는 기세가 대단함
16	기사회생(起死回生)	(起 일어날 기, 死 죽을 사, 回 돌아올 회, 生 날 생) 거의 죽을 뻔하다가 도로 살아남
17	기호지세(騎虎之勢)	(騎 말 탈 기, 虎 범 호, 之 갈 지, 勢 형세 세) 호랑이를 타고 달리는 형세라는 뜻으로, 이미 시작한 일을 중도에서 그만둘 수 없는 경우를 비유적으로 이르는 말
18	노심초사(勞心焦思)	(勞 일할 노, 心 마음 심, 焦 탈 초, 思 생각 사) 몹시 마음을 쓰며 애를 태움
19	능소능대(能小能大)	能능할 능, 小작을 소, 能능할 능, 大클 대) 모든 일에 두루 능함
20	다다익선(多多益善)	(多 많을 다, 多 많을 다, 益 더할 익, 善 착할 선) 많으면 많을수록 더욱 좋음
21	독야청청(獨也靑靑)	(獨 홀로 독, 也 이끼 야, 靑 푸를 청, 靑 푸를 청) 남들이 모두 절개를 꺾는 상황 속에서도 홀로 절개를 굳세게 지키고 있음을 비유적으로 이르는 말
22	동가홍상(同價紅裳)	(同 한가지 동, 價 값 가, 紅 붉을 홍, 裳 치마 상) 같은 값이면 다홍치마라는 뜻으로, 같은 값이면 좋은 물건을 가짐을 이르는 말
23	동문서답(東問西答)	(東 동녘 동, 問 물을 문, 西 서녘 서, 答 대답 답) 물음과는 전혀 상관없는 엉뚱한 대답

24	동병상련(同病相憐)	(同 한가지 동, 病 병 병, 相 서로 상, 憐 불쌍히 여길 련) 같은 병을 앓는 사람끼리 서로 가엾게 여긴다는 뜻으로, 어려운 처지에 있는 사람끼리 서로 가엾게 여김을 이르는 말
25	동분서주(東奔西走)	(東 동녘 동, 奔 달릴 분, 西 서녘 서, 走 달릴 주) 동쪽으로 뛰고 서쪽으로 뛴다는 뜻으로, 사방으로 이리저리 몹시 바쁘게 돌아다님을 이르는 말
26	동상이몽(同床異夢)	(同 한가지 동, 床 평상 상, 異 다를 이, 夢 꿈 몽) 같은 자리에 자면서 다른 꿈을 꾼다는 뜻으로, 겉으로는 같이 행동하면서도 속으로는 각각 딴 생각을 하고 있음을 이르는 말
27	두문불출(杜門不出)	(杜 막을 두, 門 문 문, 不 아닐 불, 出 날 출) • 집에만 있고 바깥출입을 아니함 • 집에서 은거하면서 관직에 나가지 아니하거나 사회의 일을 하지 아니함을 비유적으로 이르는 말
28	마이동풍(馬耳東風)	(馬 말 마, 耳 귀 이, 東 동녘 동, 風 바람 풍) 동풍이 말의 귀를 스쳐간다는 뜻으로, 남의 말을 귀담아듣지 아니하고 지나쳐 흘려 버림을 이르는 말
29	막무가내(莫無可奈)	(莫 없을 막, 無 없을 무, 可 옳을 가, 奈 어찌 내) 도무지 융통성이 없고 고집이 세어 어찌할 수 없음
30	만시지탄(晩時之歎)	(晩 늦을 만, 時 때 시, 之 갈 지, 歎 탄식할 탄) 시기에 늦어 기회를 놓쳤음을 안타까워하는 탄식
31	망양지탄(亡羊之歎)	(亡 망할 망, 羊 양 양, 之 갈 지, 嘆 탄식할 탄) 갈림길이 매우 많아 잃어버린 양을 찾을 길이 없음을 탄식한다는 뜻으로, 학문의 길이 여러 갈래여서 한 갈래의 진리도 얻기 어려움을 이르는 말
32	맥수지탄(麥秀之嘆)	(麥 보리 맥, 秀 빼어날 수, 之 갈 지, 嘆 탄식할 탄) 기자(箕子)가 은(殷)나라가 망한 뒤에도 보리만은 잘 자라는 것을 보고 한탄하였다는 데서 유래함
33	면종복배(面從腹背)	(面 낯 면, 從 좇을 종, 腹 배 복, 背 배반할 배) 겉으로는 복종하는 체하면서 내심으로는 배반함
34	목불인견(目不忍見)	(目 눈 목, 不 아닐 불, 忍 참을 인, 見 볼 견) 눈앞에 벌어진 상황 따위를 눈 뜨고는 차마 볼 수 없음
35	무위도식(無爲徒食)	(無없을 무, 爲할 위, 徒무리 도, 食밥 식) 하는 일 없이 놀고먹음
36	반신반의(半信半疑)	(半 반 반, 信 믿을 신, 半 반 반, 疑 의심할 의) 얼마쯤 믿으면서도 한편으로는 의심함
37	방약무인(傍若無人)	(傍 곁 방, 若 같을 약, 無 없을 무, 人 사람 인) 곁에 사람이 없는 것처럼 아무 거리낌 없이 함부로 말하고 행동하는 태도가 있음
38	부화뇌동(附和雷同)	(附 붙을 부, 和 화할 화, 雷 우레 뇌, 同 한가지 동) 줏대 없이 남의 의견에 따라 움직임
39	비분강개(悲憤慷慨)	(悲 슬플 비, 憤 분할 분, 慷 슬플 강, 慨 슬퍼할 개) 슬프고 분하여 의분이 북받침

40	사고무친(四顧無親)	(四 넉 사, 顧 돌아볼 고, 無 없을 무, 親 친할 친) 의지할 만한 사람이 아무도 없음
41	사면초가(四面楚歌)	(四 넉 사, 面 낯 면, 楚 초나라 초, 歌 노래 가) 아무에게도 도움을 받지 못하는, 외롭고 곤란한 지경에 빠진 형편을 이르는 말
42	사필귀정(事必歸正)	(事 일 사, 必 반드시 필, 歸 돌아갈 귀, 正 바를 정) 모든 일은 반드시 바른길로 돌아감
43	삼고초려(三顧草廬)	(三 석 삼, 顧 돌아볼 고, 草 풀 초, 廬 농막집 려) 인재를 맞아들이기 위하여 참을성 있게 노력함 중국 삼국 시대에, 촉한의 유비가 난양(南 陽)에 은거하고 있던 제갈량의 초옥으로 세 번이나 찾아갔다는 데서 유래함
44	삼십육계(三十六計)	(三 석 삼, 十 열 십, 六 여섯 육, 計 셀 계) • 물주가 맞힌 사람에게 살돈의 서른여섯 배를 주는 노름 • 서른여섯 가지의 꾀. 많은 모계(謀計)를 이른다
45	상전벽해(桑田碧海)	(桑 뽕나무 상, 田 밭 전, 碧 푸를 벽, 海 바다 해) 뽕나무밭이 변하여 푸른 바다가 된다는 뜻으로, 세상일의 변천이 심함을 비유적으로 이르는 말
46	새옹지마(塞翁之馬)	(塞 변방 새, 翁 늙은이 옹, 之 갈 지, 馬 말 마) 인생의 길흉화복은 변화가 많아서 예측하기가 어렵다는 말
47	선견지명(先見之明)	(先 먼저 선, 見 볼 견, 之 갈 지, 明 밝을 명) 어떤 일이 일어나기 전에 미리 앞을 내다보고 아는 지혜
48	설상가상(雪上加霜)	(雪 눈 설, 上 윗 상, 加 더할 가, 霜 서리 상) 눈 위에 서리가 덮인다는 뜻으로, 난처한 일이나 불행한 일이 잇따라 일어남을 이르는 말. = 엎친 데 겹친 격
49	설왕설래(說往說來)	(說 말씀 설, 往 갈 왕, 說 말씀 설, 來 올 래) 서로 변론을 주고받으며 옥신각신함. 또는 말이 오고 감
50	수수방관(袖手傍觀)	(袖 소매 수, 手 손 수, 傍 곁 방, 觀 볼 관) 팔짱을 끼고 보고만 있다는 뜻으로, 간섭하거나 거들지 아니하고 그대로 버려둠을 이르는 말
51	수주대토(守株待兎)	(守 지킬 수, 株 그루 주, 待 기다릴 대, 兎 토끼 토) 한 가지 일에만 매여 발전을 모르는 어리석은 사람을 비유적으로 이르는 말
52	순망치한(脣亡齒寒)	(脣 입술 순, 亡 망할 망, 齒 이 치, 寒 찰 한) 입술이 없으면 이가 시리다는 뜻으로, 서로 이해관계가 밀접한 사이에 어느 한쪽이 망하면 다른 한쪽도 그 영향을 받아 온전하기 어려움을 이르는 말
53	시시비비(是是非非)	(是옳을 시, 是옳을 시, 非아닐 비, 非아닐 비) • 여러 가지의 잘잘못 • 옳고 그름을 따지며 다툼
54	식자우환(識字憂患)	(識 알 식, 字 글자 자, 憂 근심 우, 患 근심 환) 학식이 있는 것이 오히려 근심을 사게 됨

55	안하무인(眼下無人)	(眼 눈 안, 下 아래 하, 無 없을 무, 人 사람 인) 눈 아래에 사람이 없다는 뜻으로, 방자하고 교만하여 다른 사람을 업신여김을 이르는 말. 비슷한 말 : 안중무인
56	암중모색(暗中摸索)	(暗 어두울 암, 中 가운데 중, 摸 더듬을 막, 索 찾을 색) • 어림으로 무엇을 알아내거나 찾아내려 함 • 은밀한 가운데 일의 실마리나 해결책을 찾아내려 함
57	양자택일(兩者擇一)	(兩 두 양, 者 놈 자, 擇 가릴 택, 一 한 일) 둘 중에서 하나를 고름
58	연목구어(緣木求魚)	(緣 인연 연, 木 나무 목, 求 구할 구, 魚 물고기 어) 나무에 올라가서 물고기를 구한다는 뜻으로, 도저히 불가능한 일을 굳이 하려 함을 비유적으로 이르는 말
59	오리무중(五里霧中)	(五 다섯 오, 里 마을 리, 霧 안개 무, 中 가운데 중) 오 리나 되는 짙은 안개 속에 있다는 뜻으로, 무슨 일에 대하여 방향이나 갈피를 잡을 수 없음을 이르는 말
60	오불관언(吾不關焉)	(吾 나 오, 不 아닐 불, 關 관계할 관, 焉 어찌 언) 나는 그 일에 상관하지 아니 함. = 수수방관, 마이동풍
61	오월동주(吳越同舟)	(吳 성씨 오, 越 넘을 월, 同 한가지 동, 舟 배 주) 서로 적의를 품은 사람들이 한 자리에 있게 된 경우나 서로 협력하여야 하는 상황을 비유적으로 이르는 말
62	온고지신(溫故知新)	(溫 따뜻할 온, 故 연고 고, 知 알 지, 新 새 신) 옛것을 익히고 그것을 미루어서 새것을 앎
63	요지부동(搖之不動)	(搖흔들 요, 之갈 지, 不아닐 부, 動움직일 동) 흔들어도 꼼짝하지 아니함
64	유구무언(有口無言)	(有 있을 유, 口 입 구, 無 없을 무, 言 말씀 언) 입은 있어도 할 말은 없다는 뜻, 변명할 말이 없거나 변명을 못함을 이르는 말
65	유유상종(類類相從)	(類 무리 유, 類 무리 유, 相 서로 상, 從 좇을 종) 같은 무리끼리 서로 사귐
66	유일무이(唯一無二)	(唯오직 유, 一한 일, 無없을 무, 二두 이) 오직 하나뿐이고 둘도 없음
67	이구동성(異口同聲)	(異 다를 이, 口 입 구, 同 한가지 동, 聲 소리 성) 입은 다르나 목소리는 같다는 뜻으로, 여러 사람의 말이 한결같음을 이르는 말
68	이란투석(以卵投石)	(以 써 이, 卵 알 란, 投 던질 투, 石 돌 석) 달걀로 돌을 친다는 뜻으로, 아주 약한 것으로 강한 것에 대항하려는 어리석음을 비유적으로 이르는 말
69	이심전심(以心傳心)	(以 써 이, 心 마음 심, 傳 전할 전, 心 마음 심) 마음과 마음으로 서로 뜻이 통함
70	이열치열(以熱治熱)	(以 써 이, 熱 더울 열, 治 다스릴 치 熱 더울 열) 열은 열로써 다스림
71	이왕지사(已往之事)	(已이미 이, 往갈 왕, 之갈 지, 事일 사) 이미 지나간 일

72	일거양득(一擧兩得)	(一 한 일, 擧 들 거, 兩 두 양, 得 얻을 득) 한 가지 일을 하여 두 가지 이익을 얻음
73	일벌백계(一罰百戒)	(一 한 일, 罰 벌할 벌, 百 일백 백, 戒 경계할 계) 한 사람을 벌주어 백 사람을 경계한다는 뜻으로, 다른 사람들에게 경각심을 불러일으키기 위하여 본보기로 한 사람에게 엄한 처벌을 하는 일을 이르는 말
74	일진일퇴(一進一退)	(一 한 일, 進 나아갈 진, 一 한 일, 退 물러날 퇴) 한 번 앞으로 나아갔다 한 번 뒤로 물러섰다 함
75	일편단심(一片丹心)	(一 한 일, 片 조각 편, 丹 붉을 단, 心 마음 심) 한 조각의 붉은 마음이라는 뜻으로, 진심에서 우러나오는 변치 아니하는 마음을 이르는 말
76	자가당착(自家撞着)	(自 스스로 자, 家 집 가, 撞 칠 당, 着 붙을 착) 같은 사람의 말이나 행동이 앞 뒤가 서로 맞지 아니하고 모순됨
77	자격지심(自激之心)	(自 스스로 자, 激 격할 격, 之 갈 지, 心 마음 심) 자기가 한 일에 대하여 스스로 미흡하게 여기는 마음
78	자승자박(自繩自縛)	(自 스스로 자, 繩 노끈 승, 自 스스로 자, 縛 □을 박) • 자기의 줄로 자기 몸을 옭아 묶는다는 뜻으로, 자기가 한 말과 행동에 자기 자신이 옭혀 곤란하게 됨 • 제 마음으로 번뇌를 일으켜 괴로움을 만듦을 비유적으로 이르는 말
79	자중지란(自中之亂)	(自 스스로 자, 中 가운데 중, 之 갈 지, 亂 어지러울 란) 같은 편끼리 하는 싸움
80	자포자기(自暴自棄)	(自 스스로 자, 暴 사나울 포, 自 스스로 자, 棄 버릴 기) 절망에 빠져 자신을 스스로 포기하고 돌아보지 아니함
81	적반하장(賊反荷杖)	(賊 도둑 적, 反 돌이킬 반, 荷 꾸짖을 하, 杖 지팡이 장) 도둑이 도리어 매를 든다는 뜻, 잘못한 사람이 아무 잘못도 없는 사람을 나무람을 이르는 말
82	전인미답(前人未踏)	(前 앞 전, 人 사람 인, 未 아닐 미, 踏 밟을 답) • 이제까지 그 누구도 가 보지 못함 • 이제까지 그 누구도 손을 대어 본 일이 없음
83	전전긍긍(戰戰兢兢)	(戰 싸움 전, 戰 싸움 전, 兢 떨릴 긍, 兢 떨릴 긍) 몹시 두려워서 벌벌 떨며 조심함
84	전화위복(轉禍爲福)	(轉 구를 전, 禍 재앙 화, 爲 할 위, 福 복 복) 재앙과 화난이 바뀌어 오히려 복이 됨
85	절차탁마(切磋琢磨)	(切 끊을 절, 磋 갈 차, 琢 다듬을 탁, 磨 갈 마) 옥이나 돌 따위를 갈고 닦아서 빛을 낸다는 뜻으로, 부지런히 학문과 덕행을 닦음을 이르는 말
86	절치부심(切齒腐心)	(切 끊을 절, 齒 이 치, 腐 썩을 부, 心 마음 심) 몹시 분하여 이를 갈며 속을 썩임
87	점입가경(漸入佳境)	(漸 점점 점, 入 들 입, 佳 아름다울 가, 境 지경 경) • 들어갈수록 점점 재미가 있음 • 시간이 지날수록 하는 짓이나 몰골이 더욱 꼴불견임을 비유적으로 이르는 말

88	조변석개(朝變夕改)	(朝 아침 조, 變 변할 변, 夕 저녁 석, 改 고칠 개) 아침저녁으로 뜯어고친다는 뜻으로, 계획이나 결정 따위를 일관성이 없이 자주 고침을 이르는 말
89	중구난방(衆口難防)	(衆 무리 중, 口 입 구, 難 어려울 난, 防 막을 방) 뭇사람의 말을 막기가 어렵다는 뜻으로, 막기 어려울 정도로 여럿이 마구 지껄임을 이르는 말
90	지기지우(知己之友)	(知 알 지, 己 몸 기, 之 갈 지, 友 벗 우) 자기의 속마음을 참되게 알아주는 친구
91	진퇴양난(進退兩難)	(進 나아갈 진, 退 물러날 퇴, 兩 두 양, 難 어려울 난) 이러지도 저러지도 못하는 어려운 처지
92	진퇴유곡(進退維谷)	(進 나아갈 진, 退 물러날 퇴, 維 벼리 유, 谷 골 곡) 이러지도 저러지도 못하고 꼼짝할 수 없는 궁지
93	천려일실(千慮一失)	(千 일천 천, 慮 생각할 려, 一 한 일, 失 잃을 실) 천 번 생각에 한 번 실수라는 뜻으로, 슬기로운 사람이라도 여러 가지 생각 가운데에는 잘못되는 것이 있을 수 있음을 이르는 말
94	천양지차(天壤之差)	(天 하늘 천, 壤 흙덩이 양, 之 갈 지, 差 다를 차) 하늘과 땅 사이와 같이 엄청난 차이
95	청천벽력(靑天霹靂)	(靑 푸를 청, 天 하늘 천, 霹 벼락 벽, 靂 벼락 력) 맑게 갠 하늘에서 치는 날 벼락이라는 뜻으로, 뜻밖에 일어난 큰 변고나 사건을 비유적으로 이르는 말
96	청출어람(靑出於藍)	(靑 푸를 청, 出 날 출, 於 어조사 어, 藍 쪽 람) 쪽에서 뽑아낸 푸른 물감이 쪽보다 더 푸르다는 뜻으로, 제자나 후배가 스승이나 선배보다 나음을 비유적으로 이르는 말
97	초록동색(草綠同色)	(草 풀 초, 綠 푸를 록, 同 한가지 동, 色 빛 색) • 풀색과 녹색은 같은 색이라는 뜻으로, 처지가 같은 사람들끼리 한패가 되는 경우를 비유적으로 이르는 말 • 명칭은 다르나 따져 보면 한가지임을 비유적으로 이르는 말
98	침소봉대(針小棒大)	(針 바늘 침, 小 작을 소, 棒 막대 봉, 大 클 대) 작은 일을 크게 불리어 떠벌림
99	토사구팽(兎死狗烹)	(兎 토끼 토, 死 죽을 사, 狗 개 구, 烹 삶을 팽) 토끼가 죽으면 토끼를 잡던 사냥개도 필요 없게 되어 주인에게 삶아 먹히게 된다는 뜻으로, 필요할 때는 쓰고 필요 없을 때는 야박하게 버리는 경우를 이르는 말
100	표리부동(表裏不同)	(表 겉 표, 裏 속 리, 不 아닐 부, 同 한가지 동) 마음이 음흉하고 불량하여 겉과 속이 다름
101	풍수지탄(風樹之嘆)	(風 바람 풍, 樹 나무 수, 之 갈 지, 嘆 탄식할 탄) 효도를 다하지 못한 채 어버이를 여읜 자식의 슬픔을 이르는 말
102	풍찬노숙(風餐露宿)	(風 바람 풍, 餐 밥 찬, 露 이슬 노, 宿 잘 숙) 바람을 먹고 이슬에 잠잔다는 뜻으로, 객지에서 많은 고생을 겪음을 이르는 말

103	함구무언(緘口無言)	(緘 봉할 함, 口 입 구, 無 없을 무, 言 말씀 언) 입을 다물고 아무 말도 하지 아니함
104	허장성세(虛張聲勢)	(虛 빌 허, 張 베풀 장, 聲 소리 성, 勢 형세 세) 실속은 없으면서 큰소리치거나 허세를 부림
105	혈혈단신(孑孑單身)	(孑외로울 혈, 孑 외로울 혈, 單 홑 단, 身 몸 신) 의지할 곳이 없는 외로운 홀몸
106	호가호위(狐假虎威)	(狐 여우 호, 假 거짓 가, 虎 범 호, 威 위엄 위) 남의 권세를 빌려 위세를 부림. 여우가 호랑이의 위세를 빌려 호기를 부린다는 데에서 유래한다
107	호구지책(糊口之策)	(糊 풀칠할 호, 口 입 구, 之 갈 지, 策 꾀 책) 가난한 살림에서 그저 겨우 먹고 살아가는 방책
108	혼비백산(魂飛魄散)	(魂 넋 혼, 飛 날 비, 魄 넋 백, 散 흩을 산) 혼백이 어지러이 흩어진다는 뜻으로, 몹시 놀라 넋을 잃음을 이르는 말
109	환골탈태(換骨奪胎)	(換 바꿀 환, 骨 뼈 골, 奪 빼앗을 탈, 胎 아이 밸 태) • 뼈대를 바꾸어 끼고 태를 바꾸어 쓴다는 뜻으로, 고인의 시문의 형식을 바꾸어서 그 짜임새와 수법이 이전 것보다 잘되게 함을 이르는 말 • 사람이 보다 나은 방향으로 변하여 전혀 딴사람처럼 됨
110	후생가외(後生可畏)	(後 뒤 후, 生 날 생, 可 옳을 가, 畏 두려워할 외) 젊은 후학들을 두려워할 만하다는 뜻으로, 후진들이 선배들보다 젊고 기력(氣力)이 좋아, 학문을 닦음에 따라 큰 인물이 될 수 있으므로 가히 두렵다는 말
111	후안무치(厚顔無恥)	(厚두터울 후, 顔낯 안, 無없을 무, 恥부끄러울 치) 뻔뻔스러워 부끄러움이 없음
112	후회막급(後悔莫及)	(後 뒤 후, 悔 뉘우칠 회, 莫 없을 막, 及 미칠 급) 이미 잘못된 뒤에 아무리 후회하여도 다시 어찌할 수가 없음

Chapter

04 연습문제 (한자성어와 속담)

01 다음 중 30세를 가리키는 말로 옳은 것은?

① 진갑(進甲) ② 지천명(地天明)

③ 상수(桑壽) ④ 이립(而立)

해설 ① 진갑(進甲)은 62세
② 지천명(地天明)은 50세
③ 상수(桑壽)는 48세
④ 이립(而立)은 30세를 달리 부르는 말이다.

02 한자어와 나이가 바르게 연결된 것은?

① 종심(從心) : 62세

② 진갑(進甲) : 77세

③ 산수(傘壽) : 88세

④ 졸수(卒壽) : 90세

해설 ① 종심(從心)은 70세 , ② 진갑(進甲)은 62세, ③ 산수(傘壽)는 80세이다.

03 다음 속담 중 '다소 방해되는 일이 있다 하더라도 마땅히 해야 할 일은 해야한다'와 같은 속담은?

① 갈수록 태산

② 가재는 게 편이다.

③ 구더기 무서워 장 못 담글까

④ 소 잃고 외양간 고친다.

해설 ① 시간이 지날수록 상황이 더 악화된다는 의미
② 서로 비슷한 것끼리 한편이 된다는 의미
④ 일이 이미 잘못된 뒤에는 손을 써도 소용이 없다는 의미

04 '송충이는 솔잎을 먹어야 한다'는 속담과 비슷한 속담은?

① 가랑잎에 떨어진 좁쌀알 찾기

② 숭어가 뛰니까 망둥이도 뛴다.

③ 콩밭에 가서 두부 찾는다.

④ 낙숫물이 댓돌 뚫는다.

해설 ②는 제 분수나 처지는 생각하지 않고 잘난 사람을 무작정 따름을 비유적으로 이르는 속담으로 '송충이는 솔잎을 먹어야한다'는 속담은 현재 자신의 모습을 직시하고 자신에게 맞는 활로를 찾아야 한다는 의미이다.

05 다음에서 속담풀이가 잘못된 것은?

① 각골통한(刻骨痛恨) : 지난날의 잘못이나 허물을 고쳐 올바르고 착하게 된다.

② 망양지탄(亡羊之歎) : 학문의 길이 여러 갈래여서 한 갈래의 진리도 얻기 어려움

③ 온고지신(溫故知新) : 옛것을 익히고 그것을 미루어서 새것을 앎

④ 절차탁마(切磋琢磨) : 부지런히 학문과 덕행을 닦음을 이르는 말

해설 각골통한(刻骨痛恨)은 뼈에 사무칠 만큼 원통하고 한스러움 또는 그런 일을 뜻한다.

06 다음 중 '성미가 급하여 서둘 때' 쓰는 속담은?

① 눈 가리고 아웅한다.

② 마파람에 게눈 감추 듯 한다.

③ 오동나무 보고 춤춘다

④ 소 잃고 외양간 고친다.

정답 01 ④ 02 ④ 03 ③ 04 ② 05 ① 06 ③

해설 ③ 거문고 가락에 맞추어 춤을 추어야 하는데, 거문고의 재료인 '오동나무'만 보고도 춤을 춘다는 말이다.

07 '한 사람이 잘되면 여러 사람이 덕을 본다.'와 비슷한 속담은?

① 남이 장에 가니 나도 거름 들고 장에 간다.
② 수양산 그늘은 팔십 리를 간다.
③ 개천에서 용 났다.
④ 소도 비빌 언덕이 있어야 비빈다.

해설 ② 은덕(恩德)과 연관된 속담

08 다음에서 속담 풀이가 잘못된 것은?

① 까마귀 날자 배 떨어진다. – 어떤 일의 앞 뒤가 잘 맞아 떨어진다.
② 번개가 잦으면 천둥한다.–나쁜 일을 자주하면 큰 일을 저지를 날이 있다.
③ 새도 가지를 가려서 앉는다.–벗이나 직업을 잘 선택하라는 말
④ 나중 난 뿔이 우뚝하다.–후진(後進)이 선배(先輩)보다 나을 때 쓰는 말

해설 ①의 설명에 해당하는 것은 '가는 날이 장날'이다.

09 밑줄 친 낱말의 쓰임이 바르지 않은 것은?

① 새끼 많이 둔 소, 길마 벗을 날 없다.
② 바다 물 속에서 무자맥질을 몇 번 하더니 그대로 잠겨 버렸다.
③ 작년에 시집보낸 어이딸을 보고 싶어하는 어머니
④ 나이도 어린데 퍽 드레가 있어 보인다.

해설 어이딸은 '어머니와 딸'의 합성어

10 밑줄 친 말을 한자로 바르게 표기한 것은?

> 지난 주부터 장마가 ㉠소강상태에 들어가서 휴가인파가 몰릴 것으로 예상된다.
> 사진을 찍을 때 ㉡시선을 아래로 두면 분위기 있는 사진을 연출할 수 있다.

	㉠	㉡
①	小康狀態	視線
②	小降狀態	視膳
③	小康狀態	始線
④	小降狀態	試選

해설 小(작을 소), 康(편안할 강), 狀(형상 상), 態(모양 태) 視(볼 시), 線(줄 선)

11 밑줄 친 말을 한자로 바르게 표기한 것은?

> 원서를 접수할 때는 각 전형에 맞는 ㉠공통사항을 확인해야 한다.
> 여러 ㉡종류의 책을 모아서 도서관에 기증하고 오는 길이다.

	㉠	㉡
①	共通	種類
②	工通	從類
③	共通	腫類
④	工通	宗類

해설 共(함께 공, 공손할 공,맞을 공, 한가지 공), 通(통할 통)
種(씨 종, 심을 종, 늦벼 종), 類(무리 류, 치우칠 뢰)

정답 07 ② 08 ① 09 ③ 10 ① 11 ①

12 **제시된 문장을 읽고 상황에 맞는 사자성어를 고르시오**

> 김지훈씨는 신입사원 모집에 지원하여 1차 서류합격을 하고 2차 면접을 위해 대기 중이었다. 본인의 순서가 되어 면접실로 들어간 김지훈씨는 심사위원들의 뜻밖의 질문에 당황하여 본인의 억지 주장만을 답변하였다. 이에 심사위원이 재차 질문을 하였으나 면접의 탈락을 우려하여 자신에게 유리한 답변만을 늘어놓은 채 마무리하였다.

① 眼下無人 ② 牽强附會
③ 緘口無言 ④ 過恭非禮

해설 ② 牽强附會(견강부회) : 이치에 맞지 않는 말을 억지로 끌어 붙여 자기에게 유리하게 한다.
① 眼下無人(안하무인) : 방자하고 교만하여 다른 사람을 업신여김
③ 緘口無言(함구무언) : 입을 다물고 아무 말도 하지 아니함
④ 過恭非禮(과공비례) : 지나치게 공손하면 오히려 예의에 어긋난다.

13 **다음 문장과 관련된 속담으로 가장 적절한 것은?**

> 새롬 협동 조합법인은 조합원 회의를 할 때마다 의견이 분분하여 공통의견을 도출하지 못하고 있다.

① 친구 따라 강남 간다.
② 사공이 많으면 배가 산으로 간다.
③ 방귀 뀐 놈이 성낸다.
④ '아' 다르고 '어' 다르다.

해설 ① 친구 따라 강남 간다 : 자기는 하고 싶지 아니하나 남에게 끌려서 덩달아 하게 됨 ③ 방귀 뀐 놈이 성낸다 : 자기가 잘못하고서 오히려 남에게 성냄 ④ '아' 다르고 '어' 다르다 : 같은 내용이라도 표현하는 방법에 따라 듣는 이가 받아들이는 기분이 다르다

14 **다음 글을 읽고 빈칸에 들어갈 알맞은 문장을 고르시오.**

> 대중음식에 대한 편견은 아카데미즘이 지배하고 있는 대학이나 학문세계에서 쉽게 찾아볼 수 있다. 그래서 대중음악 연구는 음악학자나 사회학자 모두가 서로 미루는 대상이 되고 말았다. 음악학자는 대중음악에 대해서 음악적으로 분석할 가치가 없으며, 나머지 사회적 측면은 사회학자가 다루어야 한다고 미룬다. 반대로 사회학자는 음악적 측면을 배제한 채 가사를 분석하여 그 사회적 의미를 발견하거나 설문 조사 방법을 통하여 대중음악에 있어서 취향의 분포를 통계적으로 조사해내는 데에 그치는 경우가 많다. 음악과 사회학의 비협력 관계는 결국 대중음악의 본질에 대한 포괄적인 시각을 놓치게 하여 (　　　) 식의 우를 범하게 만들었다.

① 언 발에 오줌 누기
② 장님 코끼리 만지는 격
③ 산돼지를 잡으려다가 집돼지까지 잃는다.
④ 눈 가리고 아웅

해설 이 글은 대중음악에 대한 음악학자와 사회학자의 편견과 비협력적인 관계로 인해 대중음악의 본질에 대한 포괄적인 시각을 놓치고, 단면만을 보게 되었다는 내용이다. 따라서 빈칸에는 전체를 보지 못하고 일부만 가지고 전체인 것처럼 말한다는 뜻의 '장님 코끼리 만지는 격'이 들어가야 한다.

정답 12 ② 13 ② 14 ②

15 ㉠과 같은 사람의 행동을 가장 잘 표현한 것은?

> 이른바 '죄수의 딜레마' 이론에서는, 서로 의사소통을 할 수 없도록 격리된 두 용의자가 각각 개인 수준에서 가장 합리적으로 내린 선택이, 오히려 집합적인 결과에서는 두 사람 모두에게 비합리적인 결과를 초래할 수 있다고 설명하고 있다. 즉 ㉠ 다른 사람을 고려하지 않고 자신의 이익만을 추구하는 개인적 차원의 합리성만을 강조하면, 오히려 사회 전체적으로는 비합리적인 결과를 초래할 수 있다는 것이다.

① 도랑 치고 가재 잡기
② 못 먹는 감 찔러나 보기
③ 손으로 해 가리기
④ 제 논에 물 대기

해설 다른 사람을 고려하지 않고 자신의 이익만을 추구하는 것이라면 자기만을 위한 생각이므로 '제 논에 물 대기'가 가장 적합하다.

16 밑줄 친 한자 성어의 쓰임이 옳지 않은 것은?

① 사람들에게 신뢰를 얻으려면 침소봉대(針小棒大)하는 행동을 조심해야 해.
② 우리 서로 지기지우(知己之友) 같은 존재가 되도록 노력하자.
③ 위안부 할머니들의 비분강개(悲憤慷慨)의 감정을 우리가 먼저 헤아려야 한다.
④ 리더쉽이 있는 지도자는 부화뇌동(附和雷同)하는 사람이다.

해설 부화뇌동(附和雷同) : 줏대 없이 남의 의견에 따라 움직임.

17 다음 빈칸에 공통으로 들어갈 알맞은 한자어는?

> 맹자의 치도(治道)를 살펴보면 정무를 담당하는 계층과 농토를 경작하는 계층을 구분하여 그 두 계층이 ( )적인 관계에 있는 것이 이상적인 정치제도라고 보았다.

① 상관(相關) ② 상극(相剋)
③ 상보(相補) ④ 상쇄(相殺)

해설 ① 상관(相關) : 서로 관련을 가진다.
② 상극(相剋) : 서로 화합하지 못하고 충돌하거나 맞선다.
④ 상쇄(相殺) : 상반되는 것이 서로 영향을 주어 효과가 없어진다.

18 빈칸에 알맞은 한자어는?

> 시간도 없는데 ( ) 길까지 막힌다.

① 설상가상(雪上加霜)
② 역지사지(易地思之)
③ 사면초가(四面楚歌)
④ 새옹지마(塞翁之馬)

해설 ① 설상가상(雪上加霜) : 눈 위에 또 서리가 덮인다는 뜻이니, 불행이 엎친 데 덮친 격으로 거듭 생김을 말함
② 역지사지(易地思之) : 처지를 바꿔놓고 생각함
③ 사면초가(四面楚歌) : 사방에서 들리는 초(楚)나라의 노래라는 뜻으로, 적에게 둘러싸인 상태이나 누구의 도움도 받을 수 없는 처지를 당함
④ 새옹지마(塞翁之馬) : 인간 세상의 길흉화복(吉凶禍福)이 서로 순환되어 뚜렷이 정해진 바가 없는 것을 말함

정답 15 ④ 16 ④ 17 ③ 18 ①

19 밑줄 친 단어의 한자 표기로 옳은 것은?

> 다음 해의 예산은 대폭 <u>삭감</u>할 예정입니다

① 所感　　② 剋減

③ 刪減　　④ 削減

해설 削減 깍을 삭/ 덜어내다 감 → 깍아서 줄이거나 덜다

20 다음 밑줄 친 한자의 쓰임이 바르게 된 것은 ?

> ㉠ <u>이상</u>은 지금까지 발표한 내용을 요약한 것입니다.
> ㉡ 그는 이번에 채용한 사원 중에 가장 <u>이상</u>적인 인재였다.
> ㉢ 몸에 <u>이상</u>이 생길 정도로 무리하는 것은 본인의 건강관리 소홀이다.
> ㉣ 평소와 달리 <u>이상</u> 징후를 느꼈다.

① 理想 – 以上 – 異狀 – 異常

② 以上 – 理想 – 異常 – 異狀

③ 理想 – 異狀 – 以上 – 異常

④ 以上 –異狀 –異常 – 理想

해설 이상(以上) : 수량, 정도, 위치 등이 일정한 기준보다 더 많거나 낫거나 앞섬
이제까지 앞에서 말하거나 이야기한 내용, 앞에서 이야기된 것의 끝맺음을 나타내는 말
이상(理想) : 생각할 수 있는 범위 안에서 가장 완전하다고 여겨지는 상태 / 생각할 수 있는 가장 완전한 상태
이상(異常) : 정상적인 것과 다름 / 신체, 정신, 기계 등의 기능이나 활동이 원활하지 못함
의문이 생기거나 의심스러움
이상(異狀) : 평소와는 다른 상태나 상황 / 서로 다른 모양

정답 19 ④　20 ②

PART

03

응용수리영역 및 추리영역

Chapter 01

거리/속력/시간

평가 내용

거리, 속력, 시간에 관한 공식을 활용하여 답을 구할 수 있는지 평가한다.

학습 방법

1. 문제를 파악할 때 거리, 속력, 시간의 단위가 동일한지 먼저 확인한다.
2. 문제에서 묻는 대상이 무엇인지 고려하여 미지수를 정하고, 거리, 속력, 시간 중 해당 되는 공식을 적용하여 풀이를 한다.

   $\text{거리} = \text{속력} \times \text{시간}$

   $\text{속력} = \dfrac{\text{거리}}{\text{시간}}$

   $\text{시간} = \dfrac{\text{거리}}{\text{속력}}$

출제유형

시간, 거리, 속력 등을 묻는 특정한 상황을 확인하고 이에 필요한 기본적인 식을 세우는 형태

Chapter

01 연습문제 (거리/속력/시간)

01 일정한 속력으로 달리는 화물열차가 780m 길이의 철교를 완전히 통과하는데 30초가 걸리고, 1100m 길이의 터널을 완전히 통과하는 데 50초가 걸렸다. 이 때 이 화물열차의 길이는?

① 300m ② 500m
③ 700m ④ 900m

해설 화물열차의 길이를 xm라 하면, 화물열차가 철교를 완전히 통과할 때까지 달린 거리는 $x+780$m, 시간은 30초이다. 속력=거리÷시간이므로, 다리를 통과할 때 속력은 $\frac{x+780}{30}$

터널을 통과할 때 속력은 $\frac{x+780}{30}=\frac{x+1100}{50}$ 이다.

따라서 $=\frac{x+780}{30}=\frac{x+1100}{50}$

$5x+3900=3x+3300 \rightarrow 8x=7200$

$\therefore\ x=900$이다.

02 둘레의 길이가 1,400m인 트랙을 영우와 동영이가 각각 일정한 속력으로 자전거를 타고 있다. 영우가 80m를 달리는 동안 동영이는 60m를 달린다고 할 때, 두 사람이 같은 지점에서 동시에 출발하여 서로 반대 방향으로 달리면 40초만에 만난다고 한다. 영우는 자전거로 1초에 몇 m를 달리는가?

① 10m/s ② 20m/s
③ 30m/s ④ 40m/s

해설 영우의 속력은 x, 동영이의 속력은 y라 하면 $x:y=80:60=4:3$, $4y=3x$
(영우가 움직인 거리)+(동영이가 움직인 거리)=1,400m이므로, $40(x+y)=1,400$(m) 두 식을 연립하여 풀면

$$\begin{cases} 4y=3x \\ 40(x+y)=1,400 \end{cases}$$

$\therefore\ x=20$(m/s)

03 A, B 두 지점 사이를 왕복하는데, 갈 때는 시속 4km로 돌아올 때는 시속 3km로 걸어서 모두 4시간 30분이 걸렸다고 한다. A, B 두 지점 사이의 거리는 얼마인가?

① 4.5km ② 5.8km
③ 6.2km ④ 7.7km

해설 두 지점 A, B사이의 거리를 $x$km라고 하면, 4시간 30분은 4.5시간이므로, $\frac{x}{4}+\frac{x}{3}=4.5$

$\therefore\ x=7.7$(km)

04 길이가 각각 20cm, 12cm인 두 양초 A, B가 있다. 불을 붙이면 A는 1분에 0.5cm씩, B는 1분에 0.3cm씩 짧아진다고 한다. 동시에 불을 붙이고 몇 분 후면 타고 남은 양초 A의 길이가 양초 B의 길이의 2배가 되는가?

① 15분 ② 30분
③ 35분 ④ 40분

해설 x분 후에 A 양초 길이가 B 양초의 2배라고 하면,
$20-0.5x=(12-0.3x)\times 2$

$\therefore\ x=40$(분)

정답 01 ④ 02 ② 03 ④ 04 ④

05 앞산을 올라갈 때는 시속 3km로 걷고, 내려올 때는 올라갈 때보다 5km 더 먼 길을 시속 4km로 걷는다. 올라갔다가 내려올 때 총 3시간이 걸렸다면, 올라갈 때 걸은 거리는 몇 km인가?

① 3km ② 4km

③ 5km ④ 6km

해설 올라갈 때, 내려올 때의 거리를 각각 x, $x+5$ 라고 했을때, 시간 $=\frac{거리}{속력}$ 이다.

(올라갈때 시간)+(내려올때 시간)=3이기 때문에

$\frac{x}{3}+\frac{(x+5)}{4}=3$

$\therefore x=3$(km)

06 A와 B는 36km 떨어진 곳에서 서로를 향하여 출발하였다. A는 시속 4km, B는 시속 5km로 달렸다. A와 B가 만났을 때, B는 A보다 몇 km나 더 달렸는가?

① 4km ② 6km

③ 8km ④ 10km

해설 A와 B가 만났으므로 둘이 달린 시간이 같다. A가 달린 거리를 x라 할 때 공식은 다음과 같다.

$\frac{x}{4}=\frac{36-x}{5}$, $5x=144-4x$, $x=16$이다. A가 간 거리가 16km이고, 그렇다면 B는 36−16인 20km를 갔다. 문제에서 B가 A보다 얼마나 더 달렸는지를 물었으므로 B가 더 간 거리는 4km가 된다.

07 A에서 B까지는 시속 4km로, B에서 C까지는 시속 5km로 걸었고, 전체 걸은 거리는 12km이고, 시간은 총 3시간 30분 걸렸다. B에서 C까지의 거리는?

① 6km ② 8km

③ 10km ④ 12km

해설 A에서 B까지의 거리 : $x$km,

B에서 C까지의 거리 : $y$km라고 하면

$x+y=12$, $\frac{x}{4}+\frac{y}{5}=3.5$

$x=2$, $y=10$

$\therefore y=10$

정답 05 ① 06 ① 07 ③

Chapter

02 농도/비율

평가 내용

기본 방정식을 이용하여 어떤 대상의 농도와 비율 등을 구할 수 있는지 평가한다.

학습 방법

1. 농도나 비율에서 %로 표기된 수치는 100으로 나눈 뒤 분수로 바꾸면 문제를 더 쉽게 파악할 수 있다.
2. 소금물의 농도 관련 공식

$$소금물의\ 농도(\%) = \frac{소금의\ 양}{소금물의\ 양} \times 100$$

$$소금의\ 양 = 소금물의\ 양 \times \frac{소금물의\ 농도}{100}$$

$$소금물의\ 양 = 물의\ 양 + 소금의\ 양$$

출제유형

농도, 비율 등을 묻는 특정한 상황을 확인하고 이에 필요한 기본적인 식을 세우는 형태

Chapter 02
연습문제 (농도/비율)

01 5%의 소금물 180g에 소금을 첨가해서 8%의 소금물을 만들었다. 소금을 대략 어느 정도나 첨가해야 하는가?

① 약 3.7kg ② 약 4.6kg
③ 약 5.9kg ④ 약 6.5kg

해설 새로 첨가하는 소금의 양을 x라 할 경우,
$\frac{5\times180}{100}+x=\frac{8\times(180+x)}{100}$,
$900+100x=1440+8x$, $92x=540$ 즉 $x\fallingdotseq5.87$

02 농도가 다른 두 소금물 A, B가 있다. A 소금물 200g과 B 소금물 100g을 섞었더니 18%의 소금물이 되고, A 소금물 100g과 B 소금물 200g을 섞었더니 14%의 소금물이 되었다. 두 소금물 A, B의 농도는 각각 몇 %인가?

① A : 18%, B : 12% ② A : 20%, B : 9%
③ A : 22%, B : 10% ④ A : 24%, B : 8%

해설 A 소금물 : %, B 소금물 : y%
$200g\times\frac{x}{100}+100g\times\frac{y}{100}=300g\times18\%$
$100g\times\frac{x}{100}+200g\times\frac{y}{100}=300g\times14\%$
$\begin{cases}2x+y=54\\x+2y=42\end{cases}$ $\therefore x=22, y=10$

03 8%의 소금물 500g에서 물을 증발시켜 10%의 소금물을 만들려고 한다. 몇 g의 물을 증발시켜야 하는가?

① 100g ② 120g
③ 160g ④ 180g

해설 증발시키는 물의 양 : xg
처음 8%의 소금물 500g 중 소금의 양은 500g × 8% = 40 (g)이다.
농도 = $\frac{소금의\ 양}{소금물의\ 양}\times100$
$=\left(\frac{40}{500-x}\right)\times100=10\ (\%)$
$\therefore x=100$g

04 5%의 소금물 300g에서 한 컵의 소금물을 떠내고 떠낸 양만큼의 물을 부은 다음 다시 50g의 소금을 더 넣었더니 16%의 소금물 350g이 되었다. 이때, 퍼낸 소금물의 양을 구하면?

① 80g ② 120g
③ 160g ④ 180g

해설 소금물의 양을 xg이라 하면, 처음 5%의 소금물 300g 중 소금의 양 : 300g×5%=15g
퍼낸 소금물에 포함되어 있던 소금의 양 : $\frac{5x}{100}$g
또 50g의 소금을 더 넣었더니 16%의 소금물 350g이 되었으므로 총 소금의 양을 계산해 보면, $(15-0.05x+50)=350g\times16\%=56(g)$
$\therefore x=180$g

05 농도가 3%인 소금물 120g에 농도가 10%인 소금물을 넣어 농도가 4%인 소금물을 만들려고 하였으나, 소금물의 양을 잘못 조절하여 소금물의 농도가 5%가 되었다. 농도가 10%인 소금물을 넣은 양은 얼마인가?

① 46g ② 48g
③ 50g ④ 52g

정답 01 ③ 02 ③ 03 ① 04 ④ 05 ②

해설 소금의 양 = 소금물의 양 × $\frac{\text{소금물의 농도}}{100}$ 임을 적용하여 구한다.

농도가 10%인 소금물의 양을 x라고 하면 소금물을 섞기 전과 후의 소금의 양은 같으므로 $120 \times 0.03 + 0.10x = (120+x) \times 0.05 \rightarrow x = 48$ 따라서 농도가 10%인 소금물을 넣은 양은 48g이다.

06 15%의 염화나트륨 700g이 들어있는 용기를 양지에 두었더니 200g의 물이 증발하였다. 이때 25%의 염화나트륨 500g을 용기에 넣고 섞었다면 염화나트륨의 농도는 얼마인가?

① 18% ② 21%

③ 23% ④ 30%

해설 염화나트륨 양

= 염화나트륨의 양 × $\frac{\text{염화나트륨의 농도}}{100}$ 임을 적용하여 구한다.

15%의 염화나트륨 700g에 들어있는 염화나트륨의 양은 $700 \times \frac{15}{100} = 105$g이고, 25%의 염화나트륨 500g에 들어있는 염화나트륨의 양은 $500 \times \frac{25}{100} = 125$g이다.

따라서 섞인 염화나트륨의 농도는

$\frac{105+125}{700-200+500} \times 100 = 23\%$

07 농도가 4%인 설탕물 500g에 농도가 12%인 설탕물 300g만 넣으려고 하였으나, 실수로 21g의 설탕을 추가로 넣었다. 처음에 만들려고 한 설탕물의 농도로 맞추기 위해서 추가해야 하는 물의 양은 얼마인가?

① 179g ② 279g

③ 300g ④ 340g

해설 설탕의 양 = 설탕물의 양× $\frac{\text{설탕물의 농도}}{100}$ 임을 적용하여 구한다.

처음에 만들려고 한 설탕의 농도를 x, 추가해야 하는 물의 양을 y라고 하면

농도가 4%인 설탕물 500g에 농도가 12%인 설탕물 300g을 섞기 전과 후의 설탕의 양은 같으므로

$500 \times \frac{4}{100} + 300 \times \frac{12}{100} = 800 \times \frac{x}{100} \rightarrow 8x = 56 \rightarrow x = 7$

이때 21g의 설탕을 더 넣은 후, 물을 추가하여 농도 7%인 설탕물을 만들려고 하므로

$\frac{56+21}{800+21+y} \times 100 = 7 \rightarrow$

$7700 = 7(821 + y) \rightarrow x = 279$

따라서 추가해야 하는 물의 양은 279g이다.

08 현재 희주와 하연이의 나이 비는 3 : 5이지만 2년 전 희주와 하연이의 나이 비는 4 : 7이었다. 현재 희주의 나이는 몇 세인가?

① 12세 ② 14세

③ 16세 ④ 18세

해설 희주의 현재 나이를 x, 하연이의 현재 나이를 y라고 하면

$x : y = 3 : 5 \rightarrow 3y = 5x \rightarrow 12y - 20x = 0$ ······ ⓐ

$x-2 : y-2 = 4 : 7 \rightarrow 4(y-2) = 7(x-2)$

$12y - 21x = -18$ ······ ⓑ

ⓐ, ⓑ에서 $x = 18$이므로 희주의 현재 나이는 18세이다.

정답 06 ③ 07 ② 08 ④

Chapter

03 작업량/비용

평가 내용

기본 방정식을 이용하여 작업실행 시 총 소요되는 시간이나 비용, 작업량 등을 구할 수 있는지 평가한다.

학습 방법

1. 작업량 계산은 전체 작업의 양을 1로 놓고, 한 사람이 단위시간에 할 수 있는 일의 양을 미지수로 놓는다.
   작업량은 일수, 시간, 분, 초 등 시간의 단위를 통일한 뒤 공식을 이용하여 계산한다.
   – 작업량 관련 공식

$$\text{시간당 작업량} = \frac{\text{작업량}}{\text{시간}}$$

$$\text{작업량} = \text{시간당 작업량} \times \text{시간}$$

$$\text{시간} = \frac{\text{작업량}}{\text{시간당작업량}}$$

2. 비용은 원가, 정가, 판매가, 할인가 등에 대한 의미를 정확하게 파악한 후 제시된 조건에 맞는 공식을 세워 답을 구한다.
   원가 : 물건을 사들였을 때의 값
   정가(판매가) : 원가에 이익금을 더한 가격
   할인가 : 정가에서 할인된 가격
   비용 관련 공식

$$\text{정가} = \text{원가} \times (1+\text{이익률})$$

$$\text{이익} = \text{정가} - \text{원가}$$

$$\text{할인율}(\%) = \left(\frac{\text{정가} - \text{할인가}}{\text{정가}}\right)\times 100$$

$$\text{할인가}=\text{정가}\times\left(1 - \frac{\text{할인율}}{100}\right)$$

출제유형

1. 어떤 일을 하는 데 소요되는 시간이나 비용을 묻는 특정한 상황을 확인하고 이에 필요한 기본적인 식을 세우는 형태
2. 원가, 정가, 판매가, 할인가 등 가격과 관련된 공식을 사용하여 답을 구하는 형태

Chapter

03 연습문제 (작업량/비용)

01 처음에는 원가가 6,000원인 상품에 40%의 이익이 남도록 정가를 정했지만, 가격이 높아 소비자의 불만이 예측된다는 보고로 인해 최종적으로 처음의 정가에서 x원을 할인하여 판매하기로 하였다. 상품을 판매했을 때 얻을 수 있는 이익이 1,500원 이상이라면, 할인액의 최대값은 얼마인가?

① 800원 ② 850원
③ 900원 ④ 950원

해설 이익=판매가−원가임을 적용하여 구한다. 할인액은 x이고, 이익이 1,500원 이상이므로 $\{6,000\times(1+0.4)-x\}-6,000\geq1,500\rightarrow2,400-x\geq1,500\rightarrow x\leq900$ 따라서 할인액의 최대값은 900원이다.

02 원가에 20%를 추가한 금액을 정가로 팔고 있는 제품이 있다. 그러나 물건이 잘 팔리지 않아 정가의 15%를 할인해서 팔기로 했다. 그러자 하루 만에 100개의 물건을 팔았다. 현재 판매 금액은 127,500원이 되었다. 원가는 얼마인가?

① 1,250원 ② 1,340원
③ 2,250원 ④ 2,340원

해설 제품의 원가가 x원이라고 하면, 정가는 $1.2x$가 된다. 이것을 15% 할인해 판매하는 것이 판매가니까 판매가는 $0.85\times1.2x$가 된다. 그러니까 $1.02x$인데 이것을 100개 판 돈이 127,500원이니까 $1.02x\times100=127,500$, $102x=127,500$, $x=\frac{127,500}{102}$, $\therefore x=1,250$ (원)

03 일자리 센터에서는 일용직 김씨와 박씨를 고용하여 조경 업무를 지시하였다. 김씨와 박씨에게 지불할 1일당 임금은 각 3만 원과 2만 원으로, 2명에게 지급한 임금의 총액은 160만 원이었다. 또한 이 일을 김씨가 혼자 다 하면 50일이 소요되고, 박씨가 혼자 다 하면 100일이 소요된다고 한다. 이 경우 김씨의 작업 일수는 박씨의 작업 일수에 몇 배인가?

① 1배 ② $\frac{4}{3}$배
③ $\frac{3}{2}$배 ④ 2배

해설 김씨는 1일당 $\frac{1}{50}$, 박씨는 1일당 $\frac{1}{100}$의 일을 한다. 김씨와 박씨의 작업일수를 각각 a일과 b일이라 하면 김씨는 $\frac{1}{50}\times a$의 작업을 하고, 박씨는 $\frac{1}{100}\times b$의 일을 하는 것이 된다. 그러면 일은 전부 합해서 1이므로 $\frac{1}{50}a+\frac{1}{100}b=1$이라는 관계가 성립한다.

$100(\frac{1}{50}a+\frac{1}{100}b)=100$, $2a+b=100$(㉠) 또한, 김씨와 박씨의 1일당 임금은 각각 3만 원, 2만 원으로 총 160만 원 지불하였으므로, $3a+2b=160$(㉡)

㉠, ㉡을 연립하여 풀면,

㉠×2−㉡

a=40(일), b=20(일) 따라서, 김씨의 작업일수는 박씨의 2배이다.

정답 01 ③ 02 ① 03 ④

04 이삿짐을 모두 정리하는 데 내가 혼자 정리하면 10시간, 아버지가 혼자 정리하면 12시간, 어머니가 정리하면 8시간 소요된다. 나와 아버지가 함께 1시간 동안 짐을 정리한 다음, 어머니와 함께 정리하였더니 결과적으로 이삿짐이 90% 정리되었다. 세 사람이 함께 짐을 정리한 시간은 대략 얼마 걸렸는지 고르시오.

① 약 1시간 56분 ② 약 2시간 19분
③ 약 2시간 45분 ④ 약 3시간 14분

해설 전체의 일을 1이라고 할 때, 시간당 나의 작업량은 $\frac{1}{10}$, 아버지의 작업량은 $\frac{1}{12}$, 어머니의 작업량은 $\frac{1}{8}$이다. 우선 나와 아버지가 1시간 동안 일을 하였다고 했으므로 나와 아버지가 일한 양은 $\frac{1}{10}+\frac{1}{12}=\frac{11}{60}$이고, 전체 이삿짐의 90%를 정리하였으므로 세 사람이 함께 일한 양은 $\frac{54}{60}-\frac{11}{60}=\frac{43}{60}$이다. 따라서 셋이 함께 짐을 정리한 시간은

$\frac{43}{60}\div(\frac{1}{10}+\frac{1}{10}+\frac{1}{8})=\frac{43}{60}\div(\frac{12+10+15}{120})$

$=\frac{43}{60}\times\frac{120}{37}=\frac{86}{37}$

$\frac{86}{37}\times60=139.45$(분) 약 2시간 19분이 된다.

05 영어 원서 한 권을 복사하는 데 H 사 복사기는 12분, N 사 복사기는 8분이 걸렸다. 이 책을 처음 2분 동안은 H 복사기만으로 복사하고, 그 후부터 H, N 두 대의 복사기로 동시에 복사한다면 이 책을 모두 복사하는 데 걸리는 시간은 얼마인가?

① 3분 ② 4분
③ 5분 ④ 6분

해설 전체 작업량을 1이라 하면, 분당 H 사 복사기의 작업량은 $\frac{1}{12}$ N 사 복사기의 작업량은 $\frac{1}{8}$이다. 최초 2분간 H사 복사기의 작업량은 $(1-\frac{2}{12})$로 $\frac{10}{12}$이다. 남은 작업량을 마치는 데 걸리는 시간을 x라 하면, $(\frac{1}{12}+\frac{1}{8})\times x=\frac{10}{12}$, $x=4$

따라서 총 걸리는 시간은 2+4=6 (분)

정답 04 ② 05 ④

Chapter
04 경우의 수/확률

평가 내용

어떤 일이 일어날 수 있는 경우의 가짓수와 모든 경우의 수에 대해서 어떤 일이 일어날 수 있는 확률을 구할 수 있는지 평가한다.

학습 방법

1. 경우의 수와 확률에 관련된 공식을 암기하여 문제를 풀이한다.

• 합의 법칙 : 두 사건 A 또는 B가 동시에 일어나지 않을 때, 사건 A가 일어날 경우의 수를 m, 사건 B가 일어날 경우의 수가 n일 때 사건 A 또는 B가 일어나는 경우의 수(일반적으로 문제에 '또는', '~이거나' 라는 말이 있으면 합의 법칙에 해당된다)

공식: m+n

• 곱의 법칙 : 사건 A가 일어날 경우의 수를 m, 사건 B가 일어날 경우의 수가 n일때 사건 A와 사건 B가 동시에 일어나는 경우의 수(일반적으로 문제에 '동시에', '그리고', '~하고나서'라는 말이 있으면 곱의 법칙에 해당된다)

공식 : m×n

• 순열 : 서로 다른 n개 중 r개를 골라 순서를 고려해 나열한 경우의 수

공식 : $nPr = \frac{n!}{(n-r)!}$

• 조합 : n개 중 서로 다른 r개를 선택하되 순서를 고려하지 않고 선택하는 경우의 수

공식 : $nCr = \frac{n!}{r!(n-r)!}$

출제유형

사건에 대한 확률이나 경우의 수를 묻는 특정한 상황을 확인하고 이에 필요한 기본적인 식을 세우는 형태

Chapter

04 연습문제 (경우의 수/확률)

01 식품 회사의 면접 시간은 오전 10시, 오후 3시, 오후 5시이고, 지원자들은 이 중 한 타임을 자유롭게 선택하여 면접을 볼 수 있다. 5명의 지원자가 면접 시간을 선택하는 경우는 몇 가지인가?

① 64가지 ② 81가지
③ 162가지 ④ 243가지

해설 1명의 지원자가 선택할 수 있는 면접 시간은 오전 10시, 오후 3시, 오후 5시로 총 3가지이며, 5명의 지원자 모두 3가지 중 하나를 선택할 수 있다. 따라서 5명의 지원자가 면접 시간을 선택하는 경우 $3^5=243$가지이다.

02 A와 B가 각각 사과 3개를 가지고 가위바위보 게임을 한다. 가위바위보에서, 이긴 사람은 상대의 사과 1개 가져오고, 비기면 사과는 그대로 둔다. A와 B가 가위바위보 세 판을 했을 때, A가 사과 3개를 가지고 있을 확률은 얼마인가?

① $\frac{1}{9}$ ② $\frac{7}{25}$
③ $\frac{2}{9}$ ④ $\frac{7}{27}$

해설 가위바위보 세 판을 한 후, A가 사과 3개를 가지고 있을 경우는 게임의 결과가 3무일 경우와 1승 1무 1패일 경우이다. 가위바위보에서 이길 확률, 비길 확률, 질 확률 모두로 같으므로 게임 결과가 3무일 확률은 $\frac{1}{3}\times\frac{1}{3}\times\frac{1}{3}=\frac{1}{27}$고, 1승 1무 1패일 경우는 (승, 무, 패), (승, 패, 무) (무, 승, 패), (무, 패, 승), (패, 승, 무), (패, 무, 승)으로 6가지이므로 이때의 확률은 $\frac{1}{3}\times\frac{1}{3}\times\frac{1}{3}\times6=\frac{6}{27}$이다.

따라서 A와 B가 가위바위보 세 판을 했을 때, A가 사과 3개를 가지고 있을 확률은 $\frac{1}{27}+\frac{6}{27}=\frac{7}{27}$이다.

03 공장에서는 하루 동안 두 제품 A, B를 생산하고, 생산품에는 정상품과 불량품이 섞여 있다. A와 B 생산품 개수의 비는 4 : 5이고, 생산품 중 A와 B 불량품 개수의 비는 1 : 3이다. A 생산품 중에서 불량품이 있을 확률이 5%일 때, B 생산품 중에서 불량품이 있을 확률은?

① 9% ② 12%
③ 16% ④ 18%

해설 공장에서 하루 동안 생산된 B 생산품의 개수를 x라고 하면 A와 B 생산품 개수의 비가 4 : 5이므로 A 생산품의 개수는 $\frac{4}{5}x=0.8x$이고, A 생산품 중에서 불량품이 있을 확률이 5%이므로 A 불량품의 개수는 $0.8x\times0.05=0.04x$이다. 이때 생산품 중 A와 B 불량품 개수의 비는 1 : 3 이므로 B 불량품의 개수는 $0.04x\times3=0.12x$이다.

04 눈이 온 날의 다음 날에 눈이 올 확률은 0.8, 눈이 오지 않는 날의 다음 날에 눈이 올 확률은 0.4이다. 화요일에 눈이 왔을 때, 목요일에 눈이 올 확률은?

① 0.4 ② 0.56
③ 0.61 ④ 0.72

해설 수요일, 목요일에 눈이 올 확률 $0.8\times0.8=0.64$, 수요일에 눈이 오지 않고 목요일에 눈이 올 확률 $(1-0.8)\times0.4=0.08$ 즉 $0.64+0.08=0.72$

정답 01 ④ 02 ④ 03 ② 04 ④

05 A, B, C, D, E, F를 줄을 세울 때, B와 C가 붙어있을 확률은?

① $\frac{1}{6}$ ② $\frac{1}{3}$

③ $\frac{1}{2}$ ④ $\frac{2}{3}$

해설 전체 경우의 수는 6!
B와 C를 하나로 생각하는 경우의 수 5!
B와 C가 서로 자리를 바꾸는 경우의 수 2!
따라서 구하는 확률은

$$\frac{5!\times2!}{6!}=\frac{5\times4\times3\times2\times1\times2\times1}{6\times5\times4\times3\times2\times1}=\frac{240}{720}=\frac{1}{3}$$

06 유진, 현서, 민희가 한 번의 가위바위보를 통해 승부를 지으려고 한다. 이때 적어도 한 명이 지게 되는 경우의 수는 얼마인가?

① 13가지 ② 15가지

③ 18가지 ④ 20가지

해설 각각 낼 수 있는 것은 가위, 바위, 보 3종류이므로 한 번의 가위, 바위, 보에서 내놓을 수 없는 경우의 수는 모두 3×3×3=27가지이다. 이 중 적어도 한 명이 지게 되는 것은 최소 한 명이 지거나 두 명이 지는 것가지 포함하는 것이므로 전체 경우의 수를 구하면 3명 모두 같은 종류를 내놓을 경우인 3가지와 모두 다른 종류를 내놓을 경우인 6가지($_3P_3$=3!)로 총 9가지가 된다. 그러므로 경우의 수는 27−9=18가지이다.

07 10개의 귤을 각기 다른 바구니 4개에 나누어 담으려고 한다. 한 바구니에 귤을 최대 3개까지 넣을 수 있다면 귤을 바구니에 담을 수 있는 경우는 몇 가지인가?

① 10가지 ② 16가지

③ 48가지 ④ 80가지

해설 한 바구니에 최대 3개 까지 담을 수 있다.
10개를 4바구니에 나누는 첫 번째 방법은 3개, 3개, 3개, 1개이다. 이를 바구니별로 배치하는 경우는 $_4C_1$=4이다.
두 번째 방법은 3개, 3개, 2개, 2개이다. 이를 바구니별로 배치하는 경우는 $_4C_2$=6이다.
따라서 전체 경우의 수는 4+6=10((가지))이다.

08 모래사장에 색으로만 구별 가능한 빨간 깃발 3개와 파란 깃발 2개가 꽂혀있다. 이 깃발 5개를 1열로 세울 방법은 몇 가지가 있는가?

① 10가지 ② 12가지

③ 18가지 ④ 21가지

해설 구하는 방법은 두 가지가 있다. 한 가지는 $_5C_2=\frac{5\times4}{2\times1}$=10(가지). 즉 다섯 개 중 어느 두 개를 파란 깃발로 할 것인가가 정해지면 자동적으로 남는 세 개가 빨간 깃발이 된다. 또 한가지는 $\frac{5!}{3!\times2!}=\frac{5\times4\times3\times2\times1}{3\times2\times1\times2\times1}$=10(가지)
이 식에서 분자인 5는 빨간 깃발 3개와 파란 깃발 2개가 모두 구별되는 경우의 순열이고, 분모의 3는 빨간 깃발 3개, 2는 파란 깃발 2개의 순열이다.

09 미진이는 백화점에서 거위털이불과 베개를 하나 구매하여 총 183,520원을 지불하였다. 이때 거위털이불은 정가의 15%를 할인받고 베개는 정가의 25%를 할인받아 평균 20%의 할인을 받고 구매한 것이라면, 거위털이불의 정가는 얼마인가?

① 92,100원 ② 106,300원

③ 114,700원 ④ 139,000원

해설 거위털이불의 정가를 x원, 베개의 정가를 y원이라고 하면, $0.85x+0.75y=183{,}520$ ·····㉠,
$0.8(x+y)=183{,}520$ ·····················㉡
㉠, ㉡을 연립하여 풀면,
$x=114{,}700$(원)
따라서, 거위털이불의 정가는 114,700원이다.

정답 05 ② 06 ③ 07 ① 08 ① 09 ③

10 Y기업 입사시험에서 A, B, C가 합격할 확률은 각각 $\frac{2}{3}$, $\frac{1}{2}$, $\frac{3}{4}$이다. 이때 A와 B만 시험에 합격할 확률은?

① $\frac{1}{6}$　　② $\frac{1}{2}$

③ $\frac{1}{12}$　　④ $\frac{1}{24}$

해설 A와 B만 합격할 확률은 (A가 합격할 확률) × (B가 합격할 확률) × (C가 합격하지 못할 확률)로 구하면 된다. 따라서 $\frac{2}{3}\times\frac{1}{2}\times(1-\frac{3}{4})=\frac{1}{12}$ 이다.

11 A 상자에는 당첨 번호 2장과 비당첨 번호 7장이 들어 있고, B 상자에는 당첨 번호 1장과 비당첨 번호 7장이 들어 있다. A 상자에서 한 장을 꺼내서 보지 않고 B 상자에 넣은 뒤 B 상자에서 다시 한 장을 꺼낼 때, 두 번 다 당첨 번호가 나올 확률은?

① $\frac{2}{81}$　　② $\frac{4}{81}$

③ $\frac{6}{81}$　　④ $\frac{8}{81}$

해설 A 상자에서 당첨 번호가 나올 확률 :

$=\frac{\text{사건 A가 일어나는 경우의 수}}{\text{일어날 수 있는 모든 경우의수}}$

A 상자에서 $\frac{2}{9}$의 확률로 꺼낸 당첨 번호를 B 상자에 넣으면 B 상자에는 당첨 번호 2장과 비당첨 번호 7장이 있게 된다. 이 때 B 상자에서 당첨 번호를 꺼낼 확률은 $\frac{2}{2+7}=\frac{2}{9}$가 된다.

따라서 두 번 다 당첨 번호를 꺼낼 확률은

$\frac{2}{9}\times\frac{2}{9}=\frac{4}{81}$가 된다.

정답 10 ③　11 ②

Chapter

05 사칙연산과 응용

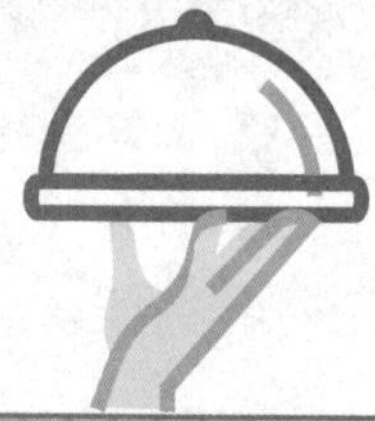

평가 내용

기본적인 수의 사칙연산과 방정식을 사용하여 수학적 추리를 할 수 있는지 평가한다.

학습 방법

1. 문제에서 구해야하는 대상을 미지수로 두고 적용 가능한 공식을 대입시켜 답을 구한다.
2. 미지수가 2개 이상일 경우 연립방정식을 사용하여 풀 되 가감법, 대입법, 등치법으로 공통된 값을 구한다.
   - 가감법 : 더하거나 빼서 값을 구하는 방법
   - 대입법 : 한 문자를 정리하여 다른 식에 넣어 푸는 방법
   - 등치법 : 두 식 모두 특정 문자에 대한 식으로 변환한 뒤, 두 식이 같다는 점을 이용하는 푸는 방법

출제유형

문제유형에 맞는 기본적인 방정식 또는 부등식을 활용하여 기본적인 식을 세워서 답을 도출하는 행태

Chapter

05 연습문제 (사칙연산과 응용)

01 지영이에게 나이를 물어보았더니 어머니 연세의 $\frac{1}{2}$보다 5살이 적다고 하고, 어머니의 연세 물어 보았더니 지영이 나이의 3배보다 5살이 적다고 한다. 지영이는 나이는?

① 15살 ②16살
③17살 ④ 18살

해설 지영이의 나이를 x살, 어머니의 연세를 y살이라고 하면,
$x=\frac{1}{2}y-5$, $y=3x-5$
두 식을 연립하면, x=15(살)

02 선백이와 가연이가 주식을 사려고 한다. 선백이는 21억 원을 가연이는 30억 원을 가지고 있고, 선백이는 2,000주를 사고 가연이는 5,000주를 샀더니 남은 돈이 같았다. 선백이와 가연이가 산 주식 한 주의 가격은?

① 20만 원 ② 25만 원
③ 30만 원 ④ 35만 원

해설 주식 한 주의 가격을 x원이라고 하면, 21억 $-2000x$ = 30억$-5000x$, $x=0.003$(억 원), 30만 원이다.

03 둘레의 길이가 36m이고, 가로의 길이가 세로의 길이의 2배보다 6m 긴 직사각형 모양의 밭을 만들려고 한다. 가로의 길이를 몇 m로 하면 되겠는가?

① 4m ② 8m
③ 12m ④ 15m

해설 세로의 길이를 xm라고 하면, 가로의 길이는 $(2x+6)$m이다. $2\times(2x+6)+2x=36$, $x=4$(m)이다.

04 오리와 돼지는 모두 25마리가 있고, 다리의 수는 모두 76개이다. 돼지는 몇 마리인가?

① 10마리 ② 12마리
③ 13마리 ④ 21마리

해설 오리 다리는 2개, 돼지 다리는 4개이므로,
오리 : x마리, 돼지 : y마리라고 하면,
$\begin{cases} x+y=25 \\ 2x+4y=76 \end{cases}$
두 식을 연립하면, $x=12$, $y=13$

정답 01 ① 02 ③ 03 ① 04 ③

Chapter
06 자료해석

❶ 자료이해

평가 내용

제시된 그래프나 도표형식의 자료를 이해하고 이에 대해 설명의 옳고 그름을 판단할 수 있는지 평가한다.

학습 방법

1. 주어진 자료를 보고 이에 대한 설명 중 증감 추이, 순위, 대소 비교와 같이 자료를 비교 분석하여 선택지의 오답을 삭제해 나간다.
2. 자료에 나오는 자료의 제목, 가로축과 세로축, 단위, 각주 내용 등을 자세히 확인하여 자료를 분석한다.

출제유형

그래프나 도표를 제시한 후 옳거나 옳지 않은 내용을 선택하는 행태

❷ 자료계산

평가 내용

제시된 그래프나 도표의 수치를 사용하여 사칙연산을 통해 특정 값을 계산할 수 있는지 평가한다.

학습 방법

1. 제시된 자료에서 문제풀이에 필요한 수치를 찾은 후 그에 맞는 공식을 대입하여 값을 구한다.
2. 대소 비교를 통해 수치를 파악할 수 있는 것부터 먼저 확인하여 오답을 삭제해 나간다.

출제유형

그래프나 도표를 제시한 후 해당 자료를 분석하고 특정 항목 간의 대소를 비교하거나 구성비, 변화율 등을 계산하는 행태

Chapter 06

연습문제 (자료해석)

01 **다음은 공정거래위원회에서 제공하는 소비자 피해구제와 관련된 자료이다. 다음 중 자료에 대한 설명으로 옳은 것을 고르시오.**

〈소비자 피해구제 접수 건수〉

(단위: 건)

구분	방문 및 전화 권유	다단계	사업 권유	전자상거래	할부거래	기타	합계
2015년	62	17	6	113	238	277	713
2016년	66	21	2	149	350	294	882
2017년	34	30	1	109	74	217	465

〈소비자 피해구제 처리 건수〉

(단위: 건)

구분	조정	합의	상담	이첩	기각	합계
2015년	123	298	209	6	47	683
2016년	236	257	226	38	132	889
2017년	114	101	101	6	86	449

① 2015년 소비자 피해구제 처리 방법 중 합의가 차지하는 비중은 40% 이상이다.

② 2016년 소비자 피해구제 처리 건수가 접수 건수보다 더 적다.

③ 2017년 다단계로 인한 소비자 피해구제 접수 건수의 전년 대비 증가율은 약 50%이다.

④ 매년 할부거래로 인한 소비자 피해구제 접수 건수는 전자상거래로 인한 접수 건수의 2배 이상이다.

해설 ① 2015년 소비자 피해구제 처리 방법 중 합의가 차지하는 비중은 $(\frac{298}{683}) \times 100 = 44\%$이므로 옳은 설명이다. ② 2016년 소비자 피해규제 '접수'건수(882건) 소비가 피해구제 '처리'건수(889건)로 '접수'보다 '처리'건수가 더 많다. ③ 2017년 다단계로 인한 소비자 피해구제 접수 건수의 전년 대비 증가율은 $\frac{30-21}{21} \times 100 = 43\%$이다. ④ 2017년에는 할부거래(74건), 전자상거래(109)으로 옳은 설명이 아니다.

02 **다음은 시도 인구변동현황에 대한 표이다. 바르게 해석한 것을 모두 고른 것은?**

(단위: 천 명)

구분	2007년	2008년	2009년	2010년	2011년	2012년	2013년
계	48,582	48,782	48,990	49269	49,540	49,773	50,515
서울	10,173	10,167	10,181	10,193	10,201	10,208	10,312
부산	3,666	3,638	3,612	3,587	3,565	3,543	3,568
대구	2,525	2,511	2,496	2,493	2,493	2,489	2,512
인천	2,579	2,600	2,624	2,665	2,693	2,710	2,758
광주	1,401	1,402	1,408	1,413	1,423	1,433	1,455
대전	1,443	1,455	1,466	1,476	1,481	1,484	1,504
울산	1,081	1,088	1,092	1,100	1,112	1,114	1,126
경기	10,463	10,697	10,906	11,106	11,292	11,460	11,787

㉠ 서울 인구와 경기 인구의 차이는 2007년에 비해 2013년에 더 커졌다.
㉡ 2007년과 비교했을 때, 2013년 현재 인구가 감소한 지역은 부산뿐이다.
㉢ 전년 대비 인구 증가량을 비교했을 때, 광주 지역은 2013년이 가장 증가했다.
㉣ 대구 지역은 2009년부터 꾸준히 인구가 감소했다.

① ㉠, ㉡　　② ㉠, ㉢
③ ㉠, ㉡, ㉢　　④ ㉡, ㉣
⑤ ㉢, ㉣

정답 01 ①　02 ②

해설 ㉠ 서울 인구와 경기 인구의 차이는 2007년에는 290명, 2013년에는 1,475명이다.

03 **다음은 어느 사회복지기관 기부금 관련 자료이다. 기부금이 전년 대비 가장 적게 증가한 해에 기부금 지급 인원의 전년 대비 감소율은 약 얼마인가?**

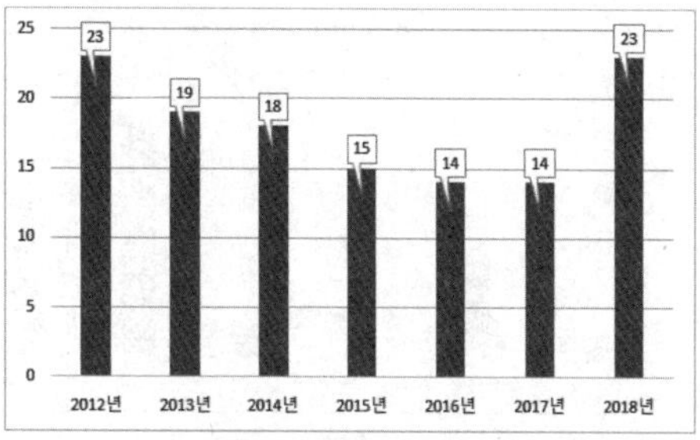

〈연도별 기부금 모금액〉

(단위: 만 원)

구분	2012	2013	2014	2015	2016	2017	2018
금액	4,354	4,390	3,111	3,150	2,930	3,813	8,808

① 12.2% ② 13.8%
③ 15.8% ④ 17.4%

해설 기부금 지급액이 전년 대비 가장 적게 증가한 해는 4,390－4,354＝36만 원 증가한 2013년이다. 따라서 2013년의 기부금 지급 인원의 전년 대비 감소율은 $\frac{23-19}{23} \times 100 = 17.4\%$이다.

04 **다음은 업체별 커피전문점 만족도에 대한 조사 자료이다. 다음 중 자료에 대한 설명으로 옳지 않은 것을 고르시오. [업체별 커피전문점 만족도]**

(단위: 점)

평가 항목 (배점)	S	B	H	D	K
가격 (200)	181	173	150	180	166
인테리어 (80)	72	74	63	76	72
서비스 (70)	57	54	63	49	57
메뉴 구성 (50)	45	38	30	34	40

* 업체별 만족도는 각 평가 항목별 정수를 모두 합산하여 산출함

① B 업체와 D 업체의 커피전문점의 만족도는 같다.
② H 업체는 서비스 만족도수준 항목을 제외한 다른 모든 평가 항목에서 5개 업체 중 가장 낮은 점수를 받았다.
③ 평가 항목에서 인테리어 만족도를 제외하면 K 업체의 커피전문점 만족도는 B업체보다 2점이 더 높다.
④ 서비스수준 항목의 배점이 2배로 증가하여 각 업체별 서비스수준 점수가 2배로 증가한다면, K 업체의 커피전문점의 만족도는 D 업체보다 높아진다.

해설 ③ 평가 항목에서 인테리어를 제외하면 E 업체의 커피전문점 만족도는 166+57+40=263점으로 B 업체의 커피전문점 만족도인 173+54+38=265점보다 2점이 더 낮으므로 옳지 않은 설명이다.
① B 업체의 커피전문점 만족도는 173+74+54+38=3390점이고, D 업체의 커피전문점 만족도는 180+76+49+34=339점으로 같으므로 옳은 설명이다.
② H 업체의 서비스수준 점수는 63점으로 5개 업체 중 가장 높지만, 이를 제외한 다른 모든 평가 항목의 점수는 가장 낮으므로 옳은 설명이다.
④ 서비스수준 항목의 배점이 2배로 증가하여 각 업체별 서비스수준 점수가 2배로 증가한다면 E 업체의 커피전문점 만족도는 166+72+(57×2)+40=392점으로 D 업체의 커피전문점 만족도인 180+76+(49×2)+34=388점보다 높아지므로 옳은 설명이다.

정답 03 ④ 04 ③

05 다음은 통계청에서 제공하는 세종특별자치시의 인구 이동 건수 추이에 대한 자료이다. 다음 중 자료에 대한 설명으로 옳지 않은 것을 고르시오.

[세종 특별 자치시의 인구 이동 건수 추이]

구분	2012년 3/4 분기	2012년 4/4 분기	2013년 1/4 분기	2013년 2/4 분기	2013년 3/4 분기
총 전입	5,047	4,963	4,184	2,848	4/4
총 전출	2,384	2,547	2,974	2,395	분기

① 매 분기 세종특별자치시의 총 전입 건수는 총 전출 건수보다 많다.

② 총 전입 건수와 총 전출 건수의 차이가 가장 적은 분기는 2013년 3/4분기이다.

③ 2013년 3/4분기에 총 전입 건수와 총 전출 건수는 모두 가장 적다.

④ 총 전입 건수가 가장 많은 분기의 총 전입 건수는 총 전출 건수의 2배 이상이다.

해설 ② 2013년 3/4분기의 총전입 건수와 총전출 건수의 차이는 2,516−2,050=466건으로 2013년 2/4분기의 총전입 건수와 총전출 건수의 차이인 2,848−2,395=453건보다 많으므로 옳지 않은 설명이다.
④ 총전입 건수가 가장 많은 2012년 3/4분기의 총전입 건수는 5,047건으로 총전출 건수의 2배인 2,384×2=4,768건보다 많으므로 옳은 설명이다.

06 다음은 한국 외식산업에서 제공하는 프랜차이즈의 손익계산서이다. 이를 바탕으로 만든 자료로 옳지 않은 것을 고르시오.

[프랜차이즈 손익계산서]

(단위: 백만 원)

구분	2011년	2012년	2013년	2014년	2015년
판매비와 관리비	1,343,289	273,567	271,956	2,117,287	1,441,329
영업이익	290,658	89,233	270,141	459,308	384,829
당기순이익	367,326	41,014	218,700	350,621	507,880
매출액	4,763,779	1,907,765	3,826,516	7,646,689	6,867,169

①

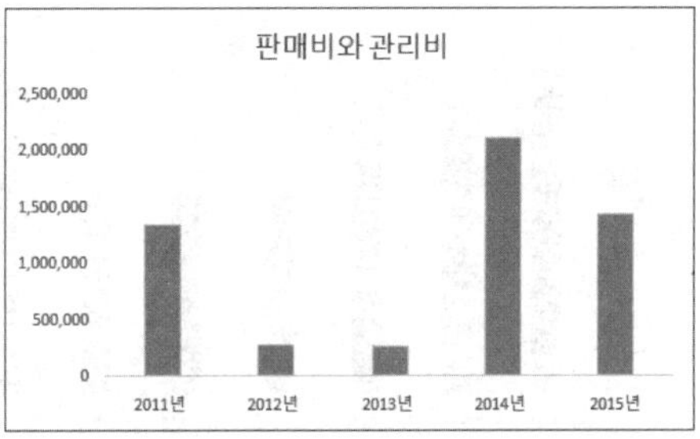

②

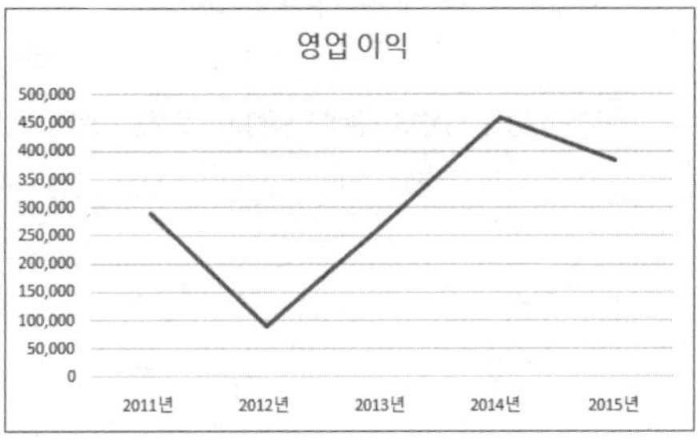

③

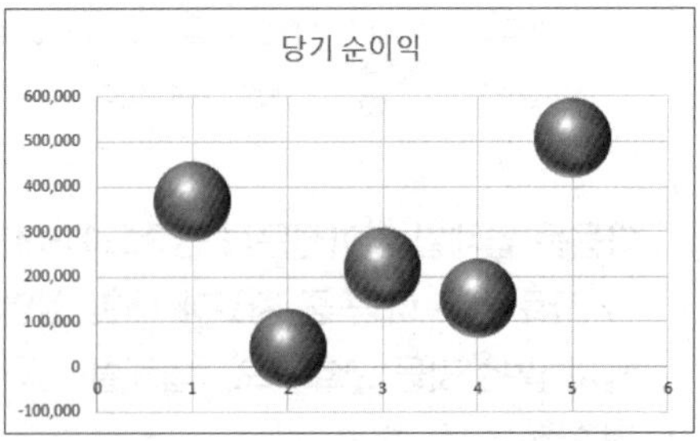

④

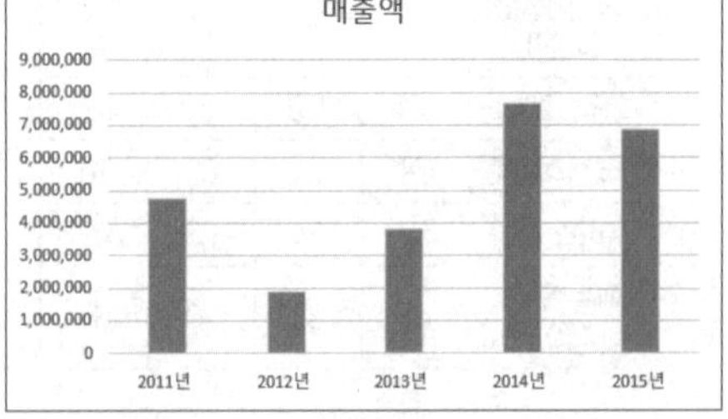

정답 05 ② 06 ④

해설 제시된 자료에 따르면 2014년 매출액은 7,646,689백만 원으로 2013년 3,826,516백만 원의 7,646,689/3,826,516 ≒ 2.0배이고, 2014년 당기순이익은 350,621백만 원으로 2013년 218,700백만 원의 350,621/218,700 ≒ 1.6배이므로 2014년 매출액 대비 당기순이익은 전년 대비 감소한다. 하지만 [매출액 대비 당기순이익] 그래프는 2014년 매출액 대비 당기순이익이 2013년보다 증가하므로 옳지 않은 그래프는 ④이다.

07 다음은 행정부에서 제공하는 경찰공무원 정원 및 실원에 대한 자료이다. 이를 바탕으로 만든 자료로 옳지 않은 것을 고르시오.

[경찰공무원 정원 및 실원] (단위 : 명)

광역자치단체	정·실원	성별	2012년	2013년	2014년	2015년
특별시	정원	전체	449	449	449	461
	실원	전체	417	429	437	441
		여성	64	76	82	88
광역시	정원	전체	509	509	509	509
	실원	전체	502	494	482	475
		여성	118	121	127	131
도	정원	전체	325	320	320	320
	실원	전체	303	308	308	304
		여성	81	86	85	81
계	정원	전체	1,283	1,278	1,278	1,290
	실원	전체	1,222	1,231	1,227	1,220
		여성	263	283	294	300

①

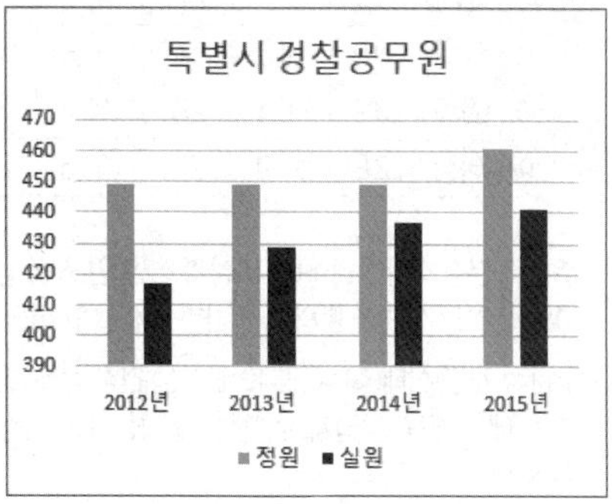

②

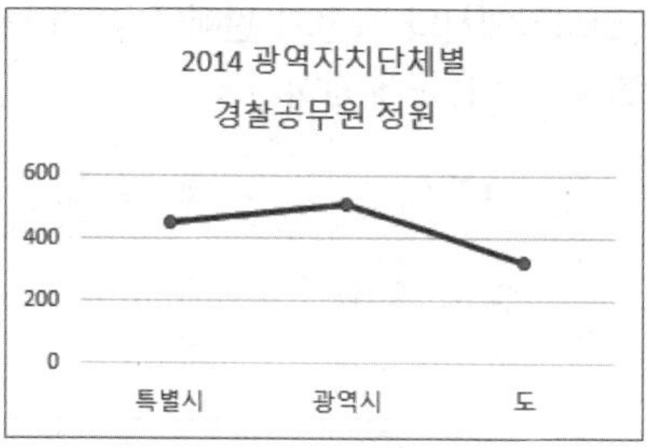

③

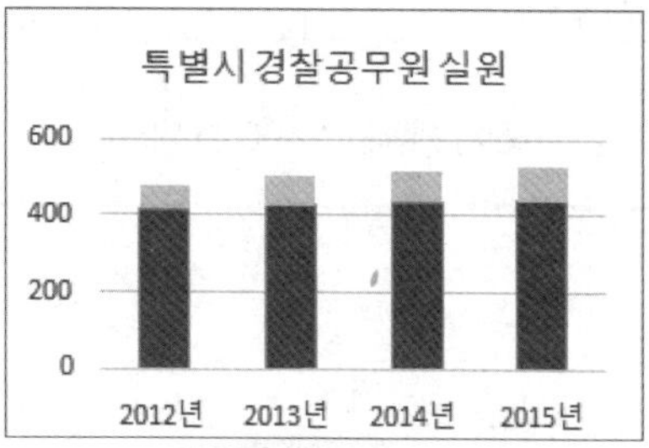

④

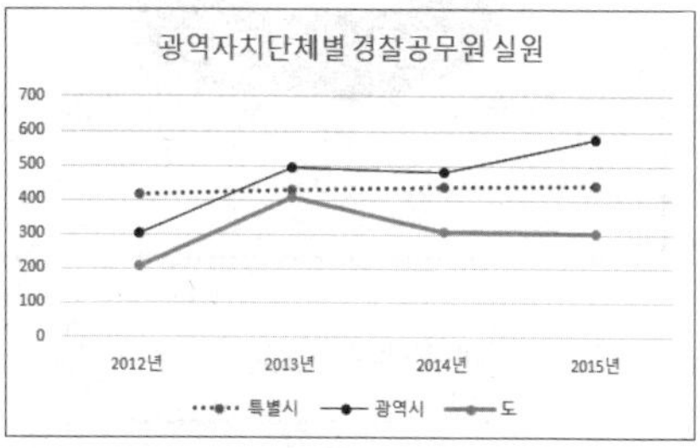

해설 제시된 자료에 따르면 광역시의 경우 경찰공무원 실원은 꾸준히 증가하고 있고, 도의 경우 2013년 경찰공무원 실원은 2014년과 동일하다. 하지만 [광역 자치 단체별 경찰공무원 실원] 꺾은선 그래프는 도의 경우 2013년 경찰공무원 실원이 2014년 비해 증가하였고, 광역시의 경우도 2012년 경찰공무원 실원이 낮으므로 옳지 않은 그래프는 ④이다.

정답 07 ④

08 다음은 J사 자전거의 2018년 7월 국내시장과 국외시장에서의 자전거 판매율을 나타낸 자료이다. 각 물음에 답하시오.

	A	B	C	D	E
국내시장	48.0%	33.4%	10.0%	4.2%	4.4%

	A	B	C	D	E
국외시장	48.6%	26.2%	23.4%	1.0%	0.8%

(전체 판매량 : 100 천 대)

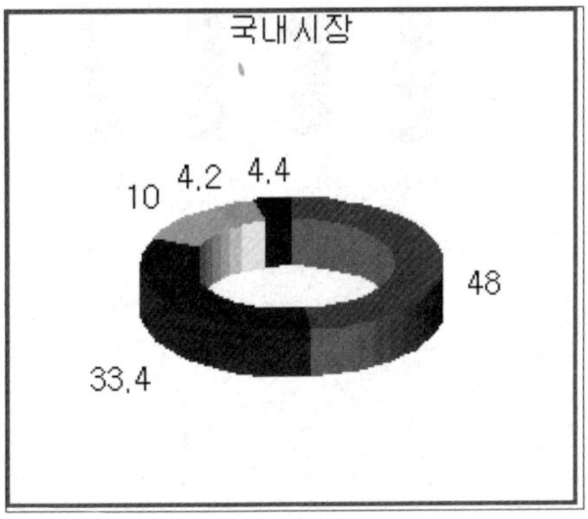

(전체 판매량 : 500 천 대)

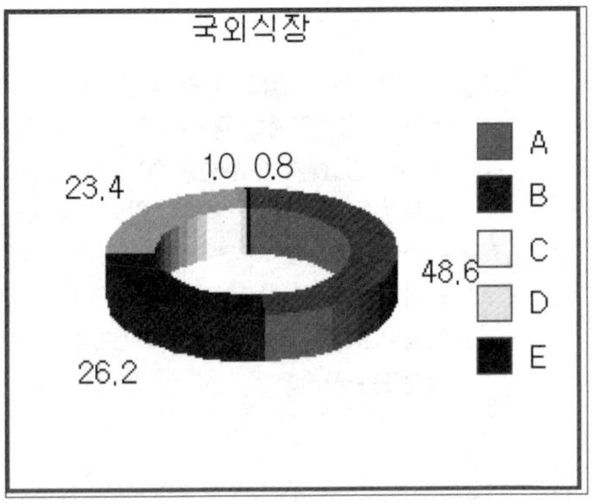

국내시장에서 A 제품의 판매량과 국외시장에서 A 제품의 판매량을 바르게 비교한 것을 고르시오.

① 국내시장에서의 판매량이 48천 대 더 많다.

② 국외시장에서의 판매량이 96천 대 더 많다.

③ 국내시장에서의 판매량이 243천 대 더 많다.

④ 국외시장에서의 판매량이 195천 대 더 많다.

해설 국내(국외)시장에서 특정 회사의 판매량={국내(국외)시장 전체 판매량) x (국내(국외)시장에서 특정 회사의 판매율)임을 적용하여 구한다.
A 제품의 국내시장 판매량은 100×0.48=48천 대, 국외시장 판매량은 500×0.486=243천 대이다. 따라서 국외시장에서 A 제품의 판매량이 243−48=195천 대 더 많다.

09 다음은 건강검진표에서 본인이 주관적으로 느끼는 건강 수준을 측정한 자료이다. 이를 바탕으로 만든 자료로 옳지 않은 것을 고르시오.

[연도별 주관적 건강 상태]

(단위: %)

구분		2010	2011	2012	2013	2014
전체		32.4	36.6	36.0	42.8	43.9
성	남자	36.2	40.3	38.9	47.1	47.7
	여자	28.7	32.9	33.2	38.7	40.2
연령	19~29세	36.6	43.4	44.9	52.8	52.5
	30~39세	35.2	39.8	34.6	41.6	42.8
	40~49세	31.6	34.4	37.1	43.6	45.3
	50~59세	30.9	31.5	32.9	37.6	40.7
	60~69세	26.9	32.1	27.3	35.2	37.7
	70세 이상	22.8	27.9	27.1	33.6	31.3

* 주관적 건강 상태 : 만 19세 이상의 성인 인구 중 평소 본인의 건강 상태가 좋다고 평가한 사람들의 비율
* 주관적 건강 상태(%) = (만 19세 이상 건강 상태 '좋음' 또는 '매우 좋음' 응답자 수/만 19세 이상 조사 대상자 수)×100

정답 08 ④ 09 ③

①

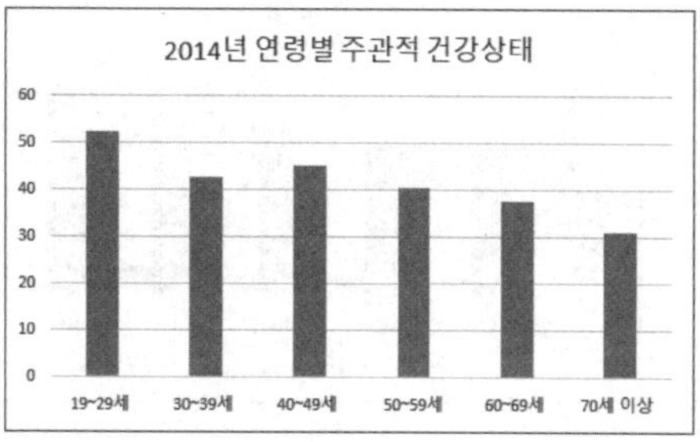

②

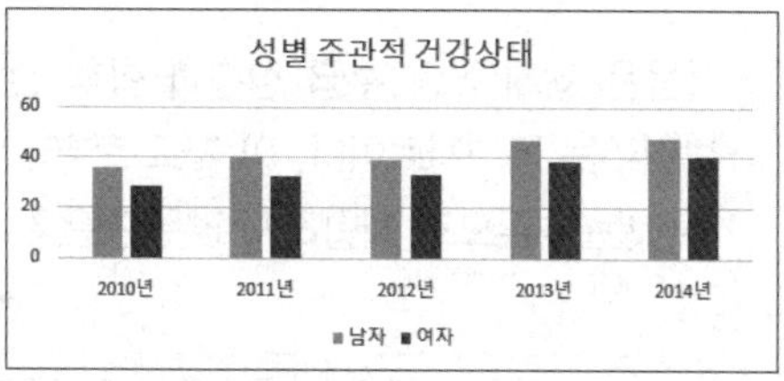

③

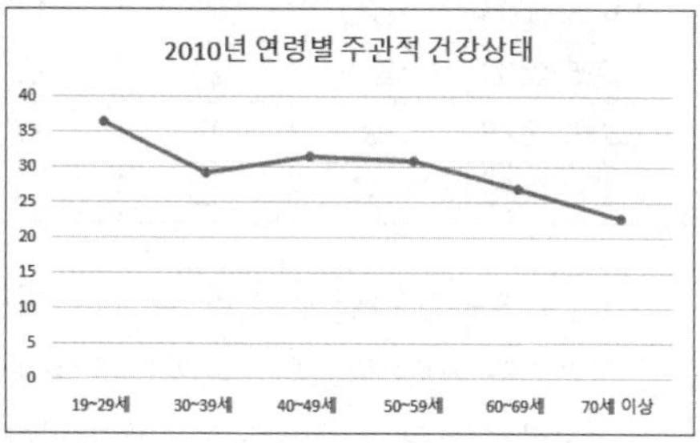

④

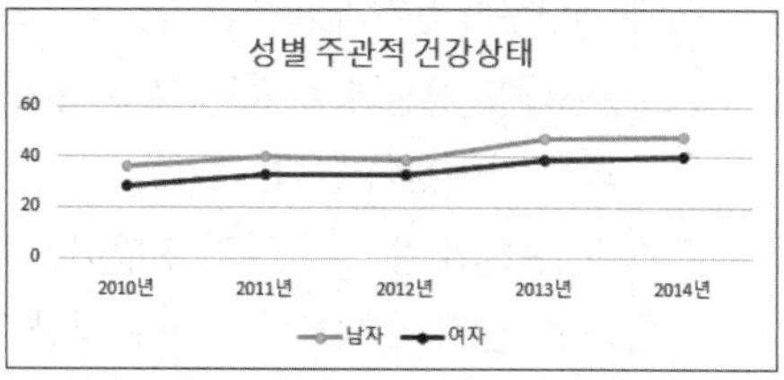

해설 제시된 자료에 따르면 2010년에는 연령이 높아질수록 주관적 건강 상태의 비율이 낮아지는 양상을 보이고 있다. 하지만 [2010년 연령별 주관적 건강 상태] 그래프는 30~39세 연령대가 40~49세 연령대보다 주관적 건강 상태가 더 낮은 비율로 나타나므로 옳지 않은 그래프는 ③이다.

10 다음은 인터넷 여론조사에서 '당신이 길거리에서 침을 뱉거나, 담배꽁초를 버리다가 단속반에 적발되어 벌금이 부과된다면 어떤 생각이 들겠습니까?'라는 질문에 대하여 1,000명이 응답한 결과이다. 이 조사 결과에 대한 해석으로 타당한 것은?

응답 구분 변수		벌금 부과는 당연하다	운이 없다고 생각한다	도덕적 비난은 감수하지만 벌금은 지나치다
전체		54.9	11.4	33.7
연령	20대	42.2	16.1	41.7
	30대	55.2	10.9	33.9
	40대	55.9	10.0	34.1
	50대 이상	71.0	6.8	22.2
학력	초등졸 이하	65.7	6.0	28.3
	중졸	57.2	10.6	32.6
	고졸	54.9	10.5	34.6
	대학 재학 이상	59.3	10.3	35.4

① 응답자의 준법정신은 나이가 많을수록 그리고 학력 수준이 높을수록 높은 것으로 나타난다.

② 학력이 높을수록 벌금보다는 도덕적 제재를 가하는 정도가 바람직하다고 보는 응답자의 비중이 높다.

③ '운이 없다고 생각한다' 라고 응답한 사람의 수는 대졸자보다 중졸자가 더 많았다.

④ 1,000명의 여론조사 결과로 우리나라 사람들의 의견을 충분히 반영한다고 볼 수 없다.

해설 ① 학력 수준과는 무관하게 나타났다.
② 학력이 높을수록 도덕적 제재가 바람직하다고 보는 응답자의 비중이 높다.
③ '운이 없다고 생각한다'라고 응답한 사람의 수는 대졸자나 중졸자나 차이가 없다.
④ 인터넷 여론조사는 젊은층 위주의 편향된 결과에 영향을 주므로 전 국민의 의견을 반영한다고 볼 수 없다.

정답 10 ②

11 **다음은 연도별 안동 전통가옥 체험 운영에 대한 자료이다. 이를 바탕으로 만든 자료로 옳지 않은 것을 고르시오.**

구분		2012년	2013년	2014년	2015년	2016년
이용객수 (명)	내국인	25,179	25,875	29,351	33,496	36,123
	외국인	1,567	1,966	2,259	3,567	4,569
수입(천원)	내국인	378,576	486,472	574,688	588,233	497,264
	외국인	17,345	40,125	62,547	88,752	120,547
일인당 지출(원)	내국인	14,847	19,557	16,989	21,875	14,789
	외국인	14,985	26,872	29,213	45,798	33,784

①

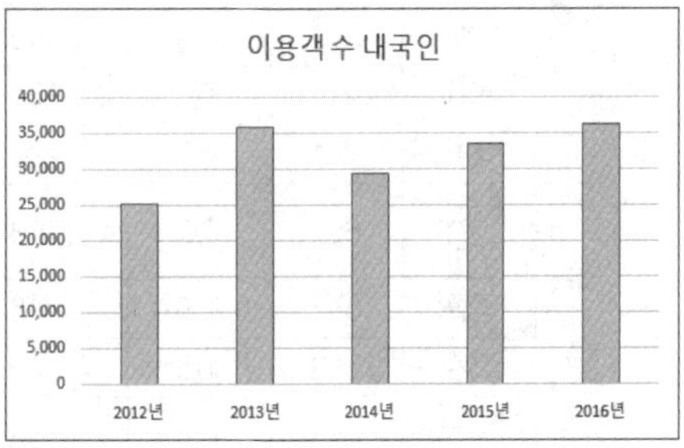

②

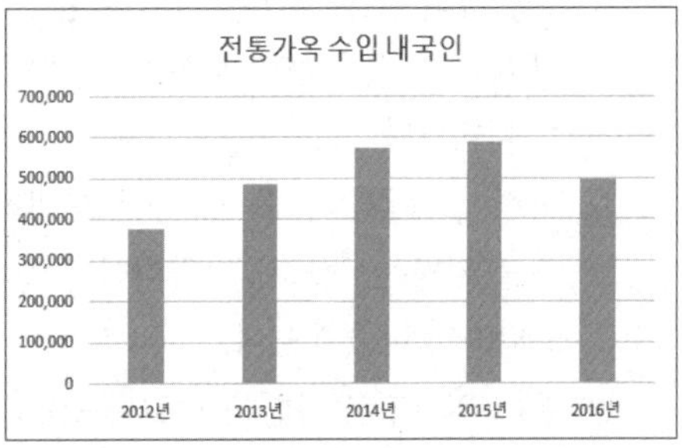

③

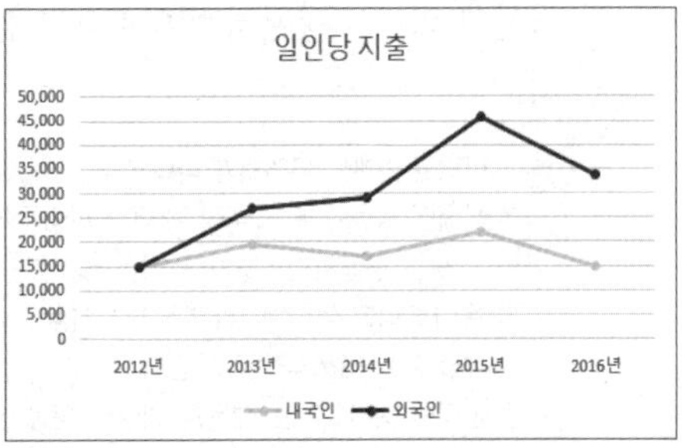

④

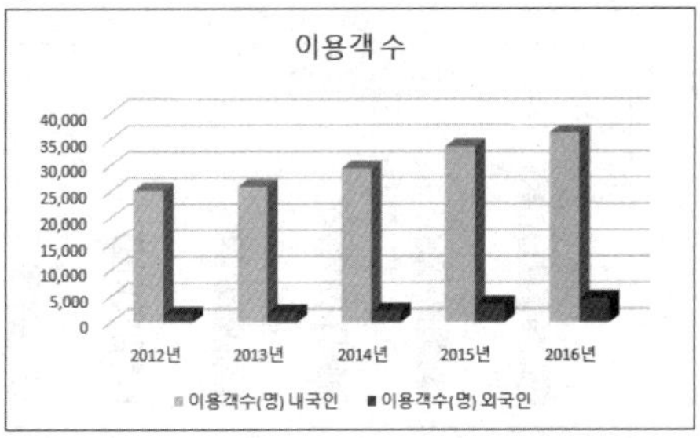

해설 2013년 내국인의 이용객 수는 2012년과 비슷하며 2014년보다 낮다

12 **다음은 세계 식량 수급 상황과 향후 전망을 보여주는 통계자료이다. 이 자료로부터 얻을 수 있는 추론으로 적합하지 않은 것은?**

(단위: %)

연도	생산 증가율	수요 증가율	인구 증가율
1965-2000	2.4	2.4	1.8
1975-2000	2.3	2.3	1.7
1985-2000	2.1	2.1	1.5
2000-2015	1.3	1.7	1.1
2015-2030	1.2	1.3	1.0

① 1975-2000년에 식량 수요 증가율이 1965-2000년보다 높은 이유는 1인당 식량 수요량의 증가율 상승에 기인한다.

② 2000년 기준으로 비축된 식량이 없다면 미래 식량부족 문제가 발생할 가능성이 크다.

③ 향후 식량 생산과 수요는 모두 증가세가 둔화될 가능성이 많다.

④ 식량 수요의 증가세 둔화 전망치는 인구 증가율 감소 추세보다 1인당 식량 수요량 감소 추세에 더 크게 영향을 받는다.

해설 ① 1인당 식량 수요량의 증가율$=\frac{\text{수요증가율}}{\text{인구증가율}}$이므로, 수요 증가율은 1인당 수요 증가율 × 인구 증가율이 된다.

② 수요 증가율에 비해 생산 증가율이 작으므로 공급에 비해 수요가 커 식량부족 문제가 발생할 가능성이 크다.

③ 향후 식량 생산과 수요는 증가율이 모두 감소하는 추세이다.

정답 11 ① 12 ④

Chapter

07 수열, 수추리

평가 내용

일렬로 제시된 숫자의 배열 규칙을 찾아 빈칸에 들어갈 숫자를 고를 수 있는지 평가한다.

학습 방법

1. 제시된 일부 숫자 간의 규칙을 먼저 찾은 뒤 빈칸의 앞 뒤 숫자에 규칙을 적용한다.
2. 출제 빈도가 높은 등차수열, 등비수열, 계차수열, 피보나치수열, 반복수열 등 미리 학습한다.
3. 규칙을 찾을 때는 앞뒤 항의 관계만 볼 것이 아니라 홀수항, 짝수항을 확인하거나 숫자를 세 개씩 한 군으로 묶어 군과 군의 규칙을 확인한다.

출제유형

1. 일렬로 수가 배열되어 있고 마지막이나 중간쯤에 있는 빈칸에 들어갈 숫자를 찾는 형태
2. 일렬로 수가 배열되어 있고 빈칸에 들어갈 합 또는 차를 찾는 형태

Chapter

07 연습문제 (수열, 수추리)

01 다음 빈칸에 들어갈 숫자를 고르시오

3 9 27 81 ( ) 729

① 240 ② 241

③ 242 ④ 243

해설 3의 배수로 증가하고 있다.

02 다음 빈칸에 들어갈 숫자를 고르시오

$\frac{2}{5}$ $\frac{3}{9}$ $\frac{4}{13}$ $\frac{5}{17}$ ( ) $\frac{7}{25}$ $\frac{8}{29}$

① $\frac{6}{18}$ ② $\frac{9}{18}$

③ $\frac{6}{21}$ ④ $\frac{9}{25}$

해설 분모는 4씩 증가하고, 분자는 1씩 증가한다.

03 빈칸에 들어갈 알맞은 것을 고르시오

ㄷ - ㄹ - ㄷ - ㄹ - ㅁ - ㄷ - ㄹ - ㅁ - ( )

① ㄹ ② ㅁ

③ ㅂ ④ ㅅ

해설 ㄷ - ㄹ, ㄷ - ㄹ - ㅁ, 순으로 반복되므로 ㄷ - ㄹ - ㅁ - ㅂ의 순이다.

04 빈칸에 알맞은 수를 고르세요.

25 23 19 25 33 23 ( )

① 11 ② 12

③ 13 ④ 14

해설 수열추리

25 → 23 → 19 → 25 → 33 → 23 → (?)

−2 −4 +6 +8 −10 −12

05 빈칸에 알맞은 수를 고르세요.

30 180 60 58 348 116 114 ( )

① 664 ② 672

③ 684 ④ 686

해설 수열추리

30 → 180 → 60 → 58 → 348 → 116 → 114 → ?

×6 ÷3 −2 ×6 ÷3 −2 ×6

06 빈 칸에 알맞은 수를 고르세요.

75 25 21 7 3 1 ( )

① 0 ② −1

③ −2 ④ −3

해설 수열추리

75 → 25 → 21 → 7 → 3 → 1 → ?

÷3 −4 ÷3 −4 ÷3 −4

정답 01 ④ 02 ③ 03 ③ 04 ① 05 ③ 06 ④

07 빈 칸에 알맞은 수를 고르세요.

$\frac{1}{5}$ $\frac{7}{10}$ $\frac{6}{5}$ $\frac{17}{10}$ $\frac{11}{5}$ ( )

① $\frac{5}{3}$ ② $\frac{8}{3}$

③ $\frac{27}{10}$ ④ $\frac{29}{10}$

해설 수열추리

$\frac{1}{5} \rightarrow \frac{7}{10} \rightarrow \frac{24}{20} = \frac{6}{5} \rightarrow \frac{17}{10} \rightarrow \frac{44}{20} = \frac{11}{5} \rightarrow (\ )$

$\frac{1}{2}\ +\frac{1}{2}\qquad +\frac{1}{2}\ +\frac{1}{2}\qquad +\frac{1}{2}$

08 빈칸에 알맞은 수를 고르세요.

4 5 9 18 34 59 ( )

① 66 ② 79

③ 83 ④ 95

해설 수열추리

$4 \rightarrow 5 \rightarrow 9 \rightarrow 18 \rightarrow 34 \rightarrow 59 \rightarrow (\ )$

$+1^2\ \ +2^2\ \ +3^2\ \ +4^2\ \ +5^2\ \ +6^2$

09 빈 칸에 알맞은 수를 고르세요.

$\frac{3}{4}$ $\frac{3}{5}$ $\frac{2}{5}$ $\frac{1}{5}$ ( )

① $\frac{1}{5}$ ② $\frac{1}{10}$

③ $\frac{1}{15}$ ④ $\frac{1}{20}$

해설 수열추리

$\frac{분자+1}{분모+1}$ 앞의 항의 을 곱하여 다음 항을 구하는 방식이다. 따라서 $\frac{1}{5} \times \frac{2}{6} = \frac{1}{15}$

10 빈 칸에 알맞은 수를 고르세요.

(A) (B) 10 19 31 46 64

$A \times B = ?$

① 3 ② 4

③ 5 ④ 6

해설 수열추리

$A \rightarrow B \rightarrow 10 \rightarrow 19 \rightarrow 31 \rightarrow 46 \rightarrow 64$

+3 +6 +9 +12 +15 +18

따라서 $A \times B = 1 \times 4 = 4$

11 빈 칸에 알맞은 수를 고르세요.

<u>7 1 5</u> <u>8 4 ( )</u> <u>4 2 1</u>

① 3 ② 4

③ 5 ⑤ 6

해설 묶음추리

첫 번째 수에서 두 번째 수를 뺀 값에 다시 '1'을 빼면 마지막 숫자가 된다.

7 1 5 → 7−1−1 = 5

8 4 ( ) → 8−4−1 = ( )

4 2 1 → 4−2−1 = 1

따라서 ( ) = 0

12 빈칸에 알맞은 수를 고르세요.

<u>6 4 27</u> <u>5 ( ) 23</u> <u>6 5 33</u>

① 4 ② 5

③ 6 ④ 7

해설 묶음추리

첫 번째와 두 번째 수를 곱하고 '3'을 더하면 세 번째 숫자가 된다.

6 4 27 → 6 × 4 + 3 = 27

5 ( ) 23 → 5 × ( ) + 3 = 23

6 5 33 → 6 × 5 + 3 = 33

정답 07 ③ 08 ④ 09 ③ 10 ② 11 ① 12 ①

13 빈칸에 알맞은 수를 고르세요.

1 3 6 2 4 12 4 6 ( )

① 8 ② 12

③ 24 ④ 30

해설 묶음추리

첫 번째와 두 번째 수를 곱해서 나온 수에 두 번째 수를 합한 것이 세 번째 수가 된다.

1 3 6 → $1 \times 3 + 3 = 6$

2 4 12 → $2 \times 4 + 4 = 12$

4 6 ( ) → $4 \times 6 + 6 =$ (30)

따라서 ( ) = 30 이다.

14 빈칸에 알맞은 수를 고르세요.

$\frac{2}{5}$ $\frac{3}{10}$ $\frac{4}{15}$ $\frac{5}{20}$ ( ) $\frac{7}{30}$ $\frac{8}{35}$

① $\frac{6}{18}$ ② $\frac{9}{18}$

③ $\frac{6}{25}$ ④ $\frac{9}{25}$

해설 분모는 5씩 증가하고, 분자는 1씩 증가한다.

정답 13 ④ 14 ③

PART

04

공간지각영역

01 도형회전

평가 내용

도형을 다양한 방향으로 회전시켰을 때의 모양을 유추하거나 비교할 수 있는지 평가한다.

학습 방법

1. 도형에서 공통적으로 눈에 보이는 부분을 선택하여 서로 비교하면서 문제를 푼다.
2. 선택지에 제시된 기준선에 맞춰 각 그림을 회전시켰을 때 두 그림의 방향이 선택지와 같은지 확인하여 문제를 푼다.

출제유형

제시된 두 개의 평면도형을 주어진 조건대로 회전시킨 후 특정위치에 해당하는 그림을 선택하는 행태

Chapter 01 연습문제 (도형회전)

01 다음 중 나머지 셋과 다른 것을 고르시오.

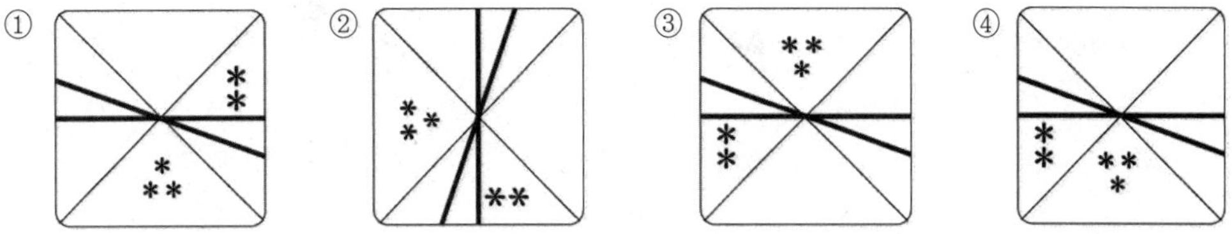

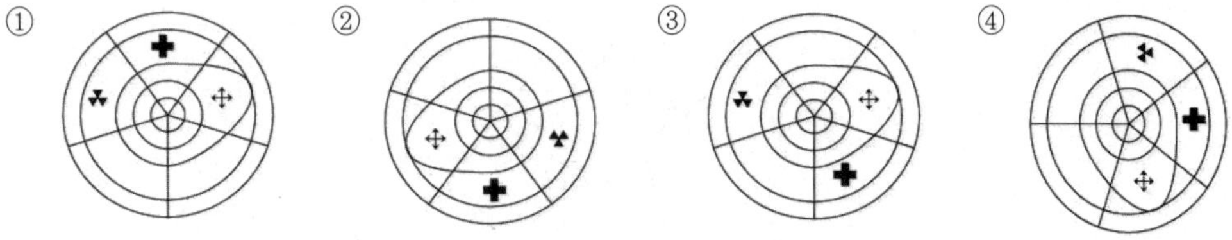

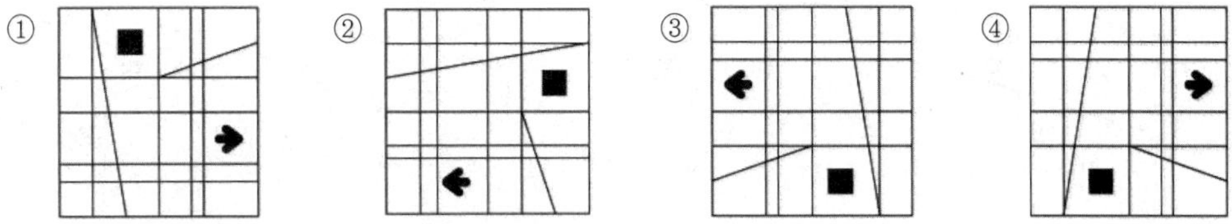

02 다음 중 나머지 셋과 다른 것을 고르시오.

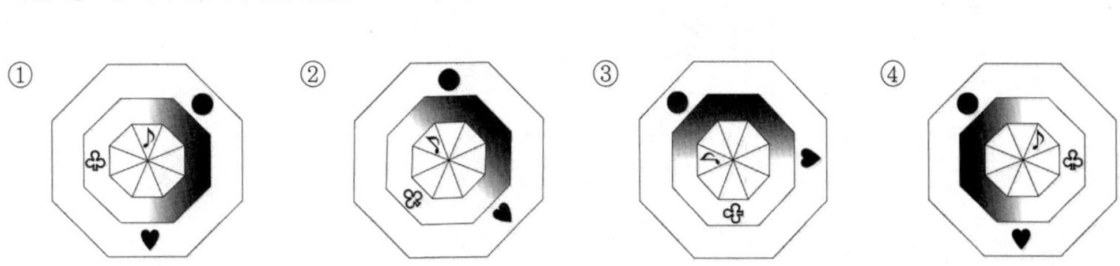

정답 01 ④, ③, ②　02 ④, ②, ①

① 
② 
③ 
④ 

① 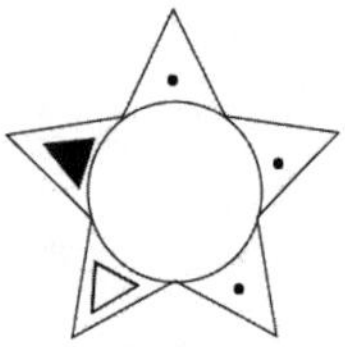
② 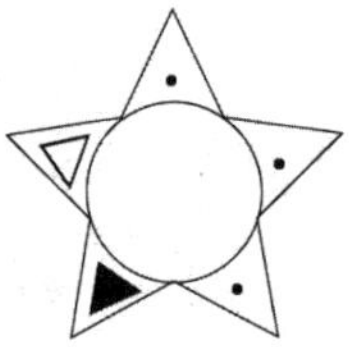
③ 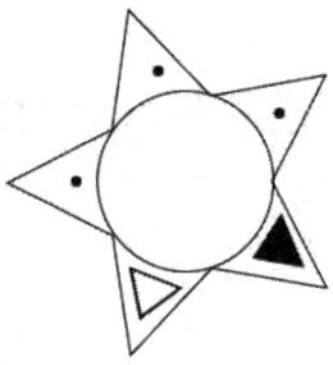
④ 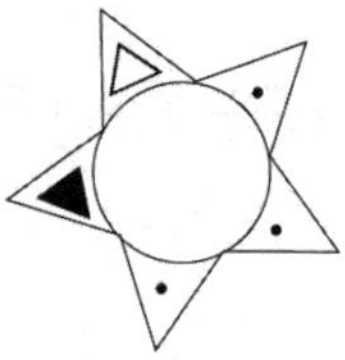

03 다음 제시된 그림을 시계 방향으로 90° 회전 후 아래쪽으로 뒤집은 그림은?

① 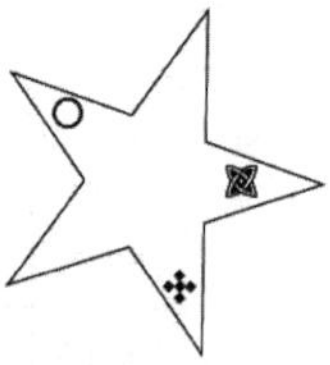
② 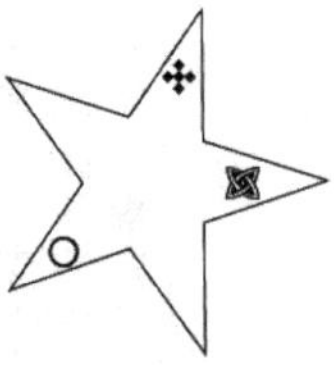
③ 
④ 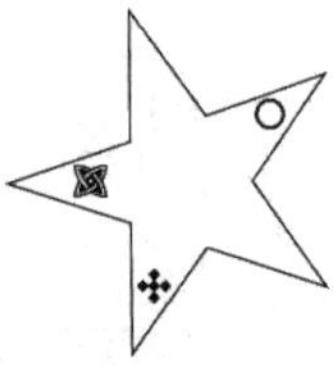

해설 90° 회전 아래쪽 뒤집기

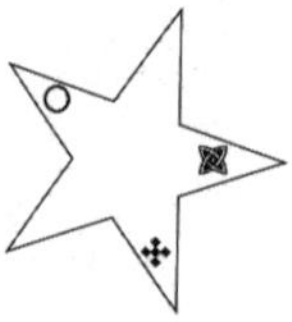

정답 03 ①

04 다음 제시된 그림을 시계 방향으로 180° 회전 후 오른쪽으로 뒤집은 그림은?

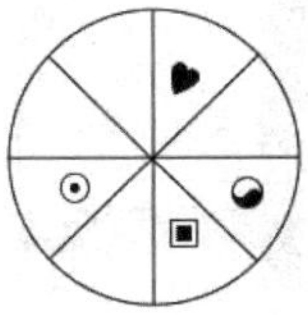

① 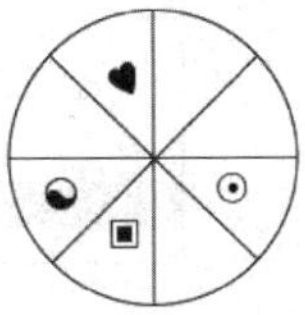
② 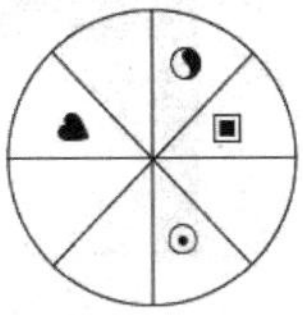
③ 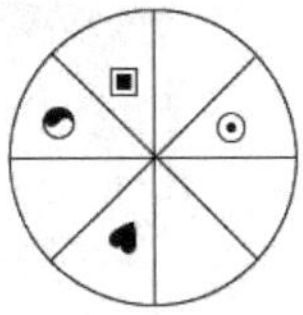
④ 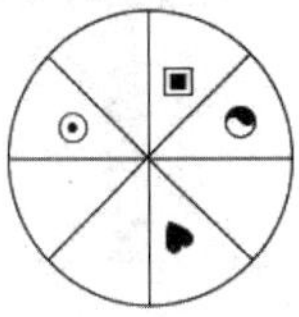

해설 180° 회전 오른쪽 뒤집기

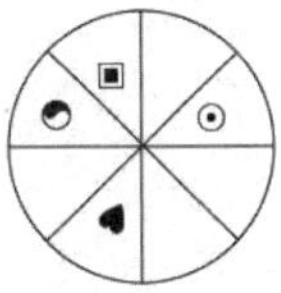
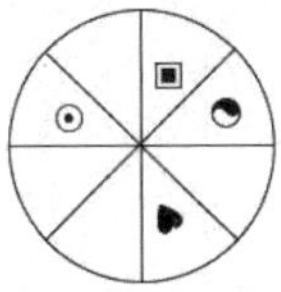

05 다음 제시된 그림을 시계방향으로 90° 회전 후 오른쪽으로 뒤집은 그림은?

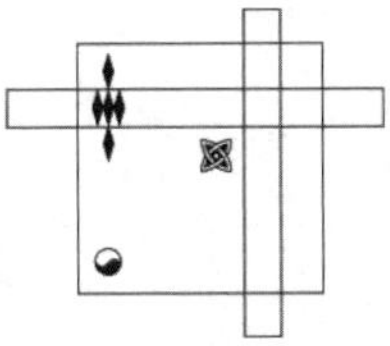

① 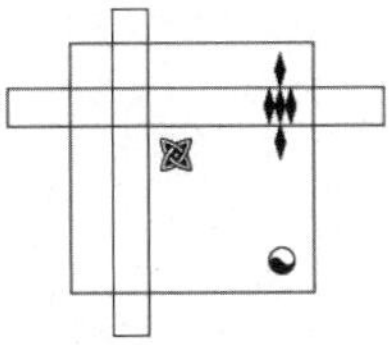
② 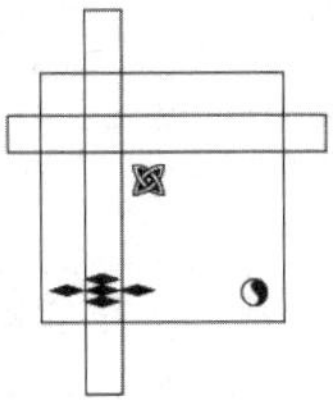
③ 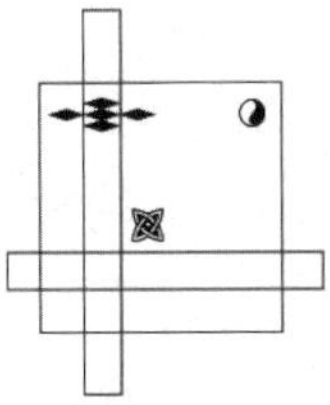
④ 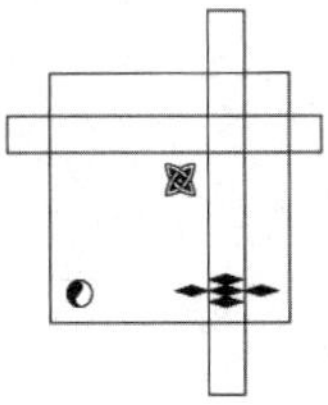

해설 90° 회전 오른쪽 뒤집기

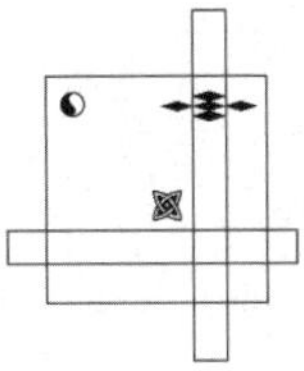
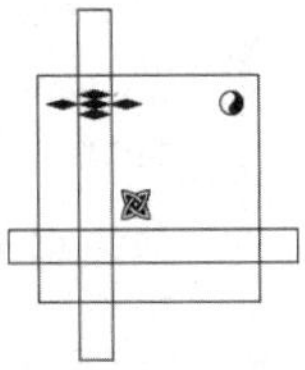

정답 04 ④ 05 ③

06 다음 제시된 그림을 시계 방향으로 180° 회전 후 왼쪽으로 뒤집은 그림은?

①  ②  ③  ④ 

해설 180° 회전 　 왼쪽 뒤집기

정답 06 ③

02 전개도

평가 내용

제시된 전개도를 접었을 때 완성되는 입체도형과 일치하는 것 또는 일치하지 않는 것을 고르거나 전개도를 회전시킨 후 입체도형의 이동 방향을 유추하거나 보이는 면을 유추할 수 있는지 평가한다.

학습 방법

1. 제시된 전개도와 일치하지 않는 입체도형을 고르는 문제는 같은 면이 두 개 이상 사용된 선택지 끼리 비교하여 나머지 오답을 삭제한다. 두 선택지 중 하나를 선택하여 방향이나 위치가 다른 두면을 전개도와 비교하여 일치하지 않는 것을 고른다.
2. 전개도를 접었을 때 완성되는 입체도형이 다른 것을 고르는 문제는 선택지에서 도형의 모양을 인하여 회전 각도에 따라 방향이 바뀌는 도형이 포함된 면을 기준면으로 정한다. 기준면의 상하좌우에 있는 면을 확인하고 전개도를 접었을 때 인접하는 면을 암기하여 적용한다.
3. 전개도를 접어 회전시킨 후 입체도형이 이동한 방향의 순서를 고르는 문제는 도형의 이동 전과 후의 위치를 확인한 후 이에 해당되지 않는 선택지를 삭제한다. 이동 전 정육면체에 나머지 선택지를 대입하여 정면의 모양을 확인한다.

출제유형

1. 전개도를 접었을 때 완성되는 입체도형 또는 완성되지 않는 입체도형을 고르는 행태
2. 전개도를 접었을 때 완성되는 입체도형이 다른 전개도를 고르는 행태
3. 제시된 공간에서 입체도형이 이동한 방향의 순서를 고르는 행태

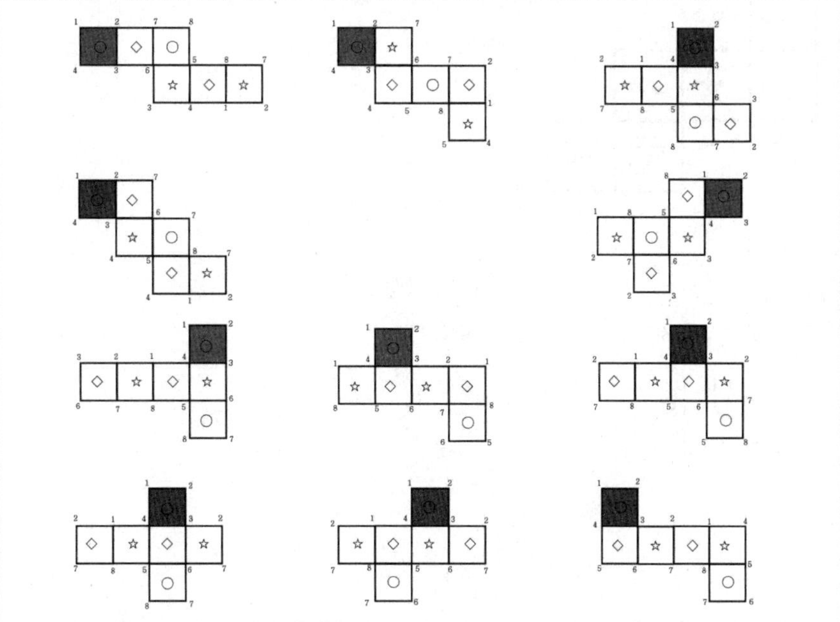

연습문제 (전개도)

01 전개도가 나머지 셋과 다른 것은?

①

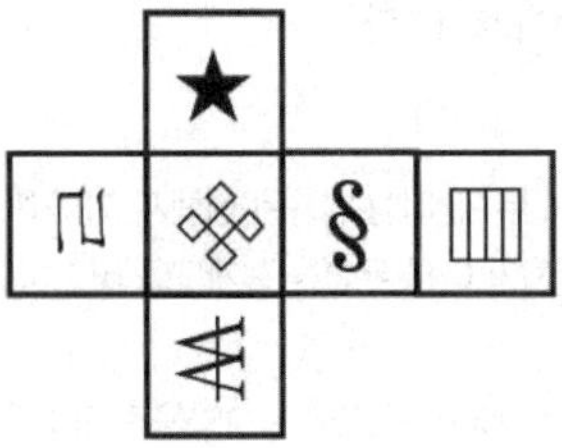

②

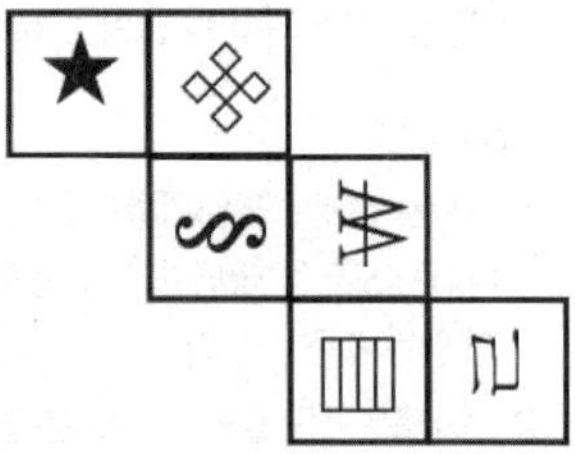

③

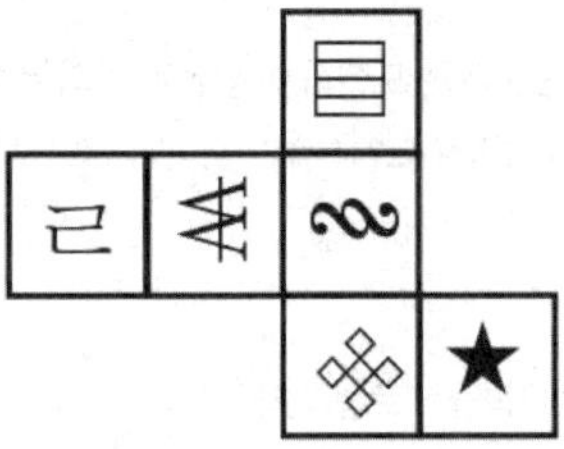

④

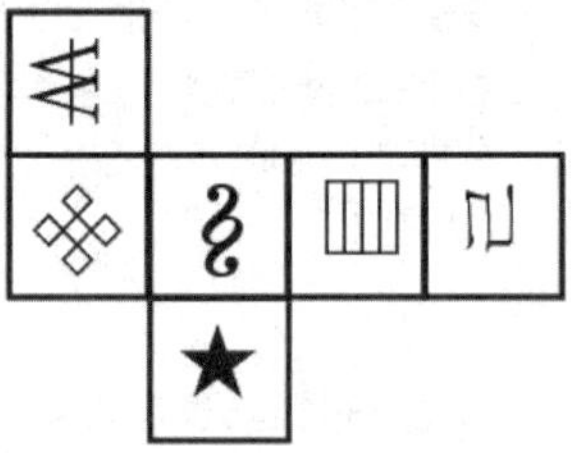

⑤

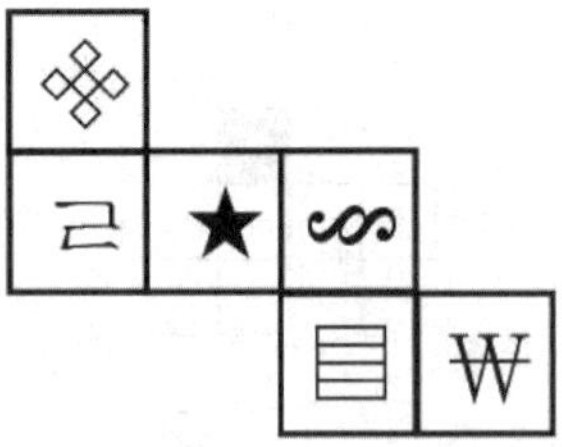

해설 ①

② ③ ④ ⑤ 해당

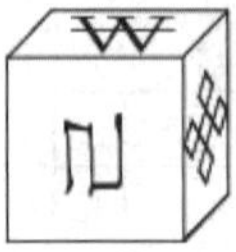

정답 01 ①

02 전개도가 나머지 셋과 다른 것은?

①

②

③

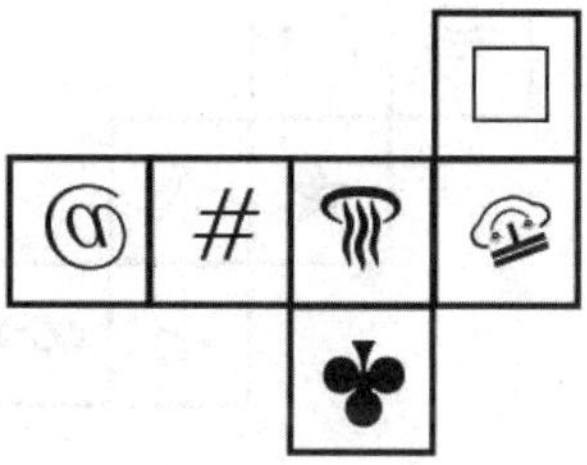

④

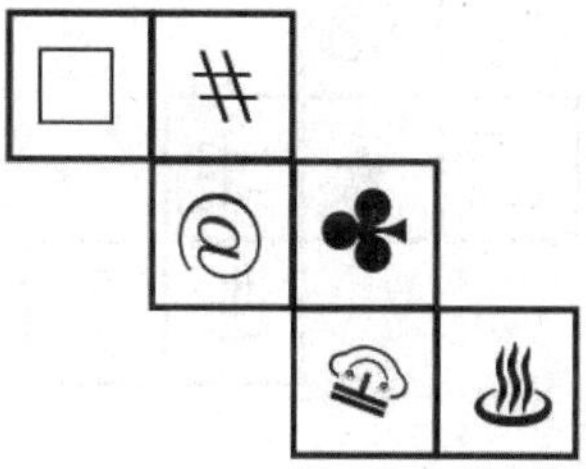

⑤

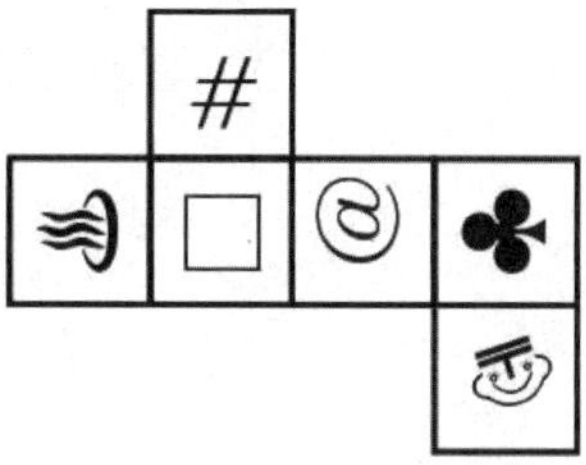

해설 ④

①②③⑤ 해당

정답 02 ④

03 전개도가 나머지 셋과 다른 것은?

①

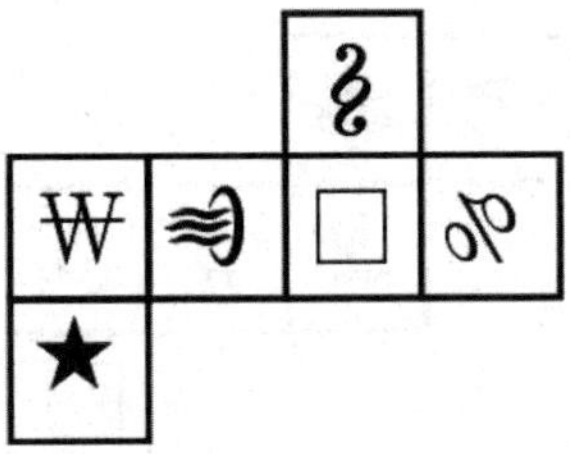

②

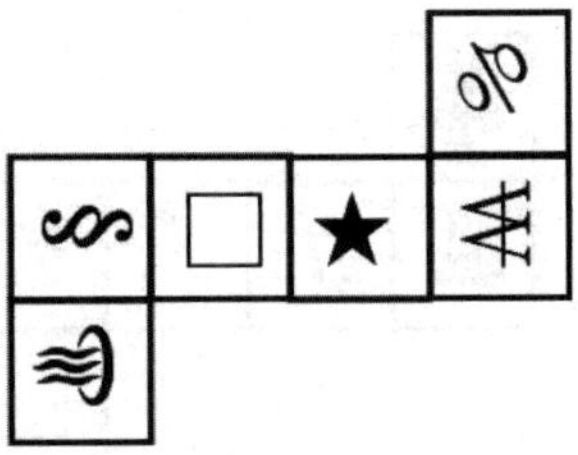

③

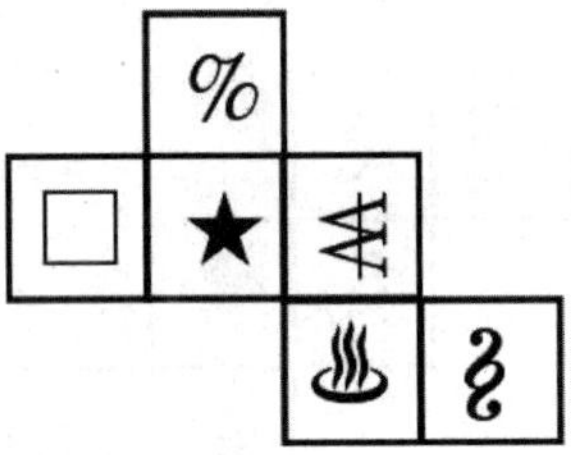

④

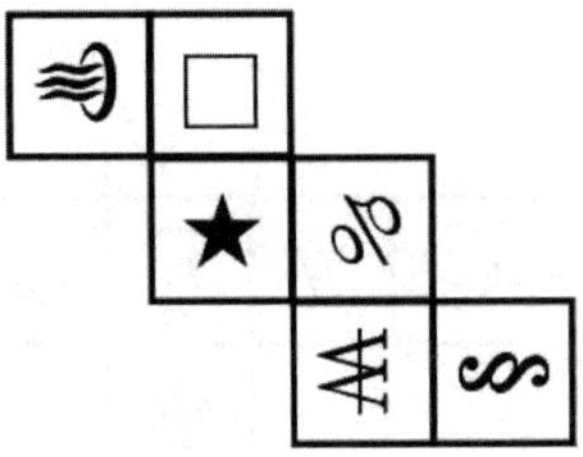

⑤

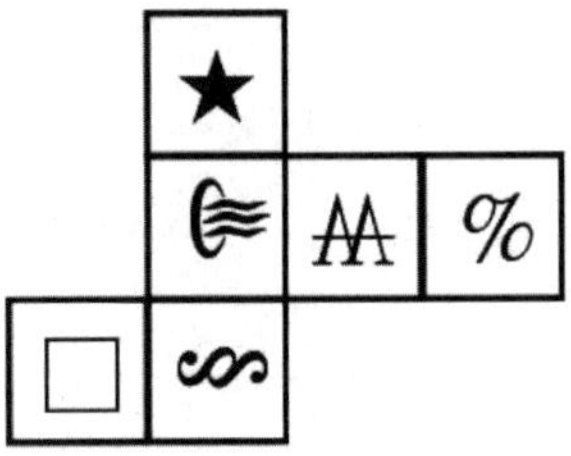

해설 ①

② ③ ④ ⑤ 해당

정답 03 ①

04 전개도가 나머지 셋과 다른 것은?

①
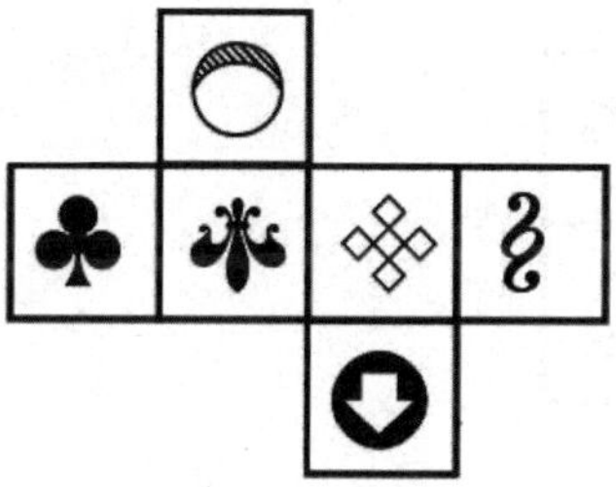

②
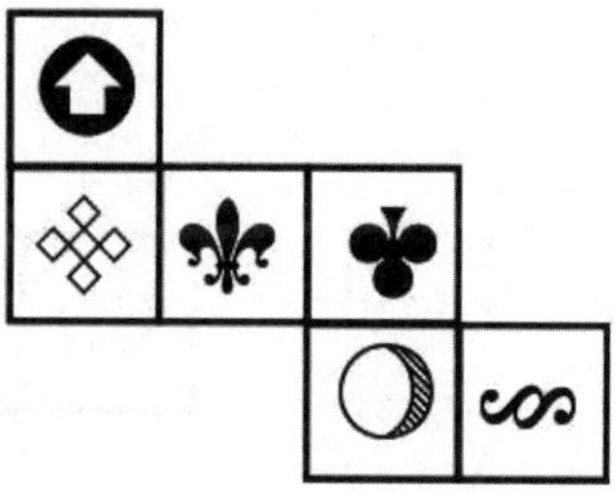

③
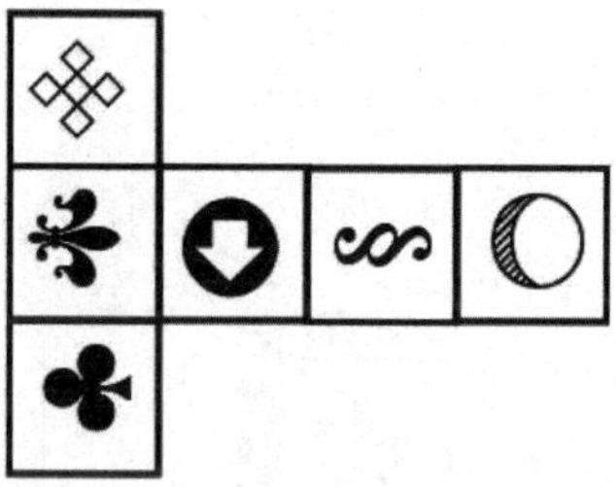

④
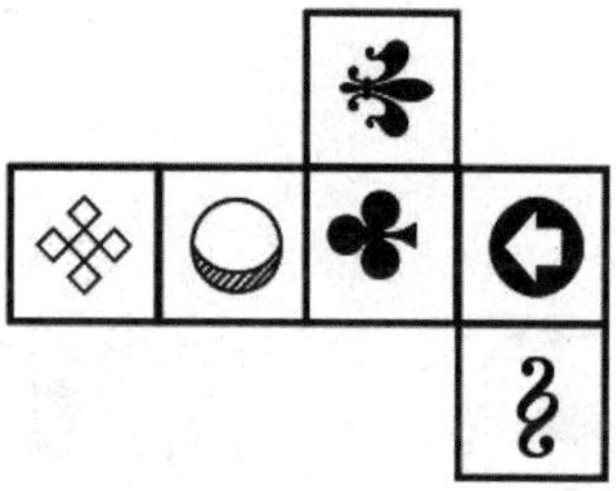

⑤
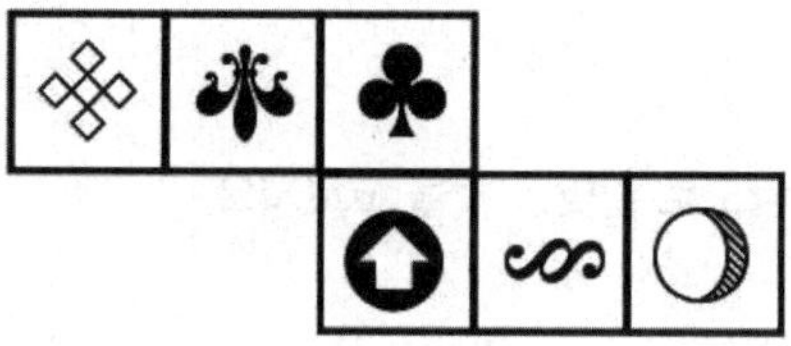

해설 ⑤

① ② ③ ④ 해당

정답 04 ⑤

05 다음 전개도를 접었을 때, 나타나는 입체도형의 모양으로 알맞은 것을 고르시오.

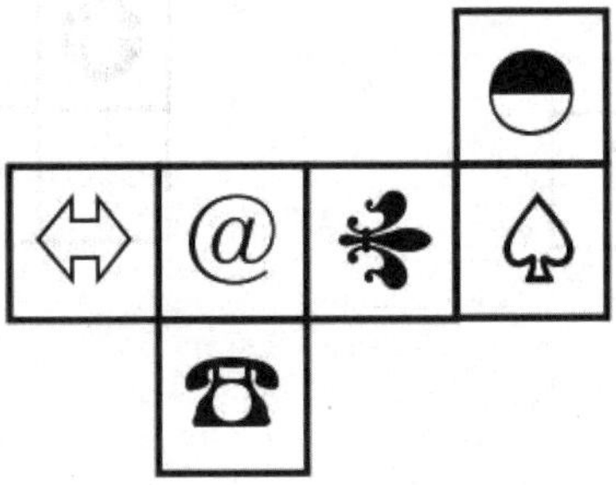

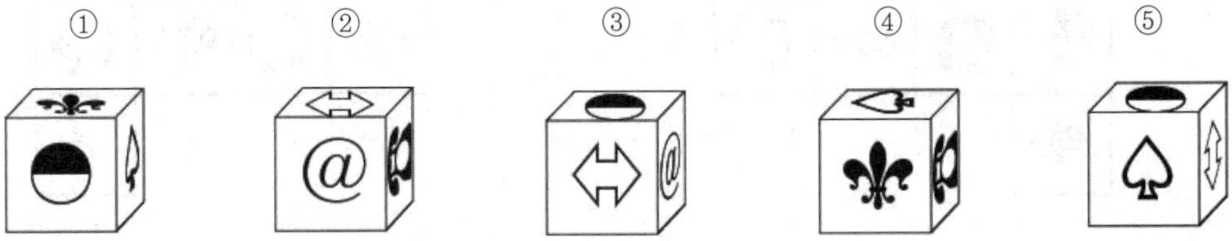

06 다음 전개도를 접었을 때, 나타나는 입체도형의 모양으로 알맞은 것을 고르시오.

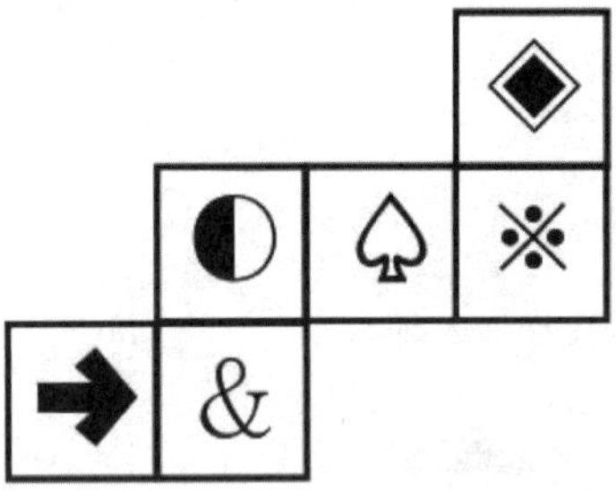

정답 05 ④ 06 ①

07 다음 전개도를 접었을 때, 나타나는 입체도형의 모양으로 알맞은 것을 고르시오.

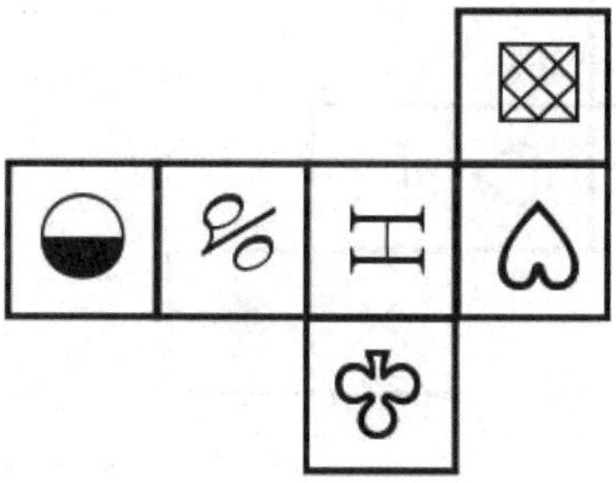

① ② ③ ④ ⑤

08 다음 전개도를 접었을 때, 나타나는 입체도형의 모양으로 알맞은 것을 고르시오.

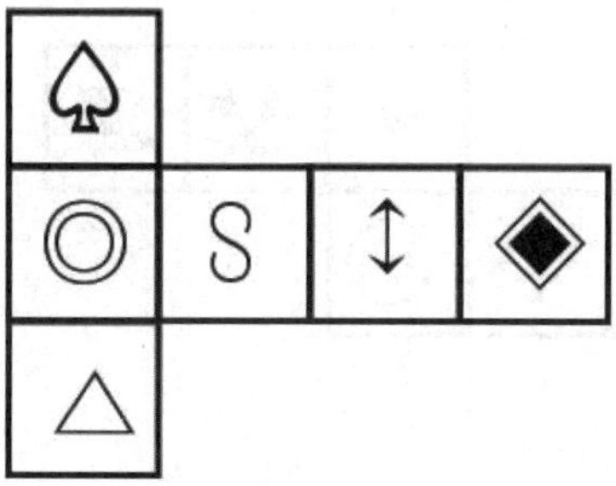

① ② ③ ④ ⑤

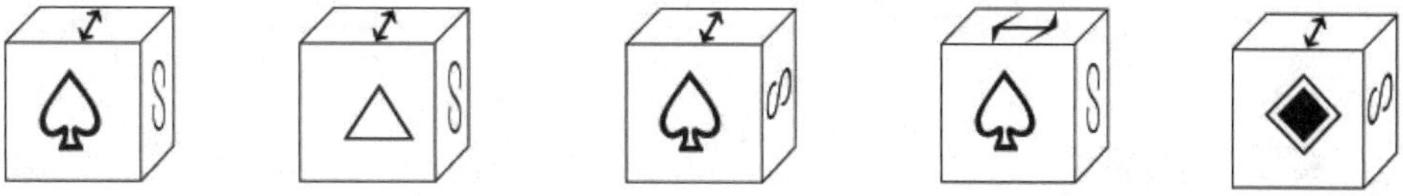

정답 07 ② 08 ①

09 다음 중 전개도를 접었을 때 완성되는 입체도형이 아닌 것을 고르시오.

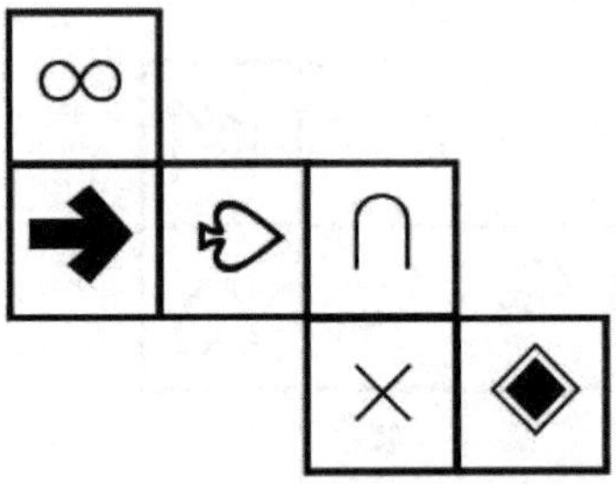

① ② ③ ④ ⑤

해설

10 다음 중 전개도를 접었을 때 완성되는 입체도형이 아닌 것을 고르시오.

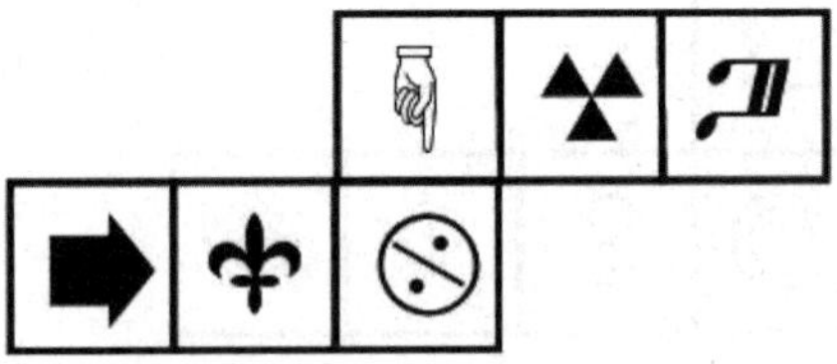

① ② ③ ④ ⑤

해설

정답 09 ⑤ 10 ①

11 다음 전개도 A, B, C를 기준면이 정면을 향하도록 접은 다음, 각각의 회전 방향에 따라 회전시킨 후 결합 형태에 따라 결합했을 때의 모양으로 알맞은 것을 고르시오.

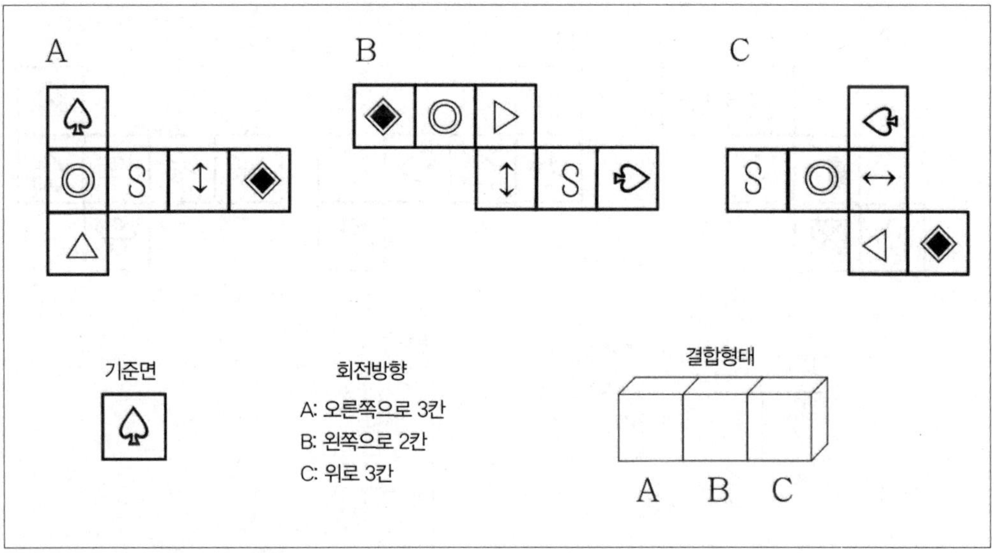

① 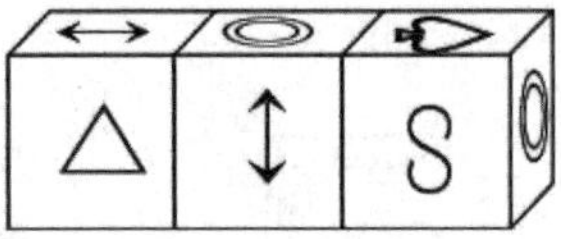

② 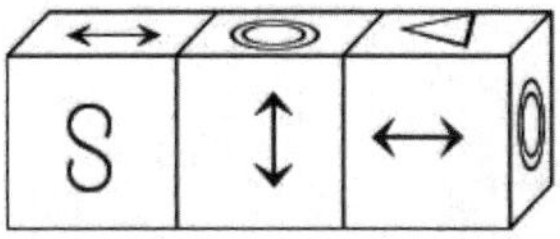

③ 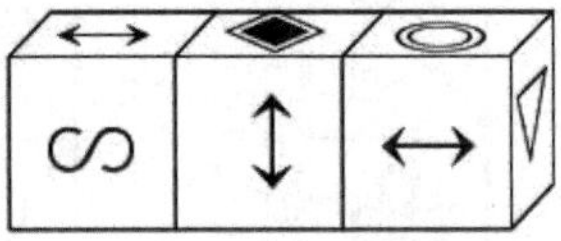

④ 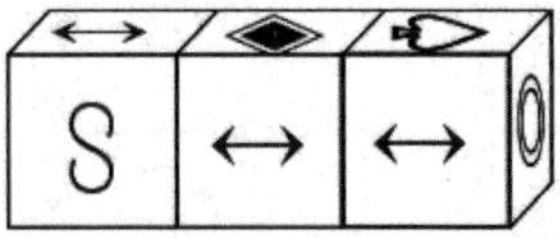

⑤ 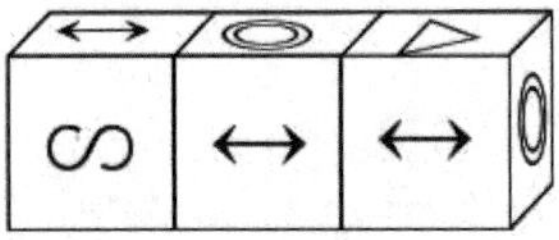

해설 접은 후:  회전 후: 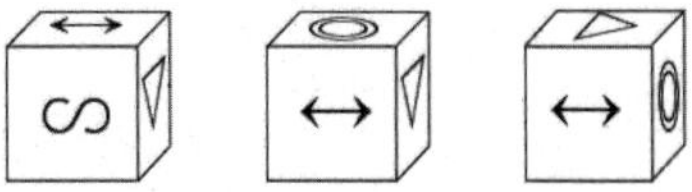

정답 11 ⑤

12 다음 전개도 A, B, C를 기준면이 정면을 향하도록 접은 다음, 각각의 회전 방향에 따라 회전시킨 후 결합 형태에 따라 결합했을 때의 모양으로 알맞은 것을 고르시오.

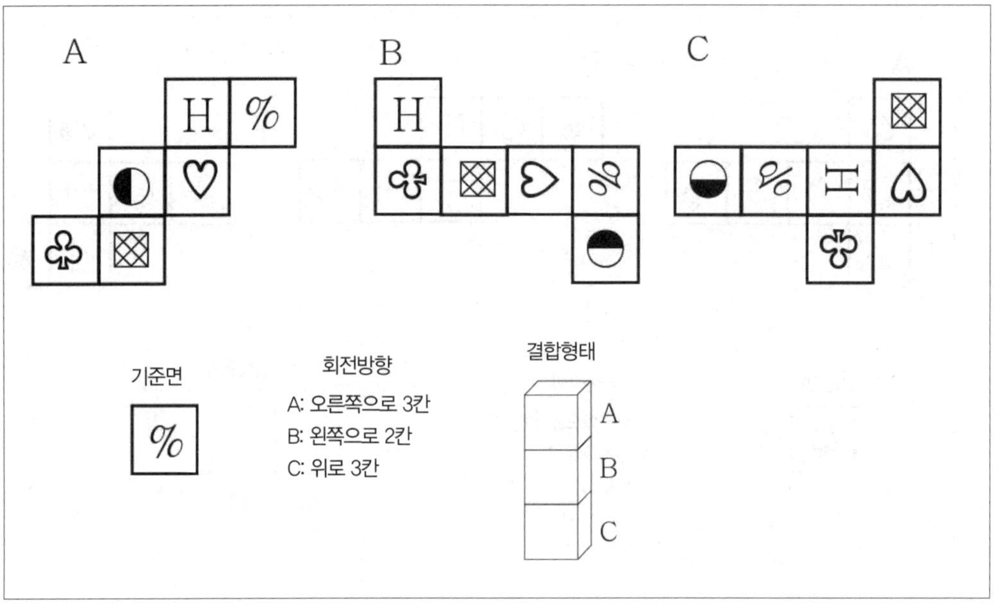

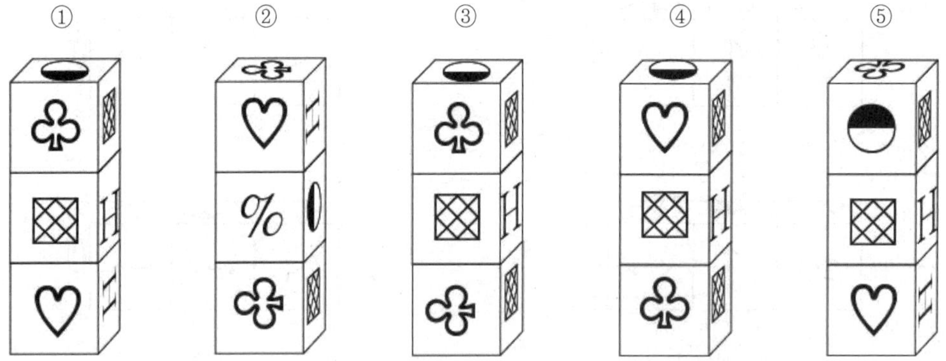

해설 접은 후:

회전 후:

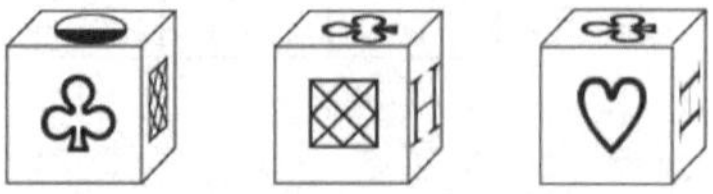

정답 12 ②

13 다음 전개도 A, B, C를 기준면이 정면을 향하도록 접은 다음, 각각의 회전 방향에 따라 회전시킨 후 결합 형태에 따라 결합했을 때의 모양으로 알맞은 것을 고르시오.

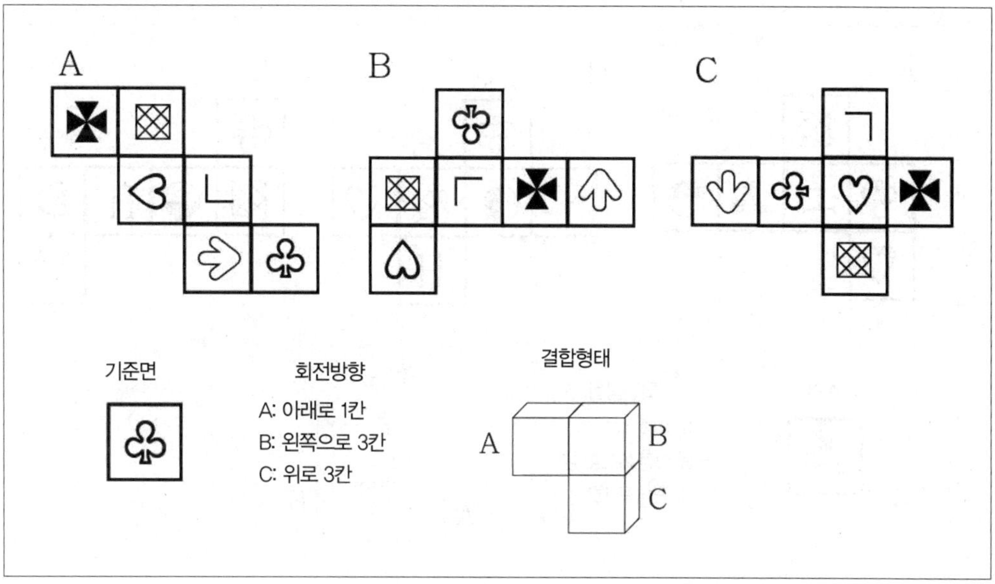

①

②

③

④

⑤

해설 접은 후:

회전 후:

정답 13 ①

14 다음 전개도 A, B, C를 기준면이 정면을 향하도록 접은 다음, 각각의 회전 방향에 따라 회전시킨 후 결합 형태에 따라 결합했을 때의 모양으로 알맞은 것을 고르시오.

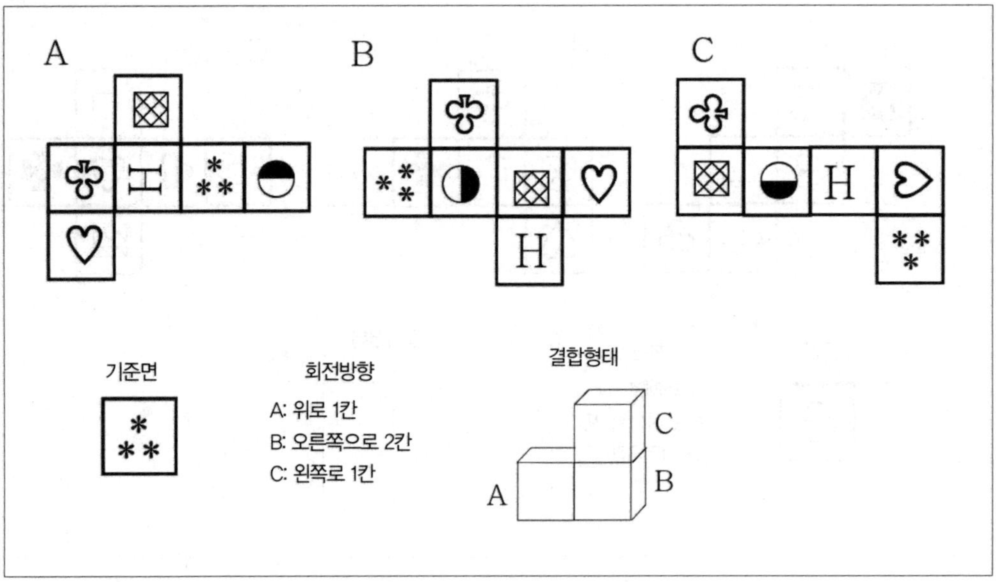

①

②

③

④

⑤

해설 접은 후:

회전 후:

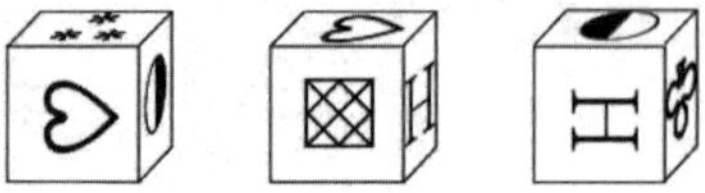

정답 14 ③

Chapter

03 종이접기(펀칭/뒷면 유추)

평가 내용

종이를 다양한 방향으로 접은 후 펀칭해서 펼쳤을 때의 모양이나 접은 종이의 뒷면 모양을 유추할 수 있는지 평가한다.

학습 방법

1. 펀칭의 경우 마지막 종이와 선택지의 펀치 구멍 위치를 비교하여 일치하지 않은 것을 삭제한다. 종이를 펼치는 순서는 종이를 접은 역순이므로 마지막 종이부터 종이를 접은 역순으로 펀치 구멍을 확인하여 선택지에서 삭제한다.
2. 뒷면 유추의 경우 마지막 종이를 앞으로 접은 경우는 마지막 종이의 바로 직전 종이의 뒷면을 유추한 후 선택지와 비교하여 삭제하고, 마지막 종이를 뒤로 접은 경우는 뒷면의 일부는 접기 전 앞면의 일부가 접은 선을 기준으로 좌우상하 대칭이동 되므로 그 모양을 선택지와 비교하여 삭제한다. 제시된 나머지 종이 중 뒤로 접는 종이를 우선 순위로 두고 확인한다.

출제유형

1. 종이를 접은 후 펀치로 구멍을 뚫은 다음 다시 펼쳤을 때의 그림을 고르는 행태
2. 종이를 접은 후 마지막 종이의 뒷면을 유추하여 고르는 행태

Chapter 03 연습문제 (종이접기(펀칭/뒷면 유추))

01 다음 제시된 그림을 화살표 방향으로 접은 후 구멍을 뚫은 다음 다시 펼쳤을 때의 그림을 고르시오.

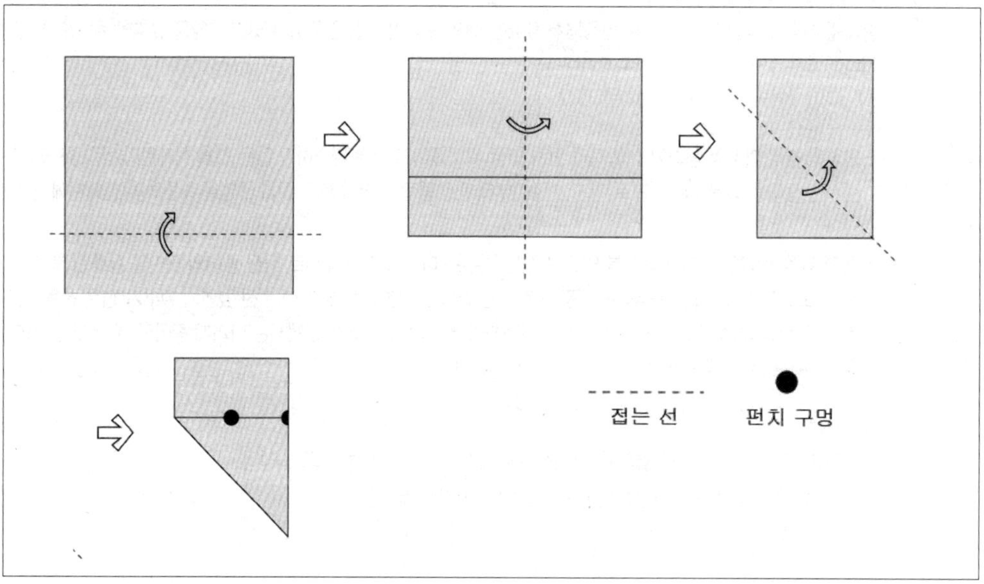

①

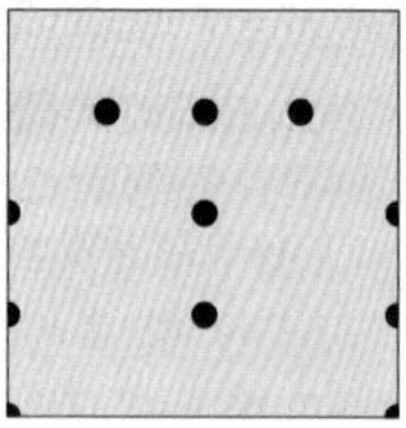

②

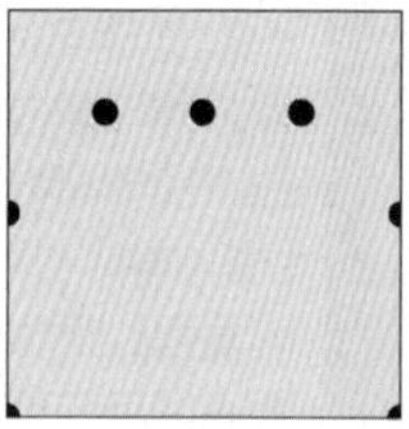

③

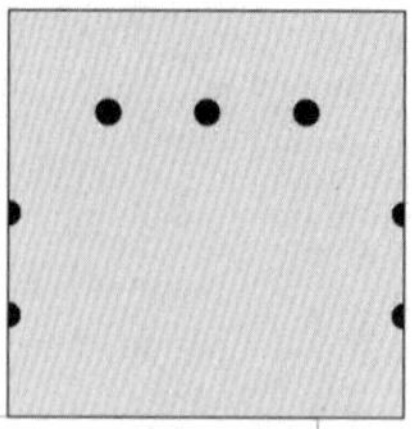

④

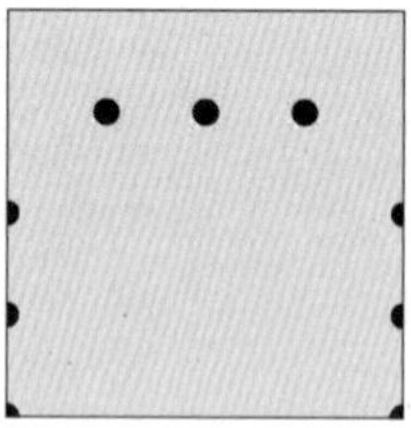

해설

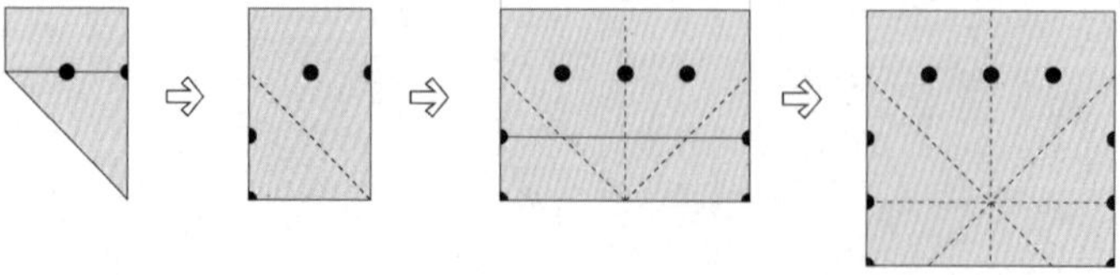

정답 01 ④

02 다음 제시된 그림을 화살표 방향으로 접은 후 구멍을 뚫은 다음 다시 펼쳤을 때의 그림을 고르시오.

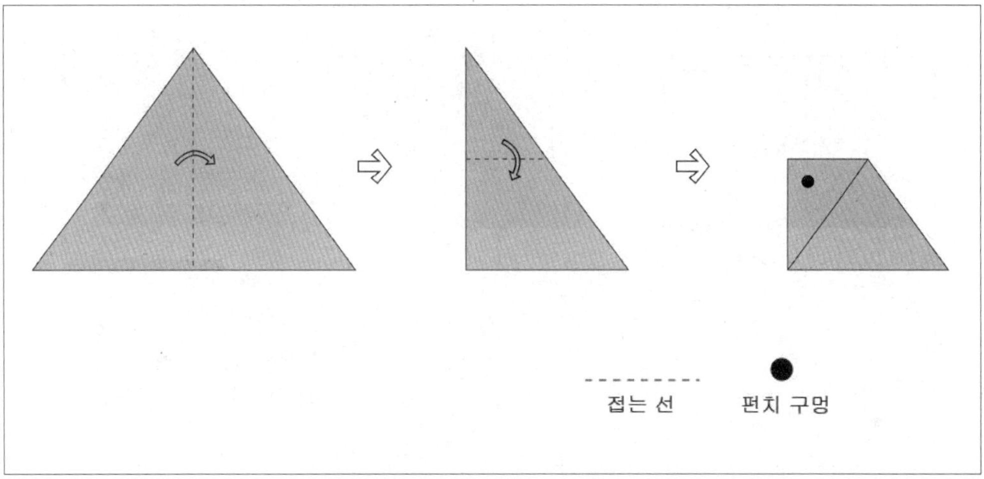

①

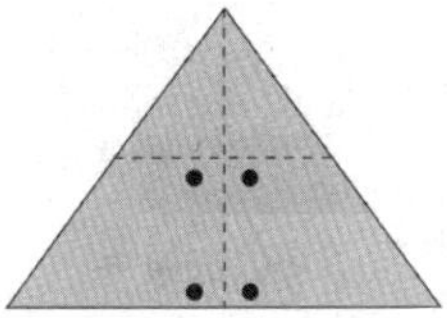

②

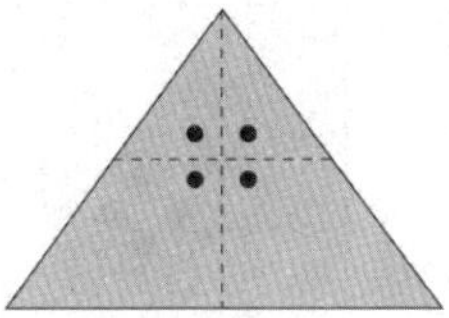

③

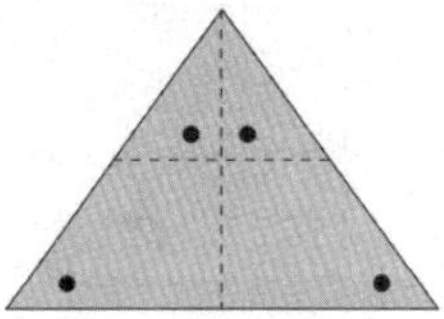

④

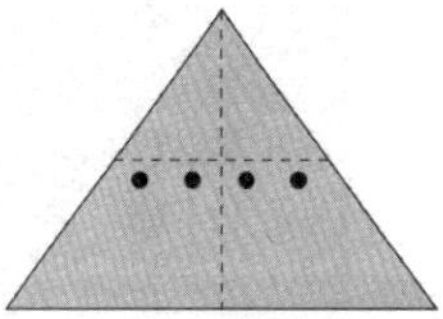

해설

정답 02 ②

03 다음 제시된 그림을 화살표 방향으로 접은 후 구멍을 뚫은 다음 다시 펼쳤을 때의 그림을 고르시오.

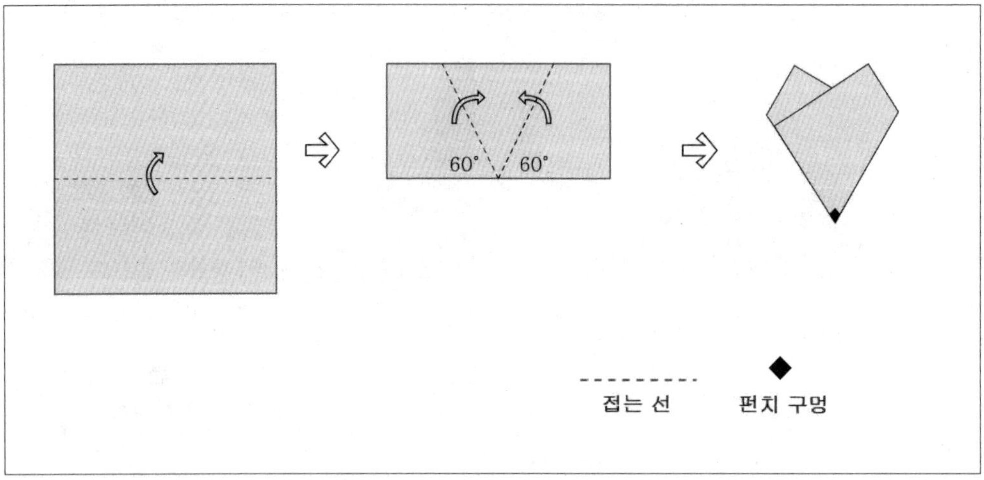

①

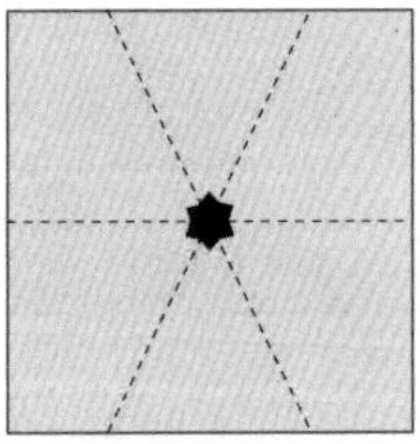

②

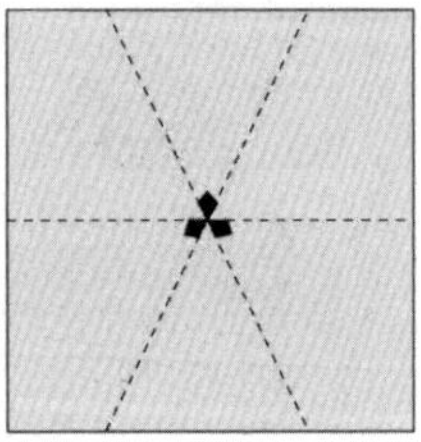

③

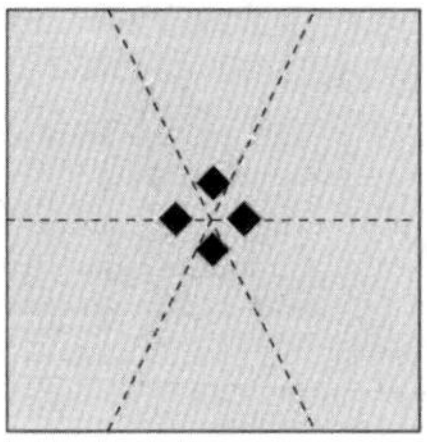

④

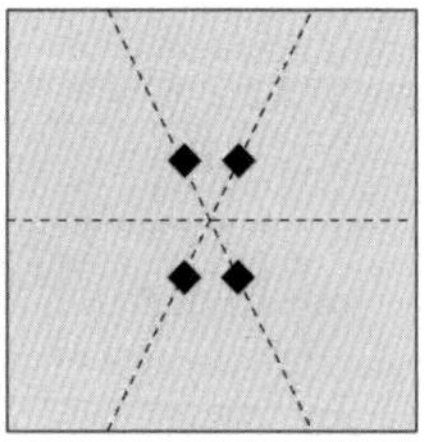

해설

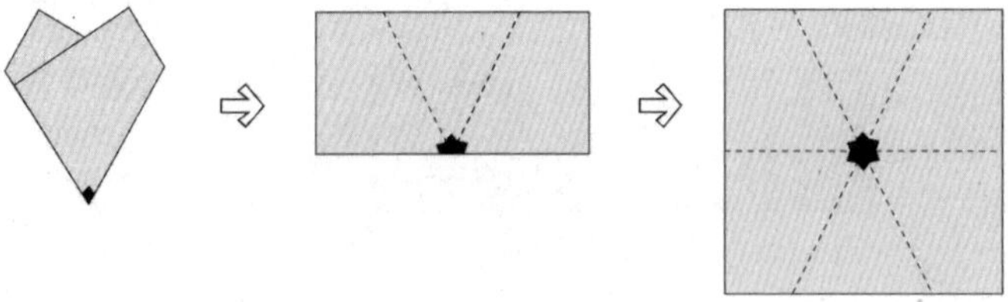

정답 03 ①

04 **다음 제시된 그림을 화살표 방향으로 접은 후 구멍을 뚫은 다음 다시 펼쳤을 때의 그림을 고르시오.**

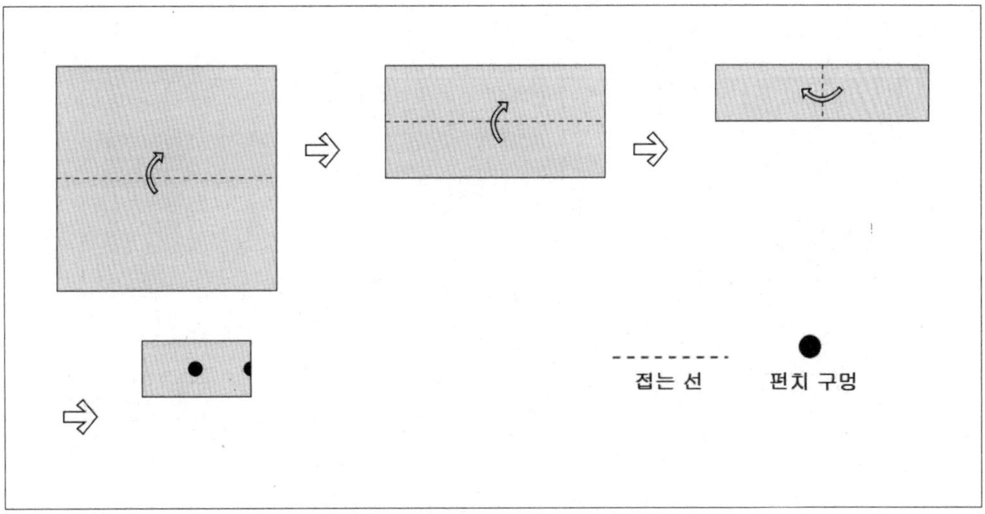

①

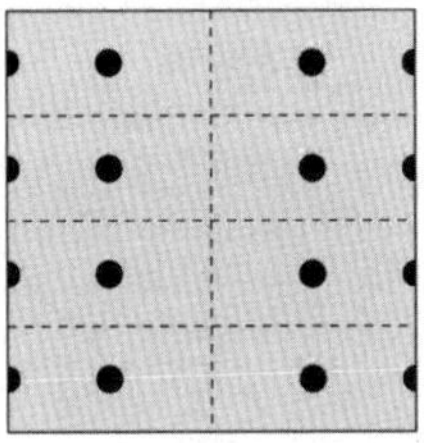

②

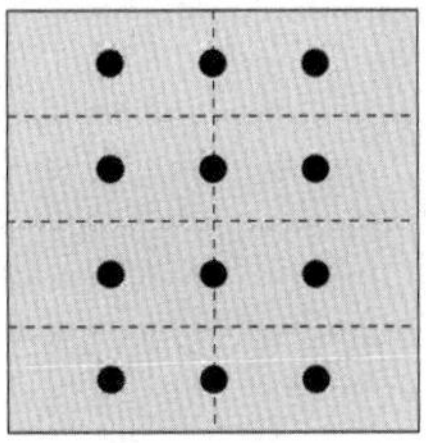

③

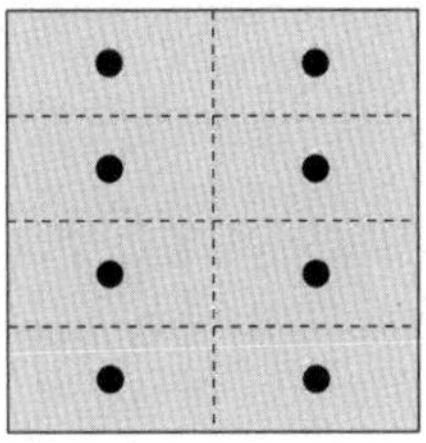

④

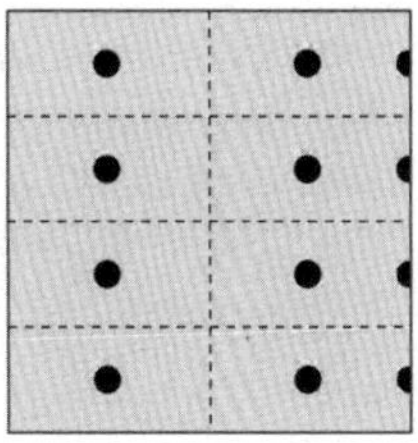

해설

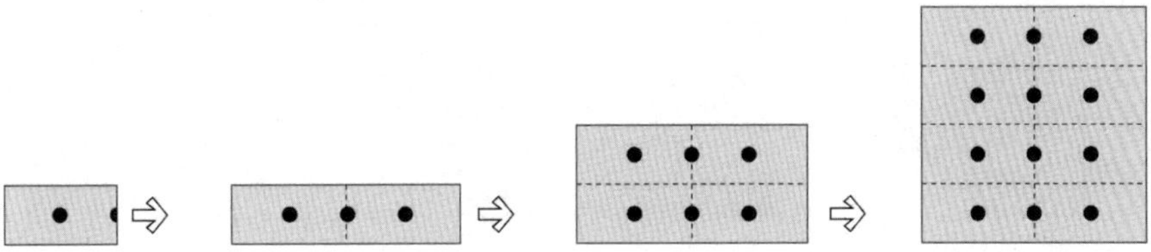

정답 04 ②

05 다음 그림과 같이 접었을 때 나올 수 있는 뒷면의 모양으로 적절한 것을 고르시오.

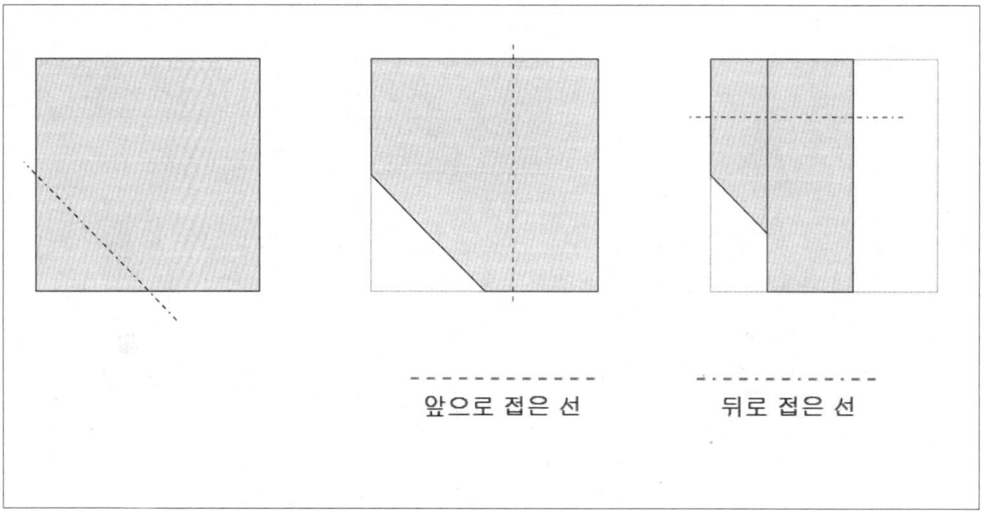

① 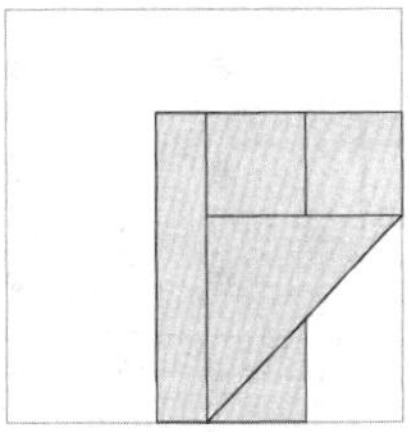

② 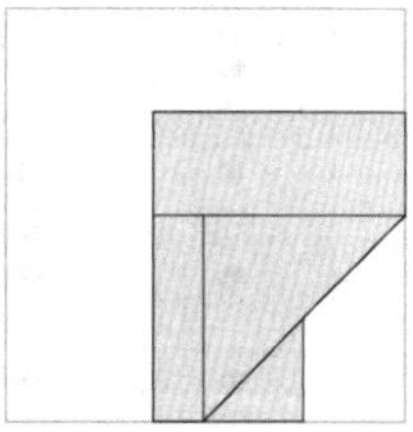

③ 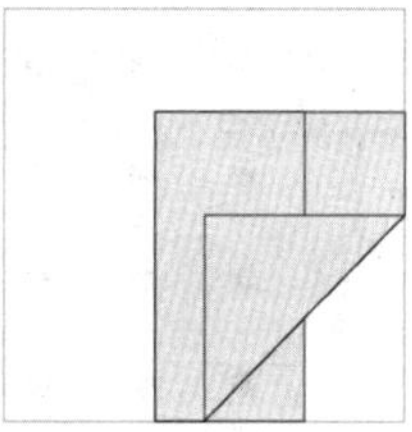

④ 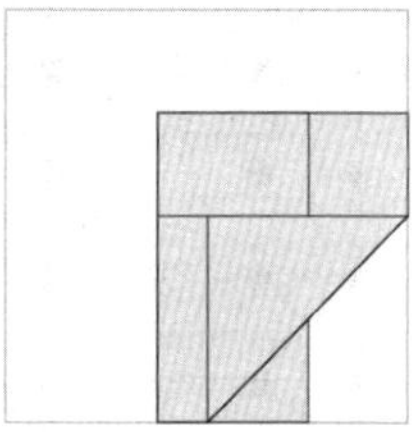

해설

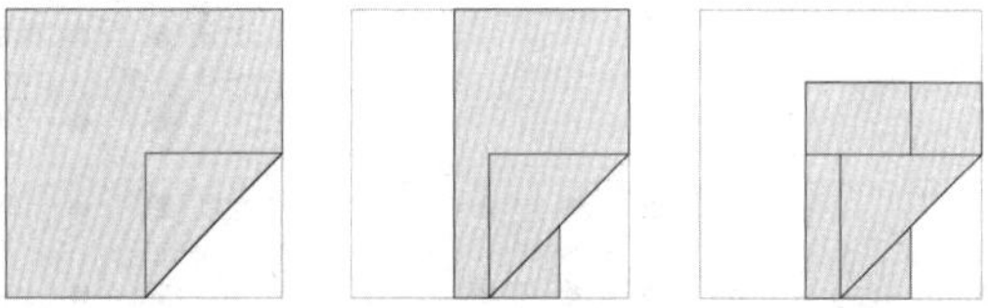

정답 05 ④

06 다음 그림과 같이 접었을 때 나올 수 있는 뒷면의 모양으로 적절한 것을 고르시오.

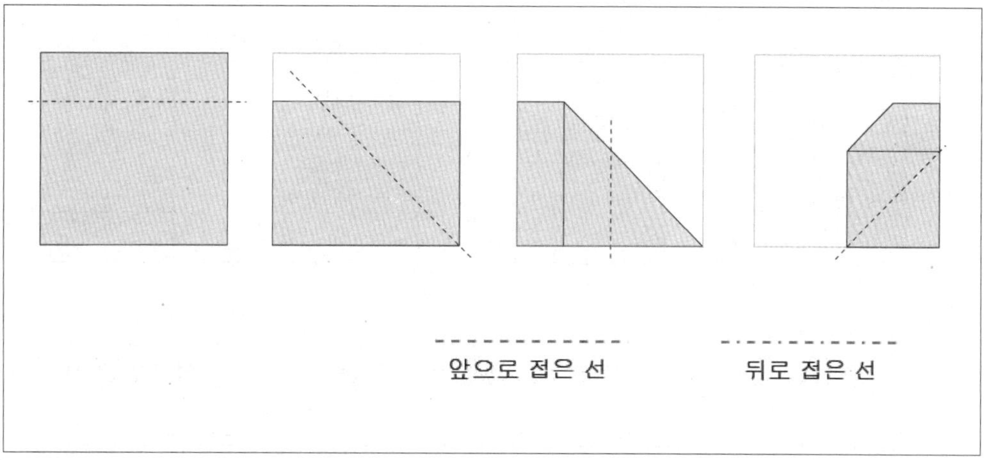

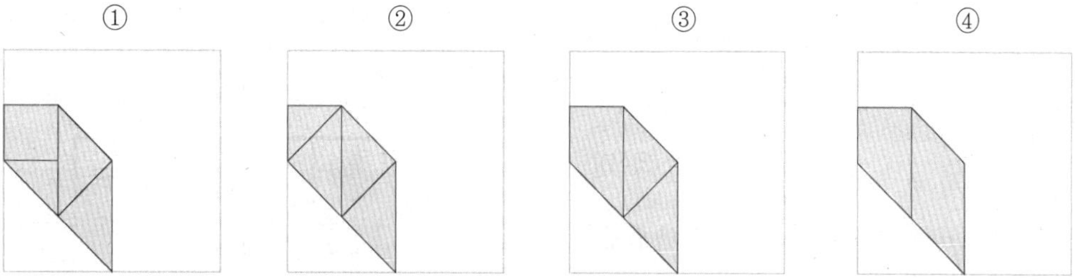

해설

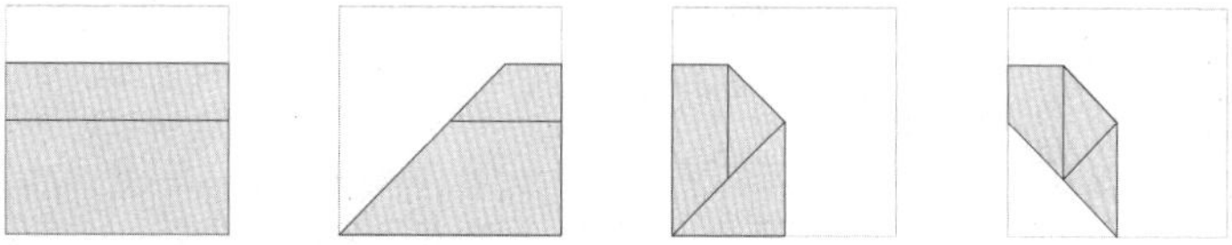

정답 06 ③

07 다음 그림과 같이 접었을 때 나올 수 있는 뒷면의 모양으로 적절한 것을 고르시오.

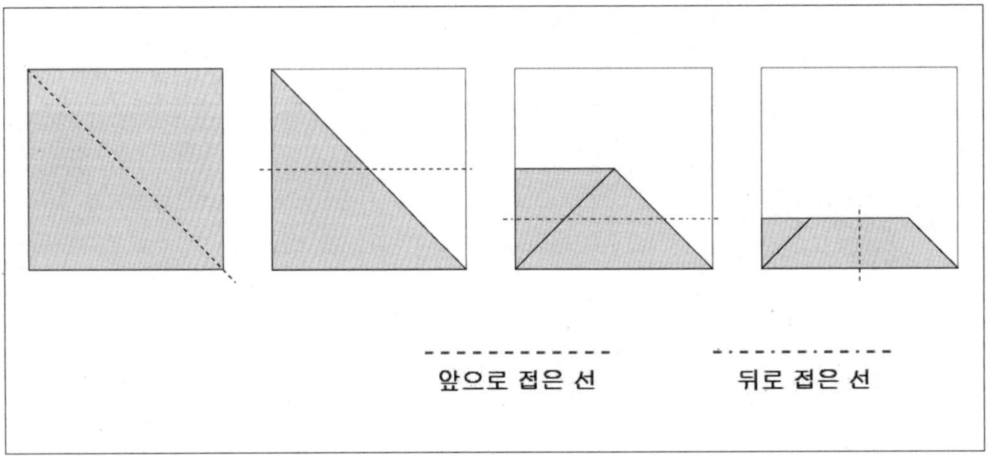

①　　②　　③　　④

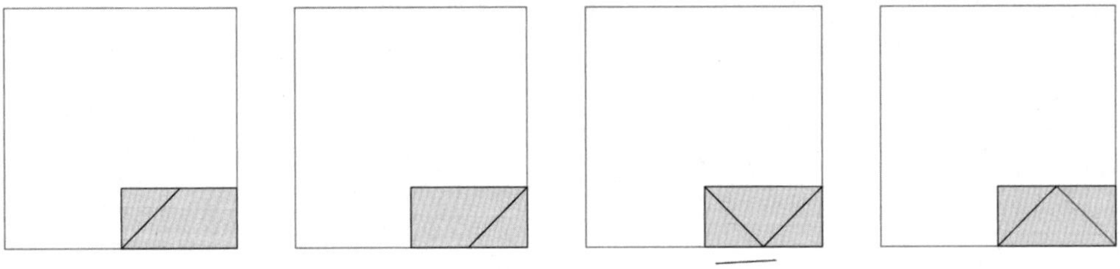

해설

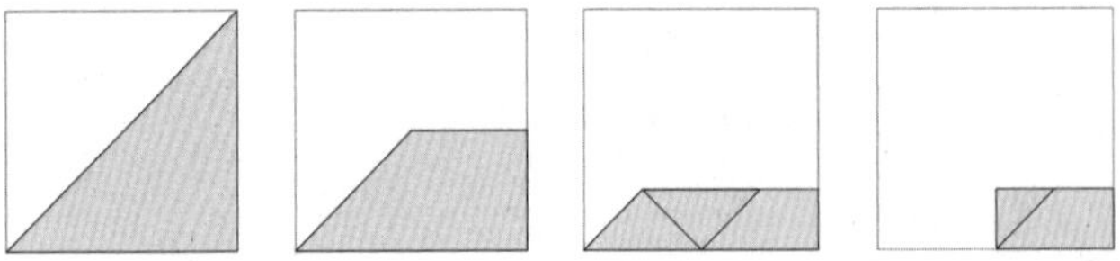

정답 07 ①

08 다음 그림과 같이 접었을 때 나올 수 있는 뒷면의 모양으로 적절한 것을 고르시오.

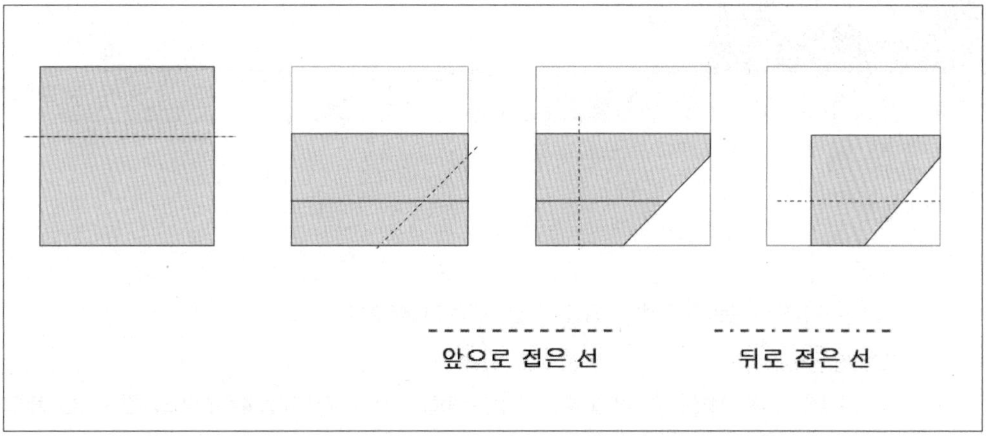

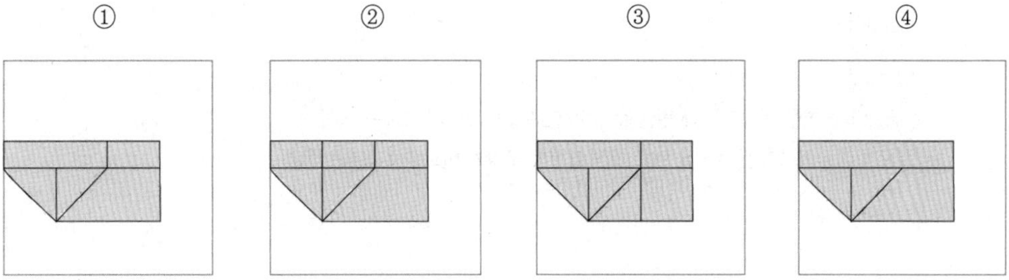

해설

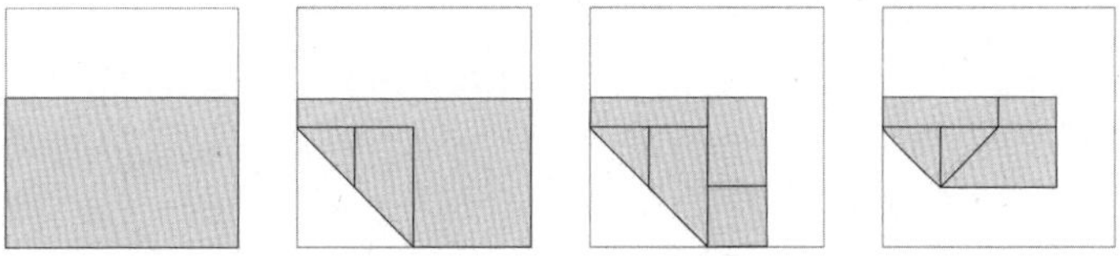

정답 08 ②

Chapter

04 블록 결합

평가 내용

블록을 결합하거나 분리했을 때의 모양을 유추할 수 있는지 평가한다.

학습 방법

1. 블록 결합의 경우 제시된 두 개의 블록 중 하나를 선택하여 선택지에서 이 블록을 찾아 표시한 후 남은 블록과 일치하지 않는 선택지를 확인한다.
2. 블록 분리는 결합된 블록의 개수에서 제시된 블록의 개수를 제외한 후 남은 블록의 개수와 선택지의 블록 개수를 비교하여 오답을 삭제한다. 결합된 블록에서 보이는 블록의 모양을 선택지와 비교하여 블록의 방향이나 위치가 일치하는지 확인한다.
3. 종이접기 회전 방향에 따라 변화하는 블록의 형태를 파악하고 다양한 방법으로 결합하는 블록의 형태를 학습한다.

출제유형

1. 두 개의 블록을 결합했을 때 만들 수 없는 형태를 비교해서 고르는 행태
2. 두 개 이상의 결합된 블록을 보고 특정 블록의 모양을 비교해서 고르는 행태

Chapter 04 연습문제 (블록 결합)

01 다음 두 블록을 합쳤을 때 나올 수 없는 형태를 고르시오. (단, 회전은 자유롭다)

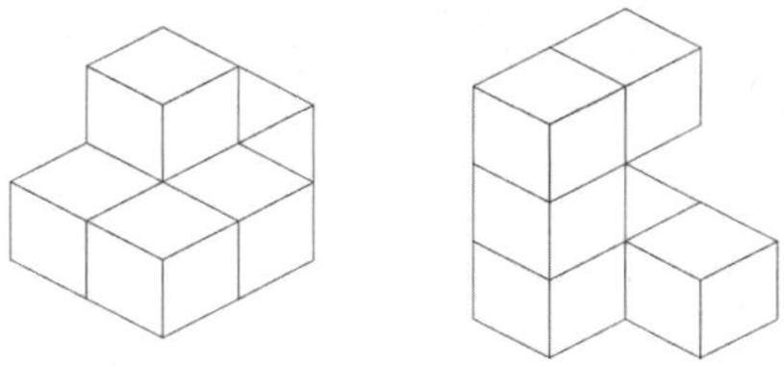

① 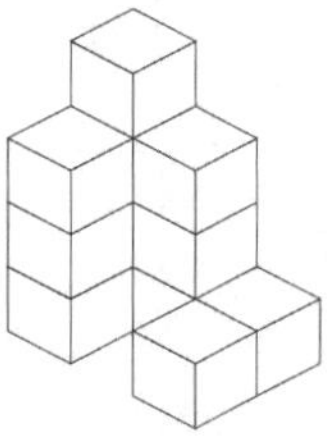
② 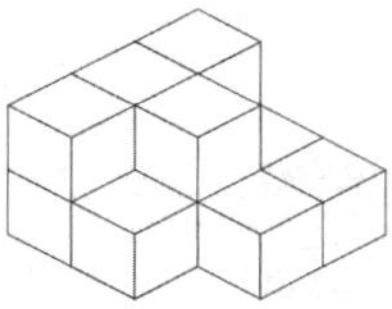
③ 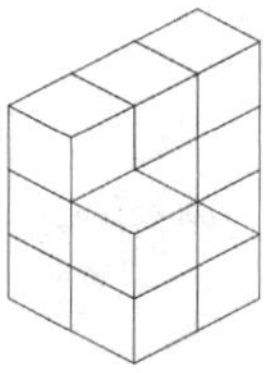
④ 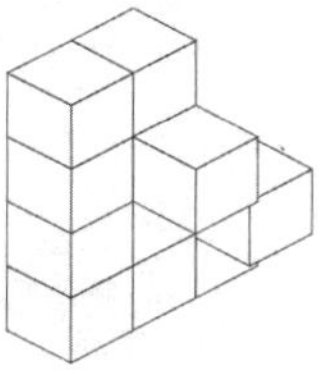
⑤ 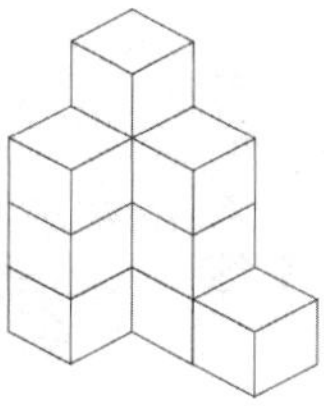

해설 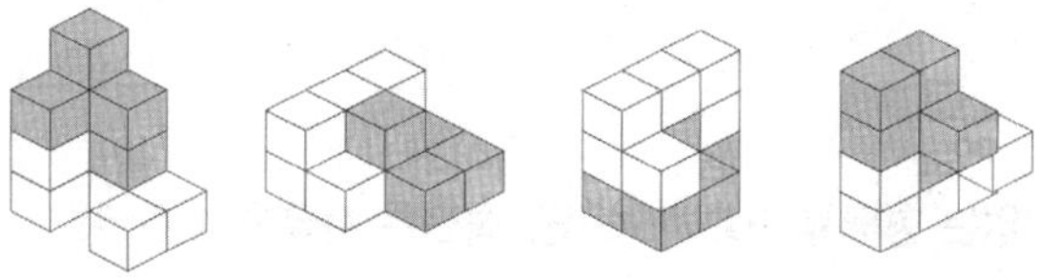

02 다음 두 블록을 합쳤을 때 나올 수 없는 형태를 고르시오. (단, 회전은 자유롭다)

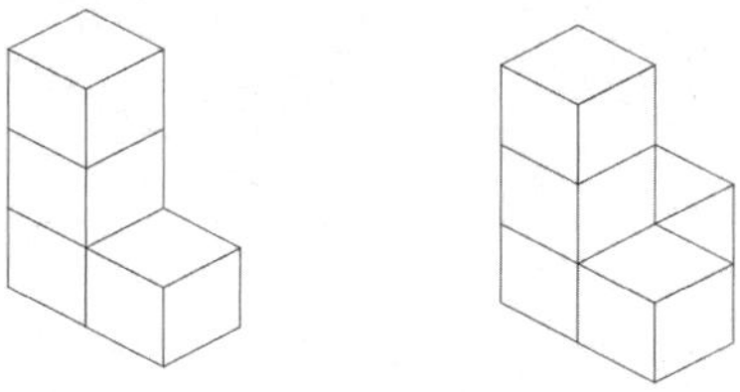

① 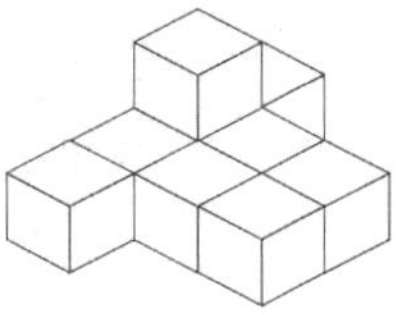
② 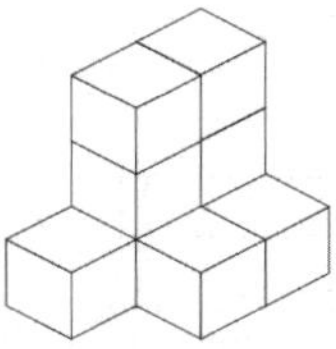
③ 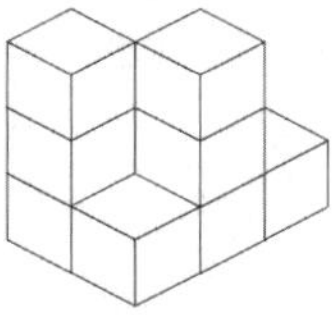
④ 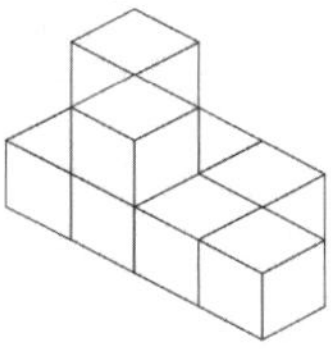
⑤ 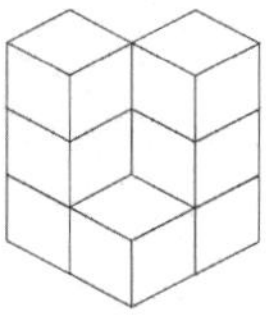

해설 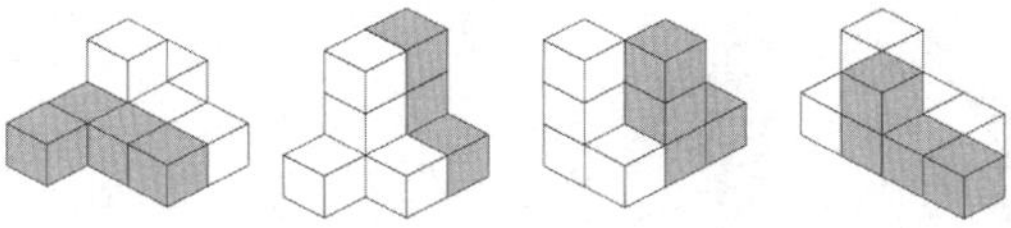

정답 01 ⑤ 02 ⑤

03 다음 두 블록을 합쳤을 때 나올 수 없는 형태를 고르시오. (단, 회전은 자유롭다)

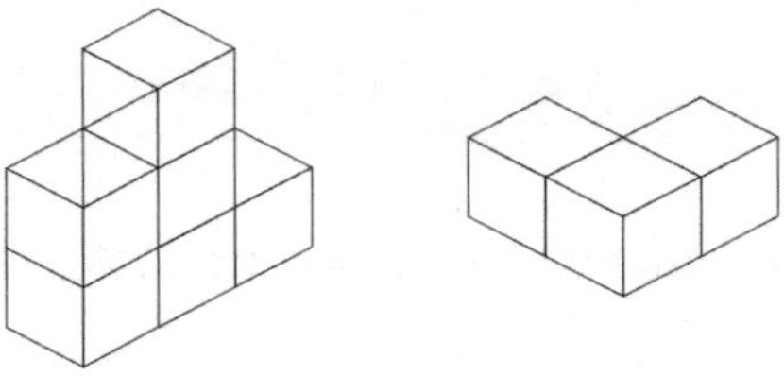

①

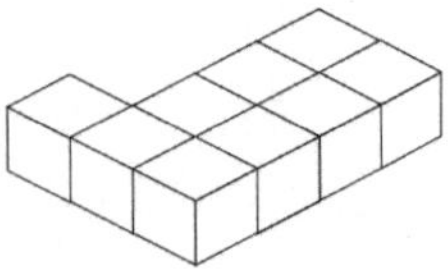

②

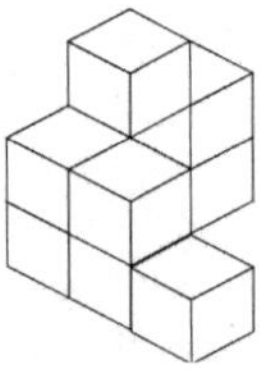

③

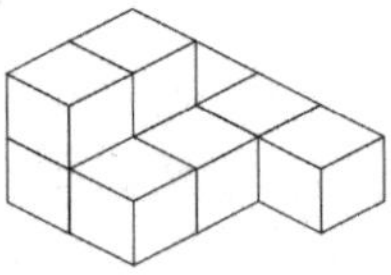

④

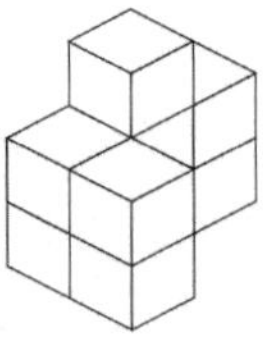

⑤

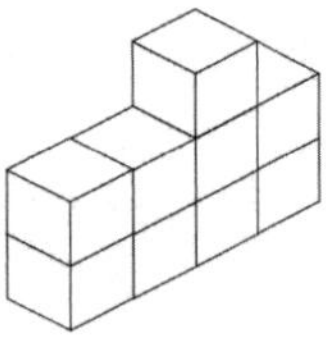

해설

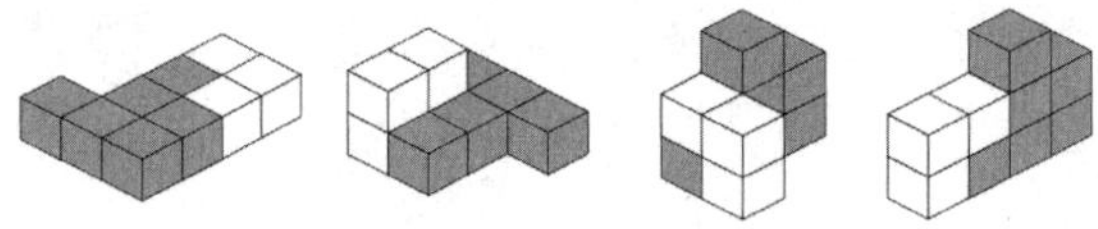

04 다음 두 블록을 합쳤을 때 나올 수 없는 형태를 고르시오. (단, 회전은 자유롭다)

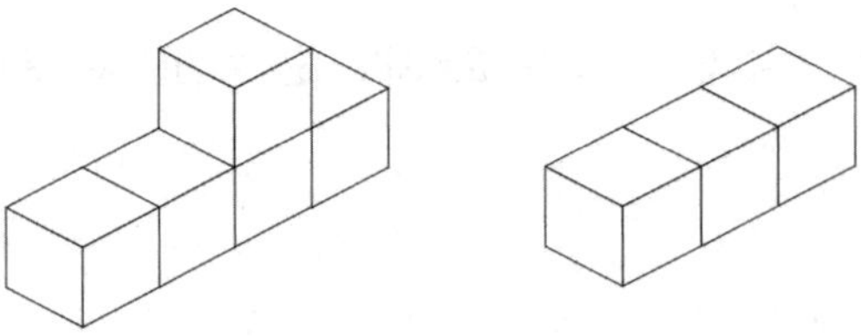

①

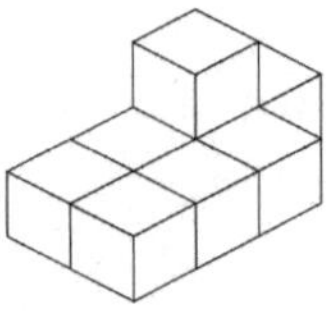

②

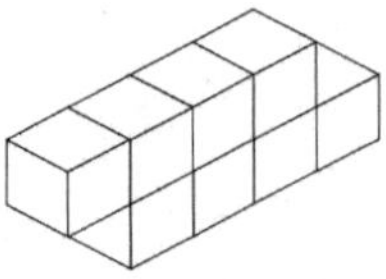

③

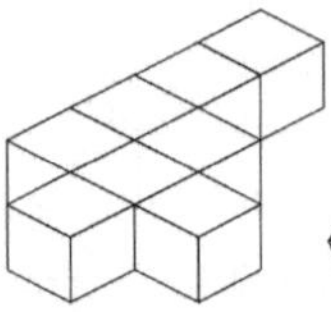

④

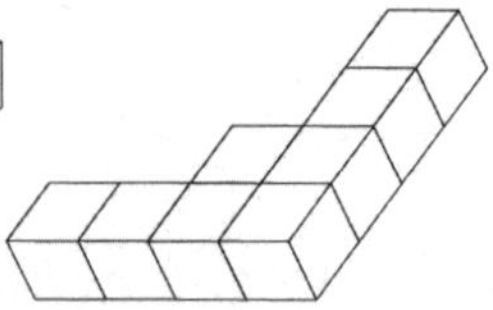

⑤

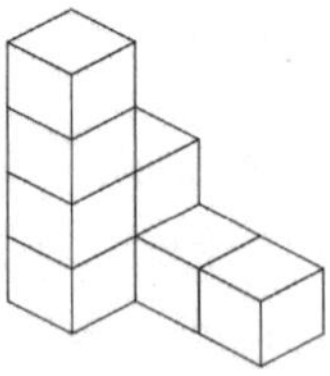

해설

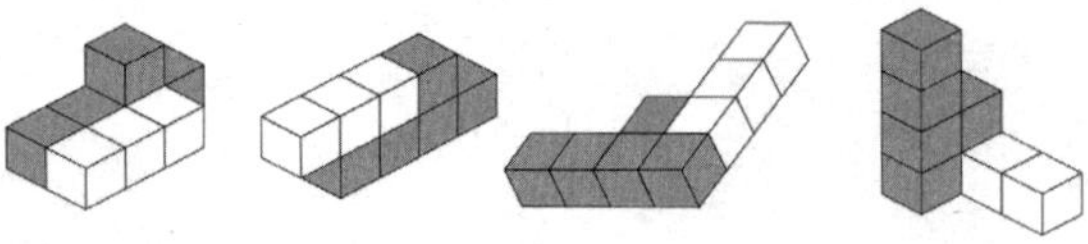

정답 03 ② 04 ③

05 다음 블록의 개수는 몇 개인지 고르시오.

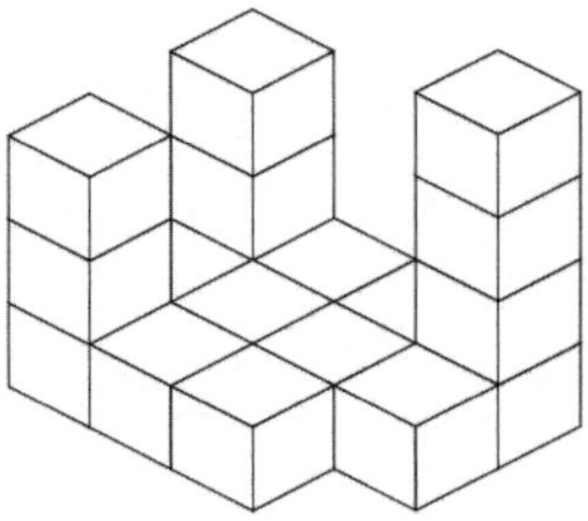

① 16개　　② 17개

③ 18개　　④ 19개

해설 1층 : 11개, 2층 : 3개, 3층 : 3개, 4층 : 1개

06 다음 블록의 개수는 몇 개인지 고르시오.

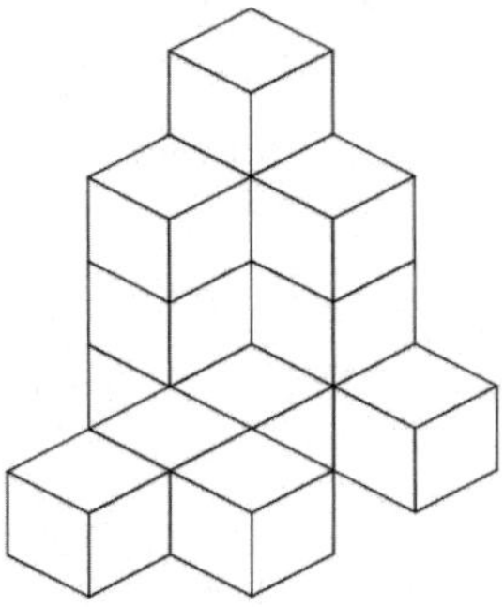

① 15개　　② 16개

③ 17개　　④ 18개

해설 1층 : 8개, 2층 : 3개, 3층 : 3개, 4층 : 1개

정답 05 ③　06 ①

07 다음 블록의 개수는 몇 개인지 고르시오.

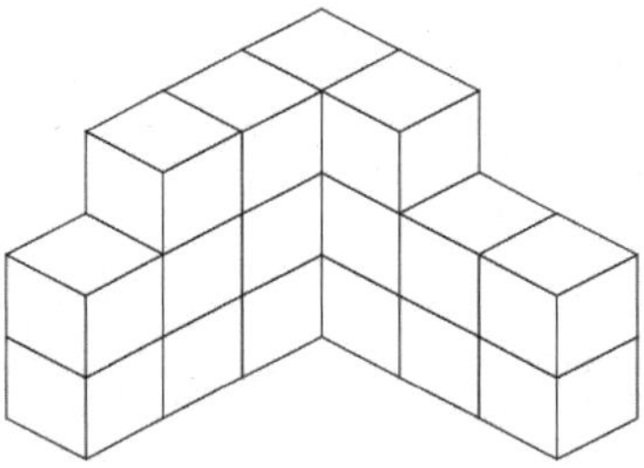

① 15개　　② 16개

③ 17개　　④ 18개

해설 1층 : 7개, 2층 : 7개, 3층 : 4개

08 다음 블록의 개수는 몇 개인지 고르시오.

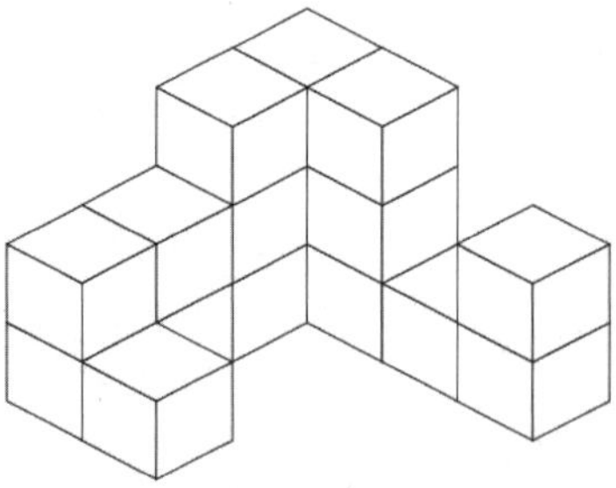

① 15개　　② 16개

③ 17개　　④ 18개

해설 1층 : 8개, 2층 : 6개, 3층 : 3개

정답 07 ④　08 ③

09 다음은 어떤 입체블록을 우측면, 윗면, 정면, 좌측면에서 바라보았을 때의 투상도를 나타낸 것이다. 이에 해당하는 입체 블록으로 알맞은 것을 고르시오. (단, 회전은 자유롭다)

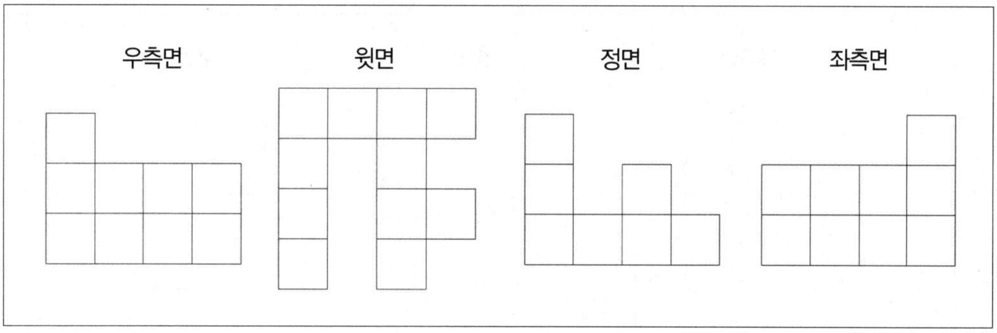

① 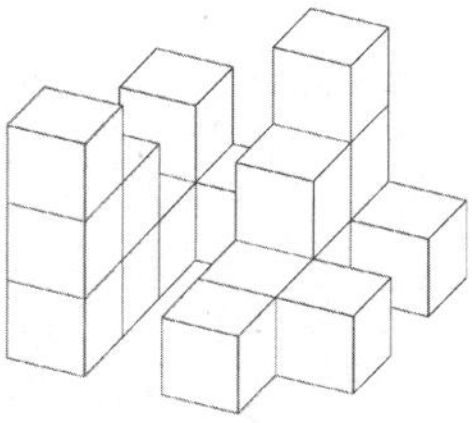

② 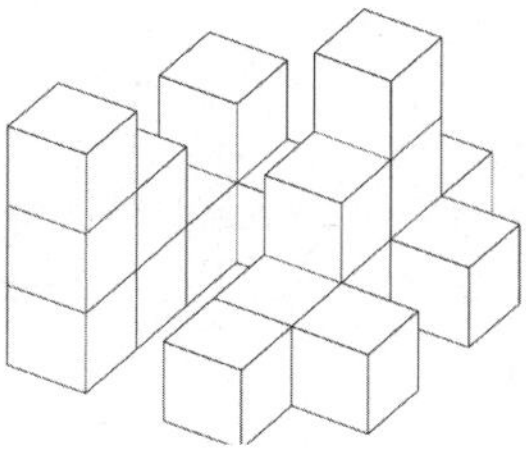

③ 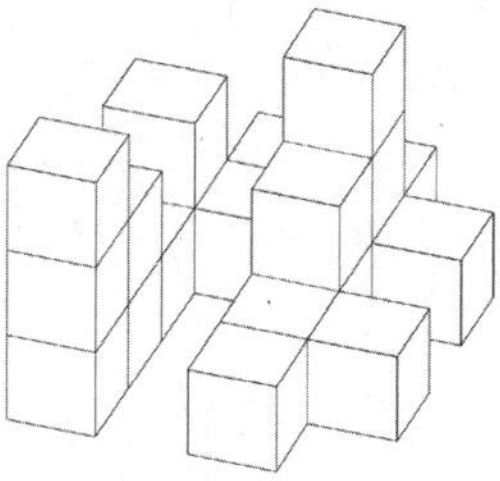

④ 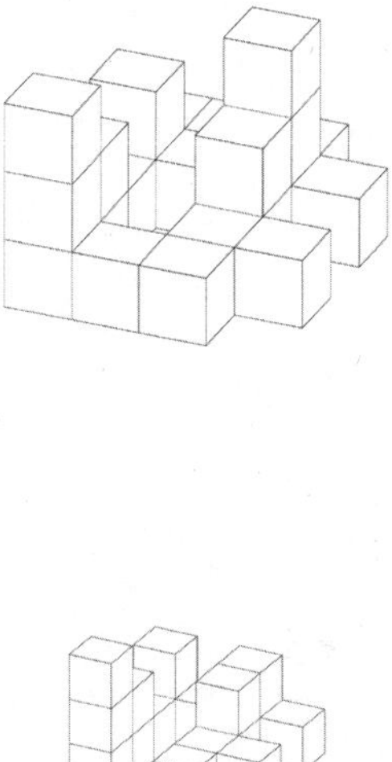

⑤ 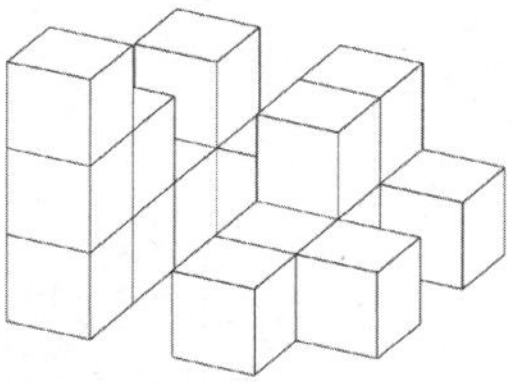

해설

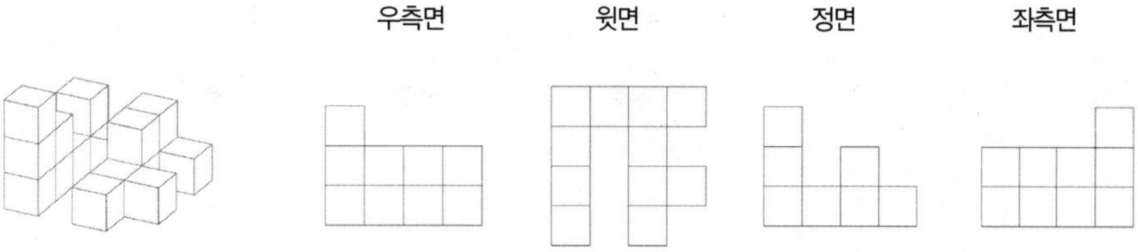

정답 09 ⑤

10 다음은 어떤 입체블록을 우측면, 윗면, 후면에서 바라보았을 때의 투상도를 나타낸 것이다. 이에 해당하는 입체 블록으로 알맞은 것을 고르시오. (단, 회전은 자유롭다)

우측면 윗면 후면

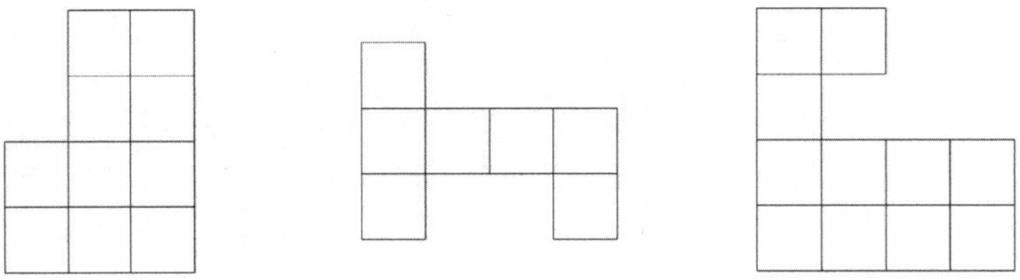

① 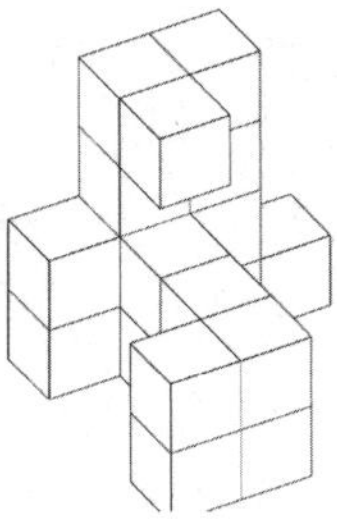

② 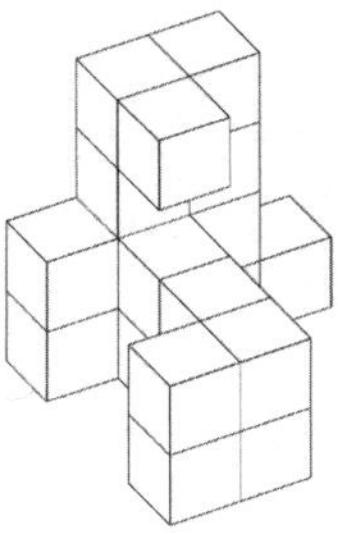

③ 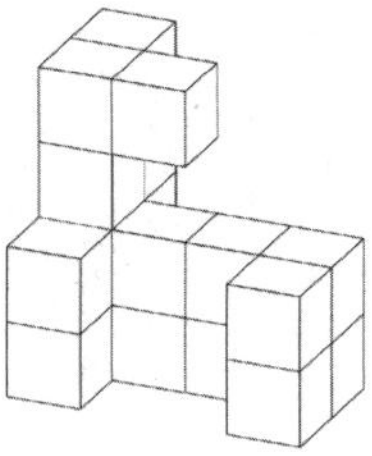

④ 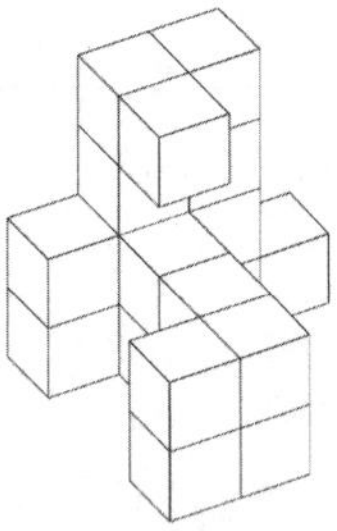

⑤ 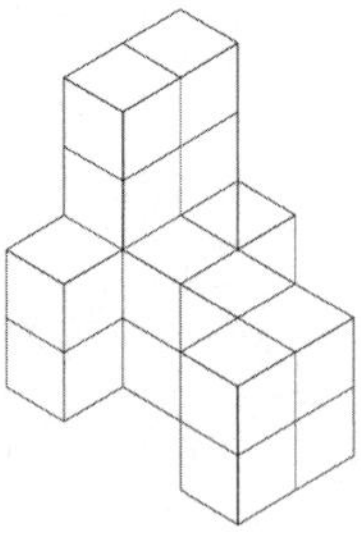

해설

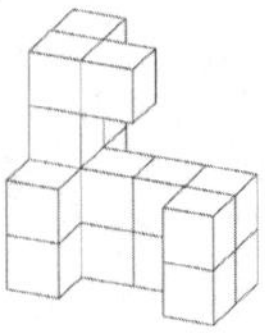

우측면 윗면 후면

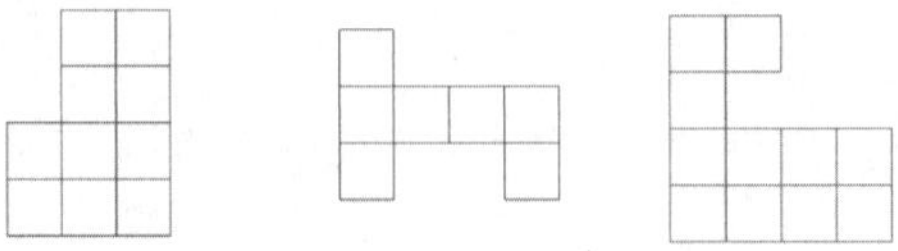

정답 10 ③

11 다음은 어떤 입체블록을 우측면, 윗면, 후면에서 바라보았을 때의 투상도를 나타낸 것이다. 이에 해당하는 입체 블록으로 알맞은 것을 고르시오. (단, 회전은 자유롭다)

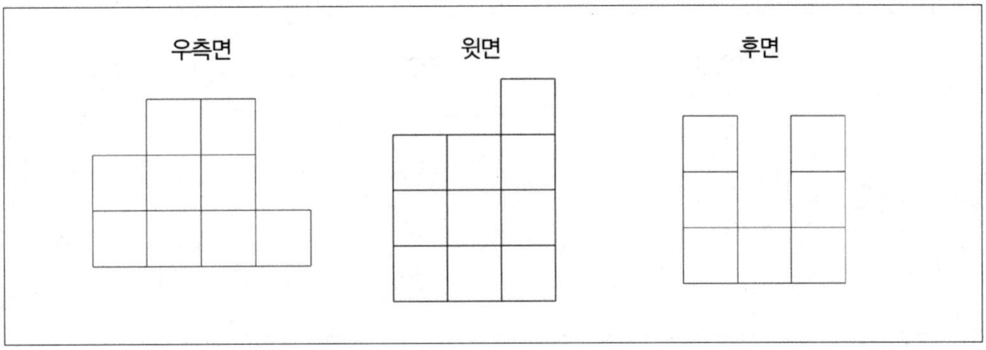

①
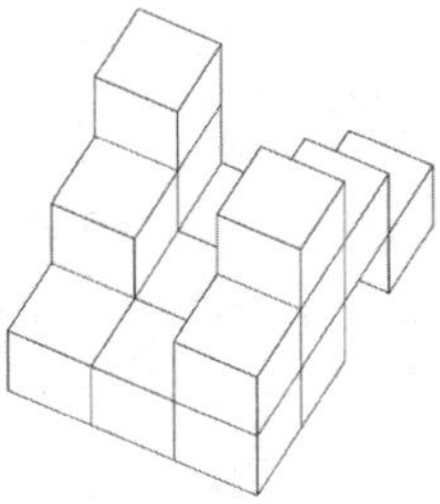

②
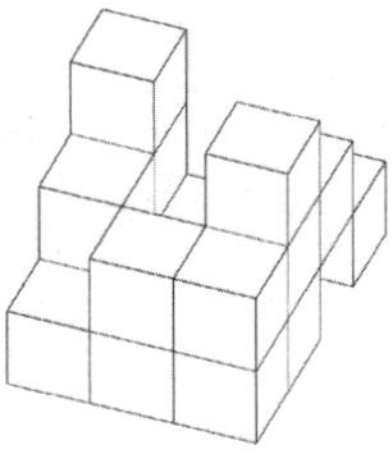

③
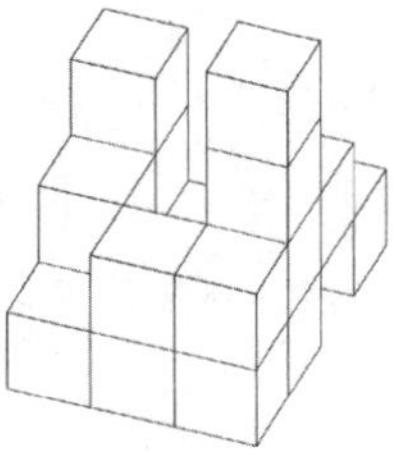

④
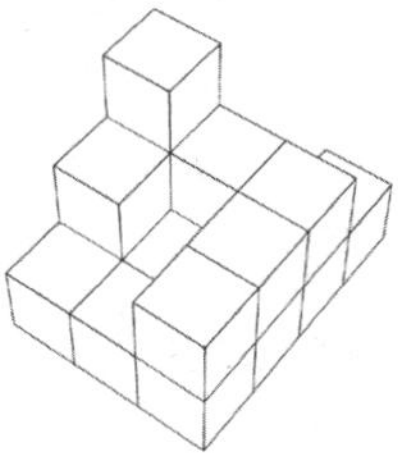

⑤
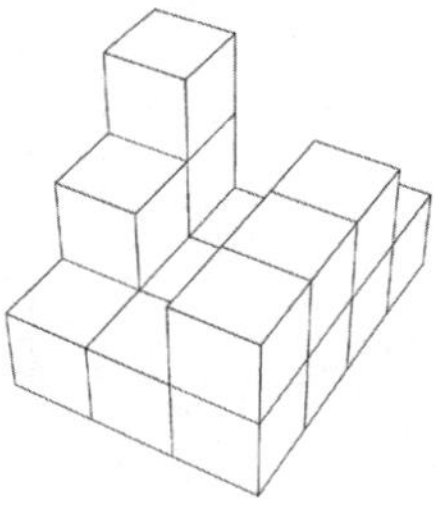

해설

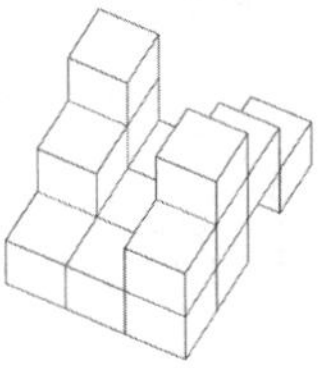

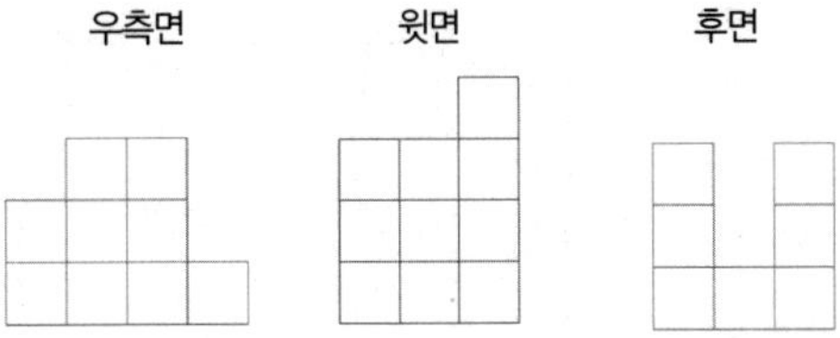

정답 11 ①

12 다음은 어떤 입체블록을 우측면, 정면, 후면에서 바라보았을 때의 투상도를 나타낸 것이다. 이에 해당하는 입체 블록으로 알맞은 것을 고르시오. (단, 회전은 자유롭다)

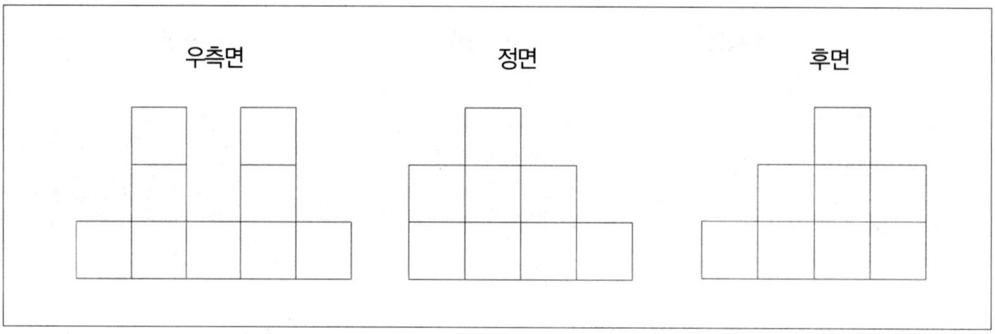

①
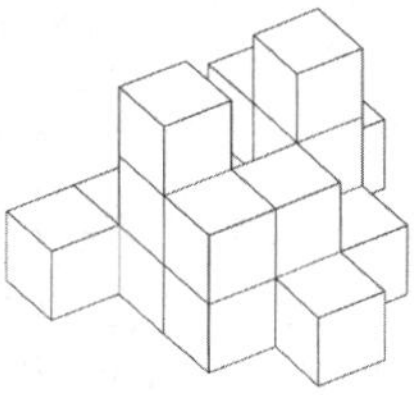

②
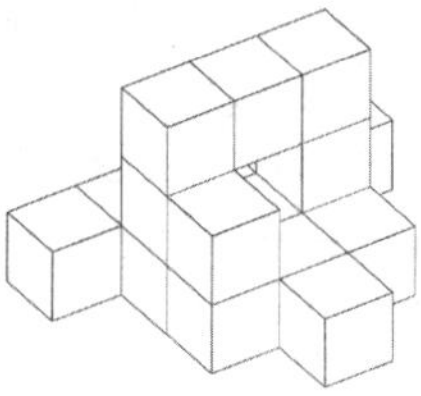

③
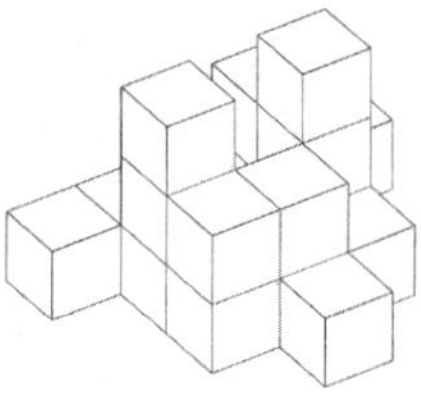

④
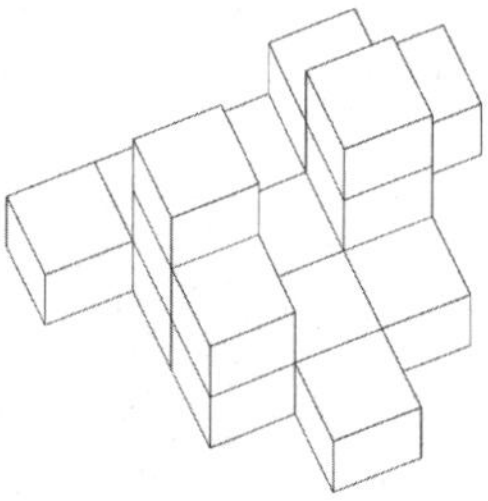

⑤
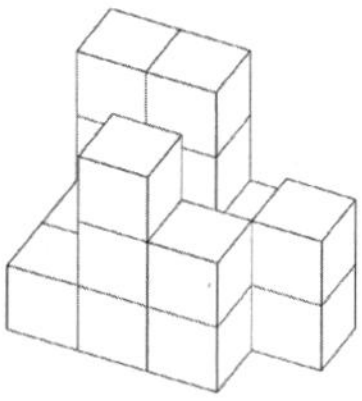

해설

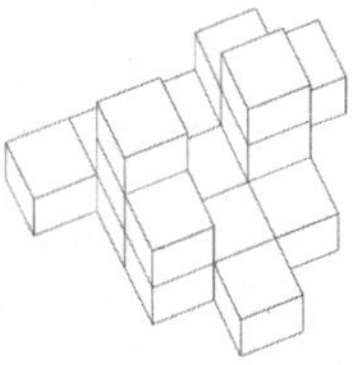

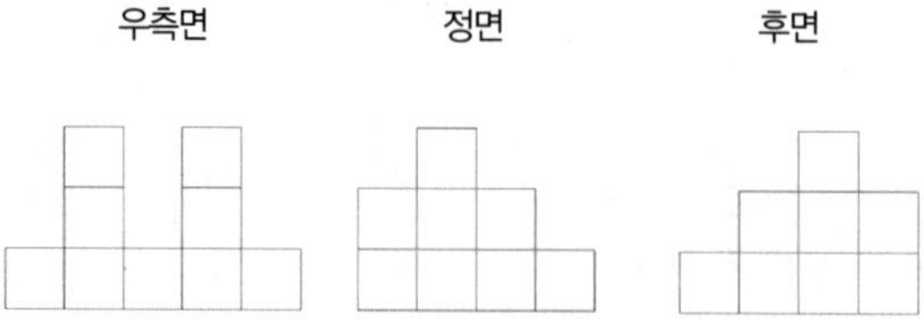

정답 12 ④

13 다음 주어진 입체도형 중 일치하지 않는 것을 고르시오

①

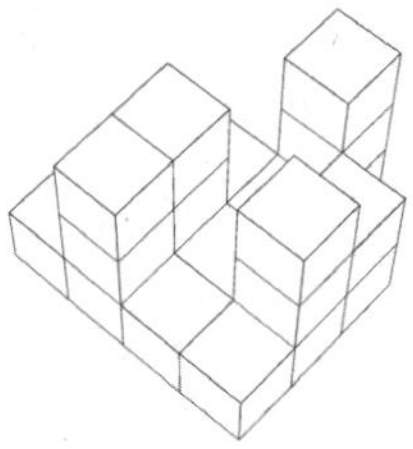

②

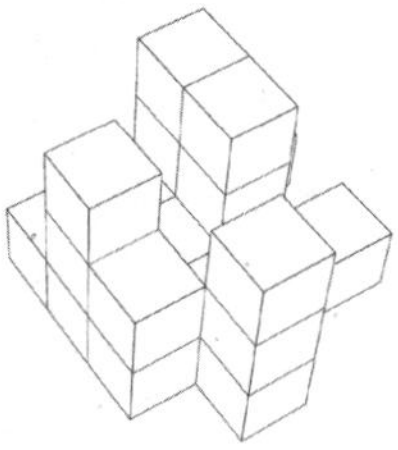

③

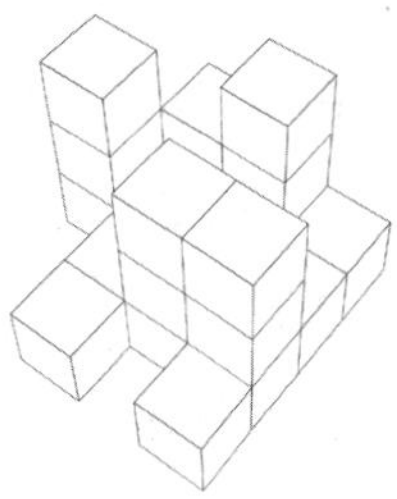

④

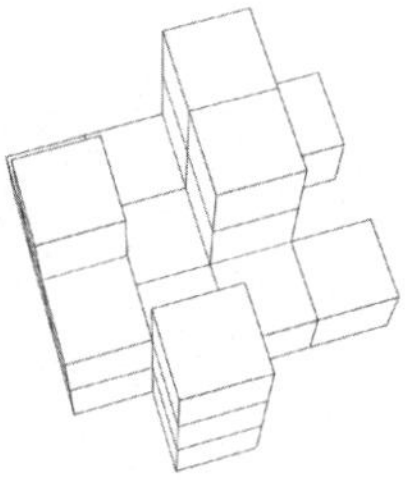

⑤

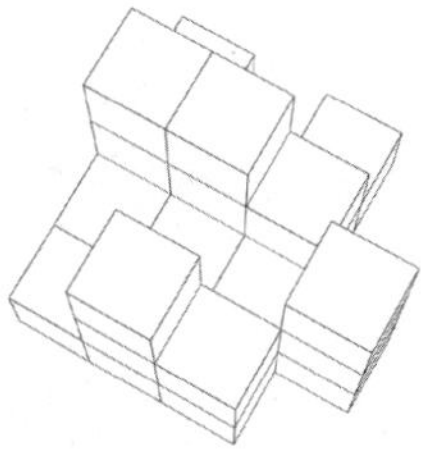

14 다음 주어진 입체도형 중 일치하지 않는 것을 고르시오

①

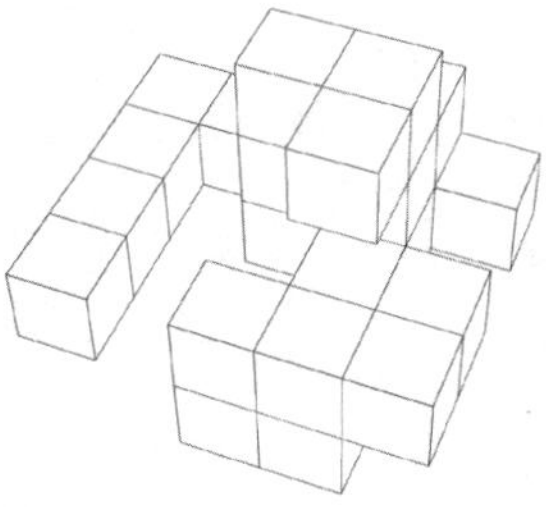

②

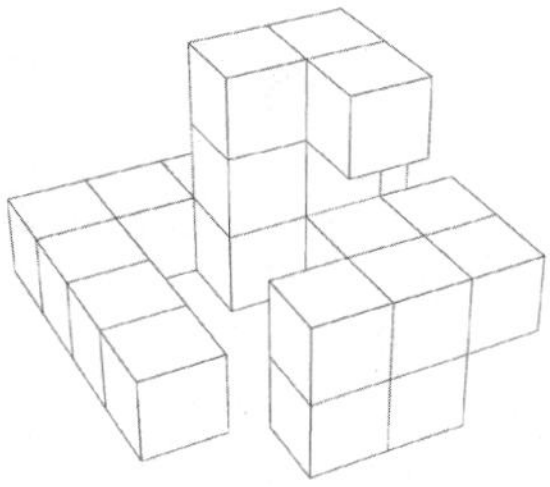

③

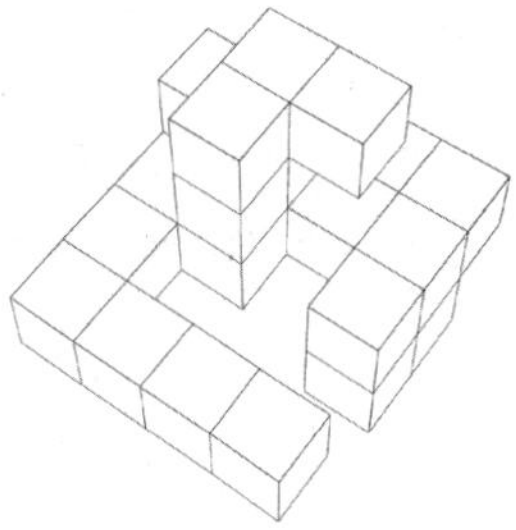

④

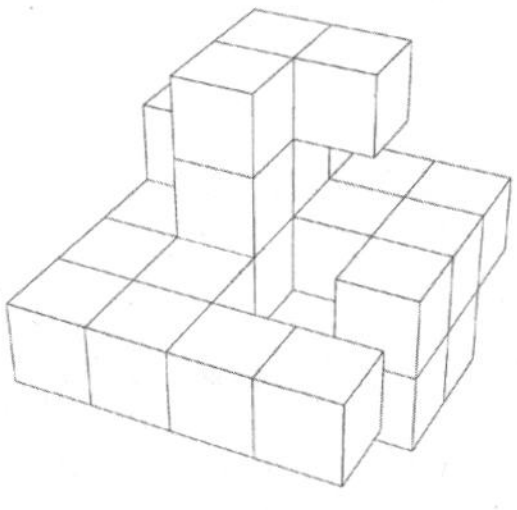

⑤

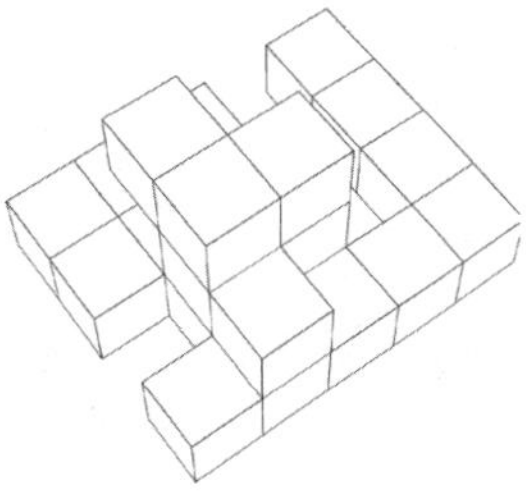

정답 13 ⑤ 14 ④

15 다음 주어진 입체도형 중 일치하지 않는 것을 고르시오

①
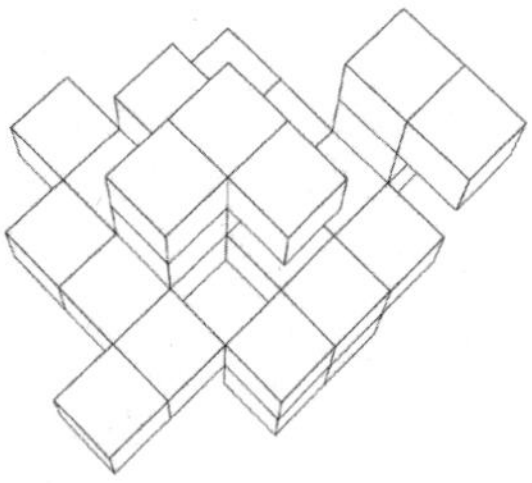

②
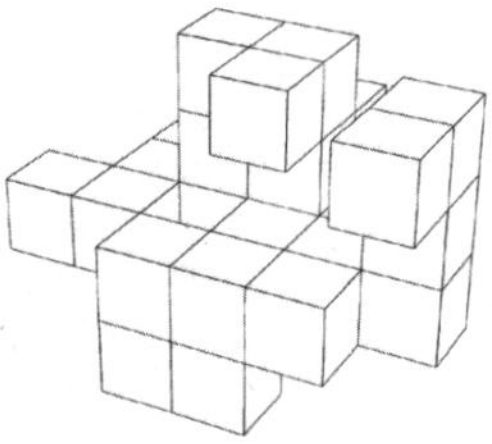

③

④
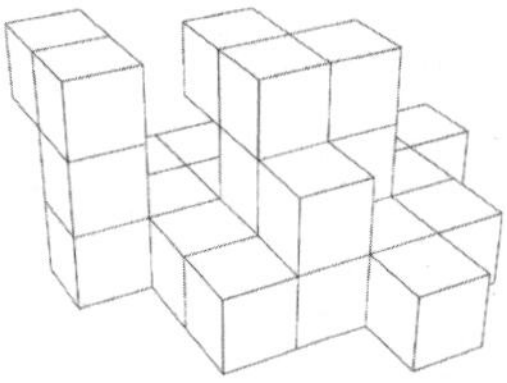

⑤
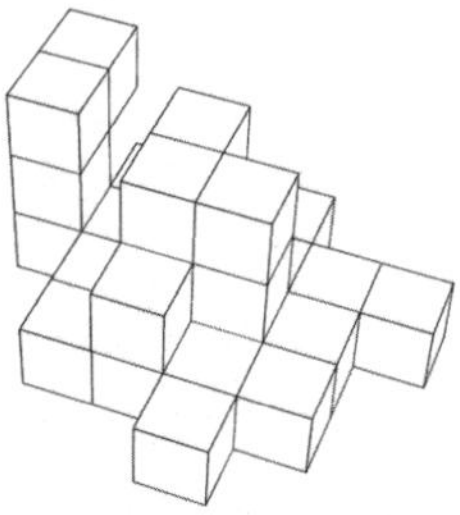

16 다음 주어진 입체도형 중 일치하지 않는 것을 고르시오

①
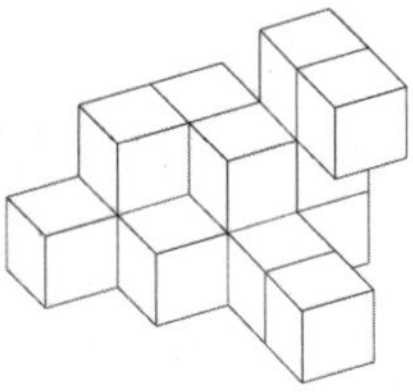

②
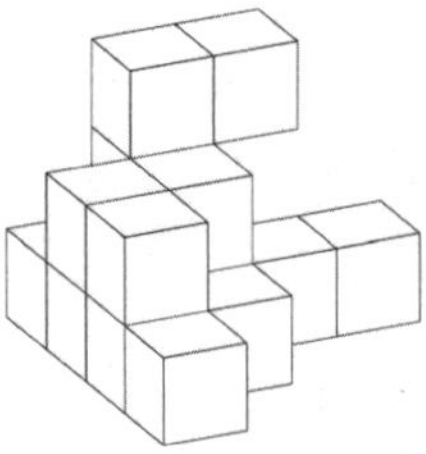

③
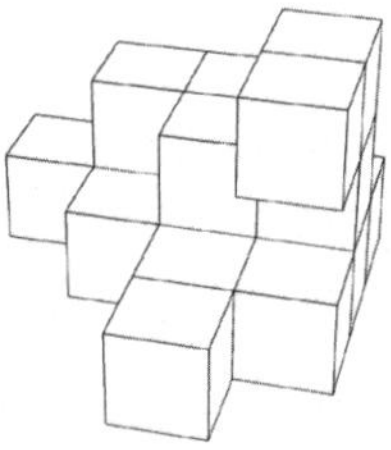

④
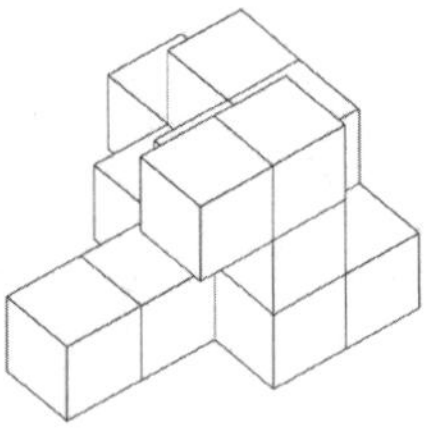

⑤
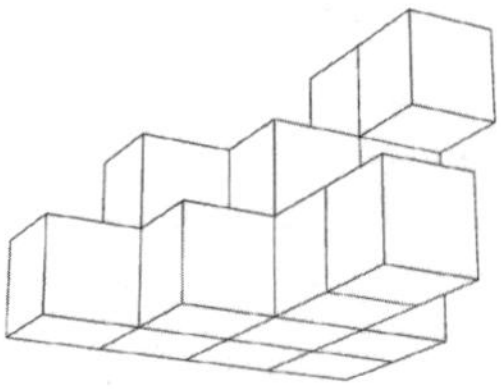

정답 15 ③ 16 ③

17 다음은 어떤 입체블록의 투상도를 나타낸 것이다. 정면, 윗면, 측면에서 바라보았을 때에 해당하는 입체 블록으로 알맞지 않은 것을 고르시오. (단, 회전은 자유롭다)

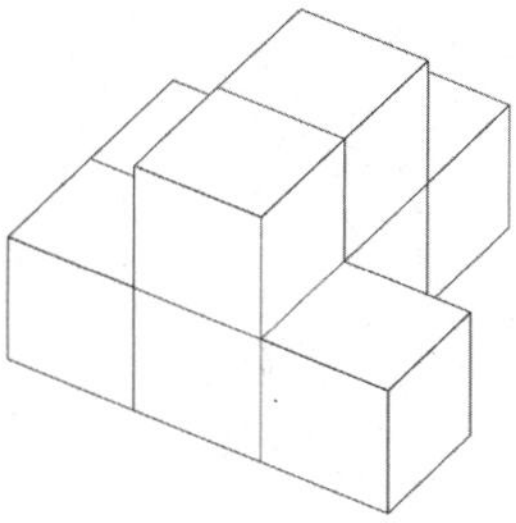

① 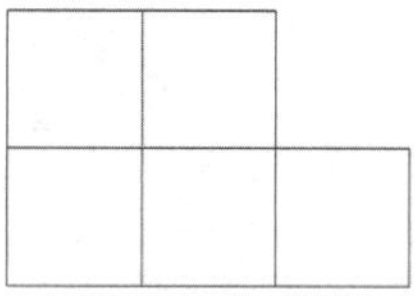

② 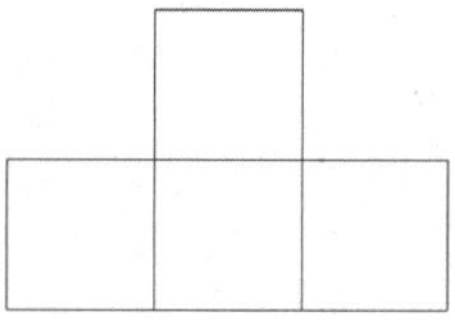

③ 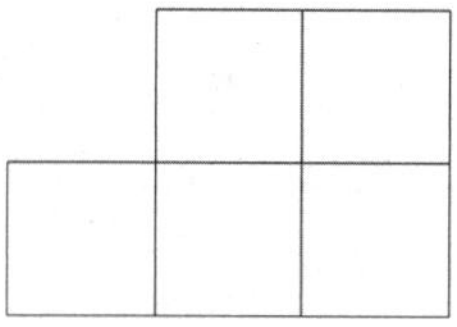

④ 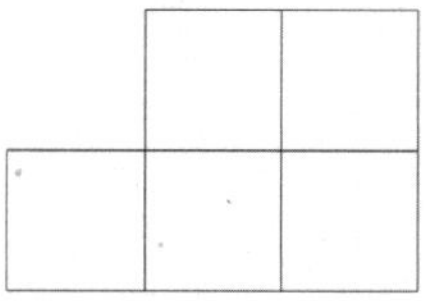

⑤ 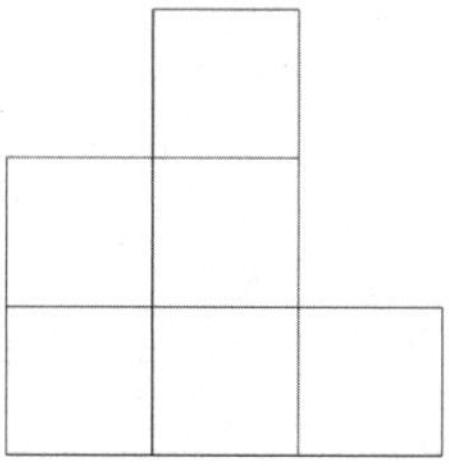

해설

우측면

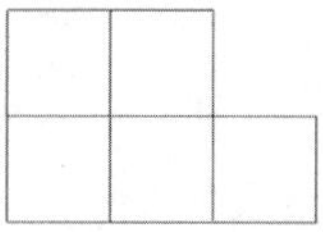

좌측면

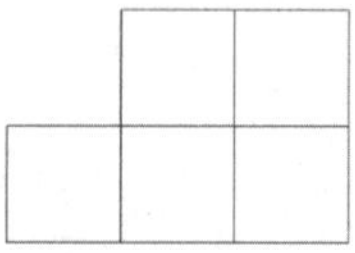

정면

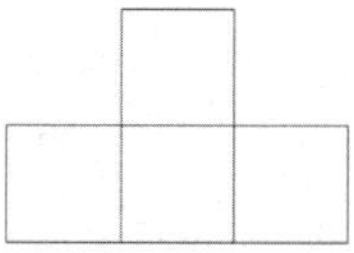

윗면

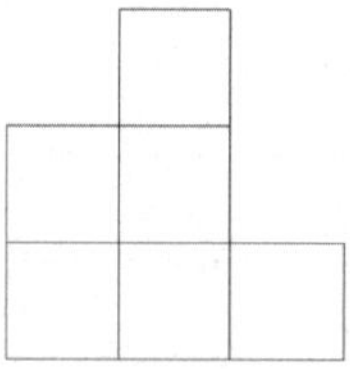

정답 17 ④

18 다음은 어떤 입체블록의 투상도를 나타낸 것이다. 정면, 윗면, 측면에서 바라보았을 때에 해당하는 입체 블록으로 알맞지 않은 것을 고르시오. (단, 회전은 자유롭다)

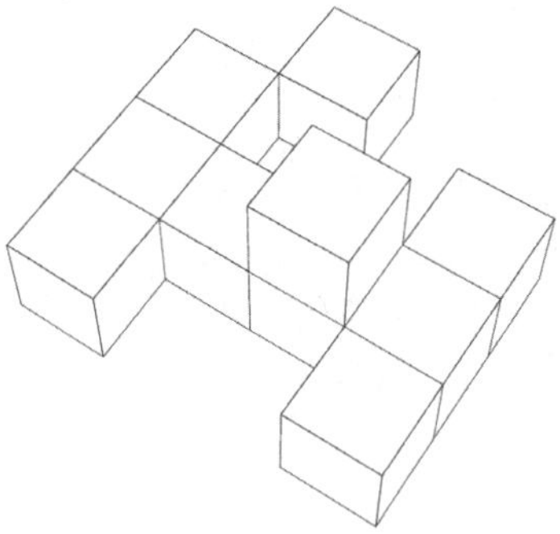

①

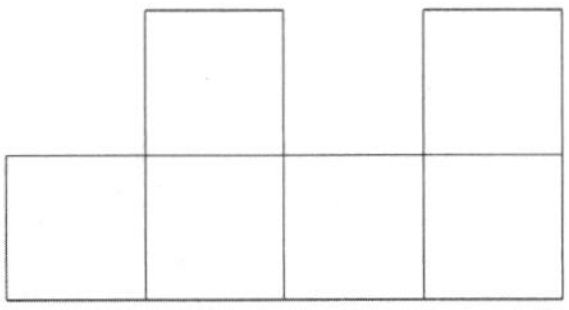

②

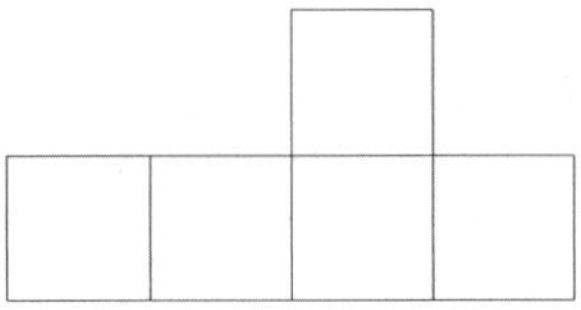

③

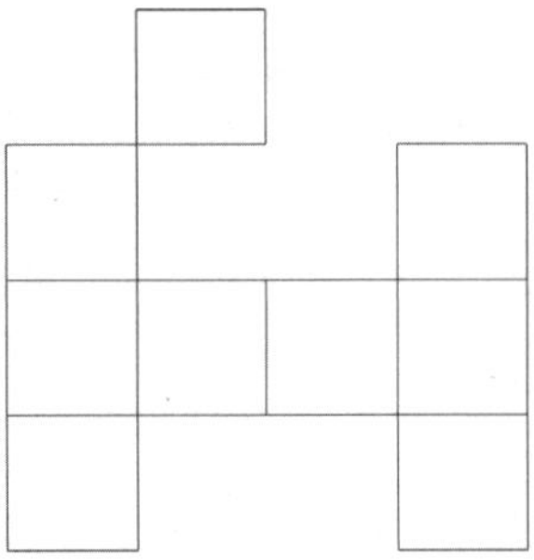

④

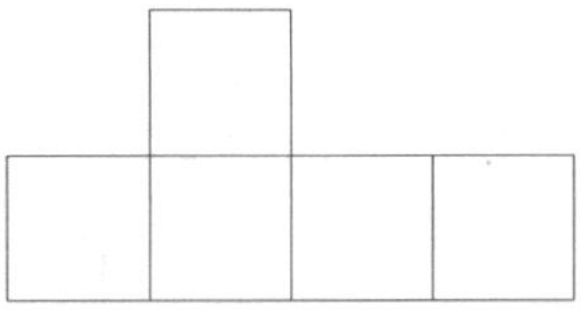

해설

우측면

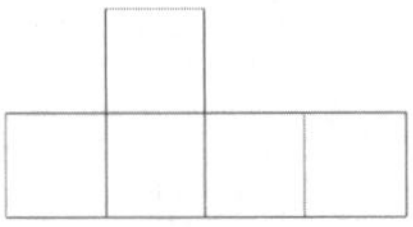

좌측면

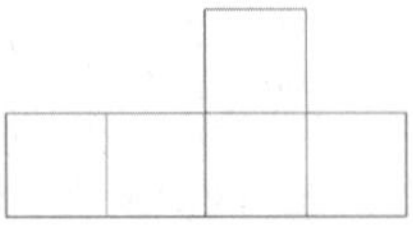

윗면

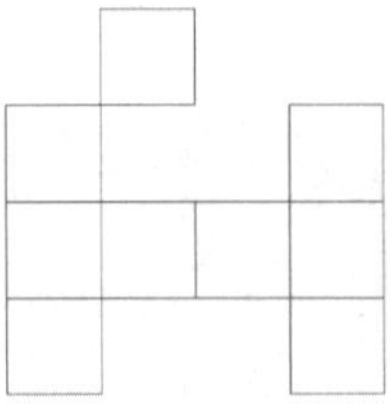

후면

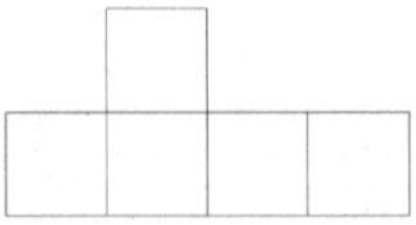

정답 18 ①

19 다음은 어떤 입체블록의 투상도를 나타낸 것이다. 정면, 윗면, 측면에서 바라보았을 때에 해당하는 입체 블록으로 알맞지 않은 것을 고르시오. (단, 회전은 자유롭다)

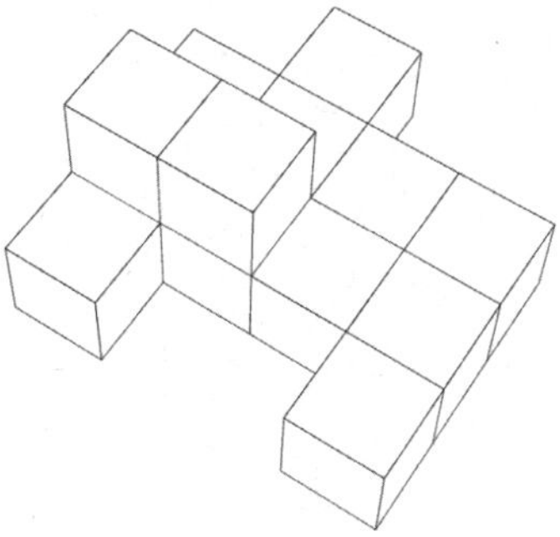

①

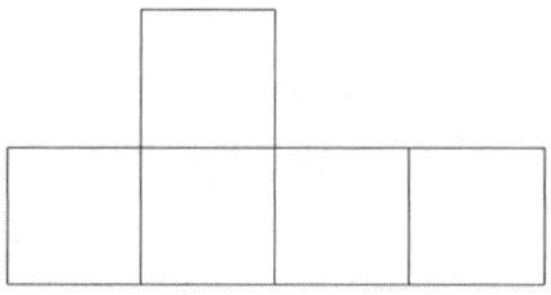

②

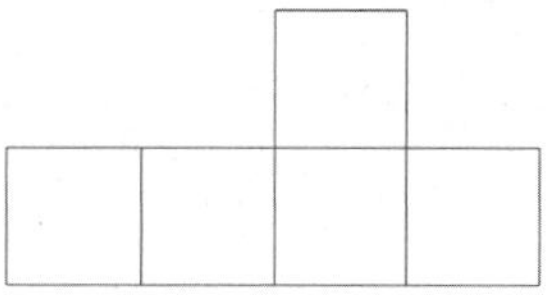

③

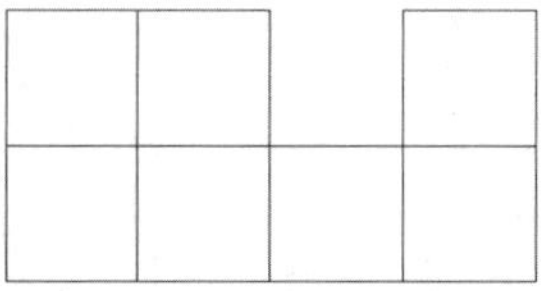

④

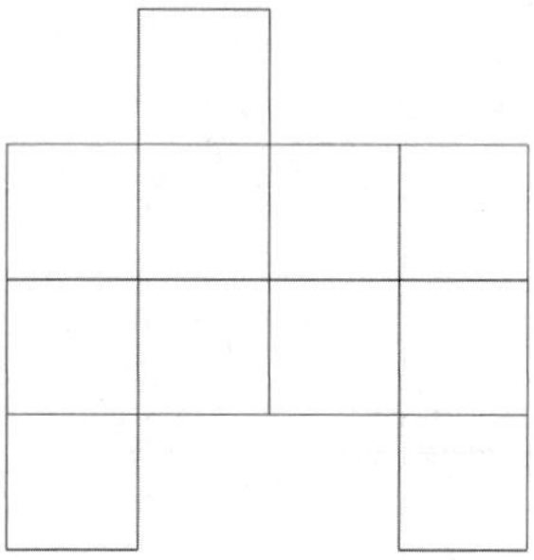

해설

우측면

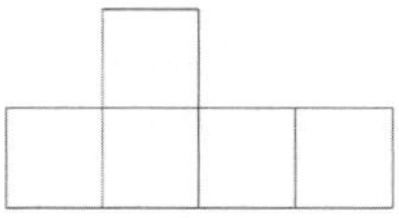

정면

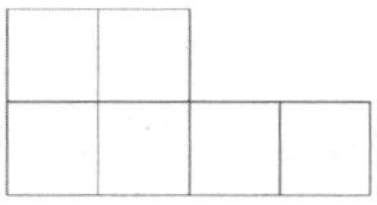

윗면

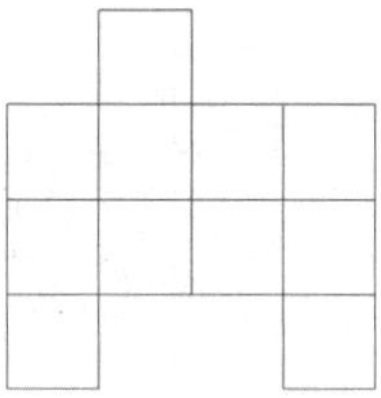

좌측면

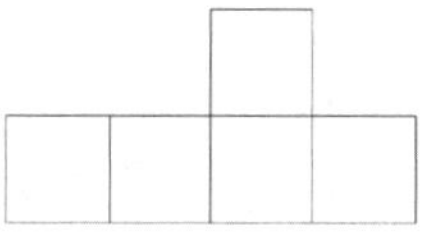

정답 19 ③

20 다음은 어떤 입체블록의 투상도를 나타낸 것이다. 정면, 윗면, 측면에서 바라보았을 때에 해당하는 입체 블록으로 알맞지 않은 것을 고르시오. (단, 회전은 자유롭다)

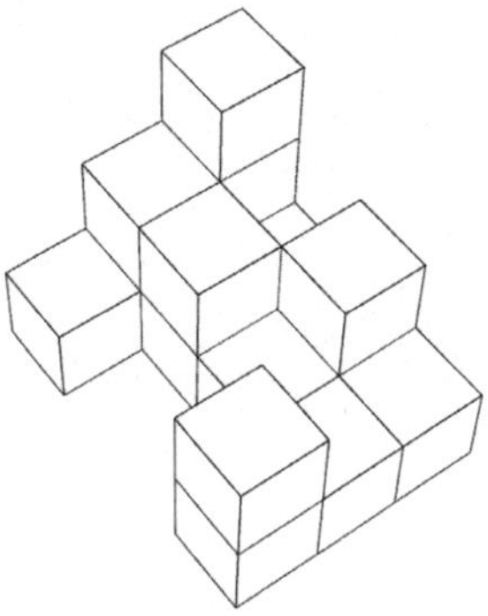

①

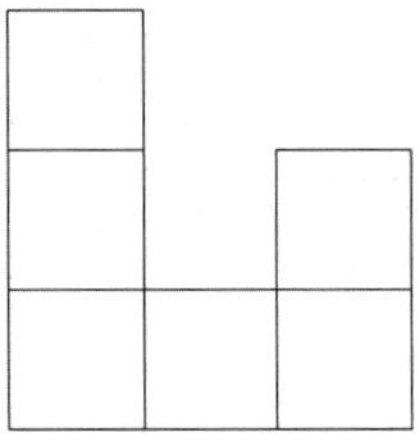

②

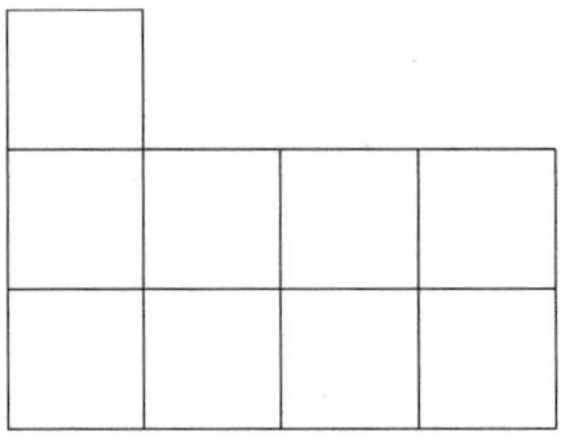

③

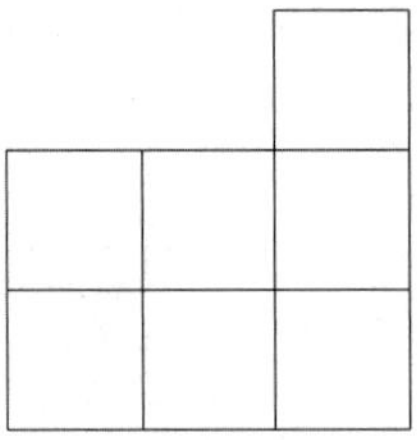

④

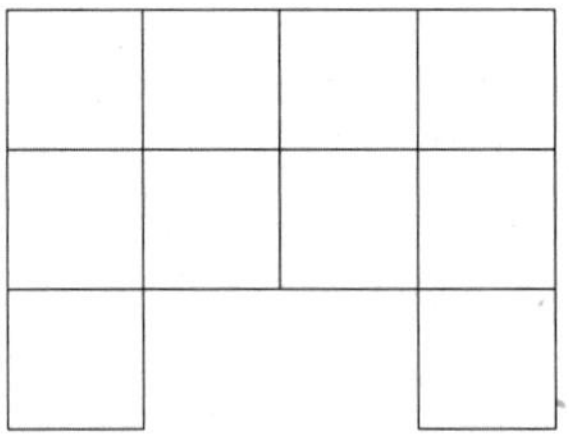

해설

우측면

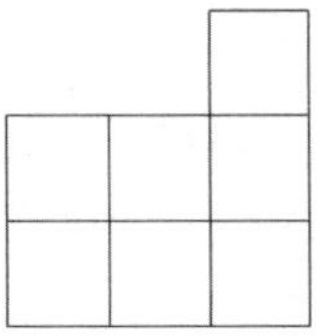

정면

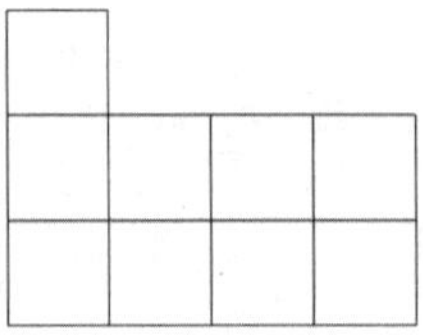

윗면

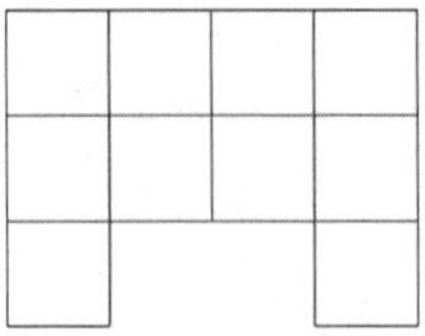

좌측면

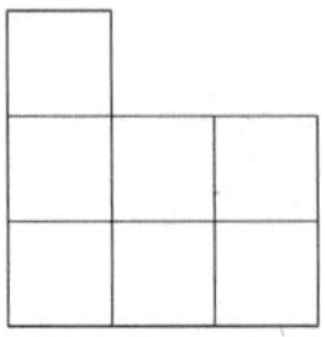

정답 20 ①

PART

05

인성 검사

Chapter

01 인성검사의 이해 및 필요성

1 인성 검사의 개념

최근 기업의 인재채용에 있어서 개인의 능력보다 개인의 인성을 더 중요하게 평가하는 경향이 늘고 있다. 인성검사란 지원자의 기본적인 성격과 가치관이 조직 내에서 대인관계능력, 사회규범에 대한 적응력, 직무 적합성 등과 잘 어울리는지를 파악하고 기업의 인재상에 부합한지를 객관적으로 검증하기 위한 검사이다.

2 인성 검사 실시목적

개인의 자아 성숙도를 심리적, 과학적으로 파악 · 분석하여 기업 가치와 조직 문화에 부합되는 최적격 구성원을 선발하고 배치하는 것이 목적이다.

(1) 인성 : 조직 적합성(Organization Fit), 조직 적응력, 성향 파악

→ 개인의 특장점 진단, 성격 결함자 사전 검출

(2) 직무능력 : 직무 적합성(Job Fit)

→ 정상 직무 수행 능력 구별

(3) 직무적성 : 적성 적합성(Aptitude Fit)

→ 직무배치의 합리화

3 인성검사의 유형

구분	특징
성향 선택형	제시된 문장을 읽고 자신의 성향을 하나로 선택하는 유형
동의 선택형	조직생활내 겪을 수 있는 상황을 가정하여 두 가지 방안을 제시하고 자신이 동의하는 정도를 0~100%의 비율 중 하나를 선택하는 유형
배분 선택형	자신과 타인이 한정적인 자원을 배분하는 상황을 제시하여 그 자원을 어떤 비율로 배분할 것인지 선택하는 유형

4 인성 검사의 대처 요령

(1) 평소의 생각을 표현

인성 검사의 내용은 평소 우리가 경험하는 내용에 관한 짧은 진술문과 어떤 대상과 일에 대한 선호도를 바탕으로 자연스럽고 솔직하게 답하도록 한다.

(2) 컨디션 유지

심신이 지쳐 있으면 생각 또한 약해지기 쉽다. 신체적으로나 정신적으로 충분한 휴식을 취하고 심리적으로 안정된 상태에서 검사에 임해야 자신을 정확히 표현할 수 있다.

(3) 솔직하고 일관성 있는 표현

대개의 성격검사 문항은 피검사자의 정직성을 파악할 수 있게 제작되어 있는데, 자칫 부정직한 답변으로 일관하여 진실성이 결여 된 경우에는 검사 자체가 무효화 되어 합격에 불이익을 받을 수 있다. 그러나 너무 일관성에 치우치려는 생각은 검사 자체를 다른 방향으로 이끌 수 있다는 점도 명심하도록 한다.

(4) 모든 문제를 신속하게 응답

인성 검사는 시간제한이 없는 것이 원칙이지만 대개 일정한 시간제한을 두고 있다. 인성 검사는 개인의 성격과 자질을 알아보기 위한 검사이기 때문에 정답이 없다. 다만, 바람직하게 생각되거나 기대되는 결과가 있을 뿐이다. 따라서 시간에 쫓겨서 대충 대답하는 것은 바람직하지 못하다.

(5) 마지막까지 집중해서 응답

장시간 진행되는 검사에 지치지 않고 마지막까지 집중해서 정확히 답할 수 있도록 해야 한다.

Chapter

02 인성 검사 유형

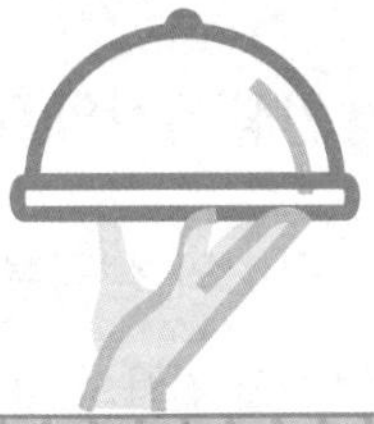

1 인성 검사 유형 Ⅰ

▣ 다음 각 질문에 해당된다고 생각하면 기입(체크)해 주십시오.

번 호	질 문	기입란
1	나는 판단에 확신이 있다.	
2	나는 자주 피로감을 느낀다.	
3	가끔 어디론가 떠나고 싶다는 생각을 한다.	
4	나는 어떠한 문제든지 많은 의견을 제시한다.	
5	나는 많은 사람 앞에서 말하는 것이 부담스럽다.	
6	항상 미리 계획을 세우고 일한다.	
7	나는 자신감이 부족한 편이다.	
8	사람들은 이익이 된다면 거짓말을 해서라도 성취한다.	
9	새로운 분야에서 경험을 쌓고 싶다.	
10	다른 사람을 배려하는 것도 중요하지만 나의 이익이 우선이다.	
11	비판적인 상황에서도 감정을 잘 조절한다.	
12	약속은 반드시 지킨다.	
13	누구와도 금방 친해질 수 있다.	
14	행동하기 전에 다시 한 번 생각하는 일이 많다.	
15	타인의 감정에 민감하다.	
16	상상력이 많은 편이다.	
17	쉽게 좌절하거나 의기소침해지지 않는다.	
18	의사결정 시 다수결 원칙에 따른다.	
19	규칙과 질서를 따르는 것을 좋아한다.	
20	유행을 따르는 편이다.	
21	시작한 일을 반드시 완성한다.	

22	취미를 위해 동호회 활동을 즐긴다.	
23	행동하고 나서 생각하는 경우가 많다.	
24	과거에 대해 후회를 많이 하는 편이다.	
25	어떤 일을 거창하게 생각하는 편이다.	
27	새치기를 한 적이 한 번도 없다.	
28	시간이 걸려도 침착하게 생각한다.	
29	자존심 때문에 운 적이 있다.	
30	재촉당하면 화가 난다.	
31	주변에서 문제가 발생하면 중재자 역할을 잘한다.	
32	남이 나를 어떻게 생각하는지 신경이 쓰인다.	
33	남의 일에는 그다지 관심이 없다.	
34	평소에 비속어를 잘 쓰곤 한다.	
35	무작정 계획 없이 떠날 때가 있다.	
36	다시 마주치고 싶지 않은 사람이 있다.	
37	어떤 걱정거리가 생겼을 때 잠을 잘 이루지 못한다.	
38	기분에 들떠서 차분해지지 않은 적이 있다.	
39	쓸데없는 고생을 하는 타입이다.	
40	사람과 교제하는 것이 귀찮다.	
41	남을 설득하는 데에 자신이 있다.	
42	우쭐대다 일을 그르친 경우가 있다.	
43	자존심이 세다.	
44	떠들썩한 모임을 매우 좋아한다.	
45	'기분파'라는 말을 들은 적이 있다.	
46	스스로 솔직한 편이라 생각한다.	
47	무언가를 하고 있어도 금방 정신이 딴 데 팔린다.	
48	가끔 이유 없이 화가 날 때가 있다.	
49	사람을 상대하는 것은 피곤하다.	
50	어린 시절의 기억이 선명한 편이다.	
51	땀 흘리는 운동보다 가벼운 산책이 좋다.	
52	다른 사람에게 쉽게 상처받는다.	
53	신경이 예민한 면이 있다.	
54	나는 끈기가 있고 성실하다.	

55	다투고 나서 먼저 사과하는 편이다.	
56	모임을 잘 이끈다.	
57	여러 방면에 호기심이 많아 취미가 다양한 편이다.	
58	너무 오랜 시간 사람들과 어울리면 피곤함을 느낀다.	
53	신경이 예민한 면이 있다.	
54	나는 끈기가 있고 성실하다.	
55	일을 할 때 가끔 예민하다.	
56	모임에서 잘 나서지 않는다.	
57	여러 방면에 호기심이 많아 취미가 다양한 편이다.	
58	너무 오랜 시간 사람들과 어울리면 피곤함을 느낀다.	
55	다투고 나서 먼저 사과하는 편이다.	
56	모임을 잘 이끈다.	
57	여러 방면에 호기심이 많아 취미가 다양한 편이다.	
58	너무 오랜 시간 사람들과 어울리면 피곤함을 느낀다.	
59	결과가 뻔한 것은 재미없다.	
60	맡겨진 주제를 주어진 시간 내에 마칠 수 있다.	
61	명확하게 내 주장을 펼칠 수 있다.	
62	주어진 일은 되도록 완벽하게 처리한다.	
63	자기 계발을 위해 노력한다.	
64	지는 것을 싫어하는 편이다.	
65	무엇이든 열중하는 타입이다.	
66	왕따를 당해본 경험이 있다.	
67	낯선 사람을 만나면 당황한다.	
68	얌전하지만 운동하는 것을 좋아한다.	
69	때론 차분하고 때론 성급할 수 있다.	
70	나는 이익을 좇아 행동한다.	
71	다양한 취미를 즐긴다.	
72	사소한 것에서 행복을 느낀다.	
73	얌전하고 낯을 가리지만 사교적인 모임에 참석하는 것을 좋아한다.	
74	사람 사이에 있어 신뢰가 가장 중요하다고 생각한다.	
75	외국인이 말을 걸면 피하고 싶다.	
76	노력해봤자 소용없는 일이 있다.	
77	일을 주도하는 것보다 보조하는 것이 좋다.	

78	나의 관심사가 아니어도 새로운 유행은 무엇인지 알아둔다.	
79	마음에 들지 않은 일은 종일 생각난다.	
80	천박한 농담을 건네도 재미있으면 아무렇지도 않다.	
81	나에게 득이 된다면 규범을 어기기도 한다.	
82	가장 끔찍한 상상을 하기도 한다.	
83	예술작품을 감상하는 것을 좋아한다.	
84	화가 났던 일을 마음에 담아두는 편이다.	
86	친구들의 생일이나 경조사를 잘 챙기는 편이다.	
87	나는 다양한 변화를 추구한다.	
88	시간 약속을 어기는 사람을 싫어한다.	
89	나는 감수성이 풍부한 사람이다.	
90	현실보다는 이상을 추구한다.	
91	나는 공적을 내세우지 않는다.	
92	나는 일상에서도 새로운 것을 즐긴다.	
93	나는 다른 사람이 한 행동의 이유를 잘 파악하는 편이다.	
94	비관적으로 생각하는 편이다.	
95	나는 끈기가 있고 성실하다.	
96	행동하고 나서 후회하는 경우가 많다.	
97	사소한 것도 꼼꼼히 메모하는 편이다.	
98	남에게 고지식하다는 말을 듣곤 한다.	
99	행동으로 옮기기 전에 생각을 고쳐먹는 편이다.	
100	어려운 일이라도 전력을 다해 임하는 편이다.	

2 인성 검사 유형 Ⅱ

▣ 문제 내에서 각각의 문항에 대해 동의하는 정도에 따라 〈1점〉 전혀 그렇지 않다, 〈2점〉 거의 그렇지 않다, 〈3점〉 그렇지 않다, 〈4점〉 보통이다, 〈5점〉 약간 그렇다, 〈6점〉 그렇다, 〈7점〉 매우 그렇다 중 해당되는 것을 표시한다. 그 다음 3개 문항들을 비교하여 자신의 성향과 가까운 문항 〈가〉를 자신과 가장 먼 문항은 〈멀〉로 표시해야 한다. 제한시간 내에 많은 문항을 응답해야 하므로 오래 고민하지 말고 자신의 정서를 기준으로 판단하여 솔직하고 일관성 있게 답변을 해야 한다.

01

질 문	응답 I							응답 II	
	1	2	3	4	5	6	7	멀	가
나는 주도적이다.									
나는 리더쉽이 강하다									
나는 나에 대해 엄격한 편이다.									

02

질 문	응답 I							응답 II	
	1	2	3	4	5	6	7	멀	가
사람들의 특징을 관찰하는 것을 좋아한다.									
배려심이 있다고 생각한다.									
뒷담화를 하지 않는다.									

03

질 문	응답 I							응답 II	
	1	2	3	4	5	6	7	멀	가
창의성이 뛰어나다.									
영화를 보고 결말을 상상하는 것을 즐긴다.									
단계에 따라 일을 처리하는 것이 좋다.									

04

질문	응답 I							응답 II	
	1	2	3	4	5	6	7	멀	가
나는 남을 잘 배려한다.									
어떤 일이든 포기하지 않는다.									
잘못된 일이 생기면 불의를 참지 않는다.									

05

질문	응답 I							응답 II	
	1	2	3	4	5	6	7	멀	가
남과 함께 하는 것이 좋다.									
창의적이다.									
공격적이라는 말을 자주 듣는다.									

06

질문	응답 I							응답 II	
	1	2	3	4	5	6	7	멀	가
다툼이 생겼을 때 먼저 화해를 신청한다.									
남의 이야기를 잘 들어주는 편이다.									
마음과 다르게 억지웃음을 지을 때가 있다.									

07

질문	응답 I							응답 II	
	1	2	3	4	5	6	7	멀	가
혼자 있는 걸 즐긴다.									
어설프게 도전하지 않는다.									
미래보다 현재가 더 중요하다.									

08

질문	응답 I							응답 II	
	1	2	3	4	5	6	7	멀	가
상대방에게 하고 싶은 말은 바로 한다.									
사람들과 함께 하는 일을 좋아한다.									
충동적인 구매를 가끔 할 때가 있다.									

09

질문	응답 I							응답 II	
	1	2	3	4	5	6	7	멀	가
어떤 일을 실행하기까지 시간이 오래 걸리는 편이다.									
나는 주로 어떤 문제의 원인을 따져보는 편이다.									
행동하기보다는 생각을 더 많이 한다.									

10

질문	응답 I							응답 II	
	1	2	3	4	5	6	7	멀	가
무슨 일이든지 깊이 생각하지 않으면 마음이 편하지 않다.									
나는 자신이 합리적이고 이성적이라 생각한다.									
나는 어떤 일로 화가 나면 오래 가는 편이다.									

11

질문	응답 I							응답 II	
	1	2	3	4	5	6	7	멀	가
질문을 체계적이고 조리 있게 잘하는 편이다.									
나는 조용하고 차분하다는 소리를 자주 듣는다.									
나는 빨리 결정하고 과감하게 행동하는 편이다.									

12

질문	응답 I							응답 II	
	1	2	3	4	5	6	7	멀	가
나는 어떤 일에 쓸데없는 고생을 하면서 하는 편이다.									
일이 힘들더라도 힘든 표시를 하지 않는 편이다.									
주어진 과제를 주어진 시간 내에 마칠 수 있다.									

13

질문	응답 I							응답 II	
	1	2	3	4	5	6	7	멀	가
나는 임기응변으로 대응하는 것을 잘한다.									
나는 항상 일에 대한 결과를 얻고자 노력한다.									
나는 의지가 약하다는 말을 자주 듣는다.									

14

질문	응답 I							응답 II	
	1	2	3	4	5	6	7	멀	가
나는 누구에게나 자신 있게 발표할 수 있다.									
내 성격은 내향적이며 조용한 편이다.									
남이 나를 어떻게 생각하는지 늘 신경이 쓰인다.									

15

질문	응답 I							응답 II	
	1	2	3	4	5	6	7	멀	가
충동구매를 하는 경우가 많다.									
나는 비교적 상처받기 쉬운 타입니다.									
낯선 사람과 대화하는 게 힘든 편이다.									

16

질문	응답 I							응답 II	
	1	2	3	4	5	6	7	멀	가
나는 다른 사람들의 이야기를 귀담아듣는 편이다.									
동기 모임이나 동창 모임에 자주 참석한다.									
좀 무리를 해도 쉽게 지치지 않는다.									

17

질문	응답 I							응답 II	
	1	2	3	4	5	6	7	멀	가
나는 잘 알고 있는 사람하고만 만나는 편이다.									
경제 동향에 관심이 많은 편이다.									
나는 새로운 분야에 도전하고 싶은 생각을 가진다.									

18

질문	응답 I							응답 II	
	1	2	3	4	5	6	7	멀	가
나는 일을 느긋하게 하는 편이다.									
나는 신중하다는 말을 자주 듣는다.									
나는 실행에 옮기기 전에 계획을 세우는 편이다.									

19

질문	응답 I							응답 II	
	1	2	3	4	5	6	7	멀	가
나는 잘 안 되는 일이라도 끝까지 하는 경향이 있다.									
나는 직장 동료에게 나의 사생활을 이야기하지 않는다.									
나는 다른 무엇보다 일이 우선이다.									

20

질문	응답 I							응답 II	
	1	2	3	4	5	6	7	멀	가
내 성격은 끈질기고 끝까지 하는 성격이다.									
모든 일을 꾸준히 열심히 하는 것을 잘한다.									
나는 한번 시작한 일은 끝까지 한다.									

21

질문	응답 I							응답 II	
	1	2	3	4	5	6	7	멀	가
대세의 앞이라도 흔들리지 않는 성격이다.									
독자적인 신념을 가지고 있다고 생각한다.									
시작한 일은 끝내야 직성이 풀린다.									

22

질문	응답 I							응답 II	
	1	2	3	4	5	6	7	멀	가
유행에 민감하게 반응하는 편이다.									
스트레스를 받았을 때 바로 해소하는 편이다.									
내 성격은 소심한 성격이라 생각한다.									

23

질문	응답 I							응답 II	
	1	2	3	4	5	6	7	멀	가
일에 대한 결과를 항상 얻고자 한다.									
규칙보다는 자유로움을 존중한다.									
일할 때 안전하게 하는 것을 좋아한다.									

24

질문	응답 I							응답 II	
	1	2	3	4	5	6	7	멀	가
모든 일을 빨리 처리하는 편이다.									
나는 업무가 내 생각대로 진행되지 않으면 짜증이 난다.									
다른 사람이 내 행동에 대해 지적을 하면 화가 난다.									

25

질문	응답 I							응답 II	
	1	2	3	4	5	6	7	멀	가
주변 사람들의 의견에 영향을 받는 편이다.									
자주 혼자 영화나 연극을 본다.									
자존심이 강한 편이다.									

26

질문	응답 I							응답 II	
	1	2	3	4	5	6	7	멀	가
고집이 세고 강한 편이다.									
다른 사람을 위한 배려심이 많다고 생각한다.									
다른 사람의 감정에 민감하다.									

27

질문	응답 I							응답 II	
	1	2	3	4	5	6	7	멀	가
사소한 일에도 화를 내거나 흥분했던 적이 있다.									
다른 사람들보다 고집이 세고 강한 편이다.									
다른 사람과 수다 떠는 것을 좋아하는 편이다.									

28

질문	응답 I							응답 II	
	1	2	3	4	5	6	7	멀	가
남이 하는 말에 내 생각이나 결심을 뒤집는 일이 많다.									
내 의견을 누구에게나 자신 있게 발표할 수 있다.									
내 일을 남과 상의하지 않고 하는 편이다.									

29

질문	응답 I							응답 II	
	1	2	3	4	5	6	7	멀	가
가끔이라도 연락을 드리며 찾아가는 선생님이 계시다.									
남에게 투정 부리는 것을 싫어한다.									
이유도 없이 기분이 들떠 있을 때가 있다.									

30

질문	응답 I							응답 II	
	1	2	3	4	5	6	7	멀	가
신문을 볼 때 사설을 챙겨서 읽는 편이다.									
경제에 관심이 많고 정치에는 관심이 없다.									
나는 다른 나라 문화에 관심이 많다.									

31

질문	응답 I							응답 II	
	1	2	3	4	5	6	7	멀	가
나는 행동에 옮기기 전에 자주 확인하는 편이다.									
나는 얽매여 행동하는 것을 싫어한다.									
즉흥적인 착상에 행동하는 일은 거의 하지 않는다.									

32

질문	응답 I							응답 II	
	1	2	3	4	5	6	7	멀	가
내가 잘하지 못하는 일에는 손을 대지 않는다.									
나는 앞일까지 생각하지 않으면 직성이 풀리지 않는다.									
일할 때 사정에 따라 계획을 수정하기도 한다.									

33

질문	응답 I							응답 II	
	1	2	3	4	5	6	7	멀	가
내 성격은 사색적인 편이다.									
남을 미워하거나 원망해본 적이 거의 없다.									
사람을 의심해 본 적이 거의 없다.									

34

질문	응답 I							응답 II	
	1	2	3	4	5	6	7	멀	가
일단 행동부터 하고 생각하는 경우가 많다.									
쓸데없는 걱정을 많이 하는 편이다.									
다른 사람과 마찰이 생겼을 때 나 때문이라고 생각한다.									

35

질문	응답 I							응답 II	
	1	2	3	4	5	6	7	멀	가
고지식한 면이 일부 있다.									
물건을 살 때 망설이는 경향이 있다.									
운동을 좋아한다.									

36

질문	응답 I							응답 II	
	1	2	3	4	5	6	7	멀	가
나는 복잡한 문제를 해결할 수 있는 능력이 있다.									
주변 사람들의 행동에 민감하게 대응한다.									
야근을 요구받아도 신경 쓰지 않는다.									

37

질문	응답 I							응답 II	
	1	2	3	4	5	6	7	멀	가
나는 논리적이라는 말을 드는 편이다.									
나는 이상적인 사람을 더 좋아한다.									
나는 금방 마음이 바뀌는 편이다.									

38

질문	응답 I							응답 II	
	1	2	3	4	5	6	7	멀	가
사람들과 잘 친숙해지지 못하는 편이다.									
조용하고 조심스러운 편이다.									
다른 사람의 부탁을 잘 거절하지 못한다.									

39

질문	응답 I							응답 II	
	1	2	3	4	5	6	7	멀	가
사람들이 법을 어기는 것을 좋아하지 않는다.									
나는 너무 오래 고민하다 기회를 놓친 적이 있다.									
나는 시간 약속의 거의 지키는 편이다.									

40

질문	응답 I							응답 II	
	1	2	3	4	5	6	7	멀	가
어떤 일을 실행하기까지 시간이 오래 걸리는 편이다.									
나는 주로 어떤 문제의 원인을 따져보는 편이다.									
행동하기보다는 생각을 더 많이 한다.									

※ 〈1-25〉 다음 질문에 대해서 자신이 평소 생각하고 있는 것이나 행동하고 있는 것에 대해 주어진 응답 요령에 따라 빈 칸에 답하세요.

01

질문	응답 I					응답 II	
	1	2	3	4	5	멀다	가깝다
쉽게 질리는 편이다.							
인생의 목표는 손이 닿을 정도면 된다.							
경솔한 편이라 생각한다.							
몸을 움직이는 것을 좋아하지 않는다.							

02

질문	응답 I					응답 II	
	1	2	3	4	5	멀다	가깝다
쉬는 날은 집에 있는 경우가 많다.							
초면인 사람과도 바로 친해질 수 있다.							
행동하고 나서 생각하는 편이다.							
무슨 일도 좀처럼 시작하지 못한다.							

03

질문	응답 I					응답 II	
	1	2	3	4	5	멀다	가깝다
무엇이든지 자기가 나쁘다고 생각하는 편이다.							
고독을 즐기는 편이다.							
자신을 변덕스러운 사람이라고 생각한다.							
자존심이 강하다고 생각한다.							

04

질문	응답 I					응답 II	
	1	2	3	4	5	멀다	가깝다
자주 흥분해서 침착하지 못하다.							
승부근성이 강하다.							
지금까지 살면서 타인에게 폐를 끼친 적이 없다.							
소곤소곤 이야기하는 것을 보면 자기에 대해 이야기하고 있는 것으로 생각된다.							

05

질문	응답 I					응답 II	
	1	2	3	4	5	멀다	가깝다
조금이라도 나쁜 소식은 절망의 시작이라고 생각해 버린다.							
언제나 실패가 걱정되어 어쩔 줄 모른다.							
다수결의 의견에 따르는 편이다.							
혼자서 술집에 들어가는 것은 전혀 두려운 일이 아니다.							

06

질문	응답 I					응답 II	
	1	2	3	4	5	멀다	가깝다
신경질적인 편이다.							
금방 흥분하는 사람이다.							
거짓말을 한 적이 없다.							
끙끙대며 고민하는 타입이다.							

07

질 문	응답 I					응답 II	
	1	2	3	4	5	멀다	가깝다
자신만의 신념을 가지고 있다.							
감정적인 사람이라고 생각한다.							
다른 사람을 바보 같다고 생각한 적이 있다.							
금방 말해버리는 편이다.							

08

질 문	응답 I					응답 II	
	1	2	3	4	5	멀다	가깝다
업무는 인간관계로 선택한다.							
환경이 변하는 것에 구애되지 않는다.							
불안감이 강한 편이다.							
인생은 살 가치가 없다고 생각한다.							

09

질 문	응답 I					응답 II	
	1	2	3	4	5	멀다	가깝다
조직의 일원으로 별로 안 어울린다.							
세상의 일에 별로 관심이 없다.							
정이 두터운 사람으로 남고 싶다.							
변화를 추구하는 편이다.							

10

질 문	응답 I					응답 II	
	1	2	3	4	5	멀다	가깝다
융통성이 있다고 생각한다.							
친구의 휴대전화 번호를 잘 모른다.							
비교적 눈물이 많은 편이다.							
스스로 고안하는 것을 좋아한다.							

11

질 문	응답 I					응답 II	
	1	2	3	4	5	멀다	가깝다
질서보다 자유를 중시하는 편이다.							
혼자서 취미에 몰두하는 것을 좋아한다.							
직관적으로 판단하는 편이다.							
꿈을 계속 가지고 있고 싶다.							

12

질 문	응답 I					응답 II	
	1	2	3	4	5	멀다	가깝다
영화나 드라마를 보면 등장인물의 감정에 이입된다.							
시대의 흐름에 역행해서라도 나의 생각을 관철하고 싶다.							
다른 사람의 소문에 관심이 없다.							
창조적인 편이다.							

13

질 문	응답 I					응답 II	
	1	2	3	4	5	멀다	가깝다
노력해도 결과가 따르지 않으면 의미가 없다.							
무조건 행동해야 한다.							
유행에 둔감하다고 생각한다.							
정해진 대로 움직이는 것은 시시하다.							

14

질 문	응답 I					응답 II	
	1	2	3	4	5	멀다	가깝다
누군가를 방문할 때는 반드시 사전에 확인한다.							
시원시원하게 움직이는 타입이다.							
야근을 해서라도 업무를 끝낸다.							
너무 신중해서 기회를 놓친 적이 있다.							

15

질문	응답 I					응답 II	
	1	2	3	4	5	멀다	가깝다
학급에서는 존재가 희미하다.							
스포츠를 보는 것보다 하는 게 좋다.							
잘한다는 말을 자주 듣는다.							
항상 무언가를 생각하고 있다.							

16

질문	응답 I					응답 II	
	1	2	3	4	5	멀다	가깝다
주연상을 받을 수 있는 배우를 좋아한다.							
공격하는 타입이라고 생각한다.							
리드를 받는 편이다.							
흐린 날은 반드시 우산을 가지고 간다.							

17

질문	응답 I					응답 II	
	1	2	3	4	5	멀다	가깝다
싫어하는 사람이 없다.							
쓸데없는 고생을 하는 일이 많다.							
자주 생각이 바뀌는 편이다.							
대재앙이 오지 않을까 항상 걱정 한다.							

18

질문	응답 I					응답 II	
	1	2	3	4	5	멀다	가깝다
문제점을 해결하기 위해 여러 사람과 상의한다.							
내 방식대로 일을 한다.							
영화를 보고 운 적이 많다.							
어떤 것에 대해서는 화낸 적이 없다.							

19

질 문	응답 I					응답 II	
	1	2	3	4	5	멀다	가깝다
사소한 충고에도 걱정을 한다.							
개성적이 사람이라고 생각한다.							
금방 싫증을 내는 편이다.							
자신은 도움이 안 되는 사람이라고 생각한다.							

20

질 문	응답 I					응답 II	
	1	2	3	4	5	멀다	가깝다
사려 깊은 편이다.							
끈기가 있는 편이다.							
신중한 편이라고 생각한다.							
몸을 움직이는 것을 좋아한다.							

21

질 문	응답 I					응답 II	
	1	2	3	4	5	멀다	가깝다
뒤숭숭하다는 말을 들은 적이 있다.							
학교를 쉬고 싶다고 생각한 적이 한 번도 없다.							
사람들과 관계를 맺는 것을 잘하지 못한다.							
자기주장이 강한 편이다.							

22

질 문	응답 I					응답 II	
	1	2	3	4	5	멀다	가깝다
생각하고 나서 행동하는 편이다.							
인생의 목표는 큰 것이 좋다.							
어떤 일이라도 바로 시작하는 타입이다.							
낯가림을 하는 편이다.							

23

질 문	응답 I					응답 II	
	1	2	3	4	5	멀다	가깝다
쉬는 날은 밖으로 나가는 경우가 많다.							
야망이 있는 편이라고 생각한다.							
면밀한 계획을 세운 여행을 좋아한다.							
시작한 일은 반드시 완성한다.							

24

질 문	응답 I					응답 II	
	1	2	3	4	5	멀다	가깝다
운동회를 좋아하고 기대했다.							
활동력이 있는 편이다.							
돈을 허비한 적이 없다.							
사람들과 왁자지껄하게 식사하는 것을 좋아하지 않는다.							

25

질 문	응답 I					응답 II	
	1	2	3	4	5	멀다	가깝다
모임에서 회장에 어울린다고 생각한다.							
하나의 취미에 열중하는 타입이다.							
입신출세의 성공 이야기를 좋아한다.							
어떠한 일도 의욕을 가지고 일하는 편이다.							

※ 〈1-25〉 다음 각 문제에서 제시된 4개의 질문 중 자신의 생각과 일치하거나 자신을 가장 잘 나타내는 질문과 가장 거리가 먼 질문을 각각 하나씩 고르세요.

번호	질문	응답	
		가깝다	멀다
1	나는 비합리적이거나 불의를 보면 쉽게 지나치지 못한다.		
	나는 무엇이든 시작하면 이루어야 직성이 풀린다.		
	나는 어렵고 힘든 일에 도전하는 것에 쾌감을 느낀다.		
	나는 사람을 가리지 않고 쉽게 사귄다.		
2	나는 성격이 시원시원하다는 말을 자주 듣는다.		
	나는 자기 표현력이 강한 편이다.		
	나는 일의 내용을 중요하게 여긴다.		
	나는 다른 사람보다 동정심이 많은 편이다.		
3	나는 누가 시키지 않아도 일을 계획적으로 진행한다.		
	나는 한 가지 일에 집중을 잘하는 편이다.		
	나는 남을 설득하고 이해시키는 데 자신이 있다.		
	나는 하기 싫은 일을 맡아도 표시 내지 않고 마무리한다.		
4	나는 상상력이 풍부하다.		
	나는 조직을 위해서 내 이익을 포기할 수 있다.		
	나는 여러 가지 각도로 사물을 분석하는 것이 좋다.		
	나는 인간관계를 중시하는 편이다.		
5	나는 높은 목표를 설정하고 이루기 위해 노력하는 편이다.		
	나는 시간이 걸려도 침착하게 생각하는 경우가 많다.		
	나는 독자적인 시각을 갖고 있다.		
	나는 경험한 방법 중 가장 적합한 방법으로 일을 해결한다.		
6	나는 일을 하는 속도가 빠르다.		
	나는 약속한 일은 어기지 않는다.		
	나는 독특하고 창의적인 생각을 잘한다.		
	나는 부지런한 편이다.		
7	나는 환경의 변화에도 쉽게 적응할 수 있다.		
	나는 완벽주의자이다.		
	나는 팀을 짜서 일하는 것이 재미있다.		
	나는 망설이는 것보다 도전하는 편이다.		

8	나는 문제에 부딪히면 스스로 해결하는 편이다.		
	나는 논리정연하게 말을 하는 편이다.		
	나는 사물의 근원과 배경에 대해 관심이 많다.		
	나는 능력을 칭찬받는 경우가 많다.		
9	나는 현실적이고 실용적인 것을 추구한다.		
	나는 계획을 세우고 실행하는 것이 재미있다.		
	나는 꾸준한 취미를 갖고 있다.		
	나는 성급하게 결정하지 않는다.		
10	나는 실패보다 성공을 먼저 생각한다.		
	나는 동료와의 경쟁도 즐긴다.		
	내 책상은 항상 깔끔히 정돈되어 있다.		
	나는 싫어하는 사람과도 아무렇지 않게 이야기할 수 있다.		
11	나는 조직 내 분위기 메이커이다.		
	나는 실행력이 있는 편이다.		
	나는 모임에서 지원자 역할을 맡는 것이 좋다.		
	나는 세심하지 못한 편이다.		
12	나는 꾸준히 노력하는 편이다.		
	나는 적극적으로 행동하는 편이다.		
	나는 추상적인 이론을 잘 기억하는 편이다.		
	나는 말하는 것을 좋아한다.		
13	나는 몸을 움직이는 것을 좋아한다.		
	나는 시작한 일은 반드시 완성한다.		
	나는 문제 상황을 객관적으로 대처하는 데 자신 있다.		
	나는 문제를 해결하기 위해 많은 사람의 의견을 참고한다.		
14	나는 실패하는 것이 두렵지 않다.		
	나는 목표를 향해 계속 도전하는 편이다.		
	나는 친구들이 많은 편이다.		
	나는 다른 사람의 시선을 고려하여 행동한다.		
15	나는 계획적으로 일하는 것을 좋아한다.		
	나는 새로운 방법으로 문제를 해결하는 것을 좋아한다.		
	나는 빠르고 신속하게 일을 처리해야 마음이 편하다.		
	나는 꼼꼼하게 일을 마무리하는 편이다.		

16	나는 글보다 말로 표현하는 것이 편하다.		
	나는 집중력이 강하고 매사에 철저하다.		
	나는 자기 능력을 뽐내지 않고 겸손하다.		
	나는 논리적인 원칙에 따라 행동하는 것이 좋다.		
17	나는 질문을 받으면 충분히 생각하고 나서 대답한다.		
	나는 융통성 있게 업무를 처리한다.		
	나는 매사에 적극적인 편이다.		
	나는 긍정적이고 낙천적인 사고방식을 갖고 있다.		
18	새로운 일을 하는 것이 좋다.		
	나는 기발한 아이디어를 많이 낸다.		
	나는 사람들을 잘 설득시킨다.		
	나는 타인의 견해를 잘 고려한다.		
19	나는 화를 잘 참지 못한다.		
	나는 종종 화가 날 때가 있다.		
	나는 집단을 이끌어가는 능력이 있다.		
	나는 단호하고 통솔력이 있다.		
20	나는 조용하고 성실하다.		
	나는 책임감이 강하다.		
	나는 복잡한 문제도 간단하게 해결한다.		
	나는 독창적이고 창의적이다.		
21	나는 사람들의 관심을 받는 것이 기분 좋다.		
	나는 때로는 고집스러울 때도 있다.		
	나는 원리원칙을 중시하는 편이다.		
	나는 정리 정돈과 계획에 능하다.		
22	나는 의사결정에 신속함이 있다.		
	나는 상황에 따라 일정을 조율하는 융통성이 있다.		
	나는 목표를 달성하는 것을 중요하게 생각한다.		
	나는 관심 있는 분야에 몰두하는 것이 즐겁다.		
23	나는 맡은 일에 헌신적이다.		
	나는 목적과 방향을 변화할 수 있다고 생각한다.		
	나는 타인의 감정에 민감하다.		
	나는 다른 사람과 의견의 충돌은 피하고 싶다.		

24	나는 구체적인 사실을 잘 기억하는 편이다.		
	나는 겸손하다.		
	나는 새로운 일을 시도하는 것이 즐겁다.		
	나는 다른 사람과 별다른 마찰이 없다.		
25	나는 나이에 비해 성숙한 편이다.		
	나는 유머 감각이 있다.		
	나는 솔직하고 단호한 편이다.		
	나는 다른 사람의 생각이나 의견을 중요하게 생각한다.		

3 인성 검사 유형 Ⅲ

▣ 인성검사 문제 형식

※ 다음 지문을 읽고 보기에서 자신과 가장 가까운 것(ㄱ)과 가장 먼 것(ㅁ)을 선택하시오.

01 나는 친구들과 어울리는 것을 좋아한다.

① 자주 어울리는 편이 아니다.
② 가끔 어울린다.
③ 자주 어울린다.
④ 거의 매일 만난다.

(ㄱ) ① ② ③ ④
(ㅁ) ① ② ③ ④

02 나는 스트레스를 잘 푼다.

① 스트레스 때문에 일을 잘 진행하지 못한다.
② 어느 정도 스트레스를 견딘다.
③ 거의 스트레스를 이겨낼 수 있다.
④ 언제나 스트레스를 잘 푼다.

(ㄱ) ① ② ③ ④
(ㅁ) ① ② ③ ④

03 매표소에서 줄을 서고 있는데, 누군가 당신 앞에서 세치기를 한다면 어떻게 하겠는가?

① 바로 항의한다.
② 상황에 따라서 무시한다.
③ 그냥 무시한다.
④ 전혀 신경 쓰지 않는다.

(ㄱ) ① ② ③ ④
(ㅁ) ① ② ③ ④

04 열띤 논쟁에서 나는 한번 결정한 것을 좀처럼 바꾸지 않는다.

① 내 생각을 고수하는 편이다.
② 가끔 그런 편이다.
③ 그렇지 않다.
④ 상황에 따라서 얼마든지 생각을 바꿀 수 있다.

(ㄱ) ① ② ③ ④
(ㅁ) ① ② ③ ④

05 창의적으로 일하는 것을 좋아한다.

① 매우 그렇다.
② 보통 그런 편이다.
③ 가끔 그렇다.
④ 주어진 일만 열심히 한다.

(ㄱ) ① ② ③ ④
(ㅁ) ① ② ③ ④

06 사람들과 함께 일하는 것이 효율적이다.

① 팀에서 일할 때 더 능률이 오른다.
② 대체로 그런 편이다.
③ 별로 개의치 않는다.
④ 혼자 일할 때 더 효율적이다.

(ㄱ) ① ② ③ ④
(ㅁ) ① ② ③ ④

4 인성 검사 유형 Ⅳ

※ 〈1-20〉 다음 질문에서 당신에게 해당 사항이 있으면 '그렇다', 그렇지 않으면 '아니다'를 선택하세요.

번호	질문	응답 (그렇다/아니다)	
		그렇다	아니다
1	사람들이 붐비는 도시보다 한적한 시골이 좋다.	그렇다	아니다
2	혼자서 식당에 들어가는 것은 전혀 두려운 일이 아니다.	그렇다	아니다
3	전자기기를 잘 다루지 못하는 편이다.	그렇다	아니다
4	걸음걸이가 빠른 편이다.	그렇다	아니다
5	여럿이 어울리는 자리에서 이야기를 주도하는 편이다.	그렇다	아니다
6	자존심이 강하다고 생각한다.	그렇다	아니다
7	남녀 사이의 연애에서 중요한 것은 돈이다.	그렇다	아니다
8	인생에 대해 깊이 생각해 본 적이 없다.	그렇다	아니다
9	무엇인가 창조해내는 작업을 좋아한다.	그렇다	아니다
10	금방 흥분하는 성격이다.	그렇다	아니다
11	거짓말을 한 적이 많다.	그렇다	아니다
12	싫어하는 사람이 없다.	그렇다	아니다
13	자주 생각이 바뀌는 편이다.	그렇다	아니다
14	생각나는 대로 말해버리는 편이다.	그렇다	아니다
15	운동신경이 뛰어난 편이다.	그렇다	아니다
16	끙끙대면 고민하는 타입이다.	그렇다	아니다
17	누군가와 마주하는 것보다 통화로 이야기하는 것이 더 편하다.	그렇다	아니다
18	자신이 맡은 일은 반드시 책임을 지는 편이다.	그렇다	아니다
19	쓸데없이 고생 하는 일이 많다.	그렇다	아니다
20	갈등은 대화로 해결한다.	그렇다	아니다

5 인성 검사 유형 V. 성격 진단 검사 예시-KPDI

▣ 한국의 기업체가 관심 갖는 성격 특성을 분석한 결과를 토대로 작성 된 표이다.

번 호	질 문	응답 (그렇다/아니다)	
1	포기하지 않고 노력하는 것이 중요하다.	그렇다	아니다
2	장래의 일을 생각하면 불안해질 때가 있다.	그렇다	아니다
3	반대에 부딪혀도 자신의 의견을 바꾸는 일은 없다.	그렇다	아니다
4	잘못된 일을 한 적이 한 번도 없다.	그렇다	아니다
5	막무가내라는 말을 들을 때가 많다.	그렇다	아니다
6	몸으로 부딪쳐 도전하는 편이다.	그렇다	아니다
7	일에는 결과가 중요하다고 생각한다.	그렇다	아니다
8	매사에 신중한 편이라고 생각한다.	그렇다	아니다
9	좀처럼 결단을 내리지 못하는 경우가 있다.	그렇다	아니다
10	다른 사람이 나를 어떻게 생각하는지 궁금할 때가 많다.	그렇다	아니다
11	다수의 반대가 있더라도 자신의 생각대로 행동한다.	그렇다	아니다
12	해야 할 일은 신속하게 처리한다.	그렇다	아니다
13	새로운 일에 처음 한 발을 좀처럼 떼지 못한다.	그렇다	아니다
14	실행하기 전 재고하는 경우가 많다.	그렇다	아니다
15	조심스러운 성격이라고 생각한다.	그렇다	아니다

6 인성 검사 유형 Ⅵ. 인성 검사 예시-KAD

▣ 수년간 심리 연구와 남 · 여 간의 성향별 유형을 파악하여 비정상적으로 행동하는 대상을 면밀히 관찰 · 분석하고, 정상인들과의 차이점을 수치로 표시함으로써 사회적으로 필요로 하는 정상적인 인성의 형성 정도를 파악하는데 주력한 인성 검사 표이다.

번호	질문	응답 (그렇다/아니다)	
1	어떤 일을 하다가 어려운 문제에 부딪히면 스스로 해결하려고 노력한다.	그렇다	아니다
2	길을 가다가 휴지나 오물이 보이면 부근 휴지통에 넣는 편이다.	그렇다	아니다
3	특별한 이유 없이 남을 미워할 때가 자주 있는 편이다.	그렇다	아니다
4	주위 사람들로부터 부지런하다는 말을 들을 때가 있다.	그렇다	아니다
5	일하다 보면 머리에 피로가 자주 온다.	그렇다	아니다
6	어떤 일이나 과제에 대해 끝맺음은 정확히 하는 편이다.	그렇다	아니다
7	마음가짐이 침착하지 못할 때가 종종 있다.	그렇다	아니다
8	단체생활의 경험이 풍부한 편이다.	그렇다	아니다
9	모임에서 장기자랑 순서가 돌아오면 긴장이 되면서 가슴이 두근거린다.	그렇다	아니다
10	기계의 분해나 조립을 할 수 있다.	그렇다	아니다
11	무슨 일이든 남에게 의존하기가 싫다.	그렇다	아니다
12	남의 의견에 귀를 기울이고 지시에 잘 따르는 편이다.	그렇다	아니다

7 인성 검사 유형 Ⅶ. 동의 선택형

▣ **제시된 상황을 읽고 행동할 수 있는 두 가지 방안에 대해 자신이 동의하는 정도를 선택하여 표기하시오.**

당신은 대리이고 곧 승진을 앞두고 프로젝트를 진행해야 할 상황이다. 함께 프로젝트를 진행할 사람을 선택해야 하는 데, 일반 사원과 함께 하면 일의 효율성은 떨어지나 리더십을 발휘할 수 있고 경력 사원과 함께 하면 효율성은 높아지나 보상을 동일하게 배분해야 한다.

번호	문항	선택					
		0%	20%	40%	60%	80%	100%
1	신입사원과 함께 일할 것이다.	①	②	③	④	⑤	⑥
2	경력사원과 함께 일할 것이다.	①	②	③	④	⑤	⑥

직장 상사인 A는 출장비로 소모품을 사고 난 뒤 개인 사무용품을 구입하면서 그 비용까지 회사에 결재를 종종 올리고 있다. 당신은 그것이 부적절한 행동이라고 생각을 하고 있지만 A는 계속 그러한 행동을 지속하고 있다.

번호	문항	선택					
		0%	20%	40%	60%	80%	100%
1	A가 부당하게 결제 올린 것을 담당부서에 알린다.	①	②	③	④	⑤	⑥
2	관계가 어색해질 수 있으므로 끝까지 모른 척한다.	①	②	③	④	⑤	⑥

거래처의 실수로 회사 매출에 큰 손해를 입을 수 있는 상황이 발생하였으나 다행히 문제가 극적으로 해결되었다. 당신은 이러한 상황을 상사에게 보고해야할지 고민 중이다.

번호	문항	선택					
		0%	20%	40%	60%	80%	100%
1	상사에게 보고 한다.	①	②	③	④	⑤	⑥
2	상황을 덮고 보고하지 않는다.	①	②	③	④	⑤	⑥

8 인성 검사 유형 Ⅷ. 배분 선택형

01 다음 상황을 읽고 당신이라면 친구 A와 순이익을 어떤 금액으로 나눌지 선택하여 표기하시오.

A에게 500만 원이 있고 그 돈을 B와 나누어 가져야 한다. A가 B에게 얼마를 주더라도 B는 무조건 동의해야 한다. 이 때 당신이 A라면 당신이 가진 500만 원을 B와 어떤 비율로 나눌 것인가?

① A: 370, B: 130
② A: 350, B: 150
③ A: 300, B: 200
④ A: 270, B: 230
⑤ A: 250, B: 250

02 다음 상황을 읽고 당신이라면 친구 A와 순이익을 어떤 비율로 나눌지 선택하여 표기하시오.

당신은 식당 창업의 경험이 있는 후배 C와 포장마차를 창업하였다. 창업할 당시 당신은 창업비용의 80% 투자하였고 C는 20%를 투자하였다. 하지만 장사수완이 좋은 C 덕분에 4개월 만에 순수익이 8,000만 원에 이르러 수익을 배분하기로 하였다. C는 배분 금액을 투자금액이 많은 당신이 주는대로 받는다고 하였다.

① 당신: 90, C: 10
② 당신: 80, C: 20
③ 당신: 70, C: 30
④ 당신: 60, C: 40
⑤ 당신: 50, C: 50

PART

06

최신 실전모의고사

01회 최신 실전모의고사

01 다음 중 표준어가 아닌 것으로만 구성된 것은?

① 아지랭이, 깡총깡총

② 강낭콩, 부조

③ 털어먹다, 수평아리

④ 숫염소, 사글세

02 밑줄 친 부분의 띄어쓰기가 옳지 않은 것은?

① 이처럼 좋은 걸 어떻하죠?

② 제 2 장의 내용을 요약 해주세요.

③ 프로젝트를 진행한 지 꽤 오래되었다.

④ 사업 10년 차에 내 집을 장만했다.

03 다음 중 맞춤법에 맞지 않는 것을 고르시오.

① 경찰은 단서를 찾기 위해 사건 현장을 샅샅이 뒤졌다.

② 만일의 사태에 대비하여 자금을 넉넉히 챙겼다.

③ 교수님의 마음을 돌리기 위해 무던이 노력했지만 소용없었다.

④ 선생님은 학생들이 낸 보고서를 꼼꼼히 읽은 뒤 점수를 매겼다.

04 제시된 두 단어와 같은 관계를 이루도록 알맞은 단어를 고르시오.

벼루 : 문방사우 = (　　　) : 사군자

① 국화　　② 매실

③ 소나무　　④ 먹

05 제시된 두 단어와 같은 관계를 이루도록 알맞은 단어를 고르시오.

쌈 : 바늘 = 톳 : (　　　)

① 조기　　② 김

③ 탕약　　④ 배추

06 다음 밑줄 친 부분과 가장 가까운 의미로 쓰인 것을 고르시오.

기술이 놀랍게 발달하여 두뇌 속 뉴런의 발화를 통해 인간의 모든 심리 변화를 관찰할 수 있다고 치자. 그러면 제삼자가 나와 다른 사람의 뉴런 발화를 비교하여 그것이 같은지 다른지 판단할 수 있다.

① 이 빵까지 전부 쳐서 얼마 내면 되죠?

② 이만하면 제 값을 쳐서 판 것이니 손해는 아니죠.

③ 이종사촌은 촌수로 치면 나와 상당히 가까운 사이이다.

④ 내가 인정한다고 치고 네가 이긴 것으로 하자.

07 ㉠~㉢에 들어갈 말로 가장 적절한 것은?

외래어의 무분별한 수입은 가치관의 (㉠)을 초래하였다. 지역 간, 세대 간의 불협화음과 갈등을 (㉡)하고 희망찬 미래로 나아갑시다. 아름다운 자연을 관광 자원으로 (㉢)하려고 한다.

	㉠	㉡	㉢		㉠	㉡	㉢
①	혼돈	지양	개발	②	혼돈	지향	계발
③	혼동	지양	개발	④	혼동	지향	계발

08 다음에서 속담 풀이가 잘못된 것은?

① 까마귀 날자 배 떨어진다. – 어떤 일의 앞뒤가 잘 맞아 떨어진다.

② 번개가 잦으면 천둥한다. – 나쁜 일을 자주하면 큰일을 저지를 날이 있다.

③ 새도 가지를 가려서 앉는다. – 벗이나 직업을 잘 선택하라는 말

④ 나중 난 뿔이 우뚝하다. – 후진(後進)이 선배(先輩)보다 나을 때 쓰는 말

09 다음의 괄호 안에 들어갈 단어를 순서대로 배열한 것은?

교육은 어느 정도의 강제성을 띠면서 개인의 행동을 (　　)하여 바람직한 방향으로 유도하며, 사회적 통합을 (　　)하는 태도를 길러준다. 하지만 현대사회의 복잡하고 다양한 환경에서 교육의 힘만으로 사회적 통합을 이루기는 힘들다. 그래서 현대사회에서는 다양하게 (　　)된 조직이나 기능 또는 이질적인 요소들을 통합하기 위해 법과 공권력을 발휘하기도 한다.

① 억제, 지향, 분리　　② 억제, 지양, 분화

③ 통제, 지향, 분화　　④ 통제, 지양, 분리

10 ㉠과 같은 사람의 행동을 가장 잘 표현한 것은?

이른바 '죄수의 딜레마' 이론에서는, 서로 의사소통을 할 수 없도록 격리된 두 용의자가 각각 개인수준에서 가장 합리적으로 내린 선택이 오히려 집합적인 결과에서는 두 사람 모두에게 비합리적인 결과를 초래할 수 있다고 설명하고 있다. 즉 ㉠ 다른 사람을 고려하지 않고 자신의 이익만을 추구하는 개인적 차원의 합리성만을 강조하면, 오히려 사회 전체적으로는 비합리적인 결과를 초래할 수 있다는 것이다.

① 도랑 치고 가재 잡기

② 못 먹는 감 찔러나 보기

③ 손으로 해 가리기

④ 제 논에 물 대기

11 제시된 문장을 읽고 옳은 결론을 고르시오.

국민의 인권을 보장하지 못하는 나라는 경제적으로 평등하지 못하다. 사회보장제도가 발달한 나라는 경제적으로 평등하다. 사회보장제도가 발달한 나라는 민주주의의 가치를 존중한다.

A : 사회보장제도가 발달한 나라가 반드시 국민의 인권을 보장하는 것은 아니다. B : 민주주의의 가치를 존중하지 못하는 나라는 사회보장제도가 발달한 국가가 아니다.

① A만 옳다.

② B만 옳다.

③ A와 B 모두 옳다.

④ A와 B 모두 그르다.

12 문맥에 따른 배열로 가장 적절한 것은?

(가) 자기보다 더 큰 부자가 있다고 생각될 때는 여전히 불만과 불행에 사로잡히기 때문이다.
(나) 소유에서 오는 행복은 낮은 차원의 것이지만 성장과 창조적 활동에서 얻는 행복은 비교할 수 없이 고상한 것이다.
(다) 그러나 사람들은 소유에서 오는 행복은 소중히 여기면서 정신적 창조와 인격적 성장에서 오는 행복은 모르고 사는 경우가 많다.
(라) 하지만 최소한의 경제적 여건에 자족하면서 정신적 창조와 인격적 성장을 꾀하는 사람은 얼마든지 차원 높은 행복을 누릴 수 있다.
(마) 부자가 되어야 행복해진다고 생각하는 사람은 스스로 부자라고 만족할 때까지는 행복해지지 못한다.

① (가)–(라)–(나)–(다)–(마)
② (나)–(가)–(마)–(다)–(라)
③ (다)–(라)–(마)–(가)–(나)
④ (마)–(가)–(라)–(나)–(다)

13 아래 〈보기〉 글의 제목과 부제로 가장 적절한 것은?

저작권법은 저작자의 권리와 이에 인접하는 권리를 보호하고 저작물의 공정한 이용을 도모함으로써 문화 및 관련 산업의 향상발전에 이바지하는 것을 목적으로 제정되었다. 예를 들어 유명한 기업가가 자신의 자서전을 대필 작가에게 집필하게 하고 일정한 대가를 지불하였다. 이러한 대작의 경우 저작물의 실제 창작자와 공표된 창작자가 서로 일치하지 않으므로 법적인 문제가 발생할 수 있다. 이러한 관점에서 대작 관행은 다음과 같은 민·형사상 책임과 관련된 법적인 쟁점을 안고 있다. 첫째는 창작자의 원칙과 관련된 쟁점이다. 창작자의 원칙에 따르면 저작물의 창작적 표현에 실질적으로 기여한 자만이 저작자의 지위를 얻을 수 있으므로 대작자의 의뢰인은 저작자가 될 수 없다는 문제가 생긴다. 둘째는 성명 표시권과 관련된 쟁점이다. 대작 작가가 성명 표기를 포기하고 대작 의뢰인의 이름을 표시하여 저작물을 판매하더라도 일신전속권 성격을 가진 성명 표시권에 의한 모순이 발생할 수 있는 것이다. 셋째로 대작이 법익을 침해한다는 관점도 있는데, 이는 대작 작품에 의뢰인의 이름을 넣는 경우 저작자 사칭 공표죄가 적용될 수 있으며, 저작자 명의를 신뢰한 일반 공중의 신용보호에도 문제가 생길 수 있다는 것이다. 이처럼 대작 행위는 다양한 법적 쟁점들을 내포하고 있기 때문에 향후 그에 대한 사회적인 논의가 필요하다.

① 우리나라와 외국의 저작권법의 차이 : 성명 표시권에 대한 포기를 바탕으로
② 대작 관행에 관한 법적 쟁점들 : 주요 개념의 이해와 법 조항 해석을 중심으로
③ 대작이 대중에게 미치는 영향 : 법에 의한 조치를 중심으로
④ 대작에 대한 사회적 논의의 필요성 : 예술적 아이디어를 보호하기 위한 노력

14 아래 〈보기〉 글을 읽고 ㉠이 갖추어야 할 조건으로 적절하지 않은 것은?

신체의 세포, 조직, 장기가 손상되어 더 이상 제 기능을 하지 못할 때에 이를 대체하기 위해 이식을 실시한다. 이때 이식으로 옮겨 붙이는 세포, 조직, 장기를 이식편이라 한다. 자신이나 일란성 쌍둥이의 이식편을 이용할 수 없다면 다른 사람의 이식편으로 '동종이식'을 실시한다. 그런데 우리의 몸은 자신의 것이 아닌 물질이 체내로 유입될 경우 면역반응을 일으키므로 유전적으로 동일하지 않은 이식

편에 대해 항상 거부 반응을 일으킨다. 면역 거부 반응은 면역세포가 표면에 발하는 주조직적합복합체(MHC)분자의 차이에 의해 유발된다. 개체마다 MHC에 차이가 있는데 서로 간의 유전적 거리가 멀수록 MHC의 차이가 커져 거부 반응이 강해진다. 이를 막기 위해 면역 억제제를 사용하는데 이는 면역반응을 억제하여 질병 감염의 위험성을 높인다. 이식은 많은 비용이 소요되고 동종 이식편의 수의 부족현상으로 이를 대체하는 방법이 개발되고 있다. '전자 기기 인공 장기'는 인공 심장을 대체하는 방법으로 활용되기도 한다. 하지만 이것은 장기의 기능을 일시적으로 대체하며, 추가 전력 공급 및 정기적 부품교체 등의 단점이 있고 아직 인간의 장기를 완전히 대체할 만큼 정교한 단계에 이르지는 못했다.

다음으로는 사람의 조직 및 장기와 유사한 다른 동물의 이식편을 인간에게 이식하는 '이종이식'이 있다. 그런데 이종이식은 동종 이식보다 거부 반응이 훨씬 심하게 일어난다. 특히 사람이 가진 자연항체는 다른 종의 세포에서 발발되는 항원에 반응하는 데 이로 인해 이종 이식편에 대해 초급성 거부 반응 및 급성 혈관성 거부 반응이 일어난다. 이러한 거부 반응 유전자를 제거한 형질 전환 미니돼지에서 얻은 이식편을 이식하는 실험이 성공한 바 있다. 미니돼지는 장기의 크기가 사람의 것과 유사하고 번식력이 높아 단시간에 많은 개체를 생산할 수 있다는 장점이 있어 이를 이용한 이식편을 개발하기 위한 연구가 진행되고 있다.

하지만 이종이식의 또 다른 문제는 내인성 레트로바이러스이다. 내인성 레트로바이러스는 생명체의 DNA의 일부분으로 레트로바이러스로부터 유래된 것으로 여겨지는 부위들이다. 이는 바이러스의 활성을 가지지 않으며 사람을 포함한 모든 포유류에 존재한다. 레트로바이러스는 자신의 유전 정보를 RNA에 담고 있고 역전사 효소를 가지고 있는 바이러스로서 특정한 종류의 세포를 감염시킨다. 유전 정보가 담긴 DNA로부터 RNA가 생성되는 전사 과정만 일어날 수 있는 다른 생명체와는 달리 레트로바이러스는 다른 생명체의 세포에 들어간 후 역전사 과정을 통해 자신의 RNA를 DNA로 바꾸고 그 세포의 DNA에 끼어들어 감염시킨다. 이후에는 다른 바이러스와 마찬가지로 자신이 속해 있는 생명체를 숙주로 삼아 숙주 세포의 시스템을 이용하여 복제, 증식하고 일정한 조건이 되면 숙주 세포를 파괴한다.

그런데 정자, 난자와 같은 생식 세포가 레트로바이러스에 감염되고도 살아남는 경우가 있었다. 이런 세포로부터 유래된 자손의 모든 세포가 갖게 된 것이 내인성 레트로바이러스이다. 내인성 레트로바이러스는 세대가 지나면서 돌연변이로 인해 염기 서열의 변화가 일어나며 해당 세포 안에서는 바이러스로 활동하지 않는다. 그러나 내인성 레트로바이러스를 떼어 내어 다른 종의 세포 속에 주입하면 이는 레트로바이러스로 변환되어 그 세포를 감염시키기도 한다. 따라서 미니돼지의 DNA에 포함된 내인성 레트로바이러스를 효과적으로 제거하는 기술이 개발 중에 있다. 그동안의 대체 기술과 관련된 연구 성과를 토대로 ㉠이상적인 이식편을 개발하기 위해 많은 연구가 수행되고 있다.

① 이식편의 비용을 낮추어서 정기 교체가 용이해야 한다.

② 이식편은 대체를 하려는 장기와 크기가 유사해야 한다.

③ 이식편은 짧은 시간에 대량으로 생산이 가능해야 한다.

④ 동종이식편과 수혜자 사이의 유전적 거리를 극복해야 한다.

15 아래 〈보기〉 글을 읽고 이해한 내용으로 적절하지 않은 것은?

> 우리 몸은 단백질의 합성과 분해를 끊임없이 반복한다. 단백질 합성은 아미노산을 연결하여 긴 사슬을 만드는 과정인데, 20여 가지의 아미노산이 체내 단백질 합성에 이용된다. 단백질 합성에서 아미노산들은 DNA 염기 서열에 담긴 정보에 따라 정해진 순서대로 결합된다. 단백질 분해는 아미노산 간의 결합을 끊어 개별 아미노산으로 분리하는 과정이다. 체내 단백질 분해를 통해 오래되거나 손상된 단백질이 축적되는 것을 막고 우리 몸에 부족한 에너지 및 포도당을 보충할 수 있다.
>
> 단백질 분해 과정의 하나인 프로테아솜이라는 효소 복합체에 의한 단백질 분해는 세포 내에서 이루어진다. 프로테아솜은 유비퀴틴이라는 물질이 일정량 이상 결합되어 있는 단백질을 아미노산으로 분해한다. 단백질 분해를 통해 생성된 아미노산의 약 75%는 다른 단백질을 합성하는 데 이용되며 나머지 아미노산은 분해된다. 아미노산이 분해될 때는 아미노기가 아미노산으로부터 암모니아로 바뀐 다음 요소(尿素)로 합성되어 체외로 배출된다. 그리고 아미노기가 떨어지고 남은 부분은 에너지나 포도당이 부족할 때는 이들을 생성하는 데 이용되고 그렇지 않으면 지방산으로 합성되거나 체외로 배출된다.
>
> 단백질이 지속적으로 분해됨에도 불구하고 체내 단백질의 총량이 유지되거나 증가할 수 있는 것은 세포 내에서 단백질 합성이 끊임없이 일어나기 때문이다. 단백질 합성에 필요한 아미노산은 세포 내에서 합성되거나 음식으로 섭취한 단백질로부터 얻거나 체내 단백질을 분해하는 과정에서 생성된다. 단백질 합성에 필요한 아미노산 중 체내에서 합성할 수 없어 필요량을 스스로 충족할 수 없는 것을 필수아미노산이라고 한다. 어떤 단백질 합성에 필요한 각 필수아미노산의 비율은 정해져 있다. 체내 단백질 분해를 통해 생성되는 필수아미노산도 다시 단백질 합성에 이용되기도 하지만, 부족한 양이 외부로부터 공급되지 않으면 전체의 체내 단백질 합성량이 줄어들게 된다. 그러므로 필수아미노산은 반드시 음식물을 통해 섭취되어야 한다. 다만 성인과 달리 성장기 어린이의 경우, 체내에서 합성할 수 있으나 그 양이 너무 적어서 음식물로 보충해야하는 아미노산도 필수아미노산에 해당된다.
>
> 각 식품마다 포함된 필수아미노산의 양은 다르며, 필수아미노산이 균형을 이룰수록 공급된 필수아미노산의 총량 중 단백질 합성에 이용되는 양의 비율, 즉 필수아미노산의 이용효율이 높다. 일반적으로 육류, 계란 등 동물성 단백질은 필수아미노산을 균형 있게 함유하고 있어 필수아미노산의 이용효율이 높은 반면, 쌀이나 콩류 등에 포함된 식물성 단백질은 제한아미노산을 가지며 필수아미노산의 이용효율이 상대적으로 낮다.
>
> 제한아미노산은 단백질 합성에 필요한 각각의 필수아미노산의 양에 비해 섭취한 어떤 식품에 포함된 해당 필수아미노산의 양의 비율이 가장 낮은 필수아미노산을 말한다. 가령, 가상의 P단백질 1몰을 합성하기 위해서는 필수아미노산 A와 B가 각각 2몰과 1몰이 필요하다고 하자. P를 2몰 합성하려고 할 때, A와 B가 각각 2몰씩 공급되었다면 A는 필요량에 비해 2몰이 부족하게 되어 P는 결국 1몰만 합성된다. 이때 A가 부족하여 합성할 수 있는 단백질의 양이 제한되기 때문에 A가 제한아미노산이 된다.

① 필수아미노산을 제외한 다른 아미노산도 제한아미노산이 될 수 있다.

② 체내 단백질을 분해해서 얻어진 필수아미노산의 일부는 단백질 합성에 다시 이용된다.

③ 제한아미노산이 없는 식품은 단백질 합성에 필요한 필수아미노산이 균형있게 골고루 함유되어 있다.

④ 체내 단백질 합성과 분해의 반복 과정에서 외부로부터 필수아미노산의 공급이 줄어들면 체내 단백질 총량은 감소한다.

16 식단을 작성할 때 고려해야 할 영양소 및 영양섭취 비율로 맞는 것은?

① 당질 70%, 지질 15%, 단백질 15%
② 당질 65%, 지질 20%, 단백질 15%
③ 당질 50%, 지질 45%, 단백질 5%
④ 당질 45%, 지질 40%, 단백질 15%

17 조리사의 면허결격사유에 해당되지 않는 사람은?

① 정신질환자　② 감염병 환자
③ B형 간염환자　④ 마약 중독자

18 식품위생에서 대상으로 하는 것을 모두 고르면?

① 식품
② 식품첨가물
③ 식품, 기구, 용기
④ 식품, 식품첨가물, 기구 및 용기 · 포장

19 다음 중 경구감염병 중 치사율이 가장 높은 것은?

① 장티푸스　② 파라티푸스
③ 콜레라　④ 세균성이질

20 철저한 환경위생으로 예방 가능한 감염병은?

① 백일해　② 풍진
③ 콜레라　④ 홍역

21 HACCP에 대한 설명으로 틀린 것은?

① 어떤 위해를 미리 예측하여 그 위해요인을 사전에 파악하는 것이다.
② 위해방지를 위한 사전 예방적 식품안전 관리체계를 말한다.
③ HACCP 12절차의 첫 번째 단계는 위해요소 분석이다.
④ 미국, 일본, 유럽연합, 국제기구(WHO, CODEX) 등에서도 모든 식품에 HACCP을 적용할 것을 권장하고 있다.

22 전개도가 나머지 셋과 다른 것은?

①
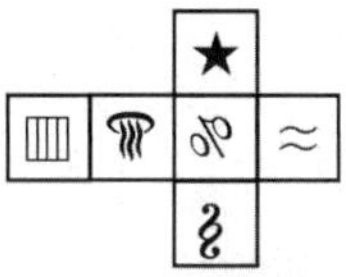
②
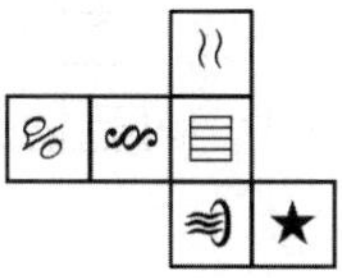
③
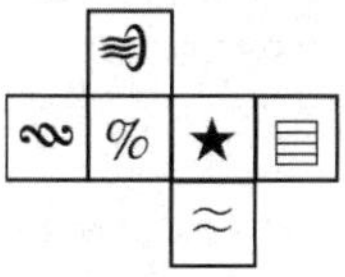
④
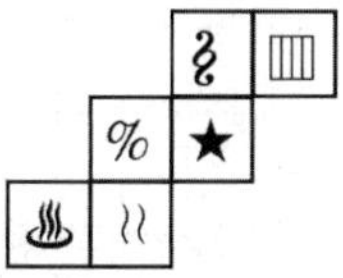
⑤
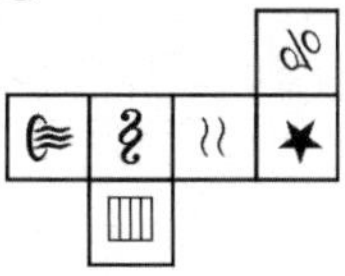

23 다음 전개도를 접었을 때, 나타나는 입체도형의 모양으로 알맞은 것을 고르시오.

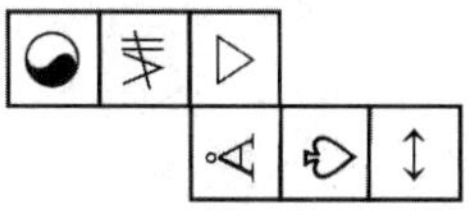

①
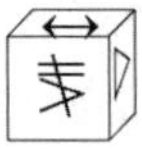
②

③
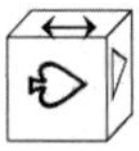
④
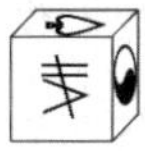
⑤
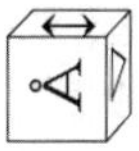

24 다음 전개도 A, B, C의 기준면이 정면을 향하도록 접은 다음, 각각의 회전 방향에 따라 회전시킨 후 결합 형태에 따라 결합했을 때의 모양으로 알맞은 것을 고르시오.

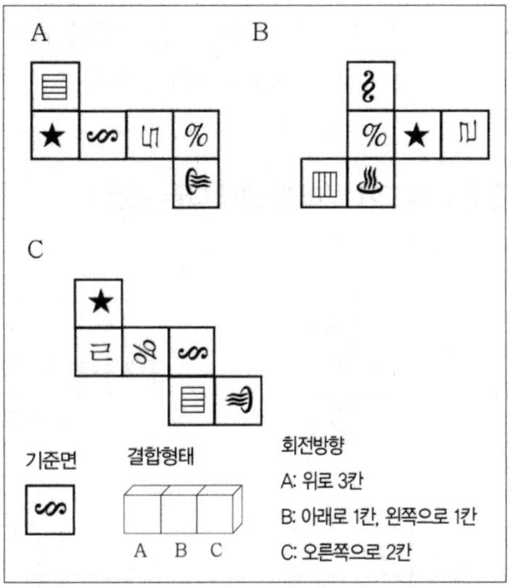

① 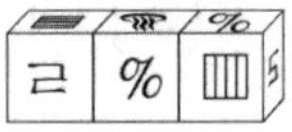

② 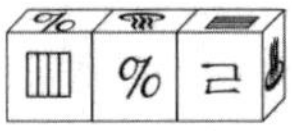

③ 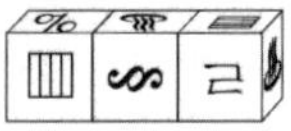

④ 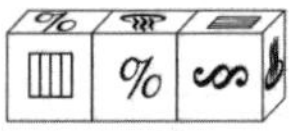

⑤ 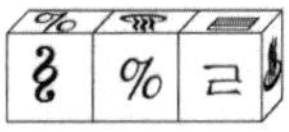

25 다음 제시된 그림을 시계 반대방향으로 90° 회전 후 위쪽으로 뒤집은 그림은?

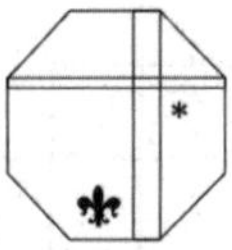

① 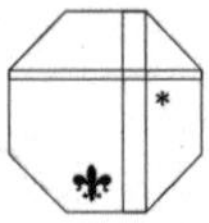

② 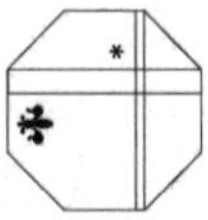

③ 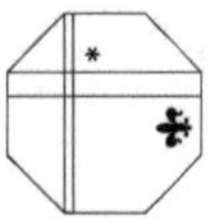

④ 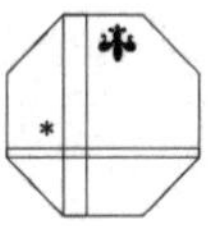

26 다음 제시된 그림을 화살표 방향으로 접은 후 구멍을 뚫은 다음 다시 펼쳤을 때의 그림을 고르시오.

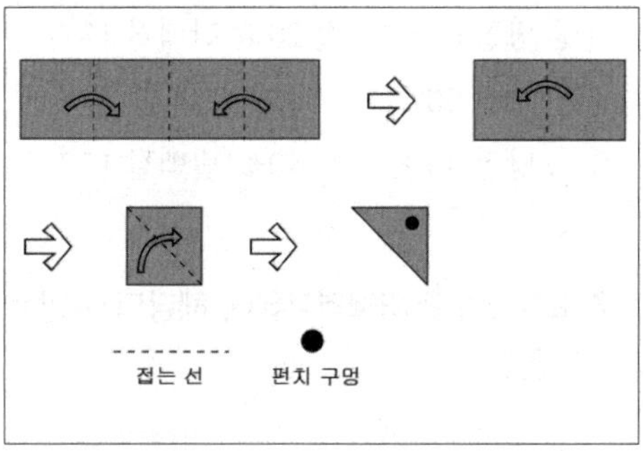

① 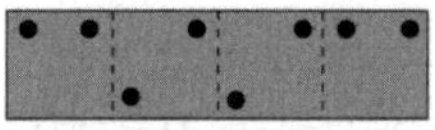

② 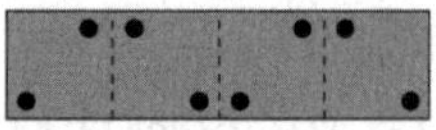

③ 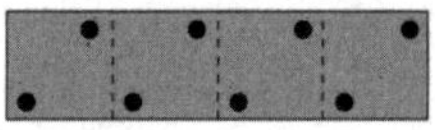

④ 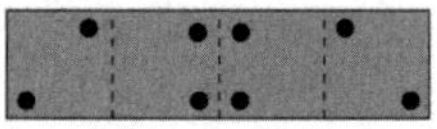

27 다음 그림과 같이 접었을 때 나올 수 있는 뒷면의 모양으로 적절한 것을 고르시오.

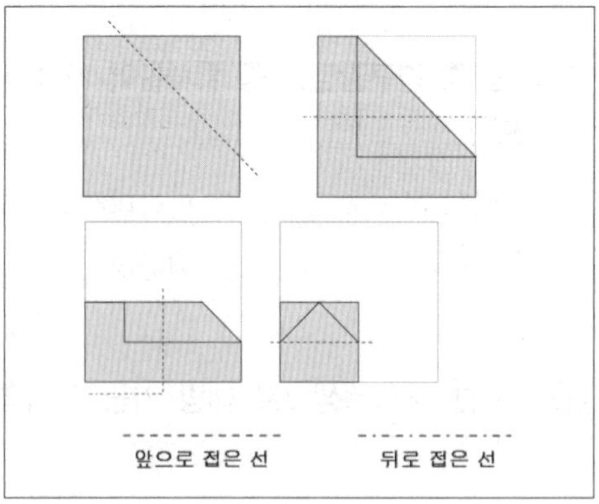

① 

② 

③ 

④ 

28 다음 두 블록을 합쳤을 때 나올 수 없는 형태를 고르시오. (단, 회전은 자유롭다)

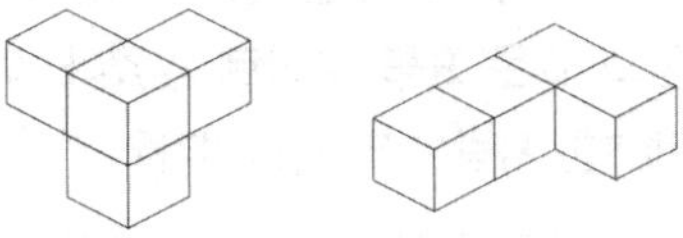

①
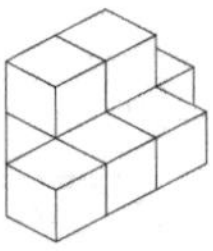

②
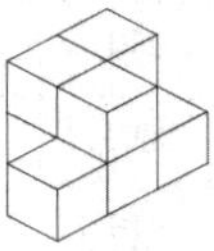

③
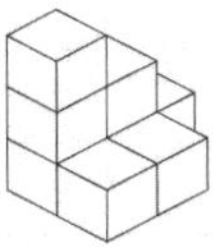

④
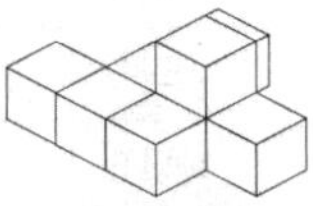

⑤
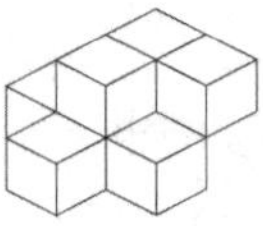

29 다음 블록의 개수는 몇 개인지 고르시오.

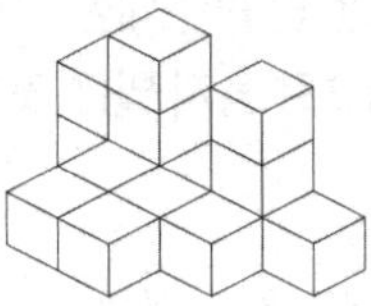

① 15개　　② 16개
③ 17개　　④ 18개

30 다음 주어진 입체도형 중 일치하지 않는 것을 고르시오.

①

②
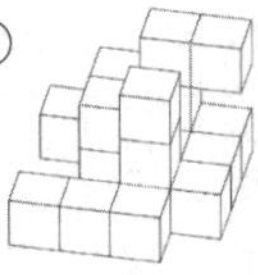

③
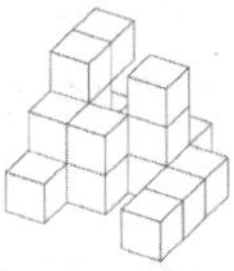

④
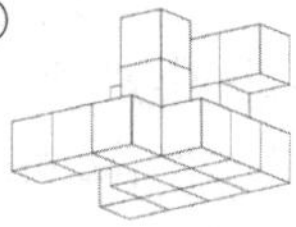

⑤
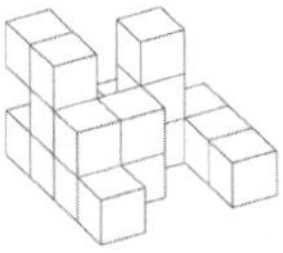

31 메뉴개발 프로젝트를 수행하는 데 지영이가 혼자 하면 10일, 유진이가 혼자 하면 15일 걸린다. 지영이와 유진이가 함께 프로젝트를 수행한다면 몇 일만에 완료할 수 있는가?

① 4일　　② 5일
③ 6일　　④ 7일

32 750m짜리 철길이 있는데 100m 길이의 기차가 분당 170m의 속력으로 이 철길을 완전히 통과하려고 한다. 걸리는 시간은 몇 분인가?

① 4분　　② 4분 25초
③ 4분 50초　　④ 5분
⑤ 5분 15초

33 수현이는 농도가 11%의 소금물을, 희주는 5%의 소금물을 가지고 있었다. 수현이와 희주가 가지고 있는 소금물을 합쳤더니 농도가 9.8%인 소금물 200g이 만들어졌을 때 두 사람이 가지고 있던 소금물의 양은 각각 얼마인가?

① 수현 40g,　희주 160g
② 수현 160g, 희주 40g
③ 수현 120g, 희주 80g
④ 수현 80g,　희주 120g

34 원가에 30%의 이익을 붙여 정가를 정한 상품이 팔리지 않아서 정가에서 300원을 할인하여 팔았더니 600원의 이익이 생겼다. 이때 이 상품의 원가는?

① 2,800원　　② 3,000원
③ 3,100원　　④ 3,200원
⑤ 3,300원

35 빨강, 주황, 노랑, 파랑, 검정 5개의 공을 일렬로 세웠을 때 노랑과 파랑이 서로 이웃하여 서는 경우의 수는?

① 12가지　② 24가지
③ 36가지　④ 48가지

36 올해 어머니의 연세는 48세이고 딸의 나이는 12살이다. 어머니의 연세가 딸의 나이의 3배가 되는 것은 몇 년 후인가?

① 3년　② 4년
③ 5년　④ 6년

37 다음 표는 6월 한 달 동안의 우리나라 지역별 라면 소비량을 정리한 것이다. 대도시에 대한 설명으로 가장 적합한 것은?

(단위 : 톤)

구분 / 라면명	대도시	중소도시	도시 이외	합계
A	32	6	16	54
B	272	56	39	367
C	270	50	138	458
D	31	3	20	54
합계	605	115	213	931

① 모든 라면의 절반 정도가 대도시에서 소비된다.
② 대도시에서 C 라면이 가장 많이 소비된다.
③ D 라면은 대도시에서 가장 많이 소비된다.
④ 대도시에서 하루 평균 1톤의 A 라면이 소비된다.

38 서울의 모 대학 학생 500명을 대상으로 인공지능학, 바이오공학, 환경공학에 대하여 수강의사 여부에 관한 설문조사를 실시하여 다음과 같은 표를 결과로 얻었다. 이 때 복수 체크한 사람은 몇 사람인가?

답변패턴	인공지능학	바이오공학	환경공학	인원수
패턴 1	V			25%
패턴 2		V		16%
패턴 3			V	38%
패턴 4	V	V		5%
패턴 5	V		V	9%
패턴 6		V	V	3%
패턴 7	V	V	V	4%

① 79명　② 87명
③ 95명　④ 105명

39 다음은 연령별 인구에 대한 표이다. 다음 표에 대한 해석으로 옳지 않은 것은?

(단위: 천 명, %)

구분		2000	2010	2011	2020	2030	2040	2050
인구수	0–14세	9,910	7,905	7,642	6,117	5,526	4,777	3,760
	15–64세	33,703	35,612	35,807	35,502	31,298	26,524	22,421
	65세 이상	3,396	5,355	5,536	7,702	11,812	15,043	16,157
구성비	0–14세	21.2	16.1	15.7	12.3	11.4	10.3	8.9
	15–64세	71.6	72.9	73.1	72.0	64.3	57.1	53.0
	65세 이상	7.2	11.0	11.2	15.7	24.4	32.6	38.2
	계	100.0	100.0	100.0	100.0	100.0	100.0	100.0

① 저출산으로 인해 14세 이하의 인구는 점점 감소하고 있다.
② 15–64세 인구는 2000년 이후 계속 감소하고 있다.

③ 65세 이상 인구의 구성비는 2000년과 비교했을 때 2050년에는 5배 이상 될 것이다.

④ 65세 이상 인구의 구성비가 14세 이하 인구의 구성비보다 높아지는 시기는 2020년이 될 것이다.

40 다음은 K 기업의 고객서비스센터에 접수된 신고사항을 분류한 것이다. 1시간 동안 받은 신고 건수가 100건이고, 4시간 동안 접수를 받는다면 A/S에 대한 건수는?

(단위 : %)

직원 불친절	디자인 불만족	제품 하자	대금결 제불편	A/S	배송 지연	기타
30	18	15	12	12	10	3

① 42　② 44
③ 46　④ 48

41 다음은 지선이의 방학 시간표 구성 비율이다. 수면에 사용되는 시간과 기타에 사용되는 시간의 비율 차이는 몇 배인가?

(단위 :%)

수면	공부	식사	기타
30	45	10	15

① 2배　② 4배
③ 6배　④ 8배

42 다음은 일정한 규칙에 따라 배열된 수열이다. (　　)에 들어갈 알맞은 것을 고르시오.

11　33　36　12　48　(　　)
13　65　70　14

① 50　② 52
③ 60　④ 62

43 빈 칸에 알맞은 수를 고르시오.

9	3
27	81

33	11
99	

① 296　② 297
③ 298　④ 299

44 빈 칸에 알맞은 수를 고르시오.

(A)　(B)　47　95　191　383

$2A+B=?$

① 24　② 36
③ 45　④ 52

45 빈 칸에 알맞은 수를 고르시오.

7　2　(　)　10　3　49　8　2　36

① 20　② 25
③ 30　④ 35

02회 최신 실전모의고사

01 사전 등재 순서에 맞게 배열된 것은?

우체국, 왜가리, 위험, 의사

① 왜가리 - 우체국 - 의사 - 위험
② 우체국 - 위험 - 왜가리 - 의사
③ 우체국 - 왜가리 - 의사 - 위험
④ 왜가리 - 우체국 - 위험 - 의사

02 맞춤법이 옳은 것은?

① 전셋방 ② 며칠날
③ 수평아리 ④ 깨끗히

03 밑줄 친 부분의 띄어쓰기가 옳지 않은 것은?

① 당신 말 한번 잘했다.
② 가격이 얼만지 한번 물어보세요.
③ 그들은 겨우 열흘에 한번 밖에 못 만난다.
④ 한번 엎지른 물은 다시 주워 담을 수 없다.

04 다음 문장 중 표기가 올바른 것은?

① 이것은 연필이오, 저것은 책이요.
② 이것은 책이 아니지오.
③ 이것은 연필이 아니오.
④ 이것은 책이 아니요.

05 다음 두 단어 쌍이 같은 관계가 되도록 각 빈칸에 들어갈 단어를 고르시오.

미개 : (　　) = (　　) : 서광

① 일광, 문화 ② 희망, 자각
③ 암흑, 개화 ④ 문명, 암운

06 제시된 두 단어와 같은 관계를 이루도록 알맞은 단어를 고르시오.

벗 : (A) = (B) : 은하수

① A : 우주
B : 우정
② A : 친구
B : 미리내
③ A : 시냇물
B : 가족
④ A : 친구
B : 학교

07 다음 제시된 어구의 뜻을 설명하고 있는 것을 고르시오.

푼푼하다

① 모자람 없이 넉넉하다.
② 생각이 모자라고 어리석다.
③ 성격이 온화하다.
④ 탐스럽다.

08 다음 9개의 단어 중 3개의 단어에서 공통으로 연상할 수 있는 것을 고르시오.

워라벨	보름	모양
사건	하늘	공기
바다	총	노동

① 해 ② 새
③ 일 ④ 별

09 다음 명제가 모두 참일 때, 항상 참인 문장을 고르시오.

> 채윤이가 목욕탕에 가지 않았다면 윤재도 전시회에 가지 않았다.
> 채윤이와 윤재 둘 중 한 명이라도 커피숍에 갔다면 채윤이는 화장을 했다.
> 채윤이가 목욕탕에 갔다면 그 날은 화장을 하지 않았을 것이다.

① 윤재가 전시회에 갔다면 채윤이는 화장을 했을 것이다.
② 윤재와 채윤이 둘 다 커피숍에 갔다면 윤재는 목욕탕에 갔다.
③ 채윤이가 화장을 했다면 윤재는 전시회에 갔다.
④ 채윤이가 목욕탕에 가지 않았다면 윤재는 커피숍에 갔다.
⑤ 윤재가 전시회에 갔다면 윤재와 채윤이 둘 다 커피숍에 가지 않았다.

10 빈칸에 알맞은 한자어는?

> 시간도 없는데 ( ) 길까지 막힌다.

① 설상가상(雪上加霜)
② 역지사지(易地思之)
③ 사면초가(四面楚歌)
④ 새옹지마(塞翁之馬)

11 아래 〈보기〉를 참고하여 헤라클레이토스와 플라톤의 견해를 비교한 것으로 적절하지 않은 것은?

〈보기〉

> 플라톤은 세계의 본질을 변화하는 세계와 변화하지 않는 세계가 공존한다고 보았다. 이는 끝없이 흐르고 변화하는 세계에 대한 지식은 있을 수 없기 때문이었다. 하지만 헤라클레이토스는 세계의 본질을 세상 모든 것은 끊임없이 변하고 움직이므로 세상에 변하지 않는 것은 없다고 보았다. 그래서 플라톤은 변화와 생성 그리고 다양성을 중시하는 헤라클레이토스를 대척점에 놓고 이데아 이론을 발전시켰다. 즉 플라톤은 헤라클레이토스와 달리 이 세상에는 초월적이고 완전한 형상, 즉 이데아가 존재하며 각각의 개별적 사물들은 그 이데아를 불완전하게 복사한 것이라고 주장하였다. 이는 현상 세계의 모든 사물이 이데아에 존재하는 사물과는 유사점이 있지만 일치하지 않는다고 보았다.

① 헤라클레이토스 : 사물의 변화에 앞서 계속 존재하는 사물의 존재를 나는 인정하지 않아요. 그래서 연속적인 순간의 상태에 관해서만 말해야 한답니다.
② 플라톤 : 이 세상에는 변화하지 않는 세계도 별도로 있어요. 끝없이 변화하는 세계에 대한 지식은 끊임없이 있을 수 없으니까요.
③ 헤라클레이토스 : 당신이 말하는 이데아라는 것이 바로 동일시의 오류를 범하게 하는 원인이지요.
④ 플라톤 : 천만에요. 초월적이고 완전한 형상인 이데아를 완벽하게 복사한 것이 바로 각각의 개별적 사물들이니 그럴 리가 없어요.

12 다음 글을 고쳐 쓰기 위한 방안으로 적절하지 않은 것은?

> 산업 폐기물 처리장이 들어서게 될 지역 주민들도 그 시설의 필요성은 인정하고 있다. ㉠그리고 그런 시설이 자기 고장에 들어서는 것을 받아들이려는 사람은 많지 않다. ㉡그 필요성은 인정하지만, 내 고장에는 안 된다는 것이다. 이러한 태도는 공공의 이익을 외면하는 ㉢지역 이기주의에 다름 아니다. 잊지 말아야 할 사실은 폐기물 처리장 건설을 뒤로 미루면 그로 인한 피해가 결국 ㉣우리 모두에게 돌아온다. 나와 내 이웃이 공존할 수 있는 사회를 만들기 위해서는 지역 이기주의를 타파해야한다.

① ㉠은 앞뒤 문장을 자연스럽게 연결하기 위해 '그러나'로 바꾼다.

② ㉡은 주제와 관련 없는 내용이므로 문장의 통일성을 위해 삭제한다.

③ ㉢은 우리말답지 않은 표현으로 '지역 이기주의이다'로 순화한다.

④ ㉣은 주어와 호응하지 않으므로 '우리 모두에게 돌아온다는 것이다'로 고친다.

13 아래 (가) 글은 쿠쉬만이 공정성을 설명한 글이며 (나)는 이를 바탕으로 공정성을 제시한 사례이다. 쿠쉬만의 주장을 바탕으로 이를 이해한 내용으로 가장 적절한 것은?

> (가) 심리학자인 쿠쉬만은 공정성이 행동의 결과에 의해서 판단되기보다는 행동을 유발하는 심리적 과정에 의해서 판단되어야 한다고 주장하면서 다음과 같이 공정성을 평가하는 데 개입하는 원리를 제시하였다. 첫째, 행위의 원리이다. 이는 어떤 피해를 야기하는 행위를 하는 것이 어떤 피해를 막기 위한 행위를 하지 않는 것보다 더 공정하지 못한 행동으로 판단된다. 둘째, 접촉의 원리이다. 이는 사람과 사람 사이의 신체적 접촉에 의해 피해가 야기된 경우가 직접적인 신체적 접촉 없이 피해가 야기된 경우보다 더 공정하지 못한 것으로 판단된다. 셋째, 의도의 원리이다. 이는 어떠한 행동의 의도한 결과로 인해 야기된 피해가 어떠한 행동의 의도하지 않은 결과로 인해 야기된 피해보다 더 공정하지 못한 것으로 판단된다. 이와 같은 원리를 적용하면 동일한 결과를 초래하는 행위라 할지라도 그러한 결과가 어떠한 심리적 과정에 의해 발생했느냐에 따라 공정성에 대한 평가가 달라질 수 있음을 알 수 있다.

> (나) 갑은 운전면허를 취득하기 위한 사람들에게 도로주행을 가르치는 선생님이다. 어제도 핸들을 운전 연습생에게 맡기고 보조석에 동승하여 도로를 달리고 있었다. 그런데 운전자가 긴장한 탓인지 브레이크를 밟지 못하고 통제 불능의 상태가 되었다. 차는 황단보도 가까이 진입했음에도 멈추질 않고 신호를 기다리는 사람들을 향해 달려가고 있었다. 갑은 순간적으로 인명피해를 막기 위해 핸들을 돌렸으며 유모차를 박고 겨우 멈출 수 있었다. 하지만 그로 인해 유모차에 타고 있던 아기가 사고로 사망하였다. 갑은 사망한 아기를 희생시키려는 의도는 전혀 없었으며 오로지 다수의 사람을 구해야 한다는 생각만 했을 뿐이다.
> 이때 을은 신호가 바뀌었음에도 멈출 기미가 보이지 않는 차가 다수의 사람을 향해 달려오는 것을 느꼈다. 그때 을이 할 수 있는 일은 옆에 있던 유모차를 밀어 차의 돌진을 막는 것뿐이었다. 마침내 을은 옆에 서 있는 유모차를 차를 향해 떠밀었고 그로 인해 유모차에 타고 있던 아기는 사망하였다. 을은 다수의 생명을 구할 수 있었지만, 아기의 희생은 불가피한 상황이 되어 버렸다.

① 행위의 원리에 의하면 갑의 행위는 다수의 사람을 살리기 위해 오직 차의 핸들을 돌릴 수밖에 없는 상황에서 일어났다는 점에서 그러한 행위를 한 것은 공정한 행위로 간주된다.

② 행위의 원리에 의하면 을의 행위는 비록 한 명의 아기를 희생시켰지만 돌진하는 차를 막음으로써 더 큰 희생을 막았다는 점에서 그러한 행위를 하지 않은 것보다 공정한 행위로 간주될 것이다.

③ 의도의 원리에 의하면 을의 행위는 차의 돌진을 막기 위해 의도적으로 한 명의 보행자를 희생시켰다는 점에서 의도 없이 한 명의 보행자를 희생시킨 갑의 행동보다 공정하지 못한 행위로 간주될 것이다.

④ 접촉의 원리에 의하면 차의 돌진을 막기 위해 옆에 서 있던 유모차를 떠민 을의 행위는 갑과 마찬가지로 신체적 접촉에 의해 유발되었다는 점에서 공정하지 못한 행위로 간주될 것이다.

14 **아래 〈보기〉 글의 ㉠, ㉡에 대한 이해로 적절하지 않은 것은?**

> 매매 계약은 소유권 등 재산권을 이전하겠다는 일방의 의사 표시와 그 대가로 대금을 지급하겠다는 상대방의 의사 표시의 합치로 성립하는 법률 행위이다. 만약 갑이 병의 소유인 A 토지를 을에게 매도하면서 계약서에 병의 이름을 기재하였다면 이 계약의 당사자는 행위자인 갑과 명의자인 병 가운데 누가 되는 것일까? 이는 계약을 맺은 갑과 을의 의사를 밝히는 법률 행위의 해석 문제이다. 우선 갑과 을의 진정한 의사가 일치하는 경우에는 그 일치한 의사에 따른다. 이를 자연적 해석이라고 한다. 반면 갑과 을의 의사가 일치하지 않을 경우에는 외부에 드러난 표시 행위의 객관적 의미를 밝히는 규범적 해석을 통해 당사자가 확정된다. 판례는 계약의 성질 · 체결 경위 등 구체적인 사정을 토대로 상대방이 합리적인 사람이라면 누구를 계약 당사자로 이해할 것인가를 규범적 해석의 기준으로 삼는다.
> 이러한 법률 행위의 해석을 통해 행위자인 갑이 당사자로 확정될 경우, 매매 계약은 유효하게 성립하고 갑은 의사 표시대로 A 토지의 소유권을 취득하여 을에게 이전할 채무를 부담한다. 반면 명의자인 병이 당사자로 확정될 경우에는 의사표시를 한 행위자와 그로 인한 법률 효과가 발생하는 당사자가 일치하지 않는 대리 행위의 문제가 발생한다. 이 때 병에게 계약의 효과를 귀속시킬 것인지는 갑에게 A 토지의 매도에 관한 권한이 있었는지에 따라 달라진다. 갑이 본인 병으로부터 매도에 관한 대리권을 부여받은 대리인이라면 갑이 을과 맺은 매매계약은 유효한 대리행위가 된다. 유효한 대리행위가 된다는 것은 ㉠대리인의 법률행위로 인한 효과가 모두 ㉡본인에게 귀속된다는 의미이다. 그런데 대리인이 대리행위를 할 때에는 '병'의 대리인 '갑'처럼 대리의 의사와 본인의 이름을 표시하는 것이 원칙이다.

① ㉠의 법률 행위가 유효한 대리 행위인 경우, 그로 인한 효과는 ㉡에게 귀속된다.

② 권한이 있는 ㉠이 ㉡의 이름만을 표기하여 계약을 맺은 경우, 상대방이 대리 행위임을 알고 있었다면 원칙적으로 유효한 대리 행위가 된다.

③ 권한이 있는 ㉠이 자신의 이름만을 표기하여 계약을 맺은 경우 상대방이 대리 행위임을 알지 못했더라도 원칙적으로 계약의 효과는 ㉡에게 발생한다.

④ 권한이 있는 ㉠이 자신만의 이름을 표기하여 계약을 맺은 경우, 상대방이 ㉡을 계약 당사자라고 생각했다면 원칙적으로 유효한 대리행위가 된다.

15 파죽시세(破竹之勢) : 승승장구(乘勝長驅) = 지지부진(遲遲不進) : (   ) 빈칸에 알맞은 한자어는?

① 진퇴양난(進退兩難)
② 유야무야(有耶無耶)
③ 각골지통(刻骨之痛)
④ 노심초사(勞心焦思)

16 다음 중 식품의 기본요소가 아닌 것은?

① 기호성 ② 특수성
③ 영양성 ④ 위생성

17 식품위생법령상 식품안전관리인증기준 대상 식품에 해당되지 않는 것은?

① 다류(茶類) 및 커피류
② 냉동식품 중 피자류 · 만두류 · 면류
③ 과자류, 빵류 또는 떡류 중 과자 · 캔디류 · 빵류 · 떡류
④ 수산가공식품류의 어육가공품류 중 어묵 · 어육소시지

18 빈 칸에 들어갈 알맞은 것으로 연결된 것은?

> 복어에 있는 독성 물질인 (㉠)은 내인성 독성이 강하고 물에 녹지 않으며, 열에 안정하다. (㉡)에 독성분이 가장 많다.

① ㉠ 베네루핀 ㉡ 간
② ㉠ 솔라닌 ㉡ 머리
③ ㉠ 둘신 ㉡ 내장
④ ㉠ 테트로도톡신 ㉡ 난소

19 크림빵을 먹고 3시간 후 배탈이 났다면 식중독의 원인균으로 옳은 것은?

① 살모넬라균 ② 장염 비브리오
③ 포도상구균 ④ 웰치균

20 전개도가 나머지 셋과 다른 것은?

①
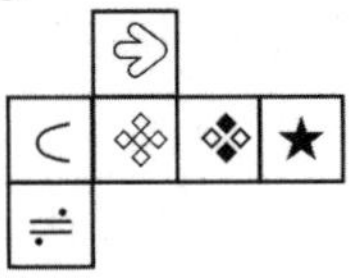

②
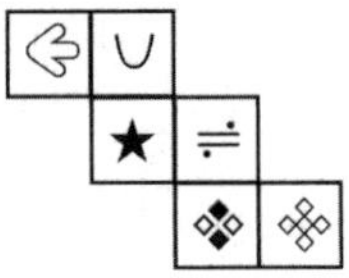

③
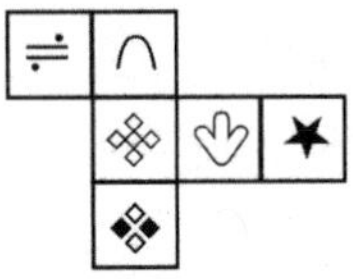

④
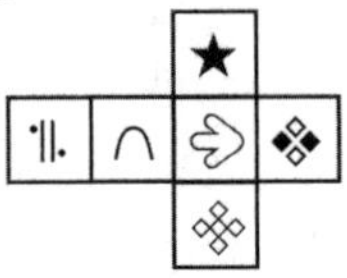

⑤
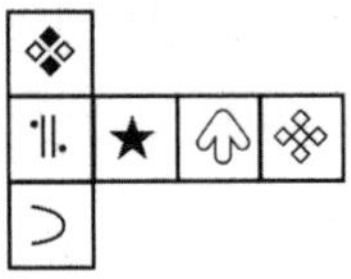

21 다음 제시된 그림을 화살표 방향으로 접은 후 구멍을 뚫은 다음 다시 펼쳤을 때의 그림을 고르시오.

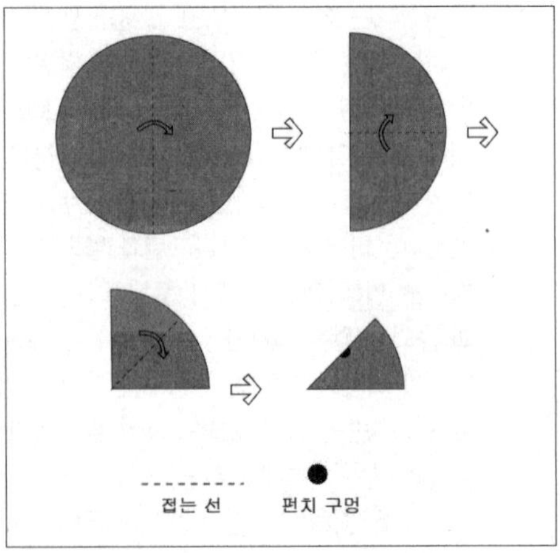

① 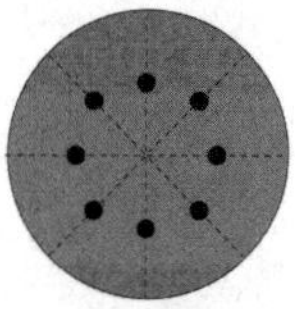

② 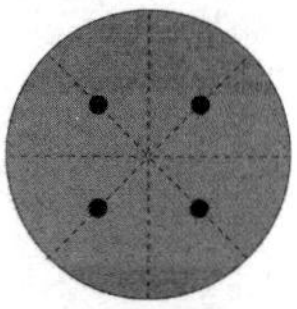

③ 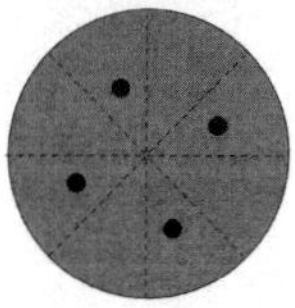

④ 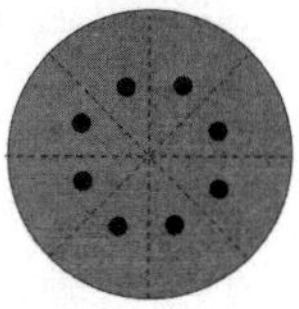

22 다음 전개도 A, B, C를 기준면이 정면을 향하도록 접은 다음, 각각의 회전 방향에 따라 회전시킨 후 결합 형태에 따라 결합했을 때의 모양으로 알맞은 것을 고르시오.

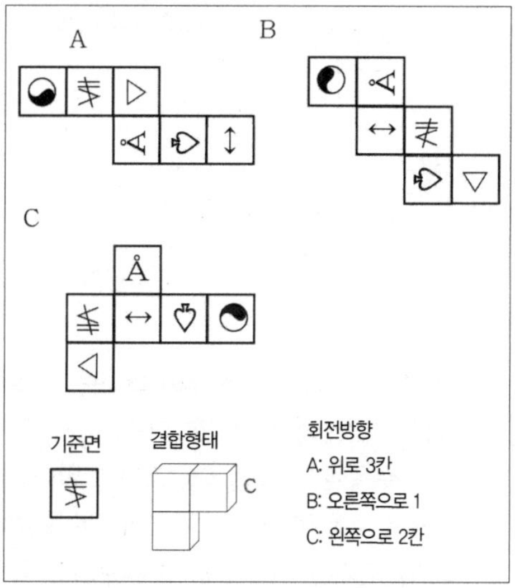

① 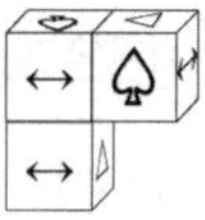

② 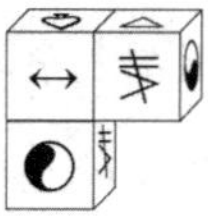

③ 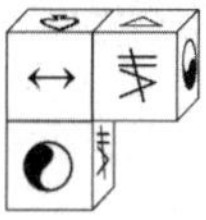

④ 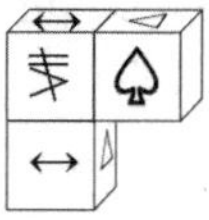

⑤ 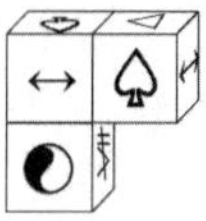

23 다음 전개도를 접었을 때, 나타나는 입체도형의 모양으로 알맞은 것을 고르시오.

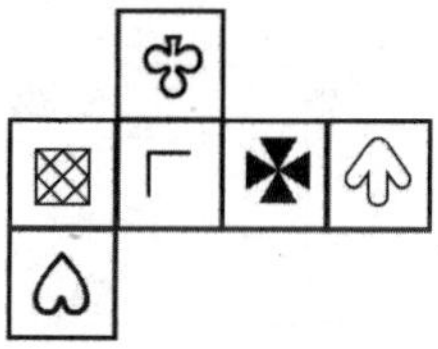

① 

② 

③ 

④ 

⑤ 

24 다음 두 블록을 합쳤을 때 나올 수 없는 형태를 고르시오. (단, 회전은 자유롭다)

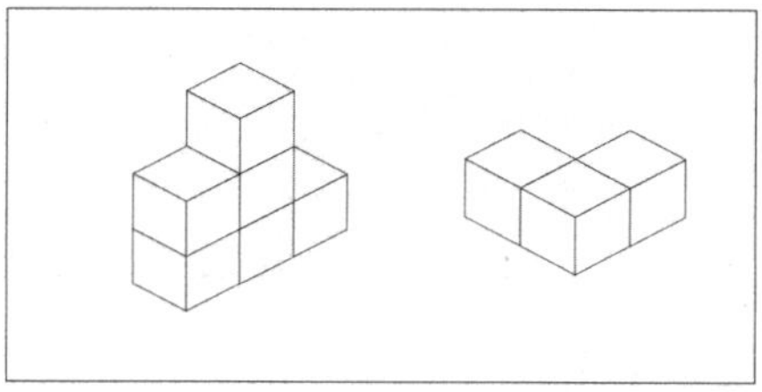

① 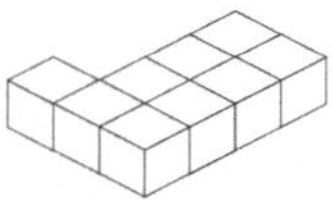

② 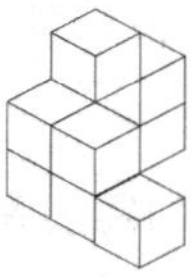

③ 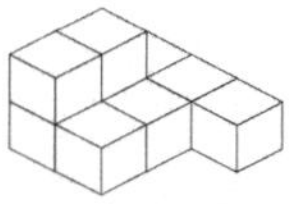

④ 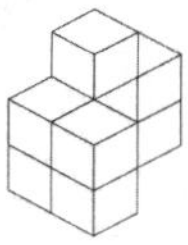

⑤ 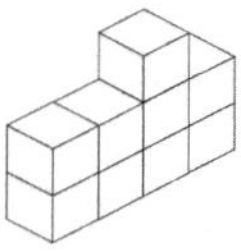

25 다음 제시된 그림을 왼쪽으로 뒤집은 후 시계방향 90° 회전한 그림은?

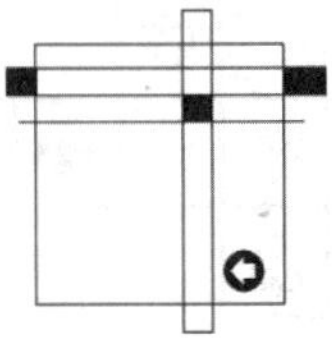

①
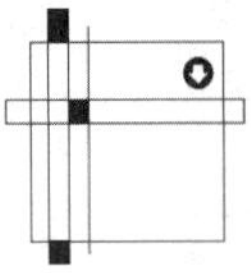

②
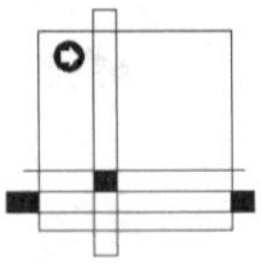

③
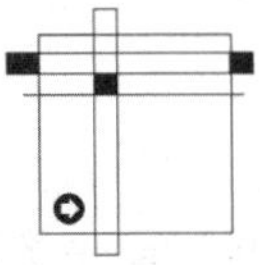

④
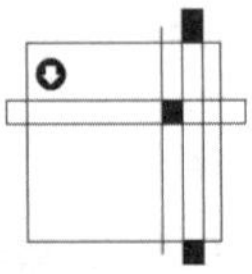

26 다음 블록의 개수는 몇 개인지 고르시오.

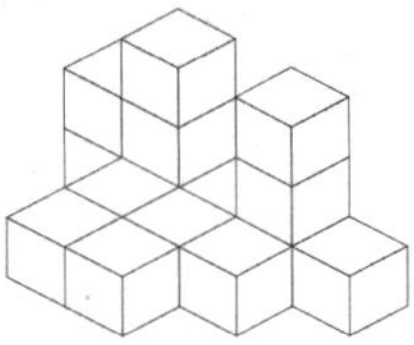

① 15개　　② 16개
③ 17개　　④ 18개

27 다음 그림과 같이 접었을 때 나올 수 있는 뒷면의 모양으로 적절한 것을 고르시오.

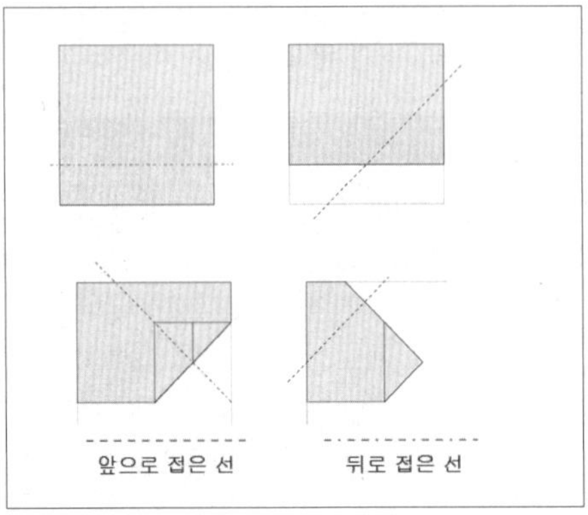

①
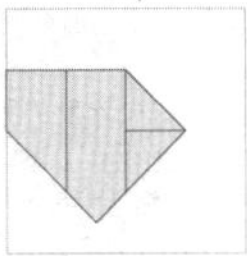

②
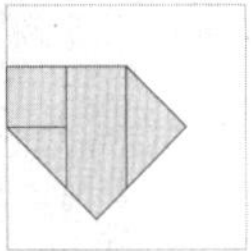

③
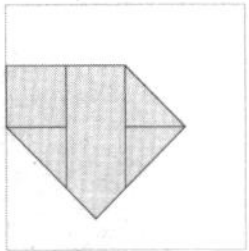

④
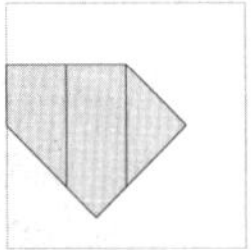

28 다음 주어진 입체도형 중 일치하지 않는 것을 고르시오.

①
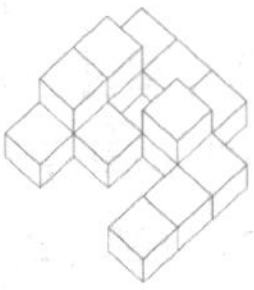

②
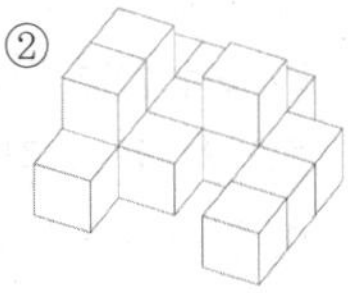

③
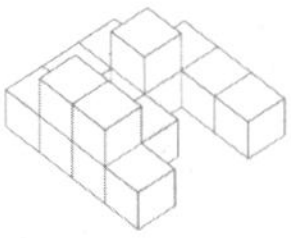

④
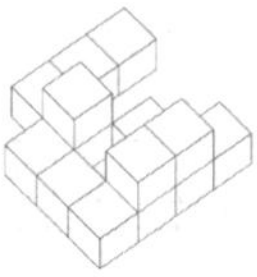

⑤
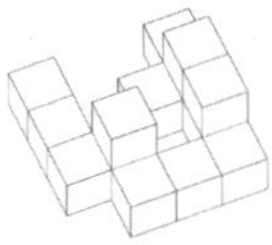

29 영은이는 3시간 30분 후에 떠나는 고속버스 표를 터미널에서 예매한 다음, 잠시 근처에 있는 수목원 한 곳을 다녀오려고 한다. 터미널에서 수목원까지는 시속 2km, 수목원에서 터미널까지는 시속 3km로 걷는다고 할 때, 최대 몇 km 떨어진 수목원에 다녀올 수 있는가?(단, 수목원를 구경하는 시간은 30분이다)

① 1.6km　　② 2.4km
③ 3.6km　　④ 4.8km

30 20%의 설탕물 180g과 15%의 설탕물 200g을 섞은 용액으로 10%의 설탕물을 만들려면 물을 몇 g을 넣어야 하는가?

① 250g ② 280g
③ 300g ④ 350g

31 공장에서 작년 한 해 동안 생산한 TV와 냉장고는 총 3600대이고, 올해 TV와 냉장고의 생산량은 작년보다 각각 50%, 40%만큼 증가했다. 증가한 TV와 냉장고의 생산량의 비가 5 : 2였을 때, 올해 냉장고의 생산량은 몇 대인가?

① 1,200대 ② 1,500대
③ 1,800대 ④ 2,000대

32 1학년 2반이 100m 달리기에서 우승하지 못할 확률은 30%이고 400m 계주에서 우승 할 확률은 50%라고 한다. 이때 1학년 2반이 두 종목에서 모두 우승할 확률은 얼마인가?

① 5 % ② 15 %
③ 25 % ④ 35 %

33 A 학교의 학생 수는 지난해에 비해 남학생은 10% 줄고 여학생은 20% 늘어 전체 학생 수는 48명이 많아진 총 798명이 되었다. 올해의 남학생과 여학생의 수를 구하면?

① 남학생 428명, 여학생 350명
② 남학생 340명, 여학생 412명
③ 남학생 306명, 여학생 492명
④ 남학생 427명, 여학생 370명

34 지민이는 할머니 댁에 가기 위해 집에서 출발하여 버스정류장까지 30분을 걸어간 뒤 버스를 2시간 동안 타고 이동하여 할머니 댁에 도착하였다. 집에서 할머니 댁까지의 거리를 xKm라고 할 때, 버스의 속력은?(단, 걸어갈 때의 속력은 4Km/h이며, 버스를 기다린 시간은 고려하지 않는다)

① $(\frac{x}{2}-1)$Km/h ② $(\frac{x}{2}-2)$Km/h
③ $(\frac{x}{2}-3)$Km/h ④ $(\frac{x}{2}-4)$Km/h

35 아래 표는 A 도시의 부모 세대와 자녀 세대의 주관적 계층의식 및 소득에 따른 실제 계층 구성비를 나타낸 것이다. 이에 대해 옳게 설명한 것은?

(단위: %)

구분(부모세대) 상층		주관적 계층의식				구분(자녀세대) 상층 중층		주관적 계층의식			
		중층	하층	계				하층	계		
소득에 따른 실제계층	상층	2	6	13	21	소득에 따른 실제계층	상층	3	7	12	22
	중층	2	9	21	31		중층	7	7	23	27
	하층	3	11	24	38		하층	8	14	10	32
	계	5	26	57	90		계	18	28	45	81

㉠ 주관적 계층의식의 세습 정도보다 실제 계층의 세습 정도가 더 강하다.
㉡ 실제 계층과 주관적 계층의식이 일치하는 사람의 수는 부모 세대와 자녀 세대에서 각각 실제 계층이 낮을수록 많다.
㉢ 소득에 따른 실제 계층구조는 자녀 세대보다 부모 세대에서 더 안정적이다.
㉣ 자신의 실제 계층보다 더 높은 수준의 주관적 계층의식을 가지고 있는 비율은 부모 세대보다 자녀세대에서 더 높다.

① ㉠㉡ ② ㉠㉢
③ ㉡㉣ ④ ㉡㉢

36 다음은 학생들의 경제 의식에 대한 설문조사 결과표이다. 이에 대한 설명 중 옳은 것은?

(단위: %)

설문 내용	구분	전체	성별		학교별	
			남	여	중학교	고등학교
용돈 받는지 여부	예	84.2	82.7	85.2	87.5	80.7
	아니오	15.7	17.3	14.7	12.3	19.3
주간 용돈 금액	2만원 미만	75.3	73.9	76.6	89.3	60
	2만원 이상	24.7	26.1	23.7	10.7	40
용돈 사용 금액 기록 여부	기록 한다	30	22.7	35.9	31	27.6
	기록 안한다	70	77.3	64.3	69	72.7

① 용돈을 받는 남학생의 비율이 여학생의 비율보다 높다.

② 주간 용돈을 2만 원 미만으로 받는 비율은 중학생이 고등학생보다 높다.

③ 고등학생 전체 인원을 100명이라 한다면, 주간 용돈을 2만 원 이상 받는 고등학생은 60명이다.

④ 용돈 사용 기록은 전체에서 볼 때, 기록하는 비율이 안 하는 비율보다 높다.

37 다음 표는 미국 대통령선거 관련 설문조사 결과이다. 아래 표에 대한 설명으로 옳은 것은?

〈표1〉

구분	민주당원	무소속	공화당원	합계
공화당 후보	69 (16.0%)	190 (53.3%)	371 (91.7%)	630 (52.9%)
민주당 후보	361 (84.0%)	165 (46.5%)	36 (8.5%)	562 (47.1%)
합계	430 (36.1%)	355 (30.0%)	407 (33.9%)	1192 (100%)

〈표2〉

구분	백인	흑인	기타 (소수민족)	합계
공화당 후보	614 (59.0%)	10 (20.7%)	6 (8.2%)	630 (52.9%)
민주당 후보	425 (41.0%)	114 (91.8%)	23 (79.3%)	562 (47.1%)
합계	1,039 (87.3%)	124 (10.2%)	29 (2.4%)	1,192 (100%)

① 인종이 소속 정당보다 후보자 지지율에 더 영향을 미친다.

② 민주당원의 결속력에 비해 공화당원보다 상대적으로 결속력이 강하다.

③ 흑인보다 기타 소수민족이 민주당 후보를 지지할 가능성이 상대적으로 더 높다.

④ 민주당소속 흑인이 다른 후보보다 민주당 후보를 더 지지할 확률이 높다.

39 다음은 영화관 3곳의 입장자 별 매출 비율과 총 매출액을 나타낸 표이다. H 영화관의 일반 남자의 매출액은 N 영화관 일반 남자의 매출액의 몇 배인가? (단, 소숫점 둘째 자리에서 반올림한다)

(단위 : %, 만 원)

구분		H 영화관	J 영화관	N 영화관
일반	남자	24.3	21.2	14.4
	여자	18.6	18.3	15.3
학생	남자	18.5	22.5	25.1
	여자	21.2	26.9	22.2
어린이	남자	9.3	5.0	12.7
	여자	8.1	6.1	10.3
합계		100	100	100
총 매출액		2,750	1,940	3,525

① 0.9배 ② 1.3배

③ 2.1배 ④ 3.3배

38 다음은 학교급 별 급식학교수와 급식인력의 현황을 나타낸 것이다. 옳지 않은 것은?

〈 학교급 별 급식학교수 급식인력 현황 〉

(단위 : 개, 명)

구분	급식 학교수	영양사			조리사	조리 보조원	총계
		정규직	비정규직	소계			
초등학교	5,416	3,376	577	3,953	4,953	25,272	34,178
중학교	2,493	627	803	1,430	1,299	10,149	12,878
고등학교	1,952	1,098	602	1,700	1,546	12,484	15,730
특수학교	128	106	5	111	135	212	458
전체	9,989	5,207	1,987	7,194	7,933	48,116	63,244

① 중학교 정규직 영양사는 고등학교 비정규직 영양사보다 23명 더 많다.

② 특수학교는 4개의 학교 중 유일하게 정규직 영양사보다 비정규직 영양사가 더 적다.

③ 4개 학교 모두 급식인력 중 조리보조원이 차지하는 비율이 가장 높다.

④ 급식인력은 4개 학교 중 초등학교가 가장 많다.

40 다음은 일정한 규칙에 따라 배열된 수열이다. (　　)에 들어갈 알맞은 것을 고르시오.

$\frac{y}{x}$　　± 1　　$\frac{y}{x}$　　(　　)

① $+1$　　② -1

③ $\frac{y^2}{x^2}$　　④ $\pm\frac{y^2}{x^2}$

41 C – E – G – I – K –(　　)

① L　　② M

③ N　　④ O

42 빈 칸에 알맞은 수를 고르시오.

5　4　15　6　　7　2　20　11

18　3　49　28　　35　10　(　　)　35

① 65　　② 80

③ 92　　④ 97

43 다음은 일정한 규칙에 따라 배열된 수열이다. 빈 칸에 들어갈 알맞은 것을 고르시오.

10	20	80	40	10

2	4	$\frac{1}{2}$	

① $\frac{1}{2}$　　② $\frac{1}{3}$

③ $\frac{1}{4}$　　④ $\frac{1}{5}$

44 빈 칸에 알맞은 수를 고르시오.

1　2　5　6　4　22　8　3　(　　)

① 13　　② 15

③ 16　　④ 17

45 아래 그림에서 일정한 규칙을 찾아 ?에 들어갈 알맞은 답을 고르세요.

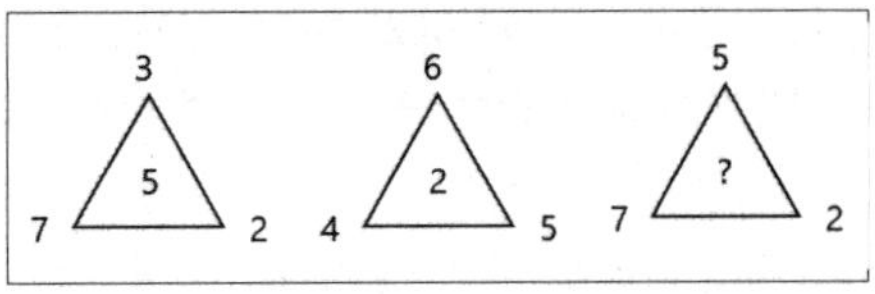

① 4　　② 5

③ 6　　④ 7

1회 모의고사 정답 및 해설

01 ①	02 ②	03 ③	04 ①	05 ②	06 ④	07 ①	08 ①	09 ③	10 ④
11 ②	12 ④	13 ②	14 ①	15 ④	16 ②	17 ③	18 ④	19 ③	20 ③
21 ③	22 ④	23 ①	24 ②	25 ②	26 ①	27 ②	28 ①	29 ②	30 ①
31 ③	32 ④	33 ②	34 ②	35 ④	36 ④	37 ③	38 ④	39 ②	40 ④
41 ①	42 ②	43 ②	44 ③	45 ②					

01 아지랑이, 깡충깡충

02 ② '제'는 접두사이므로 항상 뒤에 오는 말과 붙여야한다. → 제3장 (O)

① '걸'은 '것을'의 준말로 앞말과 띄운다.

③ '지'는 '어떤 일이 있었던 그때로부터 얼마 동안'의 의미로 의존명사이므로 띄운 것이 맞는다.

④ '차(次)'는 주기나 경과의 해당 시기를 나타내는 명사이므로 띄운 것이 맞다. 예) 입사 3년 차 / 임신 8주 차 / 결혼 10년 차에 내 집을 장만했다. 단, 차(次)가 '목적'의 의미로 쓰이면 접미사이므로 이때는 붙여 써야한다. 예) 연구차 / 인사차 / 사업차

03 부사의 끝음절이 분명히 '히'로만 나는 것은 '–히'로 적는다. 무던히

04 문방사우는 붓, 먹, 벼루, 종이로 구성되어 있고, 사군자는 매화, 난초, 국화, 대나무를 그린 그림을 뜻한다.

05 단어 상관관계–한 단어 유추

'쌈'은 바늘 24개를 세는 단위이고, '톳'은 김 100장을 세는 단위이다.

① 조기 20마리를 '두름'이라고 한다.

③ 탕약 20첩을 '제'라고 한다.

④ 배추 100포기를 '접'이라고 한다.

06 지문의 '치자'는 체언의 뒤에 붙어, '앞말을 기준으로 생각하면 그중에서는 예외적으로'의 뜻을 나타내는 보조사로 사용된다.

07 혼돈(混沌) : 마구 뒤섞여 있어 갈피를 잡을 수 없음 또는 그런 상태.

혼동(混同) : 「1」구별하지 못하고 뒤섞어서 생각 함. 「2」서로 뒤섞이어 하나가 됨.

지양(止揚) : 더 높은 단계로 오르기 위하여 어떠한 것을 하지 아니함.

지향(志向) : 어떤 목표로 뜻이 쏠리어 향함. 또는 그 방향이나 그쪽으로 쏠리는 의지.

개발(開發) : 「1」 토지나 천연자원 따위를 유용하게 만듦.

「2」 지식이나 재능 따위를 발달하게 함.

「3」 산업이나 경제 따위를 발전하게 함.

「4」 새로운 물건을 만들거나 새로운 생각을 내어 놓음.

계발(啓發) : 슬기나 재능, 사상 따위를 일깨워 줌.

08 ①의 설명에 해당하는 것은 '가는 날이 장날'이다.

09 통제란 목적을 달성하기 위하여 제약하는 일이며, 억제란 억눌러서 그치게 하는 것이다. 그런데 교육은 목적을 달성하기 위해 제약하는 것이므로 통제가 적절하다. 지양이란 높은 단계로 오르기 위하여 어떤 것을 하지 않는 것이며, 지향은 지정한

방향으로 나아가는 것이다. 그런데 사회적 통합은 바람직한 방향이므로 지향이 적절하다. 분리란 서로 나뉘어 떨어지는 것이고 분화는 단순하고 동질적인 것이 복잡하고 이질적인 것으로 나누어지는 것이므로 분화가 적절하다.

10 다른 사람을 고려하지 않고 자신의 이익만을 추구하는 것이라면 자기만을 위한 생각이므로 '제 논에 물 대기'가 가장 적합하다.

11 A) 결론 A는 아래와 같이 첫 번째 명제와 두 번째 명제의 '대우'를 차례로 결합한 결론과 일치하지 않으므로 그르다.

- 첫 번째 명제 : 사회 보장 제도가 발달 한 나라는 경제적으로 평등하다.
- 두 번째 명제(대우) : 경제적으로 평등 한 나라는 국민의 인권을 보장한다.

B) 결론 B는 세 번째 명제의 '대우'와 일치하므로 옳다.

- 결론 : 사회 보장 제도가 발달 한 나라는 국민의 인권을 보장한다.

12 소유에서 얻는 행복은 차원이 낮지만, 인격적 성장과 창조적 활동에서 얻는 행복은 차원이 높다'는 견해를 대비의 방식으로 전개한 글이다. (마)는 도입 → (가)는 (마)에 대한 이유 제시 → (라)는 (가), (마)와 다른 화제를 제시 → (나)는 (라)에 대한 부연 → (다)는 (나) (라)에 대한 화자의 감회이다.

15 제한아미노산은 단백질 합성에 필요한 각각의 필수아미노산의 양에 비해 공급된 어떤 식품의 포함된 해당 필수아미노산의 양의 비율이 가장 낮은 필수아미노산을 말한다.

16 당질 65%, 지질 20%, 단백질 15%의 비율로 식단을 구성한다.

17 제51조(조리사)

1. 정신질환자
2. 감염병환자(B형간염환자는 제외)
3. 마약이나 그 밖의 약물 중독자
4. 조리사 면허의 취소처분을 받고 그 취소된 날부터 1년이 지나지 아니한 자

18 식품위생법에서 식품위생이란 식품, 식품첨가물, 기구 및 용기 · 포장을 대상으로 하는 음식물에 관한 위생이라고 정의한다.

19 콜레라는 콜레라균(Vibrio cholera)에 의한 감염 질환으로, 급성 설사가 유발되어 종종 탈수가 빠르게 진행되며, 이로 인해 사망에 이를 수 있다.

20 경구감염병은 환경위생을 철저히 함에 따라 예방이 가능하다. ①, ②, ④는 호흡기계 감염병이다.

21 HACCP 12절차의 첫 번째 단계는 HACCP팀 구성이고, 위해요소 분석은 HACCP 7단계의 첫 번째 단계이다.

22 ④ ①②③⑤ 해당

23

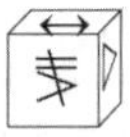

24 접은 후:

회전 후:

25 ② 90° 회전 위쪽 뒤집기

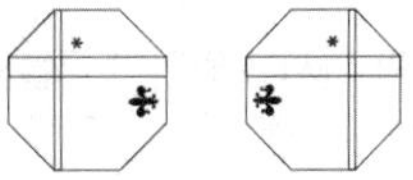

26

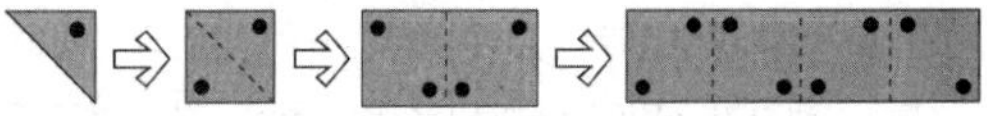

27

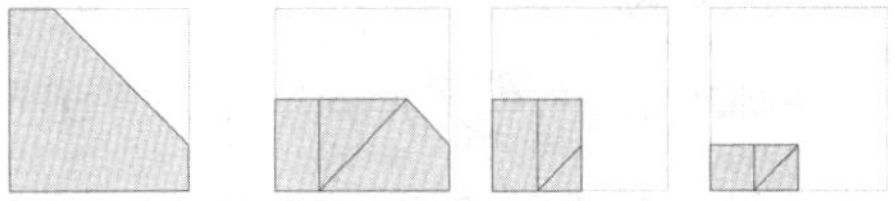

28

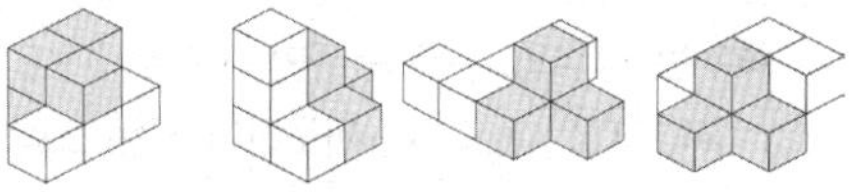

30 1층 : 10개, 2층 : 3개, 3층 : 2개

31 전체 프로젝트 양을 1로 생각한다.

2명이 할 수 있는 프로젝트 양=(지영이의 프로젝트 수행량) + (유진이의의 프로젝트 수행량)이므로, 지영이의 1일 수행량=1÷10=$\frac{1}{10}$, 유진이의 1일 수행량=1÷15=$\frac{1}{15}$

따라서 프로젝트 전체를 완료하는데 걸리는 기간은 1÷($\frac{1}{10}$+$\frac{1}{15}$) = 6일

32 기차가 움직인 거리=기차의 길이+터널(또는 다리)의 길이

기차는 총 750+100=850m의 길이를 지나가야 한다. 그런데 속력이 분당 170m이므로 걸리는 시간을 구하면 $\frac{850}{170}$=5분

따라서, 철길을 통과하는 시간은 5분이다.

33 소금의 양 = 소금물의 양 × $\frac{\text{소금물의 농도}}{100}$임을 적용하여 구한다.

수현이가 가지고 있던 소금물의 양을 x라고 하면 희주가 가지고 있던 소금물의 양은 $200-x$이며, 수현이가 가지고 있던 소금의 양은 $0.11x$이고 희주가 가지고 있던 소금의 양은 $0.05(200-x)=10-0.05x$이다. 두 사람이 가지고 있던 소금물을 합쳐 9.8% 의 소금물 200g을 만들었으므로

$\frac{0.11x+10x-0.05x}{200}\times100=9.8 \rightarrow x=160$

따라서 수현이와 희주가 가지고 있던 소금물의 양은 각각 160g, 40g이다.

34 원가를 x라고 하면 $1.3x-300-x=600$ 즉 x=3,000원

정가가 a원일 때 b원을 할인했을 경우 할인율 : $\frac{b}{a}\times100$(%),

판매가 : $a\times(1-\frac{\text{할인율}}{100})=a\times(1-\frac{b}{a})=a-b$(원)

35 빨강, 주황, 노랑, 파랑, 검정 5개 공 가운데 이웃하여 서는 노랑과 파랑을 하나로 묶고 일렬로 세우는 경우의 수를 구하면 되므로 4×3×2×1=24(가지)이다. 이 때 이웃하여 서는 노랑과 파랑이 서로 자리를 바꿀 수 있으므로 모든 경우의 수는 24×2=48(가지)가 된다.

36 x년 후에 어머니의 연세가 딸의 나이의 3배가 된다고 하면, $48+x=3(x+12)$, $x=6$ ∴ 6년후

37 ① B 라면만 절반 정도가 대도시에서 소비된다.

② 대도시에서는 B 라면이 가장 많이 소비된다.

④ 대도시에서 하루 평균 1톤이 소비되는 라면은 D 라면이다.

38 복수로 체크되어 있는 패턴이 4~7번까지이며, 이 합계는 21%이므로 500 × 0.21 = 105명이 된다.

39 ② 15~64세 인구는 2011년까지 증가하였다가 이후 감소하고 있다.

40 $\frac{12}{100}\times100=12$ → 12건 × 4시간 = 48건

41 수면에 사용되는 시간 비율은 30%이고, 기타에 사용되는 시간 비율은 15%이므로 2배 차이가 남을 알 수 있다.

42 $11 \underset{\times3}{\rightarrow} 33 \underset{+3}{\rightarrow} 36 \underset{\div3}{\rightarrow} 12 \underset{\times4}{\rightarrow} 48 \underset{+4}{\rightarrow} (\quad) \underset{\div4}{\rightarrow} 13 \underset{\times5}{\rightarrow} 65 \underset{+5}{\rightarrow} 70 \underset{\div5}{\rightarrow} 14$

43 ㉠~㉣까지 순서대로 각 수에 3을 곱했다.

㉡	㉠
㉢	㉣

44 수열추리

$A \underset{\times2+1}{\rightarrow} B \underset{\times2+1}{\rightarrow} 47 \underset{\times2+1}{\rightarrow} 95 \underset{\times2+1}{\rightarrow} 191 \underset{\times2+1}{\rightarrow} 383$

따라서 2A + B = 2 × 11 + 23 = 45

45 묶음추리

앞의 두 수의 차를 제곱하면 세 번째 수가 나온다.

10 3 49 → $(10-3)^2=49$

8 2 36 → $(8-2)^2=36$

7 2 ( ) → $(7-2)^2=25$

따라서 ( ) = 25 이다.

2회 모의고사 정답 및 해설

01 ④	02 ③	03 ③	04 ③	05 ④	06 ②	07 ①	08 ③	09 ⑤	10 ①
11 ④	12 ②	13 ③	14 ③	15 ②	16 ②	17 ①	18 ④	19 ③	20 ③
21 ②	22 ⑤	23 ①	24 ②	25 ④	26 ①	27 ②	28 ①	29 ③	30 ②
31 ①	32 ④	33 ③	34 ①	35 ③	36 ②	37 ④	38 ②	39 ②	40 ④
41 ②	42 ②	43 ③	44 ④	45 ③					

01 자음 배열순서

ㄱ, ㄲ, ㄴ, ㄷ, ㄸ, ㄹ, ㅁ, ㅂ, ㅃ, ㅅ, ㅆ, ㅇ, ㅈ, ㅉ, ㅊ, ㅋ, ㅌ, ㅍ, G

모음배열순서

ㅏ, ㅐ, ㅑ, ㅒ

ㅓ, ㅔ, ㅕ, ㅖ

ㅗ, ㅘ, ㅙ, ㅚ, ㅛ

ㅜ, ㅝ, ㅞ, ㅟ, B

ㅡ, ㅢ, ㅣ

02 ① → 전세방 ② → 며칟날 ④ → 깨끗이

03 '한 번'을 '두 번 ','세 번' 등으로 바꾸어 쓸 수 있으면 띄우고, 그럴 수 없다면 붙여 쓰면 된다. ③의 경우는 '두 번'. '세 번'등으로 바꾸어 쓸 수 있으므로 '한 번'처럼 띄어 써야한다.

04 종결형 어미는 '이오'로 연결형 어미는 '이요'로 적는다.

① → 이것은 책이요, 저것은 연필이오.

② → 이것은 연필이 아니지요.

④ → 이것은 연필이 아니오.

05 반대관계이다. 좋은 일이 일어날 조짐(서광), 좋지 못한 일이 일어날 듯한 낌새(암운)와 자연 그대로의 원시적 생활에 상대하여 발전되고 세련된 삶의 잉태(문명), 사회가 발전되지 않고 문화 수준이 낮은 상태(미개)이다.

06 단어 상관관계 – 두 단어 유추

같은 뜻을 가진 순우리말과 한자어를 연결한 것이다.

07 '푼푼하다' 모자람이 없이 넉넉하고, 풍족하다는 의미이다.

08 워라벨, 사건, 노동을 통해 '일'을 연상할 수 있다.

09 주어진 명제가 참일 때 그 명제의 '대우'만이 참인 것을 알 수 있다.

첫 번째 명제의 '대우'와 세 번째 명제, 두 번째 명제의 '대우'를 차례로 결합하면

아래와 같다.

– 첫 번째 명제(대우) : 윤재가 전시회에 갔다면 채윤이는 목욕탕에 갔다.

– 세 번째 명제 : 채윤이가 목욕탕에 갔다면 그 날은 화장을 하지 않았을 것이다.

– 두 번째 명제(대우) : 채윤이가 화장을 하지 않았다면 채윤이와 윤재 둘 다 커피숍에 가지 않았다.

– 결론 : 윤재가 전시회에 갔다면 윤재와 채윤이 둘 다 커피숍에 가지 않았다.

10 ① 설상가상(雪上加霜) : 눈 위에 또 서리가 덮인다는 뜻이니, 불행이 엎친 데 덮친 격으로 거듭 생김을 말함

② 역지사지(易地思之) : 처지를 바꿔놓고 생각함

③ 사면초가(四面楚歌) : 사방에서 들리는 초(楚)나라의 노래라는 뜻으로, 적에게 둘러싸인 상태이나 누구의 도움도 받을 수 없는 처지를 당함

④ 새옹지마(塞翁之馬) : 인간 세상의 길흉화복(吉凶禍福)이 서로 순환되어 뚜렷이 정해진 바가 없는 것을 말함

11 〈보기〉에 따르면 플라톤이 상정한 초월적이고 완전한 형상, 즉 이데아를 불완전하게 복사한 것이 개별적 사물들이다. 따라서 ④는 플라톤이 했을 말로 적절하지 않다.

12 ㉡은 주제와 관련된 내용이므로 문단의 통일성을 위해 삭제해야 한다는 설명은 틀린 것이다.

14 대리행위는 의사표시를 한 행위자와 그로 인한 법률효과가 발생하는 당사자가 일치하지 않는다. '대리인이 자신의 이름을 기재했다면 대리 행위임을 상대방이 알지 못한 이상 원칙적으로 법률효과는 행위자인 대리인에게 발생한다' 따라서 권한이 있는 대리인이 자신의 이름만을 표기하여 계약을 맺은 경우, 상대방이 대리 행위임을 알지 못했다면 원칙적으로 계약의 효과는 대리인에게 발생한다.

15 파죽지세(破竹之勢) : 대나무의 한끝을 갈라 내리 쪼개듯 거침없이 적을 물리치며 진군하는 기세를 이르는 말, 지지부진(遲遲不進) : 일이 매우 더디어 잘 진척되지 않음.

① 진퇴양난(進退兩難) : 나아가지도 물러서지도 못하는 난처한 입장에 처함

② 유야무야(有耶無耶) : 있는 듯 없는 듯 분명하게 끝맺어지지 않고 흐지부지하게 되다.

③ 각골지통(刻骨之痛) : 뼈에 사무칠 만큼 원통함.

④ 노심초사(勞心焦思) : 몹시 마음을 쓰며 애를 태움

16 식품의 기본요소는 영양성, 위생성, 기호성, 경제성, 실용성이다.

17 제48조(식품안전관리인증기준)
음료류 중 다류(茶類) 및 커피류는 제외

18 Tetrodotoxin은 산란철인 5~6월에 가장 강하며, 복어의 생식기, 간, 창자, 피부 등에 함유되어 있다. 그 중에 난소(알)에 함유량이 가장 많다.

19 포도상구균 식중독의 원인균은 황색포도상구균으로, 엔테로톡신이라는 장독소로 인해 발생한다. 우유, 크림, 버터 등 유가공품 및 김밥, 떡, 콩가루 등의 조리식품이 원인 식품이며, 잠복기는 1~6시간으로 짧은 편이다.

20 ③ ①②④⑤ 해당

21

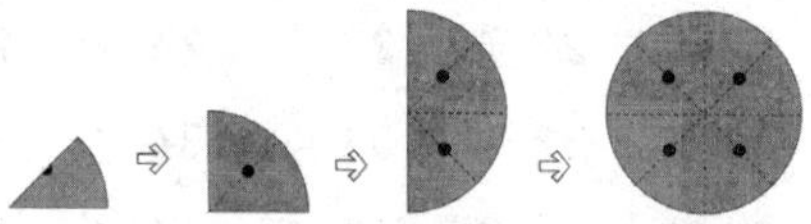

22 접은 후:

회전 후:

23

24

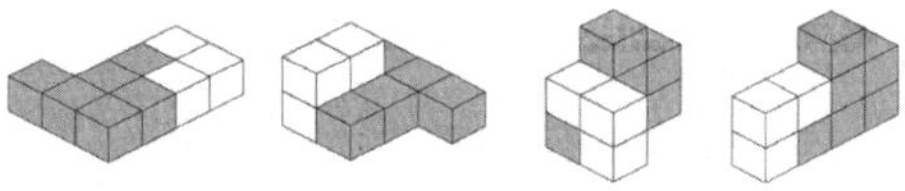

25 ② 왼쪽으로 귀집기 90° 회전

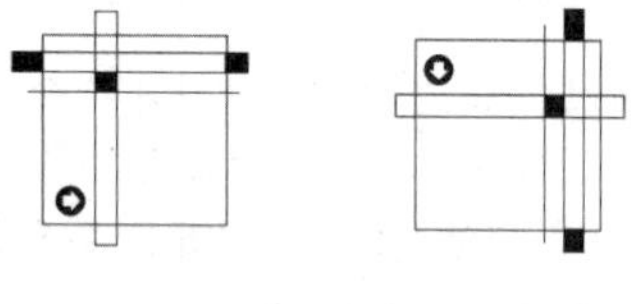

26 ① 1층 : 10개, 2층 : 3개, 3층 : 2개

27

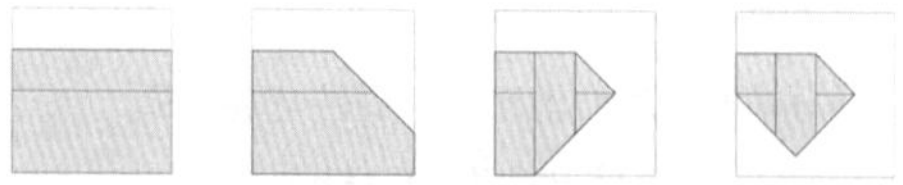

29 영은이가 터미널에서 수목원까지 가는 데 걸리는 시간은 $\frac{\text{속력}}{\text{거리}} = \frac{x}{2}$, 수목원에서 터미널까지 돌아오는데 걸리는 시간은 $\frac{x}{3}$이다. 그런데 구경하는 시간을 제외한 3시간 안에 수목원을 갔다가 돌아와야 하므로 다녀올 수 있는 최대한의 거리(x)는 $\frac{x}{2} + \frac{x}{3} \leq 3$, $x \leq 3.6$(km)이다.

30 20%의 설탕물 180g에 들어있는 설탕의 양 : $\frac{20}{100}\times180=36g$, 15%의 설탕물 200g에 들어있는 설탕의 양 : $\frac{15}{100}\times200=30g$, 더 넣어야 할 물의 양을 x라고 하면, $\frac{36+30}{180+200+x}\times100=10$ $\rightarrow 360+300=180+200+x$, $x=280g$

31 작년 TV 생산량을 x, 냉장고 생산량을 y라고 하면

$x+y=3600$ ⋯⋯ⓐ

$0.5x : 0.4y = 5 : 2 \rightarrow x=2y$ ⋯⋯ⓑ

ⓑ를 ⓐ에 대입하여 풀면 $3y = 3,600 \rightarrow$

$y = 1,200$, $x = 2,400$

따라서 올해의 냉장고(y) 생산량은 1,200대이다

32 100m 달리기에서 우승하는 사건과 400m 계주에서 우승하는 사건이 동시에 발생해야 하므로 두 확률을 곱하여 구한다.

100m 달리기에서 우승할 확률은 1−0.3=0.7이다.

따라서 1학년 2반이 두 종목에서 모두 우승할 확률은 0.7×0.5=0.35이므로 35 % 이이다.

33 작년의 남학생 수 : x명, 여학생 수 : y명이라고 하면, 올해의 남학생 수는 $0.9x$, 여학생 수는 $1.2y$이다.

올해 전체 학생 수는 798명이고, 작년 전체 학생 수는 (798−48)=750(명)이다.

$$\begin{cases} x+y=750 \\ 0.9x+1.2y=798 \end{cases}$$

두 식을 연립하면, $x=340$, $y=410$

따라서 올해는 남학생 수는 0.9×340=306(명)이고, 올해의 여학생 수는 1.2×410=492(명)이다.

34 거리=속력×시간을 적용하여 구한다. 버스의 속력을 y라고 하면

$x=2y+0.5\times4$

$x=2y+2$

$2y=x-2$

$y=\frac{x}{2}-1$

따라서 버스의 속력은 $(\frac{x}{2}-1)$Km/h이다.

35 ㉠ 세습하지 않더라도 부모 세대와 자녀 세대의 계층 구조는 비슷하게 될 수 있다.

㉢ 자녀 세대에서 중층이 더 많으므로 자녀 세대보다 부모 세대에서 더 안정적이라는 진술은 틀렸다.

36 ① 용돈을 받는 남학생과 여학생의 비율은 각각 82.7%, 85.2%이다. 따라서 여학생의 비율이 더 높다.

③ 고등학생 전체 인원을 100명이라 한다면 주간 용돈을 2만 원 이상 받는 고등학생의 비율은 40%이므로, $\frac{40}{100}\times 100 = 40$명이다.

④ 전체에서 용돈 사용 기록과 미기록 비율은 각각 30%, 70%이므로, 기록하는 비율이 더 낮다.

37 ① 민주당원과 공화당원은 각각 자신의 정당 후보에 84.0%, 91.7% 지지하였다. 그러나 인종의 경우 백인은 공화당 후보를 59.0% 지지하고, 흑인과 기타 소수민족은 민주당을 각각 91.8%, 79.3% 지지하고 있다. 따라서 인종보다는 정당이 더 큰 영향을 미치고 있음을 알 수 있다.

② 민주당원(84.0%)의 결속력보다 공화당원(91.7%)이 상대적으로 결속력이 강하다.

③ 흑인의 민주당 후보 지지율은 91.8%로 기타 소수민족의 지지율 79.3%보다 높다.

④ 민주당 소속 흑인이 다른 후보보다 민주당 후보를 더 지지할 확률이 높다.

38 ② 특수학교 뿐 아니라 초등학교와 고등학교도 정규직 영양사보다 비정규직 영양사가 더 적다.

39 H 영화관의 총 매출액 2,750만 원 중 일반 남자의 비율은 24.3%이므로 일반 남자 매출액은 2,750×0.243=668.25(만 원)이다. 같은 방법으로 N 영화관 일반 남자의 비율은 14.4%이므로 3,525×0.144=507.6(만 원)이다.

따라서 668.25÷507.6=1.316....이므로 1.3배가 된다.

40 등비 수열 문제로, 우선 공비를 r이라 할 때 $\frac{y}{x}\times r=\pm1$, $\frac{y}{x}\times r^2=\frac{x}{y}$이다.

2항을 구하면 $\frac{y}{x}\times(\pm\frac{x}{y})^{2-1}=1$

3항을 구하면 $(\frac{y}{x})\times(\pm\frac{x}{y})^{3-1}=\frac{y}{x}\times(\pm\frac{x}{y})^2=\frac{x}{y}$

4항을 구하면 $(\frac{y}{x})\times(\pm\frac{x}{y})^{4-1}$

$=\pm\frac{x^2}{y^2}$(복호동순) → 부호를 두 개 이상 사용 시 위로부터 같은 순서대로 사용한다.

41 2, 4, 6의 순으로 변하고 있다.

42 묶음추리

A, B, C, D 라고 하였을 때, A+B=C—D 형태의 규칙이다.

따라서 35+10=( ) – 35 이므로 45= ( ) –35는 80이 된다.

43

㉠	㉢	80
㉡		

㉢ = ㉠ × ㉡

44 묶음추리

A, B, C 라고 하였을 때, $A+B^2=C$ 형태의 규칙이다. 따라서 $8+3^2=(\ 17\ )$ 이다.

45 제시된 세 삼각형의 공통점은 (a+b)÷c=d 따라서 (5+7)÷2=6

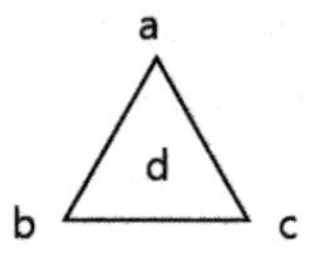

PART

07

조리직무 핵심요약 및 면접

Chapter 01

조리직무 핵심요약

I 식품학

1 식품의 기본요소

① 영양성 : 에너지원(단백질, 탄수화물, 지방) 공급, 체구성원(단백질, 탄수화물, 지방, 무기질) 공급, 조절소(비타민, 무기질) 공급함

② 기호성 : 식품 섭취 시 식욕을 자극, 소화액을 분비시켜 영양소의 흡수율을 높임

③ 위생성 : 유해물질(중금속, 잔류 농약성분, 발암물질, 독성물질 등)을 포함하지 않아야 하고위생적으로 안전성을 갖추어야 함

④ 경제성 : 식품 구매에 있어 적정한 가격이 형성되어야 함

⑤ 실용성 : 식품의 조리, 가공, 저장, 운반 등의 편리성을 갖추어야 함

2 식품의 영양소

구분	구성요소	1g당 열량	1일 총섭취 열량	소화율	최종 분해산물	소화효소	역할
단백질	C(탄소) H(수소) O(산소) N(질소)	4kcal	15% 권장	92%	아미노산	펩신 트립신 에렙신	근육과 혈액 생성의 주성분/ 성장 및 체조직 구성에 관여
탄수 화물	C(탄소) H(수소) O(산소)	4kcal	65% 권장	98%	포도당	락타아제 말타아제 프티알린 아밀롭신 사카라아제	근육과 혈액 생성의 주성분/ 성장 및 체조직 구성에 관여

지 질	C(탄소) H(수소) O(산소)	9kal	20% 권장	95%	지방산 글리세롤	라파아제 스테압신	지용성 비타민 흡수를 높임(비타민 A, D, E, K, F) 조리 시 영양분의 손실이 적고, 에너지 저장 및 세포막 구성 성분의 기능

구분		함유물질 및 식품	역할
무기질	산성 식품	• 연소 후 P(인), S(황), Cl(염소) 등 산성물질이 함유된 식품 • 육류, 곡류, 어패류, 치즈 등	• 체내 산과 염기의 균형조절 • 신체조직의 구성성분 • 수분의 균형 조절 • 영양소를 분해 · 합성하는 촉매 작용
	알칼리 식품	• 연소 후 Ca(칼슘), Na(나트륨), K(칼륨), Mg(마그네슘), Fe(철), Cu(구리), Mn(망간) 등 염기성 물질이 함유된 식품 • 과일, 채소류, 해조류, 우유 등	

Ⅱ 식품 위생학

1 식품위생의 목적

식품으로 인한 위생상의 위해를 방지하고, 식품영양의 질적 향상을 도모함으로써 국민 보건의 향상과 증진에 이바지함을 목적으로 한다.

2 개인위생

① 조리 전에는 반드시 손 소독을 깨끗이 한다(역성비누).

② 화농성질환자, 소화기계감염병 환자 등은 조리 행위를 금지한다.

③ 손톱은 짧게 자른다.

④ 이물질로 식품을 오염시킬 수 있으므로 손에 액세서리 착용을 금지한다.

3 식품의 보관 방법(냉장·냉동법)

– 식품은 전체 용량의 80% 정도만 저장한다.

– 냉장고는 벽에서 10cm 정도 떨어진 곳에 설치한다.

– 냉장고 문은 자주 열지 않는 것이 좋다.

– 깨끗하게 청소하여야 세균의 오염을 막을 수 있다.

– 냉장실 : 0~10℃

– 냉동실 : –18℃ 이하

4 식품의 위생적 취급기준

1) 식품등을 취급하는 원료보관실 · 제조가공실 · 조리실 · 포장실 등의 내부는 항상 청결하게 관리
2) 식품등의 원료 및 제품 중 부패 · 변질이 되기 쉬운 것은 냉동 · 냉장 시설에 보관 · 관리
3) 식품등의 보관 · 운반 · 진열 시에는 식품등의 기준 및 규격이 정하고 있는 보존 및 유통기준에 적합하도록 관리하여야 하고, 이 경우 냉동 · 냉장 시설 및 운반시설은 항상 정상적으로 작동시켜야 함
4) 식품등의 제조 · 가공 · 조리 또는 포장에 직접 종사하는 사람은 위생모를 착용하는 등 개인 위생관리를 철저히 하여야 함
5) 제조 · 가공(수입품 포함)하여 최소판매 단위로 포장된 식품 또는 식품첨가물을 허가를 받지 아니하거나 신고를 하지 아니하고 판매의 목적으로 포장을 뜯어 분할하여 판매하여서는 아니 됨(다만, 컵라면, 일회용 다류, 그 밖의 음식류에 뜨거운 물을 부어주거나, 호빵 등을 따뜻하게 데워 판매하기 위하여 분할하는 경우는 제외)
6) 식품등의 제조 · 가공 · 조리에 직접 사용되는 기계 · 기구 및 식기는 사용 후에 세척 · 살균하는 등 항상 청결하게 유지 · 관리하여야 하며, 어류 · 육류 · 채소류를 취급하는 칼 · 도마는 각각 구분하여 사용
7) 유통기한이 경과 된 식품등을 판매하거나 판매의 목적으로 진열 · 보관하여서는 아니 됨

5 식중독

– 식중독의 정의
  - 미생물, 유독물질, 유해물질 등이 음식물에 첨가되거나 오염되어 발생하는 것
  - 급성위장염 등의 생리적 이상을 초래하는 것

– 원인 : • 비브리오, 살모넬라 포도상구균 등의 식중독 세균에 노출(부패)된 음식물을 섭취하여 발생
  • 전체 식중독 중 세균성 식중독이 80% 차지

– 증상 : 일반적으로 설사와 복통, 구토, 이 외에 발열, 두통 등

(1) 감염형 식중독

구분	감염원	원인 식품	잠복기	증상	예방
살모넬라	쥐, 파리, 바퀴벌레, 닭 등	육류 및 그 가공품, 어패류, 알류, 우유 등	12~24시간 (평균 18시간)	급성위장염 및 급격한 발열	방충, 방서, 60℃에서 30분 이상 가열
병원성대장균	환자나 보균자의 분변, 물이나 흙 속에 존재	채소, 샐러드, 우유 등	(평균 13시간)	급성 대장염 (대표균: O157)	분변오염 방지
장염 비브리오	어패류	어패류 생식	10~18시간 (평균 12시간)	급성위장염	여름철 생식 금지, 가열 섭취
웰치균	사람, 동물의 분변, 식품의 오염 증식	육류 및 가공품	8~22시간 (평균 12시간)	구토, 설사, 복통	분변오염이 되지 않도록 주의, 조리 후 저온, 냉동 보관, 재가열 섭취 금지

(2) 독소형 식중독

구분	원인균	원인 식품	잠복기	증상	예방
황색 포도상구균	포도상구균	• 유가공품(우유, 크림, 버터, 치즈) • 조리식품(김밥, 도시락, 떡, 콩가루)	평균 3시간 (잠복기 가장 짧음)	급성위장염	손이나 몸에 화농이 있는 사람은 식품 취급 금지
클로스트리디움 보툴리늄	보툴리늄균 (A, B, E형)	통조림, 햄, 소시지	12~36시간 (잠복기 가장 김)	신경마비 – 사시, 동공확대, 운동장애, 언어장애(치사율이 가장 높음)	통조림 제조 시 멸균을 철저히 하고 섭취 전 가열

(3) 자연독 식중독

분 류	내 용
복어	테트로도톡신(난소 〉 간 〉 내장 〉 피부), 열에 파괴 ×
섭조개(홍합), 대합	삭시톡신
모시조개, 굴, 바지락, 고동	베네루핀
독버섯	무스카린, 뉴린, 콜린, 아마니톡신(알광대버섯)
독미나리	시큐톡신

독보리(독맥)	테무린
감자	솔라닌, 부패한 감자(셉신)
청매, 살구씨, 복숭아씨	아미그달린
피마자	리신
면실류(목화씨)	고시폴

(4) 곰팡이 독소(마이코톡신)

아플라톡신(곡류, 땅콩)	아스퍼질러스 플라버스 곰팡이가 번식하여 독소(간장독) 생성
황변미 중독(쌀)	• 페니실리움 속 푸른곰팡이에 의해 저장 중인 쌀에 번식 • 시트리닌(신장독), 시트레오비리딘(신경독), 아이슬란디톡신(간장독)
맥각 중독(보리, 호밀)	• 맥각균이 번식하여 독소 생성 • 에르고톡신(간장독)

(5) 노로바이러스 식중독

감염경로	• 경구감염 : 오염 식수, 오염된 물로 재배된 채소 · 과일 · 식품등 섭취 • 접촉감염 : 감염환자의 가검물의 비위생적 처리, 조리도구의 오염 • 비말감염 : 기침, 재채기, 대화를 통한 감염
증상	• 24~48시간 이내에 구토, 복통, 설사가 발생하고, 발병 2~3일 후 없어짐 • 겨울에 발생빈도 높음
예방	손 씻기, 식품을 충분히 가열
특징	백신 및 치료법 없음

6 주방 위생 위해요소

- 조리장에 음식물과 음식물 찌꺼기를 방치 방지
- 조리장의 출입구에 신발을 소독할 수 있는 시설 구비
- 조리사의 손을 소독할 수 있도록 손 소독기 구비
- 조리장의 내부 및 시설은 1일 1회 이상 청소하여 청결을 유지
- 음식물 및 식재료는 위생적으로 보관하고, 남은 재료나 주방 쓰레기는 위생적 처리
- 가스기기의 조립 부분은 모두 분리해서 세제를 깨끗이 닦고, 가스가 새어 나오지 않도록 가스 연결부 등을 점검
- 조리기구는 사용 시와 사용 후 잘 씻고, 1일 1회 이상 세척하여 청결을 유지
- 냉장, 냉동고는 주 1회 정도 세정 · 소독하고 서리 제거
- 칼, 도마, 행주는 중성세제로 세척하여 바람이 잘 통하고 햇볕이 잘 드는 곳에서 매일 1회 이상 건조 소독
- 조리장의 해충은 방충 · 방서 시설, 살충제 등을 사용하여 방제를 위해 지속적으로 노력

7 식품안전관리인증기준(HACCP)

HACCP(Hazard Analysis and Critical Control Point) 정의

식품의 원재료 생산에서부터 제조 · 가공 · 보존 · 유통단계를 거쳐 최종 소비자가 섭취하기 전까지의 각 단계에서 발생할 우려가 있는 위해요소를 규명하고, 이를 중점적으로 관리하기 위한 중요관리점을 결정하여 자주적이며 체계적이고 효율적인 관리로 식품의 안전성을 확보하기 위한 과학적인 위생관리체계

HACCP 제도를 위한 위생관리

① 작업장 : 공정간 오염 방지, 온도 · 습도 관리, 환기시설 · 방충 · 방서관리
② 종업원 : 위생복, 위생모, 위생화 상시 착용하고 개인용 장신구의 착용 금지
③ 기구, 용기, 앞치마, 고무장갑 등은 교차오염 방지를 위해 식재료 특성 또는 구역별로 구분하여 사용
④ 해동 : 냉장 해동(10℃ 이하), 전자레인지 해동 또는 흐르는 물에서 실시, 조리 후 남은 재료는 재냉동 불가
⑤ 조리과정 중 냉각 시 4시간 이내에 60℃에서 5℃ 이하로 냉각
⑥ 보존식 : 조리한 식품은 매회 1인분 분량을 −18℃ 이하에서 144시간 이상 보관
- 조리 후 식품 보관(보온고 65℃ 이상, 냉장 5℃ 이하, 냉동고 −18℃ 이하)
- 조리장에는 식기류 소독을 위한 살균소독기 또는 열탕소독 시설 구비

8 작업장 교차오염 발생 요소

(1) 교차오염

오염되지 않은 식재료나 음식이 오염된 식재료, 기구, 종사자와의 접촉으로 인해 미생물이 혼입되어 오염되는 것

(2) 교차오염이 발생하는 원인

① 맨손으로 식품 취급
② 손을 깨끗이 씻지 않을 경우
③ 식품쪽에서 기침을 할 경우
④ 칼, 도마 등을 혼용 사용할 경우

(3) 교차오염 예방

① 일반구역과 청결 구역을 설정하여 전처리, 조리, 기구 세척 등을 별도의 구역에서 이행
② 칼, 도마 등의 기구나 용기는 용도별(조리 전후) 구분하여 전용으로 준비하여 사용
③ 반드시 손을 세척 · 소독한 후에 식품 취급 작업을 하며, 조리용 고무장갑도 세척 · 소독하여 사용
④ 세척 용기 (또는 세척대)는 어육류, 채소류를 구분하여 사용하고, 사용 전후에 충분히 세척 소독한 후 사용
⑤ 식품 취급 등의 작업은 바닥으로부터 60cm 이상 떨어진 곳에서 실시하여 바닥의 오염된 물이 튀지 않도록 주의
⑥ 전처리 시 사용하는 물은 반드시 먹는물로 사용
- 전처리하기 전후의 식품을 분리 보관
- 반지, 팔찌 등의 장신구는 착용 금지
- 핸드폰 사용 시, 코 풀기, 재채기, 난류 · 어류 · 육류 만진 후, 화장실 이용 후 반드시 손을 씻어 청결 유지
- 오염도에 따른 식재료 구분 보관

Ⅲ 위생법규

1 조리사

구분	조리사
배치	집단급식소 운영자 / 복어를 조리 판매하는 영업
배치 X	• 자신이 조리사로서 직접 조리 • 1회 급식인원 100명 미만의 산업체 • 영양사가 조리사의 면허받은 경우
직무	• 식단에 따른 조리업무 [식재료 전(前)처리, 조리, 배식 등의 전 과정] • 구매식품의 검수 지원 • 급식설비 및 기구의 위생 · 안전 실무 • 그 밖에 조리실무에 관한 사항
결격 사유	• 정신질환자 • 감염병환자(B형간염환자는 제외) • 마약이나 그 밖의 약물 중독자 • 조리사 면허 취소처분을 받고 그 취소된 날부터 1년이 지나지 아니한 자
명칭 사용 금지	조리사가 아니면 조리사라는 명칭을 사용하지 못한다.
교육	집단급식소에 종사하는 조리사는 2년마다 교육을 받아야 한다. (6시간)

2 조리사 면허취소

권한자	식품의약품안전처장 또는 특별자치시장 · 특별자치도지사 · 시장 · 군수 · 구청장
대상자	각종 법 규정을 위반한 조리사
제재 사유	• 조리사 면허결격사유에 해당하게 된 경우 • 교육을 받지 아니한 경우 • 식중독이나 그 밖에 위생과 관련한 중대한 사고 발생에 직무상의 책임이 있는 경우 • 면허를 타인에게 대여하여 사용하게 한 경우 • 업무정지 기간 중에 조리사의 업무를 하는 경우
행정상 제재	면허취소 / 6개월 이내의 업무정지

Chapter 02

면접

1 면접시험 개요

1 면접

면접은 지원자가 지원한 직무에 필요한 능력을 보유하고 있는지를 확인하는 과정이다.

2 면접유형

① 표준화면접

- 표준화면접은 표준화된 질문표와 평가요소가 면접 전에 확정되며 이를 기초로 지원자에게 동일한 질문에 대하여 응답하게 하는 면접으로 구조화면접이라고 한다.
- 지원자는 동일한 질문과 동일한 시간을 부여 받기 때문에 편성된 조나 면접관에 영향을 받지 않는다.
- 표준화된 형식(질문표, 평가요소)으로 진행되어 비표준화 면접보다 신뢰성, 객관성이 높다.

② 비표준화면접

- 비표준화면접은 표준화된 질문표와 평가요소로 면접이 진행되지 않고, 면접관의 주관적인 판단으로 면접이 이루어지는 방식으로 비구조화 면접이라고도 한다.
- 지원자는 표준화된 질문표와 평가요소로 면접이 진행되지 않아서 편성된 조나 면접관에 따라 주어지는 면접의 질문이나 시간이 다르다.
- 비표준화면접은 면접관의 주관적 판단에 따라 질문과 평가가 이루어져 표준화질문 외의 지원자의 직무적합성을 찾을 수 있는 장점이 있다.

3 면접의 종류 및 준비전략

① 개인면접

단독 면접이란 지원자 한명을 대상으로 면접을 진행하는 방식이다. 지원자가 혼자이기 때문에 질문이 집중되고 필기시험 등으로 판단할 수 없는 성품이나 능력을 알아내기 적합하며 한 사람에 대해 비교적 폭넓게 파악할 수 있다.

❖ 단독 면접 준비전략

단독 면접에 대비하기 위해서는 평소 자기소개, 지원동기, 직업관, 성격, 친구관계 등에 대한 이야기 내용을 간결하게 정리해 두는 것이 좋다. 또한, 대답 할 때에도 면접 위원과 대등하다는 마음가짐으로 고개를 숙이거나 소극적인 태도는 피하도록 한다.

② 집단면접

집단면접은 여러 명의 지원자들을 대상으로 면접을 진행하는 방식이다. 개인면접에 비해 긴장을 덜 할 수 있으나 여러 명을 한꺼번에 평가하므로 자신의 역량을 제대로 표현하지 못하는 경우가 있다. 각 지원자들에게 같은 질문이 주어지기도하고, 질문 내용, 질문 횟수, 시간 배분이 똑같지 않기도 한다. 또한, 어떤 지원자가 한 대답에 대한 의견을 묻는 등 면접관의 의향에 따라 변수가 많다.

❖ 단독 면접 준비전략

대답은 주제에 벗어나지 않도록 주의하며 주저리 이야기하기보다 간단명료하게 하는 것이 좋다. 집단면접에 대비하기 위해서는 평소에 설득력을 지닌 자신의 논리력을 계발하는 데 힘써야하며, 다른 사람 앞에서 자신의 의견을 조리 있게 개진 할 수 있는 발표력을 갖추는 데에도 많은 노력을 기울여야 한다.

③ 토론면접

토론면접은 집단면접에서 행해지는 것으로 지원자들끼리 토론이 중심이 되는 면접 방식이다. 면접관이 사회자가 되어 질문을 하거나 서로 토론시키는 형태이다. 이는 공통의 주제에 대해 다양한 견해들이 개진되고 결론을 도출하는 과정에서 개인 간의 상호작용 행동을 관찰하는 방식이다. 즉 토론과정을 통해 지원자의 주제와 관련된 지식과 이해력, 설득력, 적극성과 대인 관계 능력 등의 파악이 용이하다.

> ❖ 단독 면접 준비전략
>
> 토론면접에서는 자신의 의견을 명확히 제시하면서도 상대방의 의견을 경청하는 자세가 좋은 인상을 줄 수 있다는 점을 주의해야한다. 특히, 상대측의 사소한 발언과 예상 밖의 반론에 유연함을 잃지 않도록 하며 전체적인 의미에 초점이 흐려지지 않도록 주의해야 한다.
> 평소에 신문 사설이나 매스컴 등을 주의 깊게 보면서 사회 시사 문제에 대해 자기 나름대로의 관점을 정리 해두는 것이 필요하다.

④ 발표면접

지원자가 특정 주제와 관련된 자료를 바탕으로 자신의 생각을 설명하는 방식이다.

인성 면접만으로는 알 수 없는 지원자의 전문성, 창의성, 논리성, 문제 해결 능력 등을 관찰하는 데 중점을 두는 면접으로, 면접관은 일정 시간 동안 지원자의 주제에 대해 발언과 발표하는 모습 등을 관찰하게 된다.

> ❖ 단독 면접 준비전략
>
> 발표면접은 정확한 답이나 지식보다는 논리적 사고와 의사 표현력이 더 중시되기 때문에 자신의 생각을 어떻게 설명 하느냐가 매우 중요하다.
> 발표내용은 3가지 정도로 정리해서 말하는 것이 좋다.
> 부적절한 용어와 무리한 주장은 하지 않는다.

4 실전 전략

(1) 면접시험 전의 주의사항

① 예상 질문과 답변을 미리 준비한다.

② 지원기관에 대해 충분한 사전지식을 갖는다.

- 지원기관의 경영목표와 방침
- 지원분야의 업무내용
- 지원기관의 인재상과 비전

③ 면접장소의 교통편이나 위치를 미리 확인하여 예정된 시간 안에 도착할 수 있도록 해야 한다.

(2) 면접실에서의 주의사항

① 질문의 요지를 파악한다.

답변을 할 때는 질문의 의도를 파악하고 그에 충실한 답변을 하도록 유의해야 한다. 지원자 다수가 답변하는 도중 질문의 의도와 다른 답변을 하거나 알고 있는 지식을 나열하는 경우가 있다.

② 답변은 두괄식으로 설명한다.

답변을 할 때 결론부터 본인의 생각을 정확하게 이야기하고 그에 따르는 설명과 이유를 나중에 덧붙이면 질문의 요지가 명확해지고 이야기가 깔끔하게 정리된다.

③ 적당한 목소리 톤과 성의 있는 응답을 보여라.

면접관과 떨어져 있기 때문에 작은 소리도 좋지 않지만 너무 큰 소리로 말하면 오히려 거북하게 느껴진다. 또한, 질문에 대해 대답의 말이 생각나지 않는다고 천장이나 고개를 푹 숙이고 바닥을 내려다보지 않도록 한다.

(3) 면접 시 옷차림

면접에서 옷차림은 간결하고 단정한 느낌을 주는 것이 가장 중요하다. 지나치게 화려한 색상이나, 노출이 심한 디자인은 피하는 것이 좋다.

- 손톱은 길지 않고 깨끗한지 확인한다.
- 머리 스타일은 흐트러짐이 없이 단정한지 확인한다.
- 옷은 깔끔하게 다려져 있는지 확인한다.
- 구두의 굽이 너무 높은 것은 피한다.

2 면접기출

1 기본 면접질문

① 자신을 소개해 보시오.
② 가장 최근에 읽은 책은 무엇인가요?
③ 본인의 인생모토(좌우명)는 무엇인가요?
④ 본인의 장단점은 무엇인가요?
⑤ 인생에서 가장 자랑스럽게 여기는 경험은 무엇인가요?
⑥ 살면서 가장 힘들었던 시간과 그 이유는 무엇인가요? 그것을 어떻게 극복했나요?
⑦ 교육 공무직에 지원하게 된 동기를 말해 보시오.

2 공직관련 면접질문

① ○○○○ 교육청의 교육 비전을 말해 보시오.
② ○○○○ 교육청의 정책 방향을 말해 보시오.
③ ○○○○ 교육청 심벌마크가 의미하는 바를 설명해 보시오.
④ 교육 공무직원의 직무에 대해 설명해 보시오.
⑤ 교육 공무직원이 갖춰야 할 자세를 3가지 이상 말해 보시오
⑥ 공무원과 교육공무직원의 공통점과 차이점을 말해 보시오.
⑦ 우리지역 자랑을 30초간 말해 보시요.
⑧ 전임자의 부정부패를 목격했다면 어떻게 하겠는가?

3 조리직무관련 면접질문

① 급식실 위생관리를 위한 자신만의 철칙이 있다면 말해보시오.
② 급식 조리원의 직무에 관하여 말해보시오.
③ 교차오염 방지하기 위해서는 어떻게 해야 하는지 설명하여 보시오.
④ 근골격계 부상 예방에 대해 말해보시오.
⑤ 햅썹(HACCP)에 대해 설명하여 보시오.
⑥ 식품위생에 관한 냉동냉장 보관방법에 대하여 보시오.
⑦ 미생물검사 항목은 어떤 것이 있는지 설명하여 보시오.
⑧ 급식 조리원에게 개인위생은 무엇이라고 생각하는가?

4 상황대처능력 면접질문

① 조리공무직이 적성에 안 맞으면 어떻게 하겠는가?
② 나이어린 영양사가 함부로 대한다면 어떻게 대응할 것인가?
③ 학생이나 학부모로부터 컴플레인이 들어온다면 어떻게 대처할 것인가?
④ 상급자가 위법하고 부당한 지시를 한다면 어떻게 하겠는가?
⑤ 건강상 문제가 생겼을 경우 어떤 증상이 있을 때 보고해야하는가?

5 시사이슈

① 포스트 코로나 시대에 해당 직무에 요구되는 변화는 무엇이 있을까요?
② 4차 산업혁명이란 무엇인가요?
③ 부정청탁 금품 수수에 해당하는 사례를 말해보시오.

교육청 교육공무직원 조리직
한권으로 끝내기

발 행 일 2021년 6월 5일 초판 1쇄 인쇄
2021년 6월 10일 초판 1쇄 발행

저자협의 인지생략

저 자 이시은·이연진·문설아 공저

발 행 처 크라운출판사 http://www.crownbook.com

발 행 인 이상원

신고번호 제 300-2007-143호

주 소 서울시 종로구 율곡로13길 21

공 급 처 (02) 765-4787, 1566-5937, (080) 850~5937

전 화 (02) 745-0311~3

팩 스 (02) 743-2688, 02) 741-3231

홈페이지 www.crownbook.co.kr

I S B N 978-89-406-4423-2 / 13320

특별판매정가 18,000원

이 도서의 문의를 편집부(02-6430-7012)로 연락주시면 친절하게 응답해 드립니다.